Bernheim / Stavrides
Das Paradies

Pierre-Antoine Bernheim und Guy Stavrides

Das Paradies –
Verheißungen vom glücklichen Jenseits

Aus dem Französischen übertragen
von Wieland Grommes

Albatros

Titel der französischen Originalausgabe:
«Paradis, paradis»
© 1991 Plon, Paris

Bibliographische Information der Deutschen Bibliothek
Die Deutsche Bibliothek verzeichnet diese Publikation
in der Deutschen Nationalbibliographie;
detaillierte bibliographische Daten sind im Internet
über http://dnb.ddb.de abrufbar.

Titel der deutschen Originalausgabe:
Welt der Paradiese – Paradiese der Welt
© 1992 Artemis Verlags-AG
© 1995 Patmos Verlag GmbH & Co. KG
Artemis & Winkler Verlag, Düsseldorf/Zürich

© 2004 Patmos Verlag GmbH & Co. KG
Albatros Verlag, Düsseldorf
Alle Rechte vorbehalten.
Umschlaggestaltung: butenschoendesign, Lüneburg
Umschlagmotiv: Hieronymus Bosch, Der Garten der Lüste (Ausschnitt),
um 1500, Museo del Prado, Madrid
ISBN 3-491-96112-2
www.patmos.de

Inhaltsverzeichnis

Judentum

Prolog

Im Buch Hiob, das vermutlich zu Beginn des 5. Jahrhunderts vor unserer Zeitrechnung verfaßt wurde, betet der glücklose, von Leiden, Not und Elend geschlagene und von allen verlassene Hiob zu Gott, er möge ihm, bevor er sterbe, wenigstens noch ein klein wenig Freude auf Erden vergönnen:

«Sind wenig nicht die Tage meines Lebens? Laß ab von mir, damit ich ein wenig heiter blicken kann,

bevor ich fortgehe ohne Wiederkehr / ins Land des Dunkels und des Todesschattens,

ins Land, so finster wie die Nacht, / wo Todesschatten herrscht und keine Ordnung, / und wenn es leuchtet, ist es wie tiefe Nacht» (Hiob 10, 20–22).

Damit macht sich Hiob zum Sprachrohr der traditionellen Meinung, wie sie in der Bibel der Hebräer [1] zum Ausdruck kommt. Sechshundert Jahre später wird im 2. Jahrhundert unserer Zeitrechnung Rabbi [2] Jakob sagen: «Diese Welt ist wie ein Vorzimmer, damit du Einlaß findest in den Saal [3].» Einige Jahrzehnte nach ihm wird Rabbi Jehuda der Fürst, besser bekannt unter dem Namen Rabbi, in ganz ähnlicher Weise sagen: «Wer sich auf die Freuden einläßt, die diese Welt bietet, dem werden die Freuden der künftigen Welt versagt werden.» Und weiter: «Womit läßt sich der zu Recht Unglückliche in dieser Welt vergleichen? Mit einem Koch, welcher für sich selbst einen Festschmaus bereitet – ist doch die Not, die er leidet, nicht dazu bestimmt, die andern zu speisen, sondern nur ihn allein [4].»

Wer hat da recht? Hiob oder Rabbi Jakob und Rabbi Jehuda der Fürst? Wird Hiob, dessen Tugendhaftigkeit über jeden Zweifel erhaben ist, in das Land der Finsternis eingehen, wie er zu glauben scheint? Oder bereitet er seinen Festschmaus in der zukünftigen Welt vor, wie Rabbi Jakob und Rabbi Jehuda der Fürst behaupten? Zwischen Hiobs Dunkel und dem Licht der Rabbiner liegt der Beginn der großen abenteuerlichen Reise nach den Paradiesen ...

Die biblische Tradition

Vom verlorenen Paradies zur messianischen Zeit

Das Volk Israel, so der Gelehrte Joseph Klausner, ist das einzige Volk der Antike, das ein Goldenes Zeitalter gekannt hat, welches nicht in der Vergangenheit hinter ihm, sondern noch vor ihm in der Zukunft lag [5]. Der Garten Eden von Adam und Eva läßt sich schwerlich als Ort eines Goldenen Zeitalters bezeichnen. Zunächst einmal war diese Erfahrung für die beiden Protagonisten selbst wie für ihre Nachkommenschaft und für die perfide Schlange nur von höchst kurzer Dauer gewesen. Ferner gehört diese Ur-Erfahrung nicht speziell dem jüdischen Volk, denn dessen Identität wird erst mit Abraham geboren. Und schließlich scheint die Bibel diesem Ereignis, daß an keiner Stelle mehr aufgegriffen wird, keine besondere Bedeutung beizumessen.

Erinnern wir uns jedoch, daß Jahwe in Eden einen Garten mit vielen hübsch anzusehenden Bäumen voll köstlich genießbaren Früchten, darunter dem Lebensbaum und dem Baum der Erkenntnis, das heißt des Erkennens von Gut und Böse, angelegt hat. Auch ein Fluß hatte darin seine Quelle und bewässerte den Garten. Dort hinein setzte Jahwe den Adam, den er gerade erschaffen hatte, auf daß er ihn urbar mache, bebaue und pflege. Dazu schuf er die Tiere und auch Eva, eine Frau, damit Adam nicht alleine sei. Von der Schlange verführt, hat Eva in Ungehorsam gegen Jahwes Anordnungen von der Frucht des Baums der Erkenntnis gegessen und auch Adam hineinbeißen lassen. Daraufhin hat Jahwe sie in seinem Zorn wie Unreine und Unwürdige aus dem Paradies vertrieben [6]. Es kam aber noch schlimmer; aufgrund der Leichtgläubigkeit Evas und der Naivität ihres Gefährten verloren die Menschen das ewige Leben [7] und wurden dazu verurteilt, im Schweiße des Angesichts ihr Brot zu verdienen. Aufgrund der auslösenden Ur-Verantwortung Evas in dieser unglücklichen Affäre mit der verbotenen Frucht fiel die Strafe für die Frauen sogar noch strenger aus: Sie wurden dazu verurteilt, unter Schmerzen zu gebären, und vor allem dazu, sich der Herrschaft des männlichen Geschlechts zu beugen – wenigstens *etwas* hatten die Männer bei der ganzen Geschichte doch gewonnen.

Die Theologie des Judentums mißt dem Ungehorsam von Adam und Eva indessen nur begrenzte Bedeutung bei [8]. So groß die Verantwortung dieser beiden Leichtsinnigen am Verlust der paradiesischen Lebenbedingungen – inklusive des ewigen Lebens – auch gewesen sein mag, haben die Juden jedoch nur selten behauptet, daß ihre Sünde auf all ihre Nachkommen vererbt worden sei. Die Christen werden dagegen mit Paulus und Augustinus aus der Erbsünde ein grundwesentliches Element des gewaltigen Dramas von Sündenfall und Erlösung der Menschheit machen. Für sie wird die Erbsünde auf sämtliche Nachfahren von Adam und Eva übertragen. Ihretwegen wird der heilige Augustinus die Kinder in die Hölle schicken, die gestorben sind, noch bevor die Taufe diese Ur-Sünde auslöschen konnte, die sie geerbt haben.

Nach diesem Fehlstart entwickeln sich die Dinge keineswegs besser: Es folgt die Ermordung Abels, die Sintflut ... und so fort. Zum Glück schließt Abraham aber mit Jahwe einen Exklusivvertrag, der ihm eine große Nachkommenschaft und das gelobte Land als Wohngebiet verspricht. Der Exodus, der Auszug aus Ägypten, wird die Erfüllung des Versprechens eine Weile verzögern. Man hat sich bis zum energischen Eingreifen von Moses und Josua zu gedulden, bevor sich die Israeliten dauerhaft im gelobten Lande niederlassen können. Nach dem Höhepunkt einer Blütezeit unter der Herrschaft Salomos wird sich die Nation in das Königreich Israel im Norden und das Königreich Juda im Süden entzweien. Zwietrachten im Innern und mächtige Nachbarn von außen werden 722 v. Chr. der Unabhängigkeit des Nordreiches und 586 v. Chr. der des Reiches Juda mit seiner Hauptstadt Jerusalem ein Ende setzen.

Die sogenannten späteren Propheten werden der hebräischen Bibel gemäß die Hoffnung Israels wiederbeleben und sich zu Kündern eines neuen Zeitalters machen, das spirituelles Glück, materiellen Reichtum und politische Unabhängigkeit dereinst wieder vereinen wird. Manche, darunter auch Joseph Klausner, haben dieses Goldene Zeitalter der Zukunft als messianische Zeit bezeichnet. Dabei ist jedoch scharf zu trennen zwischen der messianischen Hoffnung als solcher und dem Glauben an die konkrete Ankunft des Messias. Die messianische Hoffnung, so Klausner, ist die prophetische Hoffnung, bezogen auf das Ende dieses Zeitalters, in dem politische Unabhängigkeit, sittliche Vollkommenheit und irdisches Glück für das Volk Israel in seinem eigenen Land sowie für die gesamte Menschheit herrschen wird [9].

Der Glaube an die Ankunft des Messias macht eben diesen Messias zum unerläßlichen Instrument für die Erlösung Israels und das Aufkommen der messianischen Zeiten. Die Existenz eines Messias wird zu einem wesentlichen Element der messianischen Hoffnung im rabbinischen Judentum. Für viele biblische Propheten wird die messianische Zeit ohne Eingreifen eines individualisierten, einzelnen Messias eintreten. Manche Kreise haben die neue Zeit als im wesentlichen historisch aufgefaßt und die Betonung auf die politische Restauration Israels und seine künftige Macht gelegt. Andere haben, vor allem in nachexilischer Zeit, den radikalen Einschnitt zwischen den gegenwärtigen Zeiten und dem neuen Goldenen Zeitalter sowie den kosmischen und universalen Aspekt dieser neuen Goldenen Zeit als abschließender und ewigwährender Phase der Menschheitsgeschichte hervorgehoben. Sie haben von der Schöpfung neuer Götter und einer neuen Erde gesprochen. Diese Prophezeiungen mit ihren eschatologischen Akzenten weisen bereits auf die sogenannte apokalyptische Literatur voraus, die gegen Ende des 3. Jahrhunderts vor unserer Zeitrechnung aufblühen wird.

Dem Einsetzen dieser messianischen Zeit werden schreckliche Leiden vorausgehen, die ihren Höhepunkt am Tage des Herrn erreichen werden, wenn dieser seinen Zorn zum Ausbruch bringen wird. Für die ältesten Propheten wird der Zorn Jahwes vor allem gegen Israel gerichtet sein, das sich nicht an die Abmachungen seines Bundes gehalten hat. Von der Zeit des Exils an wird für die meisten das Gericht Gottes weltweit walten und sowohl Israel als auch die anderen Länder und Völker treffen. Manche werden sogar die Ansicht vertreten, daß allein die anderen Völker vom Zorn Gottes heimgesucht werden, da Israel selbst bereits zur Genüge gelitten hat. Der Tag Jahwes wird begleitet sein von Naturkatastrophen und grauenhaften Kriegen. Danach werden Reue und Erlösung Israels kommen. Die Tugendsamen, die überlebt haben werden – der «Rest Israels» –, werden dann in den Genuß der Wohltaten des Goldenen Zeitalters gelangen. Die – halb natürlichen, halb übernatürlichen – Beschreibungen dieser neuen Zeit erlebten im nachbiblischen Judentum wie auch im Christentum einen ungeheueren Erfolg. Die biblischen Propheten, insbesondere Jesaja [10], haben bis in unsere Tage einen schier unerschöpflichen Fundus von Angaben über das Paradies, nämlich das des Millenniums oder des Himmels, geliefert.

Die aus Israel Verbannten werden in das gelobte Land zurückkehren, und zwischen den Völkern wird Frieden herrschen. So sagt Micha voraus:

«Dann schmieden sie Pflugscharen aus ihren Schwertern / und Winzermesser aus ihren Lanzen.

Man zieht nicht mehr aus das Schwert, Volk gegen Volk, / und übt nicht mehr für den Krieg» (Micha 4, 3).

Manche sind der Ansicht, daß sich die anderen Völker Israel unterwerfen werden, für wieder andere werden Israel und die anderen Völker in Gleichheit miteinander leben. Auch zwischen Mensch und Natur sowie innerhalb des Tierreichs wird Frieden herrschen, und das bedeutet die Verwirklichung der Verhältnisse des Gartens Eden. Nach Jesaja heißt es:

«Dann wohnt der Wolf beim Lamm, / der Panther liegt beim Böcklein.

Kalb und Löwe weiden zusammen, / ein kleiner Knabe kann sie hüten.

Kuh und Bärin freunden sich an, / ihre Jungen liegen beieinander. / Der Löwe frißt Stroh wie das Rind.

Der Säugling spielt vor dem Schlupfloch der Natter, / das Kind streckt seine Hand / in die Höhle der Schlange» (Jes 11, 6–8).

Der Tempel von Jerusalem wird wieder aufgebaut werden. Ezechiel beschreibt den neuen Tempel in allen Einzelheiten (Ez 40–48). Das gesamte Universum wird Jahwe anerkennen, seine Herrschaft und Gegenwart wird universell sein. Gleichzeitig mit dem Tempel wird ganz Jerusalem schöner und prächtiger denn je wiederaufgebaut werden:

«Du Ärmste, vom Sturm Gepeitschte, / die ohne Trost ist, sieh her:

Ich selbst lege dir ein Fundament aus Malachit / und Grundmauern aus Saphir.

Aus Rubinen mache ich deine Zinnen, / aus Beryll deine Tore / und all deine Mauern aus kostbaren Steinen» (Jes 54, 11–12).

Alles Böse und Gewalttätige wird verschwinden, und Gerechtigkeit wird herrschen, «denn das Land ist erfüllt von der Erkenntnis des Herrn» (Jes 11, 9). Auch soziale Gerechtigkeit wird herrschen:

«Sie werden Häuser bauen und selbst darin wohnen, / sie werden Reben pflanzen / und selbst ihre Früchte genießen.

Sie bauen nicht, / damit ein anderer in ihrem Haus wohnt, und sie pflanzen nicht, / damit ein anderer die Früchte genießt» (Jes 65, 21–22).

Die Natur wird ungeheuer fruchtbar werden:

«An jenem Tag triefen die Berge von Wein, / die Hügel fließen über von Milch, / und in allen Bächen Judas strömt Wasser» (Joel 4, 18).

Das Wasser wird aus dem Boden der Wüsten sprudeln, und sie werden bedeckt sein von Blumen:

«Die Wüste und das trockene Land sollen sich freuen, / die Steppe soll jubeln und blühen.

Sie soll prächtig blühen wie eine Lilie [...]

In der Wüste brechen Quellen hervor, / und Bäche fließen in der Steppe» (Jes 35, 1–2 u. 6).

Keine Tränen, keine Klagen, keine Ängste mehr. Die Siechen werden genesen, und alle werden jauchzen vor Glück:

«Dann werden die Augen der Blinden geöffnet, / auch die Ohren der Tauben sind wieder offen.

Dann springt der Lahme wie ein Hirsch, / die Zunge des Stummen jauchzt auf» (Jes 35, 5–6).

Wird Gott in seinem irdischen Königreich der Menschheit die Unsterblichkeit verleihen? Für die Propheten scheint das nicht der Fall zu sein. Jahwe wird lediglich ein sehr langes Leben gewähren.

«Dort gibt es keinen Säugling mehr, / der nur wenige Tage lebt, und keinen Greis, / der nicht das volle Alter erreicht;

wer als Hundertjähriger stirbt, gilt noch als jung / und wer nicht hundert Jahre alt wird, / gilt als verflucht» (Jes 65, 20).

Werden die Gerechten, die vor der messianischen Zeit gestorben sind, dann wieder zum Leben erweckt, um in ihren Genuß zu kommen? Bis hin zu den jüngsten Propheten hatte es den Anschein, als wären die Toten vom künftigen Goldenen Zeitalter vollkommen ausgeschlossen. Was wird aber dann aus ihnen werden? Was für eine Zukunft hat Jahwe, wenn sie tot sind, für diejenigen vorgesehen, die ihn geehrt und ihm gedient haben?

Wenig Hoffnung für die Gerechten

Nach der biblischen Überlieferung scheint Jahwe das Los der Gerechten nach ihrem Tode wenig zu bekümmern. Egal ob der Mensch sich an die Gebote Jahwes gehalten oder ob er sie beständig übertreten hat, sein Schatten oder Double wird auf ewig in einem finsteren und unterirdischen Gefild mit Namen Scheol den Rest eines lemurenhaften, trostlosen und erbärmlichen Daseins fristen. Diese Auffassung, ähnlich denen von Nachbarvölkern wie den Assyro-Babyloniern, läßt sich durch die Anthropologie der alten Israeliten erklären [11]. Für sie bildet das menschliche Wesen ein untrennbar psychosomatisches Ganzes. Wird der Lebensodem entzogen, so löst sich diese Einheit auf, und es bleibt nur noch ein winziger Rest Leben, ein schwacher Schatten über, aber nicht eine von den Zwängen des Körpers befreite Seele wie in unserer von den Griechen ererbten dualistischen Leib/Seele-Auffassung. Nach dieser Auffassung, die die nachbiblische Anthropologie der Juden sowie die christliche Anthropologie beeinflussen wird, lebt die Seele in autonomer Form weiter und entfaltet sich sogar noch, wenn sie sich im Tode des Individuums vom Körper löst. Die alten Israeliten glaubten, daß der Mensch ein beseelter Körper ist und nicht eine verkörperte Seele. Die Guten wie die Bösen werden gleichrangig in diese finstere Scheol verbracht. Die Gerechten, so wird angenommen, werden mit einem langen friedvollen und blühenden Leben sowie mit einer zahlreichen Nachkommenschaft belohnt.

Noch ganz den archaischen Stammesauffassungen entsprechend, können also Belohnungen wie Bestrafungen auf die künftigen Generationen hinausgeschoben werden. Der Gerechte, welcher Leid erfährt, kann sich immer noch sagen, daß wenigstens seine Nachfahren einst in den Genuß einer reichlichen Entschädigung gelangen werden, oder vielleicht sogar, daß er selbst die späten Auswirkungen der Verbrechen seiner Vorfahren erleidet. Der Vorteil dieser Art Theorie besteht auf jeden Fall darin, daß sie – nach Karl Poppers Auffassung – nicht falsifizierbar ist. Was einem zustößt, läßt sich immer irgendwie erklären. Obwohl Jahwe dem Los des Einzelnen nicht indifferent gegenübersteht, läßt sich nicht leugnen, daß seine vordringliche Sorge dem allgemeinen Los des ganzen Volkes gilt, mit dem er einen Bund geschlossen hat, Konzentration auf ein Schicksal also, das davon abhängt, wie treu das Volk sich an die einzelnen Bedingungen dieses Bundes hält. Oder wie sich Robert Martin-Achard ausdrückt: «[...] vor allem wird der Israelit im Alten Testament nicht als isoliertes Individuum betrachtet, sondern als Mitglied einer Familie oder eines Klans, dessen Schicksal eng von dem abhängt, was den Seinen widerfährt. Er bildet einen gemeinsamen Körper mit seinem Volk, teilt also dessen Schicksal; in ihm finden sich seine Vorfahren wie seine Nachfahren wieder. Für ihn gilt es nicht irgendeine Form von glückseliger und individueller Unsterblichkeit zu erreichen, sondern über seine Söhne und sein Grab in Kontakt mit Israel zu bleiben; sein Tod wirft also keine brennende, schmerzliche Frage auf, die eine klare Antwort erfordert [12].»

Die Fachwissenschaft hat versucht, mehr über diese Scheol in Erfahrung zu bringen. Ein schwieriges Unterfangen! Verschiedene Texte aus verschiedenen Epochen reflektieren jeweils Auffassungen, die sich im Zustand der Weiterentwicklung befinden. Zudem läßt sich über das Reich der Toten nur wenig in Erfahrung bringen; niemand ist noch daraus zurückgekehrt, so daß er es beschreiben könnte, und Jahwe schätzt es wenig, wenn darüber gesprochen wird. Und die biblischen Texte wurden gewiß nicht mit dem Ziel verfaßt, die Arbeit der Exegeten zu vereinfachen. Ihre Absicht ist es, eine Idee oder ein Empfinden zu vermitteln oder zu erwecken, sie spielen mit Kontrasten und Gegensätzen – und häufig so symbolreich verblümt wie nur möglich. Aber vor allem spiegelt die Bibel die Auffassungen von unerbittlichen Jahwisten, von Anhängern eines Monotheismus ohne

Konzessionen wider, die älteren Formen des Volksglaubens zuweilen widersprechen. Wie R. Martin-Achard betont hat [13], müssen die Anhänger von Jahwe, dem einzigen und allmächtigen Gott, gegen die Auffassungen der Vorfahren ankämpfen, die den Toten bedeutende Kräfte und Einflüsse auf die Welt der Lebenden einräumen. Bei den frühen Israeliten mag es einen Totenkult gegeben haben, wie Adolphe Lods annahm [14], oder auch nicht, unbestreitbar bleibt jedoch, daß die Toten gefürchtet sind; sie wissen, was bei den Lebenden vorgeht, sie zürnen und rächen sich sogar, wenn ihre Nachfahren die Rituale vernachlässigen, die ihnen gebühren. Zuweilen fragt man sie auch um Rat. Das bekannteste Beispiel ist die Geschichte von Saul und der Hexe von Endor, die im I. Buch Samuel (28, 3–25) erzählt wird. Der Krieg, den Saul gegen die Philister führt, verläuft alles andere als günstig. Er hat Angst. Da wendet er sich an Jahwe, um zu erfahren, wie der Kampf ausgehen wird. Aber Jahwe, den er erzürnt hat, reagiert nicht. In seiner Verzweiflung beschließt er, auf die Nekromantik oder Totenbeschwörung zurückzugreifen. Leider hat er aber die Nekromantiker gerade aus seinem Reich verjagt. Aber er hat Glück. Man bringt ihm die Nachricht, daß in Endor noch eine Totenbeschwörerin weilt. Sofort begibt er sich in Verkleidung an den genannten Ort. Er bittet sie, Samuel, den kürzlich verstorbenen großen Richter und Propheten, herbeizubeschwören. Die Hexe erkennt Saul, dann sieht sie, wie sich das Szepter Samuels aus der Erde erhebt. Dieser wirft ihm zunächst vor, daß er ihn in der Ruhe gestört habe, dann läßt er ihn wissen, daß Jahwe mit ihm hadert und daß er schon in Bälde bei ihm, Samuel, im Reiche Scheol sein werde. Wie vorausgesehen, wird Saul tatsächlich wenig später von den Philistern in den Tod getrieben.

Um gegen solche Auffassungen und Praktiken anzukämpfen und jede Konkurrenz für die Macht Jahwes auszuschalten, präzisieren die Jahwisten eine Scheol-Auffassung, in der die Toten immer weiter von den Lebenden getrennt werden und ein von Tag zu Tag beschränkteres Dasein fristen, während der Einfluß Jahwes dort gleichzeitig zuzunehmen scheint.

Scheol ist das Land des Staubes und der Finsternis, das Gefild des Vergessens, aus dem man nicht mehr zurückkehrt. Im Prinzip ist

Jahwe fähig, Tote wieder lebendig zu machen und aus der Scheol zurückzuführen (1 Sam 2, 6); aber solche Fälle bilden die Ausnahme. Obwohl man dazu neigt, auch die Scheol zu seinem Reich zu rechnen, interessiert sich Jahwe nicht für die Rephaim, seine Bewohner. Er vergißt sie schlicht. Jahwe zu loben wird nutzlos, denn er hört sie nicht. Jahwe ist vor allem der Gott der Lebenden. Im Lande Scheol, so nimmt man allgemein an, reden die Schatten nicht – sie flüstern und murmeln höchstens (Jes 8, 19), ohne jedoch miteinander zu kommunizieren. Die irdischen Rangunterschiede scheinen dort zuweilen fortzubestehen. Aber sie werden lächerlich. Im Buche Jesaja (Jes 14) muß man in der Szene, wo die Schatten der Potentaten dieser Erde den verblichenen König von Babel empfangen, an ein erbärmliches Treffen von Provinzkönigen im Exil denken.

Das Los der Rephaim mag zwar lamentabel und deprimierend sein, aber völlig unerträglich ist es nicht. Ein Ort des Leidens ist Scheol nicht. Hiob meint sogar, daß die Elenden, die Sklaven, all jene, die auf Erden Leid erdulden, sich in Scheol in einer besseren Lage finden werden, wo sie im Kreise der Könige und Großen der Erde in Frieden ruhen werden:

«Dort hören Frevler auf zu toben, / dort ruhen aus, deren Kraft erschöpft ist.

Auch Gefangene sind frei von Sorgen / hören nicht mehr die Stimme des Treibers.

Klein und Groß ist dort beisammen, / der Sklave ist frei von seinem Herrn» (Hiob 3, 17–19).

Und doch wird manch einer seufzen: Welch magerer Trost!

Endlich eine Chance für die Toten

Die so deprimierenden Aussichten für ein Sein nach dem Tode ohne Hoffnung warfen natürlich eine Fülle von Zweifeln und Fragen auf. Dieses Jenseits, das von der jahwistischen Orthodoxie verteidigt wurde, sollte am Ende doch den Wünschen und Pressionen der Mehrheit unterliegen. So wurde es schließlich ersetzt durch die Hoffnung für die zu früh verstorbenen Gerechten, daß auch sie einst am Glück der messianischen Zeit teilhaben werden.

Die Behauptung des Prinzips der Belohnung des Einzelnen, die mit der Geburt des religiösen Individualismus einherging und die traditionelle Auffassung von der kollektiven Verantwortung ablöste, sollte diesen Wandel begünstigen. Dieses neue Prinzip wird im 6. Jahrhundert vor unserer Zeitrechnung in der Lehre der Propheten Jeremias (Jer 31, 29–30) und Ezechiel (Ez 18) vertreten. Sie vertreten die These, daß jeder gemäß seiner persönlichen Verdienste und nicht nach denen seiner Vorfahren oder seiner Familie gerichtet werden wird; dementsprechend wird auch jeder bereits zu Lebzeiten belohnt oder bestraft werden.

Es wird nicht lange dauern, bis man erkennt, daß die Wirklichkeit nicht immer der Theorie folgt. Kohelet und Hiob sowie die Autoren mehrerer Psalmen sind sich dessen bewußt, daß die Gerechten häufig leiden, während die Gottlosen sich bereichern und auf deren Kosten triumphieren. Bezüglich der göttlichen Gerechtigkeit ziehen sie jedoch unterschiedliche Schlüsse. Die Dichter der Psalmen 37 und 43 verteidigen trotz allem die Doktrin von der Verantwortung des Einzelnen; sie glauben, daß die Gerechtigkeit Jahwes letztendlich triumphieren wird und daß die Gottlosen ihre Reichtümer ohnehin nicht in das Schattenreich Scheol mitnehmen werden. Der Prediger Salomo (Kohelet) bringt eine tiefe Ratlosigkeit zum Ausdruck: Er verzweifelt an der göttlichen Gerechtigkeit und läßt sich zu Zweifel und Pessimismus hinreißen. Hiob macht sich zum Gespött der ihm Nahestehenden, denn er ist von seinen Tugenden und Verdiensten überzeugt; er kann sich den Grund der Leiden, die über ihn hereinbrechen, nicht erklären. Und doch baut er auf die göttliche Gerechtigkeit, die sich menschlichem Verständnis entzieht. Vielleicht – aber die entsprechende Passage ist unklar – hegt er sogar eine schwache Hoffnung, nach seinem Tode mit Jahwe wieder vereint zu werden (Hiob 19). Dieser Hoffnung begegnen wir, mit mehr Nachdruck vertreten, in den Psalmen 49 und 73 wieder. Die Gläubigen scheinen die Idee der Trennung von Jahwe, ausgelöst durch den Tod und Eintritt in das Land Scheol, immer unerträglicher zu finden. Sie begehren und erhoffen die ewige Seligkeit in Gesellschaft mit Jahwe, dem Herrn.

Schließlich wurden ja Elias und Henoch schon zu ihren Lebzeiten von Jahwe in den Himmel entführt (2 Kön 2, 1–18 und Gen 5, 24)!

Die Lösung des Problems mit der göttlichen Gerechtigkeit und der Getrenntheit von Jahwe wird natürlich darin bestehen, das Prinzip von der Belohnung nach dem Tode in einer Welt, in der Jahwe gegenwärtig ist, aufzustellen. Aber die Auffassung, die sich durchsetzen wird, wird den Akzent stärker auf die Allgemeinheit als auf den Einzelnen setzen. Diese Belohnung wird nicht so verstanden werden, wie es sich Hiob und die Psalmendichter vielleicht gedacht hatten, nämlich als Möglichkeit für den Gläubigen oder seine Seele, nach dem Tode zu Jahwe aufzufahren und in aller Ewigkeit die göttliche Gegenwart zu genießen. Sondern sie wird verstanden werden als Möglichkeit für die Gerechten, die aufgrund ihres Glaubens gelitten haben, dank der Auferweckung ihrer Körper an der messianischen Zeit teilhaben zu können. Diese Wiedererweckung oder Auferstehung entspricht der traditionellen Anthropologie der alten Israeliten, wonach sich Leib und Seele nicht voneinander trennen lassen. Das Prinzip einer Auferstehung aller Gerechten steht ebenfalls mit den archaischen Auffassungen in Einklang, wonach das Kollektiv gegenüber dem Individuum Vorrang genießt. «Die Auferstehung», schreibt R. Martin-Achard, «wird in der hebräischen Bibel als ein auf die ganze Gemeinschaft bezogenes Faktum dargestellt; sie impliziert eine Solidarität zwischen den verstorbenen Jahwisten und ihrem Volk [15].»

Noch individualistischer und vielleicht mit dem Wunsch der Psalmisten in näherem Zusammenhang stehend, wird die Auffassung von der Unsterblichkeit der Seele sein, die aus dem griechischen Denken übernommen und besonders in den Kreisen der hellenischen Diaspora Popularität gewinnen wird. Die Belohnung nach dem Tode und ihre Verwirklichung durch die Auferstehung der Toten wird bis in die Mitte des 19. Jahrhunderts hinein ein Grundelement des jüdischen Glaubens darstellen. Die Idee der Auferstehung stammt mit Sicherheit bereits aus sehr alter Zeit. Man begegnet ihr bereits bei den Kanaanitern und bei den Persern, die die alten Israeliten gut kannten. Aber sie wird sich erst spät durchsetzen, und zwar in einer Zeit, die in der Fachwissenschaft zu heftigen Diskussionen führt [16]. Im I.

und II. Buch der Könige wird von den erfolgten Auferstehungen von Elias (1 Kön 17, 17–24) und Elischa (2 Kön 4, 18–37 und 2 Kön 13, 21) berichtet. Diese Auferstehungen werden als seltene Ausnahmen betrachtet und bezeugen vor allem die Macht Jahwes, die Toten wieder zum Leben zu erwecken, um zu zeigen, daß seine Propheten richtig sahen.

Ezechiel, der große Prophet der babylonischen Gefangenschaft während der ersten Hälfte des 6. Jahrhunderts vor Christus, überliefert uns eine Vision, in der die Toten von ihren verdorrten Gebeinen aus wieder auferstehen (Ez 37, 1–14). Die Gelehrten sind jedoch der Ansicht, daß er dabei in symbolhafter Weise mehr auf die Erneuerung Israels anspielt als auf die reale Auferstehung der Dahingeschiedenen. In den Kapiteln 24–27 des Buches Jesaja, auch als «große Jesaja-Apokalypse» bezeichnet, ist ebenfalls von der Auferstehung der Toten die Rede:

«Deine Toten werden leben, / die Leichen stehen wieder auf; / wer in der Erde liegt, wird erwachen und jubeln» (Jes 26, 19).

Die Experten zögern mit der Antwort auf die Frage, zu welchem Zeitpunkt dies geschehen soll und was der eigentliche Sinn dieser Worte ist. Die Mehrheit ist der Ansicht, daß die Jesaja-Apokalypse später als die Jesaja selbst zugeschriebenen Prophezeiungen verfaßt wurde und aus der zweiten Hälfte des 8. vorchristlichen Jahrhunderts stammt. Noch häufiger wird sie auf das 5. oder 4. Jahrhundert datiert. Handelt es sich darin um die tatsächliche Auferstehung von bereits gestorbenen Individuen oder wie bei Ezechiel um eine bildliche Darstellung der Erneuerung Israels? Die Mehrzahl der Wissenschaftler neigt zur Deutung als reale Wiederauferstehung. Nach R. Martin-Achard ist dieser Text der Beleg dafür,

«[...] daß zur Perserzeit (6.–4. Jh.) sehr wahrscheinlich und nach Ansicht der Mehrzahl der Fachleute vor der Makkabäerkrise das Auferstehungsmotiv eine in bestimmten jüdischen Kreisen bekannte Tatsache ist, auf die der Autor zurückgreift, um das wunderbare Einwirken Jahwes zugunsten derer zu verdeutlichen, die ihm in besonders schweren Zeiten treu bleiben [17].»

Zweifellos war dieser Glaube während der Verfolgung durch Antiochus IV. um 170 v. Chr. weitverbreitet, in deren Verlauf Israeliten für ihren Glauben den Märtyrertod starben. Lange herrschte die Ansicht, daß das Martyrium dieser Gerechten das Ausschlaggebende dafür war, daß das Prinzip der Belohnung allein im irdischen Leben endgültig ersetzt werden konnte durch das Prinzip, das der Belohnung im Jenseits einen bedeutenden Stellenwert einräumt. Exakter müßte man jedoch sagen, daß sich von da an die Orthodoxie schlicht gezwungen sah, ein Prinzip anzuerkennen, das sie stets als ein mit alten polytheistischen Religionen verbundenes bekämpft hatte.

Genauso gut kann man sich der Ansicht von Klaas Sponk anschließen, daß die Glaubenskraft und der Mut der Märtyrer durch einen bereits fest verwurzelten Glauben an die Auferstehung des Leibes gestärkt wurden [18].

Aus dieser Epoche, nämlich etwa aus dem Jahr 165 v. Chr., stammt das berühmte Buch Daniel, eine der jüngsten Schriften der hebräischen Bibel. In diesem Text wird die Auferstehung ohne den mindesten Zweifel behauptet. Nach den grauenhaften Kriegen der Endzeit werden

«von denen, die im Land des Staubes schlafen, [...] viele erwachen, die einen zum ewigen Leben, die anderen zur Schmach, zu ewigem Abscheu. Die Verständigen werden strahlen, wie der Himmel strahlt; und die Männer, die viele zum rechten Tun geführt haben, werden immer und ewig wie die Sterne leuchten» (Dan 12, 2–3).

Und was erwartet diejenigen, die zum ewigen Leben erwachen? Das Buch Daniel, der einzige apokalyptische Text in der hebräischen Bibel, geht darauf kaum näher ein. Andere, nicht kanonisierte Werke aus derselben Epoche tun dies weit ausführlicher.

Apokalyptisches Zwischenspiel

Während der gelegentlich als zwischentestamentlich bezeichneten Zeit, die etwa vom Jahr 200 v. Chr. bis zum Ende des 1. Jahrhunderts n. Chr. reicht, erlebte das jüdische Volk eine Phase mächtiger religiöser Gärung, Bewegung und Kreativität [19]. Die Religion Israels erscheint damals als mitten im Wandel begriffen und in mehrere Strömungen und Tendenzen geteilt, die sowohl über Fragen der Lehre und religiösen Praxis als auch über andere, die wir als politische betrachten würden, zueinander in Opposition stehen [20]. Mitte des 1. Jahrhunderts unserer Zeitrechnung scheinen fünf Bewegungen im Vordergrund der Szene zu stehen: Pharisäer, Sadduzäer, Essener, Samariter und Christen [21].

Nach Flavius Josephus, dem berühmten jüdischen Historiker der damaligen Zeit, bildeten die Pharisäer die einflußreichste dieser Bewegungen. Trotz der reichlich vorhandenen Literatur über sie wissen wir, wie Anthony Saldarini in einer kürzlich veröffentlichten Studie erneut in Erinnerung ruft, über die Pharisäer nur sehr wenig Gesichertes [22]. Wichtige Elemente ihrer Lehre wurden durch die talmudische Literatur überliefert, obwohl die Meinungen der Experten hinsichtlich der Treue dieser Überlieferung erheblich auseinandergehen [23]. Eine ihrer fundamentalen Lehren war jedoch die Auferstehung der Toten.

Hierin unterscheiden sie sich von den Sadduzäern [24], die innerhalb der Priesterklasse und den anderen führenden Gruppen stark vertreten sind. Die Sadduzäer hielten sich in diesem Punkt an eine sehr strenge und buchstäbliche Auslegung der Bibel und lehnten die mündliche Überlieferung ab, deren alleiniger Besitz die Pharisäer für sich beanspruchten. Infolgedessen waren sie Anhänger der überlieferten Scheol-Lehre und lehnten die Idee von der Auferstehung des Leibes und der Unsterblichkeit der Seele ab.

Die Essener-Bewegung setzte sich mit Sicherheit aus mehreren Sekten zusammen; uns ist sie jedoch vor allem durch diejenige bekannt, die uns die berühmten Schriftrollen vom Toten Meer hinterlassen hat, von denen die ersten 1947 in Qumran gefunden wurden. Diese Gemeinschaften führten ein asketisches Leben, manche in mehr oder weniger völlig isolierter Form, andere inmitten der Zivil- und Laiengesellschaft der Stadt. Sie praktizierten Rituale, die auf extremste Reinheit abzielten, und ließen sich vor allem von strengstem Gehorsam gegenüber den Forderungen des Bundes mit Jahwe leiten. Sie glaubten an das ewige Leben und lebten in Erwartung eines unmittelbar bevorstehenden Zeitendes. Die Eschatologie der Essener, wie sie sich in den Qumran-Handschriften und in anderen Zeugnissen darstellt, ist jedoch wenig klar formuliert. In der Fachwissenschaft ist man sich unschlüssig darüber, ob ihre Hauptlehre die Unsterblichkeit der Seele oder die Auferstehung des Körpers war. Aber diese Unterscheidung war für sie möglicherweise von geringer Bedeutung, denn sie waren stark davon überzeugt, daß sie bereits teilhatten am ewigen Leben [25].

Die Samariter sind ebenfalls eine Gruppe, die uns vor Rätsel stellt. Nach jüngeren Untersuchungen haben sie sich ab dem 4. vorchristlichen Jahrhundert zunehmend vom Judentum Jerusalems abgesondert [26]. Ihr auf dem Berge Gerizim errichteter Tempel wurde im Jahre 128 v. Chr. von Johannes Hyrkanos zerstört. Die Samariter hielten sich für die wahren Repräsentanten des Judentums. In der uns hier interessierenden Epoche lehnte, wie es scheint, die Mehrheit von ihnen den Glauben an die Auferstehung ab [27], und sie nahmen ihn erst einige Jahrhunderte später an.

Die Christen, zumindest die von Palästina, bildeten in jener Epoche noch eine Bewegung innerhalb des Judentums [28]. Auf ihre Jenseitsauffassung, die bedeutende Entwicklungen durchmachte, werden wir in einem der folgenden Kapitel näher eingehen.

Zu diesen Bewegungen, Parteien und Sekten müßte man noch die stark unter griechischem Einfluß stehenden Kreise besonders außerhalb von Palästina hinzufügen. Diese Kreise – ihr berühmtester Vertreter war der Philosoph und Theologe Philon von Alexandrien – waren tief durchdrungen von der griechischen Kultur. Sie glaubten in größerem Maße an eine dualistische Konzeption des Menschen und an die Unsterblichkeit der Seele als an die Auferstehung des Leibes.

Das faszinierendste Zeugnis dieser Epoche im Bereich der Eschatologie ist in der sogenannten apokalyptischen Literatur zu finden [29]. Wie ihr Name bereits sagt (das griechische Wort *apokalypse* bedeutet «Enthüllung» oder «Offenbarung»), behauptet diese Literatur, Erkenntnisse und Wissen –häufig esoterischer Natur – über die Schöpfung und die Weltgeschichte, das Universum, den Himmel und natürlich über das angeblich nicht mehr ferne Ende der Zeiten zu offenbaren [30]. Diese Offenbarungen werden im allgemeinen dank himmlischer Wesen auf ihren Reisen durch die Firmamente oder durch Visionen empfangen. Häufig richten sie sich an einen sehr archaischen und prestigereichen Autor wie Henoch, Abraham, Mose oder Esra – daher werden ihre Schriften manchmal auch als Pseudoepigraphen bezeichnet. Die repräsentativsten Schriften teilweise oder ganz apokalyptischen Charakters sind: Das Buch Henoch (I. Henoch), das Buch der Jubiläen, das Buch Daniel, die Sibyllinischen Orakel, die Himmelfahrt oder das Testament des Moses, die Abraham-Apokalypse, das Buch der Geheimnisse des Henoch (II. Henoch), das Vierte Buch Esra (IV. Esra), die syrische Baruch-Apokalypse (II. Baruch) sowie das Testament Abrahams [31]. Das neue Testament enthält ebenfalls ein Werk dieser Art, die Apokalypse oder Offenbarung des Johannes [32].

Die Frage der Identität und Natur der Gruppen oder Einzelpersönlichkeiten, die diese Werke geschaffen haben, ist Thema erheblicher Kontroversen zwischen den Gelehrten [33], die lange dazu neigten, die Urheberschaft marginalen und aufbegehrenden Grüppchen zuzuschreiben, die voller Ungeduld das Ende der Welt erwarten. Heute sind dagegen viele Experten der Ansicht, daß die meisten dieser Werke von gebildeten Mitgliedern der religiösen Elite verfaßt wurden, die möglicherweise im Besitz von altem esoterischem Wissen waren, das parallel zu dem durch die Bibel tradierten Wissen weitervermittelt wurde [34]. Sie scheinen eine Literaturgattung geschaffen zu haben, die von verschiedenen Strömungen benutzt wurde. Die einzige im Kanon der hebräischen Bibel enthaltene Apokalypse ist das Buch Daniel [35]. Die anderen apokalyptischen Schriften wurden nicht nur nicht in die Bibel aufgenommen, sondern sie wurden von der rabbinischen Tradition, die keine einzige übernommen hat, gleichfalls abgelehnt. Dennoch scheinen in gewissen Bereichen wie in der Eschatologie die Auffassungen von Werken wie IV. Esra und II. Baruch denen der Pharisäer und der Rabbis des Talmuds nahe verwandt zu sein. Tatsächlich wäre die rabbinische Eschatologie der ersten Jahrhunderte unserer Zeitrechnung ohne das Zeugnis der apokalyptischen Literatur nicht zu verstehen [36].

Auf der anderen Seite wurden zahlreiche Fragmente aus dem Buch Henoch und dem Buch der Jubiläen unter den Manuskripten von Qumran wiedergefunden, was verdeutlicht, wie groß das Interesse der Essener an diesen Schriften war. Bei einer Analyse der Qumran-Schriften fällt zudem auf, daß Werke wie IV. Esra, II. Baruch und das Testament des Moses gewisse Auffassungen aufweisen, die denen der Essener ähnlich sind, weshalb manche Experten annehmen, daß sie von diesen oder ihnen nahe verwandten Gruppen verfaßt sein können. Es ist ebenfalls interessant, daß uns außer den in Qumran gefundenen Texten nahezu die gesamte apokalyptische Literatur dank derjenigen Christen erhalten blieb, die bestimmten Werken wie IV. Esra in der Folgezeit eine große Bedeutung beimessen sollten.

Die apokalyptische Literatur bietet eine Palette von eschatologischen Vorstellungen, die so reichhaltig wie vielfältig [37], aber auch ungeheuer verwirrend und unübersichtlich ist [38]. Daher wäre es mehr als gewagt, den Versuch einer Synthese zu unternehmen. Wir werden uns also darauf beschränken, nur die markantesten Elemente der paradiesischen Zukunft vorzustellen, die uns darin offenbart werden.

Im Gegensatz zur nicht näher differenzierten Scheol der biblischen Überlieferung werden die Seelen der Gerechten nach dem Tode von denen der Gottlosen ausgesondert und erhalten einen Vorgeschmack ihrer künftigen Glückseligkeit. In den Texten, die bereits von einer dualistischen Auffassung von Leib und Seele geprägt sind, ist häufig von einer Seele oder einem Geist die Rede, die nach dem Tode den Körper verlassen. Im ersten Teil des Buches Henoch (Kap. XXII) [39], der spätestens vom Anfang des 3. vorchristlichen Jahrhunderts stammt, werden die Seelen der Toten in tiefen unterirdischen Hohlräumen aufbewahrt. Eine Höhle, in der eine leuchtende Quelle entspringt, ist den Geistern der Gerechten für die Wartezeit bis zur Auferstehung reserviert [40]. In IV. Esra, verfaßt gegen Ende des 1. Jahrhunderts v. Chr., ruhen die Seelen der Gerechten in der Nähe des Allerhöchsten aus und genießen siebenfältige Freuden (IV Esra, 88–99), während die der Gottlosen unter Leiden und Trübsal umherirren und heimgesucht werden von siebenfältiger Pein. Ambrosius, der Bischof von Mailand, wird diese Unterscheidung im 4. Jahrhundert wieder aufnehmen. Zuweilen können die Seelen sogar schon direkt nach dem Tode die Freuden des Paradieses genießen, das entweder auf Erden oder im dritten Himmel angesiedelt ist. Es handelt sich dabei entweder um eine Zwischenstation, in der die Seelen auf die Wiedererweckung und das Jüngste Gericht warten, oder bei gewissen Autoren um den endgültigen Ort der ewigen Seligkeit.

Häufig ist von der messianischen Hoffnung die Rede. Getreu nach biblischer Tradition kündet I. Henoch (Kap. X und XXIV–XXXII) eine ewige messianische Zeit [41] an, die die allerletzte Periode der Geschichte darstellt. Die Gerechten, die den göttlichen Zorn überleben werden, und wahrscheinlich auch diejenigen, die wieder auferstehen werden, werden dann mit einer Zeit des Friedens und der Gerechtigkeit in einem erneuerten und geläuterten Jerusalem belohnt, worin der Baum des Lebens gepflanzt werden wird. Die Gerechten werden jedoch nicht unsterblich sein, sondern sie werden das außergewöhnlich lange Leben der Patriarchen kennenlernen. Sie werden erst sterben, nachdem sie genügend Zeit und Muße gehabt haben, um Tausende von Nachkommen zu zeugen. In den späteren Apokalypsen wie IV. Esra und II. Baruch ist die messianische Zeit nur noch eine begrenzte Zwischenperiode vor dem Jüngsten Gericht und der Endzeit. Der Autor von IV. Esra offenbart uns, daß der Messias und die Gerechten [42] vierhundert Jahre lang in Freuden leben werden . . . Und danach wird auch der Messias ganz wie die Gerechten sterben; daraufhin werden sieben Tage der Stille, die allgemeine Auferstehung und das Gericht über die Toten folgen (IV Esra VII, 28–31).

Im Buch der Geheimnisse des Henoch wird die messianische Zeit tausend Jahre währen, also ähnlich lange wie die in der Johannes-Apokalypse, und sie wird bei den Christen einen gewaltigen Erfolg haben. In II. Baruch ist das Reich des Messias ebenfalls von begrenzter Dauer. Die Toten werden dorthin jedoch nicht eingeladen. Die Gerechten und die Gottlosen werden erst dann auferstehen, «wenn die Zeit der Ankunft des Messias sich vollendet» und er «in Herrlichkeit zurückkehren» wird (I Baruch XXX, 1).

Die messianische Zeit wird im allgemeinen als eine Zeit von Frieden, Gerechtigkeit, großem Überfluß und materieller wie spiritueller Seligkeit aufgefaßt [43]. Nach I. Henoch heißt es:

«Allerlei liebliche Bäume werden auf ihr [= der Erde] gepflanzt werden; Weinstöcke wird man auf ihr pflanzen, und die auf ihr gepflanzten Weinstöcke werden Wein im Überfluß tragen, und von allem Samen, der auf ihr gesät wird, wird ein Maß tausend tragen, und ein Maß Oliven wird zehn Kufen Öl geben» (Kap. X, 19).

Der Herr offenbart Baruch eine Erde voller Genüsse:

«Auch wird die Erde ihre Frucht zehntausendfältig geben, und an einem Weinstocke werden tausend Ranken sein, und eine Ranke wird tausend Trauben tragen, und eine Traube wird tausend Beeren tragen und eine Beere wird ein Kor Wein bringen. Und die, die gehungert haben, sollen reichlich genießen; weiter aber sollen sie auch an jedem Tage Wunder schauen. Denn Winde werden von ihr ausgehen, um Morgen für Morgen den Duft der aromatischen Früchte mit sich zu führen, und am Ende des Tages Wolken, die heilungbringenden Tau herabträufeln» (Baruch XXIX, 5–7).

Die Auserwählten werden sich außerdem noch am Fleisch der Ungeheuer Behemoth und Leviathan gütlich tun können. So verschwenderisch die Autoren mit Einzelheiten über die messianische Zeit aufwarten, so wenig offenbaren sie uns über die abschließende Periode, die auf sie folgt. Im I. Buch Baruch erfahren wir lediglich, daß die Toten genau so auferstehen werden, wie sie einst ausgesehen hatten, damit sie vollkommen wiederzuerkennen sind. Nach dem Jüngsten Gericht wird der Körper der Gerechten verwandelt sein:

«Auch die herrliche Erscheinung derer, die jetzt aufgrund meines Gesetzes gerecht gehandelt haben, die Einsicht in ihrem Leben hatten und die die Wurzel der Weisheit in ihr Herz eingepflanzt haben – deren Glanz wird alsdann in verschiedener Gestalt erstrahlen, und das Aussehen ihrer Gesichter wird sich verwandeln in ihre leuchtende Schönheit, so daß sie annehmen und empfangen können die unsterbliche Welt, die ihnen alsdann verheißen ist» (Kap. LI, 3).

Und außerdem werden sie die Welt sehen,

«die ihnen jetzt unsichtbar ist, und sie werden die Zeit sehen, die jetzt vor ihnen verborgen ist. Und es wird sie auch nicht die Zeit altern lassen; denn in den (Himmels-)Höhen jener Welt werden sie wohnen und den Engeln gleichen und den Sternen vergleichbar sein, und sie werden verwandelt werden zu allen möglichen Gestalten, die sie sich nur wünschen, von der Schönheit bis zur Pracht und vom Lichte bis zum Glanze der Herrlichkeit. Dann werden vor ihnen ausgebreitet werden die weiten Räume des Paradieses, und es wird ihnen gezeigt werden die hoheitsvolle Schönheit der lebenden Wesen, die zunächst des Thrones sind, und aller Heerscharen der Engel, denn sie halten jetzt an meinem Worte fest, um (zunächst) unsichtbar zu werden, und sie halten an den Verordnungen fest, um an ihren Orten zu bleiben, bis herbei die Zeit kommt, wo sie (wieder) herbeikommen» (Kap. LI, 8–11).

In anderen Texten erscheinen die auferstandenen Körper von einer Lichtaura umgeben und in ähnlicher Gestalt wie die Engel; sie werden «mit dem Kleide der Herrlichkeit angetan sein» (I Henoch LXII, 15), sie werden strahlen im Glanz und werden sitzen auf Thronen der Herrlichkeit (I Henoch CVIII, 11–13).

Noch ausführlicher äußert sich das Buch der Geheimnisse des Henoch über die Natur des Paradieses, das den Gerechten als Erbe für alle Ewigkeit winkt:

«Und die Männer führten mich dorthin und ließen mich aufsteigen in den dritten Himmel und versetzten mich mitten in das Paradies. Und der Anblick dieses Ortes ist von einer Schönheit, die sich nicht wissen läßt: jeder Baum ist voller Blüte, jede Frucht reif, alle Nahrung immer in Überfluß, jeder Atemhauch voll Balsam. Und vier Flüsse strömen in ruhigem Lauf durch einen Garten, der alle Arten wohlschmeckender Dinge hervorbringt. Der Baum des Lebens steht an diesem Ort, wo der Herr rastet, wenn er sich in das Paradies begibt, und dieser Baum ist von einem unsagbar feinen Duft. Auch ein anderer Baum steht in der Nähe, ein Ölbaum, der ohn Unterlaß Öl rinnen läßt. Und jeder Baum trägt gute Früchte, es gibt keinen unfruchtbaren Baum, und der ganze Ort ist gesegnet. Und Engel wachen über das Paradies, Wesen von großem Glanz; mit unversiegender Stimme und einem süßen Gesang dienen sie dem Herrn alle Tage. Und ich rufe aus: ‹Wie schön ist dieser Ort!›» (II Henoch VIII).

Wer könnte Henoch da widersprechen? Ganz gewiß nicht die Rabbis, die den Talmud verfaßten.

Das rabbinische Judentum

Auf der Suche nach der verlorenen Eschatologie

Das talmudisch-rabbinisch-normativ-klassische Judentum

Die Zerstörung Jerusalems und seines Tempels im Jahre 70 sollte das Gesicht des Judentums von Grund auf verändern. Die Sadduzäer und die Essener werden sich von diesem Schlag nicht mehr erholen. Die Christen werden mit der Verlagerung ihres Gravitationszentrums von Jerusalem fort ebenfalls von der Bildfläche verschwinden. Die Pharisäer werden sich dies zunutze machen, um erneut ihre Tradition in den Vordergrund zu rücken [44]. Diese wird von den Rabbis [45] weitergeführt und weiterentwickelt werden, denen wir die Mischna und den Talmud verdanken, die Grundlage für das, was Jacob Neusner als «talmudisch-rabbinisch-normativ-klassisches Judentum» [46] bezeichnet und das wir vereinfacht das rabbinische Judentum oder kurz Judentum ganz allgemein nennen werden. Dieser Typus jüdischen Glaubens und jüdischer Theologie stellte bis in die Mitte des vorigen Jahrhunderts die praktisch unbestrittene religiöse Orthodoxie dar [47] und ist auch heute noch die allgemein dominierende.

Das rabbinische Judentum basiert auf einem dualen Verständnis der Thora (das heißt des Gesetzes oder vielmehr der Lebensführung mit all ihren religiös-sakralen und profan-«bürgerlichen», gesellschaftlichen Aspekten). Es erkennt ein geschriebenes Gesetz an, bestehend aus der Bibel und einem mündlichen Gesetz, das nach rabbinischer Überlieferung ebenfalls von Gott an Mose übergeben und im Talmud schriftlich festgehalten wurde [48]. Die Bibel – besonders die fünf ersten Bücher darin, die sogenannten Bücher Mose (die auch als Thora im strengen Sinne bezeichnet werden) – ist die zentrale Heilige Schrift und das Hauptfundament des Glaubens. Der Talmud legt sie aus, kommentiert sie und fügt gelegentlich Ergänzungen hinzu. Er umfaßt zwei Teile: die Mischna und die Gemara. Die Mischna, der Grundkodex der Vorschriften des mündlich überlieferten Gesetzes, wurde um das Jahr 200 von Jehuda dem Fürsten abgefaßt. Die Mischna wurde in den Talmud-Akademien von Palästina und Babylonien kommentiert, diskutiert und interpretiert. Diese Diskussionen wurden in der Gemara kompiliert. Die etwa um das Jahr 400 vervollständigte und der Mischna angefügte Gemara der Akademien von Palästina bildet den sogenannten Jerusalemer Talmud oder Talmud von Erets Israel. Der Babylonische Talmud, der im 6. Jahrhundert vollendet wurde, umfaßt die Mischna und die Gemara der Akademien von Babylonien. Er ist vollständiger als der Jerusalemer Talmud und generell von höherer Autorität. Über den Talmud hinaus bildet der Midrasch, er ist Studie und Kommentar zur Bibel, den anderen großen Literaturzweig der rabbinischen Tradition [49]. In der rabbinischen Literatur unterscheidet man traditionell zwischen der Halacha, die die religösen und weltlichen Vorschriften umfaßt, und der Haggada, in der die Homilien oder Bibelauslegungen, Erzählungen, Legenden, Gleichnisse und nicht-juristische Kommentare enthalten sind.

Daß das geschriebene Gesetz für die Verstorbenen ein nicht gerade beneidenswertes Los vorsieht, dürfte bekannt sein. Wir wollen daher versuchen, verständlich zu machen, was das mündliche Gesetz uns lehrt – aber das ist keine leichte Aufgabe. Die Eschatologie des Talmuds wurde von zahlreichen christlichen Theologen wie von neuzeitlichen jüdischen Gelehrten lange als unverständlich, widersprüchlich, ja sogar absurd betrachtet. In seinem am Ende des vorigen Jahrhunderts verfaßten Artikel «Himmel» gibt Pater Bernard eine Meinung wieder, die zu seiner Zeit weitverbreitet war:

«Was die rabbinische Literatur betrifft, so ergeht sie sich in inkonsistenten, eitlen und verwirrenden Einzelheiten.[...] Aber es ist sinnlos, von ihr Zeugnisse der eschatologischen Glaubensauffassungen des jüdischen Volkes zu verlangen, die der Religionsgeschichte von Nutzen sein könnten. Außerdem muß man zugeben, daß M. Israel Lévi mit der Wahrheit keineswegs zu weit gegangen war, als er über sie das harte Urteil sprach:

‹Die gesamten talmudischen Lehren sind ein wahres Chaos, in dem die disparatesten Auffassungen aufeinanderprallen und sich, man weiß nicht durch welches Wunder, zugleich miteinander vereinbaren lassen [50].›»

Jüdische oder christliche Gelehrte wie Kaufman Kohler, Joseph Klausner und George Foot Moore traten der talmudischen Eschatologie mit mehr Achtung gegenüber und haben ein wenig Licht und Ordnung in dieses Chaos gebracht [51]. Und dennoch ist dieses Thema nach wie vor nicht leicht zu erhellen. Wie Jacob Neusner nachwies [52], ist es tatsächlich unkorrekt, im eschatologischen wie auch in den anderen theologischen Bereichen von einer talmudischen oder rabbinischen Denkweise oder gar Doktrin zu sprechen. Die Rabbis hatten häufig voneinander abweichende Meinungen, und diese haben sich im Laufe der Jahrhunderte weiterentwickelt. Da die Eschatologie außerdem zum Bereich der Haggada gehört, erlaubten sich die Gelehrten in Ausarbeitung und Darstellung ihrer Auffassungen großzügige Freiheiten. Daher werden ihre Konzeptionen nur in den seltensten Fällen in einer systematischen Form präsentiert. Meist kommen sie auf eine sehr metaphorisch-bildliche Weise in Gleichnissen, Erzählungen, Legenden und Homilien zum Vorschein, in denen es zuweilen um völlig andere Fragen geht. Und um die Exegese noch unmöglicher zu machen, weichen die Rabbis schließlich auch noch im Gebrauch der Worte und Begriffe voneinander ab.

George Foot Moore hat aufgezeigt, daß der Versuch, die talmudischen Jenseits-Begriffe zu systematisieren, ein vergebliches Unterfangen ist. Ihre Bedeutung aus religiöser Sicht liegt, so eine These, in der definitiven Ausformung der Doktrin von der Belohnung nach dem Tode und nicht in der Art und Weise, wie sie bildlich vorgestellt wurde [53]. Die Leiden, die unaufhörlich auf das jüdische Volk niederfahren sollten, trugen dazu bei, daß das Jenseits zur privilegierten Domäne der Belohnung, Entschädigung und Wiedergutmachung für die Gerechten wurde.

Die Auferstehung der Toten

Die grundlegende Doktrin des rabbinischen Judentums im eschatologischen Bereich ist die Auferstehung der Toten [54]. Durch sie wird möglich, daß sich die Belohnung nach dem Tode sowohl auf den Leib als auch auf die Seele auswirkt. Ein Streitgespräch zwischen Kaiser

Antoninus und Rabbi [55] dürfte den Grund für die Auferstehung – wenn auch nicht die Art und Weise, wie sie vonstatten geht – verständlicher machen:

«Antoninus sprach zu Rabbi: Körper und Seele können sich ja beide von der Strafe befreien, indem der Körper sagen kann, die Seele habe gesündigt, denn seitdem sie von ihm fort ist, liegt er ja wie ein Stein im Grabe, und die Seele sagen kann, der Körper habe gesündigt, denn seitdem sie von ihm fort ist, schwebt sie wie ein Vogel in der Luft umher.

Dieser erwiderte ihm: Ich will dir im Gleichnis sagen, womit dies zu vergleichen ist. Einst hatte ein König aus Fleisch und Blut schöne Früchte in seinem Obstgarten, in dem er zwei Wächter aufgestellt hatte, einen lahmen und einen blinden. Da sprach der Lahme zum Blinden: ich sehe schöne Frühfrüchte im Garten; komm, laß mich auf dir reiten, und wir holen sie uns und essen. Hierauf setzte sich der Lahme auf den Blinden, und sie holten sie und aßen. Nach Verlauf von Tagen kam der Eigentümer des Obstgartens und fragte sie, wo denn die schönen Frühfrüchte hingekommen seien.

Der Lahme erwiderte: Habe ich denn Füße, um gehen zu können?

Der Blinde erwiderte: Habe ich denn Augen, um sehen zu können?

Was tat er nun? er setzte den Lahmen auf den Blinden und bestrafte sie zusammen. Ebenso verfährt auch der Heilige, gepriesen sei er; er holt die Seele und bringt sie in den Körper, sodann bestraft er sie zusammen [...]» (Babylonischer Talmud, Sanhedrin 91 a/b) [56].

Diejenigen, die die Auferstehung verneinen, werden in der Mischna von einem Bannfluch getroffen (Sanhedrin 10) [57]. Der Zutritt in die Welt, die da kommen wird, wird ihnen verwehrt werden. Und das wäre nur logisch! Die Rabbis haben außerdem die Auferstehung zum zweiten der achtzehn Segnungen des täglichen Gebets erklärt. Die rabbinischen Quellen wie auch die apokalyptische Literatur enthalten allerdings über den Zeitpunkt der Auferstehung nur unklare Angaben. Es wird angenommen, daß sie während der Tage des Messias stattfinden wird. Aber wann: am Anfang, in der Mitte oder am Ende, während des Jüngsten Gerichts und des Beginns der zukünftigen Welt? Wird sie für alle gelten oder nur für die Gerechten? Auf all diese Fragen wurden die unterschiedlichsten Antworten gegeben. Manche glauben sogar, daß es zwei Auferstehungen geben wird: eine erste für die Gerechten Israels zu Beginn der Zeit des Messias und eine zweite für die Gerechten der anderen Völker sowie für alle Schlechten am Ende der Tage des Messias, während des Jüngsten Gerichts.

Die Rabbis gehen im allgemeinen davon aus, daß die Auferstehung im Lande Israel stattfinden wird. Manche vertreten die Ansicht, daß nur die in Israel beerdigten Toten wieder zum Leben erweckt werden (Babylonischer Talmud, Kethuboth 111a); das ist der Grund dafür, weshalb viele so großen Wert darauf legen, in dieser Erde bestattet zu werden. Andere Rabbiner nehmen an, daß die Toten, die außerhalb des gelobten Landes bestattet sind, unter der Bedingung künftig wieder auferstehen können, daß ihr Körper dorthin überführt wird. Rabbi Ila ist der Auffassung, daß sie zum Lande Israel wandern und dort auferstehen werden. Als Rabbi Abba Sala dem entgegenhält, daß dies eine harte Prüfung bedeuten würde, antwortet Abbajje, daß eigens zu diesem Zweck «Rasthöhlen» angelegt würden (Kethuboth 11a).

Der sehr materielle Charakter der Auferstehung steht außer Zweifel, obgleich tiefe Uneinigkeit darüber herrscht, auf welche Weise die Körper wiederhergestellt werden. Im Midrasch Rabba [58] wird von einer schwerwiegenden Kontroverse zwischen den zwei pharisäischen Hauptschulen, der von Schammaj und der von Hillel, aus dem 1. Jahrhundert unserer Zeitrechnung berichtet. Laut Schammaj-Schule wird die Entwicklung des Körpers in künftigen Zeiten von derjenigen, wie sie in unserer Welt vor sich geht, abweichen. In der Welt hienieden werden zuerst die Haut und das Fleisch und zuletzt die Sehnen und Knochen gebildet. In der Jenseitswelt werden zuerst die Sehnen und Knochen erscheinen und dann erst Haut und Fleisch folgen. Für die Hillel-Schule wird die Entwicklung des Körpers dagegen in der zukünftigen Welt die gleiche wie in unserer sein. Jeder mag aus dieser Debatte die Schlüsse für sich ziehen, die ihm angebracht erscheinen. H. C. Cavallin ist der Meinung, daß die Hillel-Schule eine weniger materialistische Auffassung von der Auferstehung als die Schammaj-Schule hat [59]. Für die Hillel-Schule bestehe nämlich keine direkte stoffliche Beziehung zwischen den Überresten der Toten und ihrem auferstandenen Leib. Dieser sei Gegenstand einer neuen Schöpfung.

Woraus werden die Körper aber wiedererschaffen werden? So fragt Kaiser Hadrian den Rabbi Josua ben Hanania:

«Aus der Mandel der Wirbelsäule (*coccyx*).

– Woher weißt du das?

– Bring mir eine und ich werde es dir zeigen.

Rabbi Josua machte sich daran, sie in einer Mühle zu zermahlen, doch sie wurde nicht zu Mandelmehl. Dann brannte er sie im Feuer, doch sich wurde nicht aufgezehrt. Dann gab er sie ins Wasser, doch sie löste sich nicht auf. Dann legte er sie auf den Amboß und bearbeitete sie mit Hammerschlägen, doch der Amboß wurde gespalten und der Hammer brach entzwei, ohne sie zu beschädigen» (Genesis Rabba 28, 3) [60].

Die Rabbis befassen sich ferner mit der Frage, ob die Körper mitsamt ihren Fehlern und Gebrechen auferstehen oder ob sie geheilt werden. Laut Rabbi Hanina ben Hama werden sie mit ihren Fehlern und Gebrechen auferstehen, damit niemand behaupten kann, die Wiedererweckten seien nicht die gleichen wie die Gestorbenen (Ecclesiasticus Rabba 1, 4). Viele behaupten jedoch, daß diese körperlichen Behinderungen und Leiden anschließend geheilt werden (Sanhedrin 91 b). Ferner wird gelehrt, daß die auferweckten Gerechten künftig nicht mehr wieder zu Staub zerfallen, sondern ewig leben werden.

Werden die Körper nackt oder bekleidet auferstehen? Eine fundamentale Frage von höchst praktischer Wichtigkeit! Sie werden so auferstehen, wie sie ins Grab gelegt worden waren, das bedeutet: bekleidet. Das ließe sich logisch aus der Betrachtung eines Weizenkorns folgern, so erklärt Rabbi Meir der Königin Kleopatra:

«Wenn ein Weizenkorn, das nackt begraben wird, in viele Gewänder gehüllt hervorkommt, um wieviel mehr die Frommen, die in ihren Gewändern begraben werden!» (Sanhedrin 90b).

Dieser Glaube bewog die Familien der Hinterbliebenen, die Körper der Verstorbenen in die stattlichsten Gewänder zu kleiden. Schließlich nahmen die dafür nötigen Unkosten aber so irrwitzige Dimensionen an, daß manch einer lieber die sterbliche Hülle des Anverwandten im Stich ließ und die Flucht ergriff, anstatt sich in den Ruin zu stürzen. Rabban Gamaliel setzte diesem Brauch ein Ende, indem er sich in schmucklosem «Flachsgewand» bestatten ließ. Die ganze Welt folgte seinem Beispiel (Moed Katan 27b).

Manche Rabbiner des Talmuds und vor allem ihre Nachfolger haben die Spekulationen sogar noch weiter getrieben. Die meisten sind jedoch der Ansicht, daß man sich in Geduld üben müsse und daß bestimmte Geheimnisse erst im Augenblick der Auferstehung gelüftet würden. Auf die Frage: «Werden die Toten der zukünftigen Welt des Besprengens am dritten und am siebenten Tage [nach der Auferstehung] benötigen oder werden sie es nicht benötigen?» antwortet zum Beispiel Rabbi Josua ben Hanania: «Sobald sie auferstehen werden, werden wir darüber beraten» (Nidda 70b).

Die Toten werden während der Tage des Messias auferstehen, darüber ist man sich auf jeden Fall einig. Sehen wir uns nun einmal an, was die Talmud-Rabbiner über diese messianische Zeit lehren.

Die messianische Zeit

Die messianische Hoffnung als Hoffnung auf die Wiederherstellung der Nation und sehr oft auch als Verwirklichung einer irdischen Utopie wird für die Talmud-Rabbis wie für ihre Nachfolger eine fundamentale Rolle spielen [61]. Jacob Neusner nimmt an, daß die messianische Hoffnung und die Spekulationen über Identität und Ankunft des Messias erst im 4. Jahrhundert unserer Zeitrechnung als Reaktion auf den Erfolg des Christentums im römischen Imperium einen bedeutenden Stellenwert im rabbinischen Judentum erhielten [62].

Für andere Wissenschaftler war diese Hoffnung bereits während der vorchristlichen Jahrhunderte sehr intensiv ausgeprägt, aber in Schriften wie der Mischna ist davon kaum die Rede, denn sie ist kein Thema für sie.

In der rabbinischen Literatur durchläuft die Auffassung von der messianischen Zeit die gleiche Entwicklung wie in den apokalyptischen Texten. Die messianische Zeit, die ursprünglich die abschließende, mit der Auferstehung der Gerechten eröffnete Periode der Geschichte bedeutete, wird sich – ähnlich wie in den apokalyptischen

Büchern IV Esra und II Baruch – zu einer zeitlich begrenzten Periode entwickeln, auf die die allgemeine Auferstehung, das Jüngste Gericht und die abschließende Zeit, die «zukünftige Welt», folgen werden [63].

Ein solches eschatologisches Schema, das sich, wie es scheint, im Laufe der ersten Jahrhunderte unserer Zeitrechnung durchgesetzt hat, ist auch in der Johannes-Apokalypse des Neuen Testaments wiederzufinden. Über die Dauer der messianischen Zeit sind sich die Talmud-Rabbis kaum einig [64]. Rabbi Elieser ben Hyrkanos ist der Meinung, daß die Zeit des Messias nur vierzig Jahre lang dauern wird. Für Rabbi Eleazar ben Azaria wird sie siebzig Jahre währen. Nach Rabbi Dossa werden es vierhundert Jahre sein. Rabbi soll laut einer Quelle gesagt haben, sie werde drei Generationen lang, und nach einer anderen Quelle dreihundertfünfundsechzig Jahre dauern. Abami, Sohn des Rabbi Abachu, glaubt, die Zeit des Messias werde siebentausend Jahre dauern, während Rabbi Jehuda sich auf Samuel beruft und die Meinung vertritt, sie werde ebenso lange dauern wie der Zeitraum von der Schöpfung bis zur Gegenwart. Nach Rabbi Nachman ben Isaak hat man nicht bei der Schöpfung, sondern bei Noah mit der Zählung zu beginnen. Manche gehen sogar so weit, eine Dauer von 360 000 Jahren zu behaupten. Verschiedene Rabbis haben eine Dauer von tausend Jahren errechnet. Einige Kabbalisten übernahmen diese Zahl, obwohl manche von ihnen der Meinung waren, die Jahre der messianischen Zeit seien länger als die gegenwärtigen Jahre, denn die Planeten und Sterne würden sich langsamer bewegen.

Wie in den Schriften der Propheten wird auch hier der Zeit des Messias eine Periode grauenhafter Katastrophen vorausgehen, die häufig als «Geburtswehen» [65] bezeichnet werden. Daher hat das jüdische Volk oft geglaubt, daß die schrecklichsten Verfolgungen die Vorboten der herrlichsten Zeiten seien. Nach diesen Prüfungen werden die Gerechten Israels unter der Führung des Messias im Lande Israel den Genuß des Goldenen Zeitalters erleben. Die Verbannten werden wieder ins Land zurückkehren, und Jerusalem und sein Tempel werden wieder aufgebaut werden. In einer Ära von Frieden und Gerechtigkeit werden die Völker der Welt die geistliche und für man-

che auch die politische Oberhoheit Israels und seines Gottes anerken-
nen. Das Problem der Identität und Persönlichkeit des Messias be-
schäftigt die Rabbis weit mehr, als dies einst bei den Propheten der
Fall war. Wer wird der Messias sein? Wie wird man ihn erkennen?
Wann wird er kommen? Über diese Fragen wurden unendlich viele –
und bis heute leider unzutreffende – Spekulationen angestellt [66].
Oft waren die Folgen davon äußerst peinlich, wie etwa im Fall von
Bar Kochba, der von vielen, darunter auch von dem berühmten
Rabbi Akiba, als Messias anerkannt wurde. Der von ihm angeführte
Aufstand wurde jedoch zwischen 132 und 135 n. Chr. blutig niederge-
schlagen. Fünfzehn Jahrhunderte später trat Sabattai Zwi (gestorben 1676), ein weiterer berühmter Anwärter auf die Messias-Rolle,
nachdem er die Massen zuerst zum Aufstand gehetzt hatte, schließlich zum Islam über.

Für manche Gelehrte wird der einzige Unterschied zwischen unserer Welt und der messianischen Zeit in der Befreiung Israels bestehen. So glaubt Samuel, ein babylonischer Rabbi des 3. Jahrhunderts,
«zwischen dieser Welt und den messianischen Tagen gebe es keinen
anderen Unterschied als die Knechtschaft der Regierungen, denn es
heißt: ‹Nie wird der Bedürftigen im Lande aufhören› (Deut 15, 11)»
(Berakhoth 34b). Trotz der gegenteiligen Meinung von J. Sarachek
[67] scheint aber die Auffassung Samuels unter Seinesgleichen und
vor allem unter der Masse der Gläubigen nicht viel Unterstützung
gefunden zu haben.

Von der überwiegenden Mehrheit der Rabbis wird die Zeit des
Messias als übernatürlich, und zwar als ein Goldenes Zeitalter in
einer verklärten Welt verstanden [68]. Die ganze Erde wird sich dann
einer unerhörten Fruchtbarkeit erfreuen:

«Die Rabbis lehrten: Es sei eine Fülle des Getreides im Lande, auf
dem Gipfel der Berge (Ps 72, 6). Sie sagten: Dereinst wird das Weizenkorn gleich einer Dattelpalme zum Gipfel der Berge emporstei-
gen. Vielleicht glaubst du, es werde beschwerlich sein, es zu mähen,
so heißt es: es rauscht wie der Libanon seine Frucht; der Heilige, gepriesen sei er, wird aus seiner Schatzkammer einen Wind entfesseln,
der sein Feinmehl lösen wird; jedermann wird dann aufs Feld gehen
und volle Handteller heimbringen, zu seiner Verpflegung und zur

Verpflegung seiner Hausleute [...] Dereinst wird ein Weizenkorn beiden Nieren eines großen Ochsen gleichen [...] Nicht wie diese Welt ist die zukünftige Welt; in dieser Welt muß man sich quälen, den Wein zu lesen und zu treten, in der zukünftigen Welt aber wird man eine einzige Traube auf einem Wagen oder einem Kahne holen, sie in einen Winkel des Hauses legen und daraus wie aus einem großen Fasse brauchen; das Holz davon wird man unter dem Kochtopfe brennen. Du hast keine einzige Traube, die nicht dreißig Maß Wein faßt» (Kethuboth 111b).

An dieser Stelle ist auch zu erfahren, daß die Frau alle Tage gebären wird und daß die Bäume täglich Früchte bringen (Schabbat 30b). Die Gerechten werden aus dem Fleisch Leviathans einen Festschmaus zubereiten; was übrig bleibt, so heißt es, wird im Einzelhandel auf den Märkten Jerusalems verkauft werden (Baba Bathra 75a). Ein Midrasch faßt die Segnungen der messianischen Zeit zusammen (Exodus Rabba XV, 21). Darin erfährt man, daß der Herr zehn Aspekte der gegenwärtigen Welt erneuern wird:

– Er wird die ganze Welt erleuchten. Die Sonne wird neunundvierzigmal mehr Licht bringen und die Menschen heilen, wenn sie krank sind.

– Er wird direkt aus Jerusalem fließendes Wasser ableiten und damit die Kranken heilen.

– Die Bäume werden jeden Monat Früchte tragen, und diese Früchte werden diejenigen heilen, die sie essen.

– Alle zerstörten Städte, inklusive Sodom und Gomorrha, werden wieder aufgebaut werden.

– Er wird Jerusalem aus Saphiren wiederaufbauen. Diese Edelsteine werden strahlen wie die Sonne, und alle Gojim (Nationen) werden kommen, um die Herrlichkeit Israels zu schauen.

– Zwischen den Tieren wird Frieden herrschen.

– Mit den Tieren und ganz Israel wird ein Bund geschlossen werden.

– Es wird kein Weinen und Wehklagen mehr auf der Welt geben.

– Es wird keinen Tod mehr geben.

– Es wird kein Seufzen und Ängstigen mehr geben, sondern alle werden sich freuen.

Nun müssen wir uns zwei anderen Phasen innerhalb der rabbinischen Eschatologie zuwenden: der zwischen dem Tod und der Auferstehung und derjenigen, die auf die Zeit des Messias folgt. Beide Epochen werden häufig als die zukünftige Welt bezeichnet, obwohl man nach Ansicht mancher Schriftgelehrter nur die Zeit, die auf die messianische folgt, als zukünftige Welt bezeichnen kann, da die Zeit zwischen Tod und Auferstehung Gan Eden (Garten Eden) genannt wird.

Prolegomena zur zukünftigen Welt

Die Phase zwischen Tod und Auferstehung betrifft die vom Körper losgelöste Seele. Obwohl die talmudischen Rabbis an ein Fortleben der Seele nach dem Tode glaubten, blieben sie dennoch von der monistischen Anthropologie der Bibel geprägt und sprachen der Seele daher nur unter großem Zögern eine wirkliche geistliche Existenz zu. Wie Ephraim E. Urbach nachgewiesen hat, ist in der rabbinischen Lehre nicht von der Unsterblichkeit der Seele, sondern von ihrer Auferstehung die Rede [69]; die mittelalterlichen Philosophen dagegen sprechen in hohem Maße von der Unsterblichkeit der Seele. In der talmudischen Literatur lassen sich zwei Auffassungen von der Art des Zwischenstadiums zwischen Tod und Auferstehung unterscheiden. Nach der ersten haben die losgelösten Seelen nur sehr beschränkte Funktionen und Fähigkeiten. Die Seele sorgt lediglich für den Fortbestand des Individuums bis zur Auferstehung. Im allgemeinen waren die Rabbis der Ansicht, daß die Seele der Gerechten zunächst noch in der Nähe des Leichnams verbleibt, bis dieser vollkommen zerfallen ist, und dann, um sich auszuruhen, zu Aufbewahrungsorten aufsteigt, die sich unter dem Thron der Herrlichkeit befinden. Dieser wird meistens im siebenten Himmel, genannt Arabot, lokalisiert. Die Seelen der Gottlosen irren dagegen elend und ohne Bleibe auf Erden umher. Auf wirkliche Belohnungen und Bestrafungen hat man sich bis zur Auferstehung und dem Jüngsten Gericht zu gedulden. Die zweite der genannten Auffassungen lehrt dagegen, daß Lohn und Strafe unmittelbar nach dem Tod erfolgen. Die Seelen der Gerechten werden direkt in den Genuß der Seligkeiten des Gartens Eden kommen, während die der Schlechten die Qualen der Gehenna oder Hölle erleiden werden. Beiden Auffassungen begegnen wir auch bei den christlichen Kirchenvätern wieder. Die sogenannte zukünftige Welt, die auf die messianische Zeit folgt, ist nicht mehr die der getrennten Seelen, sondern die der auferstandenen Körper.

Es ist ungemein schwierig, diese beiden Perioden – ähnlich wie die messianische Zeit – konkreter zu differenzieren. Der Wohnort der Seelen der Auserwählten wird häufig Gan Eden genannt; aber Gan Eden bezeichnet manchmal auch die endgültige Bleibe der auferstandenen Körper. Vielfach ist nicht zu erkennen, so schreibt G. F. Moore, ob vom Wohnort der entkörperten Seelen oder von dem der wiederverkörperten Seelen, also vom wiedergefundenen Paradies die Rede ist [70]. Die nämliche Uneindeutigkeit herrscht in der Verwendung des Begriffes «zukünftige Welt», der sich manchmal auf die Zeit des Messias, manchmal auf die neue Situation nach der Auferstehung, gelegentlich auch auf den Zustand der Seele zwischen Tod und Auferstehung bezieht. Es ist anzunehmen, so G. F. Moore, daß diese Phasen der Zukunft im Denken nicht so klar voneinander geschieden wurden, wie man es sich gewünscht hätte. Zu diesen semantischen Schwierigkeiten kommt noch hinzu, daß die Rabbis sich im allgemeinen nicht sehr ausführlich über die künftige Welt geäußert haben. Nach der Mehrzahl der Rabbis des Talmuds gilt:

«Sämtliche Propheten haben geweissagt nur über die messianischen Tage, von der zukünftigen Welt aber (heißt es): ‹Es hat außer dir, o Gott, kein Auge geschaut›» (Berakhoth 34b).

Wenn es darum geht, diese zukünftige Welt zu beschreiben, beruft sich die rabbinische Literatur häufig auf einen Wahlspruch von Rabh [71]:

«In der zukünftigen Welt gibt es weder Essen noch Trinken noch Fortpflanzung und Vermehrung, noch Kauf und Verkauf, noch Neid, Haß und Streit, vielmehr sitzen die Gerechten mit ihren Kronen auf ihren Häuptern und weiden sich am Glanze der Göttlichkeit» (Berakhoth 17a).

Aus dieser Talmudstelle läßt sich im Grunde nur schließen, daß andere Leute wiederum meinen, daß man hier auf dieser Welt stets essen, trinken und Kinder in die Welt setzen wird. Zum Glück gab es aber auch Autoren, die gesprächiger waren, so daß wir in der Lage sind, zu einer Reise durch die zukünftige Welt aufzubrechen. Aber zuvor wollen wir uns noch der Frage zuwenden, ob die jüdischen Philosophen des Mittelalters uns nicht nähere Erläuterungen über die Eschatologie der talmudischen Rabbis geben können.

Erläuterungen und Spekulationen

Die mittelalterlichen Philosophen waren wie ihre christlichen und muslimischen Kollegen bestrebt, Glaube und Ratio mit Hilfe der Methoden und Kategorien der griechischen Philosophie miteinander zu vereinen [72]. Sie haben sich bemüht, die Grundprinzipien des Judentums zu definieren und sie in systematischer und kohärenter Form darzustellen. Sie haben insbesondere versucht, in die talmudischen Jenseitsauffassungen etwas Ordnung zu bringen [73], und kamen dabei zu stark voneinander abweichenden Schlußfolgerungen. Die drei bekanntesten Synthesen sind die von Gaon Saadia ben Joseph (882–942), Maimonides (1135–1204) und Nachmanides (1194–1270). Jeder von ihnen repräsentiert eine andere Facette des mittelalterlichen jüdischen Denkens.

Saadia gilt als der Vater dieser geistigen Bewegung. Als Gaon (Leiter) der Talmud-Schule von Sura in Babylonien war er die höchste talmudische Autorität seiner Zeit. Saadia kann als der direkteste und repräsentativste Erbe der Rabbis betrachtet werden, die den Babylonischen Talmud drei Jahrhunderte vor seiner Geburt vervollständigt hatten. Rabbi Moses ben Maimon, bekannter unter dem Namen Maimonides, ist nicht nur der größte jüdische Philosoph des Mittelalters, sondern einer der größten Philosophen von allen Religionen und Kategorien überhaupt. Manche nennen ihn den jüdischen Aristoteles. Aber bei all seiner Vorliebe für die griechische Philosophie darf man nicht vergessen, daß Maimonides auch eine große Autorität auf dem Gebiet des Talmuds war. In jüdischen Gemeinden war er nämlich aufgrund seiner Kommentare zur Mischna sowie aufgrund seiner *Mischne Thora* (einer Sammlung von Vorschriften zum mündlichen Gesetz) bekannter und geachteter als aufgrund seines philosophischen *magnum opus*, des *Führers der Unschlüssigen*. Unser dritter Experte, Rabbi Moses Nachman, genannt Nachmanides, war die größte Autorität auf den Gebieten Recht und Religion innerhalb des spanischen Judentums seiner Zeit. Er hatte die auszeichnende und gefürchtete Ehre, im Jahre 1263 in Gegenwart von König Jaime I. an einer berühmten Disputation gegen den Apostaten Pablo Christiani teilzunehmen. Ebenfalls ist von Interesse, daß er dem kabbalistischen Kreis von Gerona angehörte. Die Kabbala beginnt sich im 12. Jahrhundert allmählich aus einer Tradition zu entwickeln, die bereits wesentlich älter ist [74]. Sie umfaßt zugleich ein esoterisches Wissen sowie eine gewisse Lebens- und Verhaltensform, mit deren meditativen und ekstatischen Praktiken der Eingeweihte in der Lage ist, in größere Nähe zu Gott zu rücken, ihn besser zu begreifen und mit ihm zu kommunizieren. Wie Gerschom Scholem aufgezeigt hat, wäre es unexakt, zwischen dem rabbinischen Judentum und der Kabbala eine Opposition zu sehen, obgleich häufig ein spannungsreiches Verhältnis zwischen ihnen herrschte – denn schließlich war Nachmanides eine bedeutende rabbinische und kabbalistische Autorität zugleich!

Unsere drei Experten beziehen die messianische Zeit, die Auferstehung sowie die zukünftige Welt in ihr eschatologisches System mit ein. Alle drei berufen sich auf den bereits zitierten Wahlspruch Rabhs, um die künftige Welt zu definieren. Aber hinter dieser scheinbaren Übereinstimmung verbergen sich Unterschiede von erheblicher Tiefe.

Gaon Saadia

In seinem *Buch der Glaubenssätze und Meinungen* [75] unternimmt Saadia, ausgehend von der Heiligen Schrift, der rabbinischen Überlieferung und der Ratio, den Versuch, die Grundprinzipien des jüdischen Glaubens systematisch und zusammenhängend zu definieren und darzustellen. Ein beträchtlicher Teil dieses Werkes ist der Erlösung Israels (Ankunft des Messias und messianisches Zeitalter), der Auferstehung und der zukünftigen Welt gewidmet. Für Saadia setzt diese am Ende der Zeit des Messias und nicht bereits sofort nach dem Tode ein. Saadia vertritt die These, daß die Seele der Gerechten in der Zeit zwischen dem Tod und der Auferstehung unter dem Thron der Herrlichkeit ruht. An diesen Bestimmungsort begibt sie sich erst, nachdem sie bei ihrem Körper bis zu dessen Zerfall geweilt hat. Dies versetzt sie, so lehrt Saadia, in eine große Traurigkeit, die jener ähnlich ist, die jemand beim Anblick der Trümmer des Hauses empfände, in dem er einst gerne gewohnt hat. Die Belohnung der Gerechten Israels setzt mit der Ankunft des Messias ein. Saadia, für den der Talmud, was dieses Thema betrifft, nicht unbedingt klarer ist als für uns, stellt sich die Frage, zu welchem Zeitpunkt die Auferstehung stattfindet. Am Anfang oder am Ende der messianischen Zeit? Nach seinen Untersuchungen gelangt er zu dem Schluß, daß die Gerechten Israels, und nur sie allein, im Augenblick der Ankunft des Messias auferstehen werden. Er gibt an, daß dieser Glaube unter den Volksmassen weit verbreitet ist, woraus man folgern kann, daß er unter den Schriftgelehrten weniger verbreitet ist. Dieser Bonus ist also aufgrund ihrer in dieser Welt erlittenen Leiden und Entbehrungen allein für die Gerechten Israels reserviert. Die Gerechten der anderen Länder und Völker sowie alle Sünder und Gottlosen müssen mit der Auferstehung bis zum Ende der messianischen Zeit warten. Dann wird das Jüngste Gericht stattfinden. Die Auferstandenen und diejenigen, die noch am Leben sind, wenn die Zeit des Messias angebrochen ist, werden in den Genuß politischer Unabhängigkeit sowie der materiellen und geistigen Seligkeiten kommen, die von den Propheten für eine verklärte Welt verheißen wurden. Saadia spart nicht an Worten über die Wunderdinge der messianischen Zeit. Lange Ausführungen widmet er der Rückkehr der Zerstreuten und bezieht sich dabei auf Bibelstellen, die zuweilen arg aus dem Zusammenhang gerissen sind. Die Völker der Welt werden sich Israel unterwerfen und bestrebt sein, dem Messias zu gefallen, indem sie mit allen Mitteln dazu beitragen, daß die bei ihnen in der Fremde lebenden Israeliten unter luxuriösesten Bedingungen wieder in ihrer Heimat eingebürgert werden können. Diejenigen, die in der Wüste weilen, oder solche, die kein Volk im Rücken haben, das ihnen zur Rückkehr nach Jerusalem verhilft, werden durch Gottes Hand so geschwind in ihre Heimat zurückgebracht, als hätte sie eine Wolke in die Lüfte gehoben und entführt. Während der messianischen Zeit wird das Licht der Gegenwart Gottes mit ungeheuerem Strahlen über dem Tempel scheinen. Alle Welt wird die Gabe der Weissagung besitzen, selbst die Sklaven und die Kinder. Ein Bereich, in dem sie prophetisch in die Zukunft blicken können werden, so lehrt uns Saadia, ist zum Beispiel der Fortbestand des Ehebundes während der messianischen Zeit für diejenigen, die dann wieder auferstehen. Auf alle Fälle wird man aber während der Zeit des Messias trinken, essen und Kinder zeugen können.

Diejenigen, die zu ihren Lebzeiten in die messianische Zeit hineingeboren werden, werden erst sterben, nachdem sie ungefähr fünfhundert Jahre gelebt haben. Aber sie können ganz beruhigt sein – sie werden anschließend ein weiteres Mal auferstehen, um teilzuhaben an der darauffolgenden zukünftigen Welt! Diejenigen, die zu Beginn der Zeit des Messias auferstanden sind, werden ewig leben und werden in das abschließende Äon, die zukünftige Welt, gelangen. Diese wird beginnen, sobald die volle Anzahl der Seelen, die insgesamt geschaffen werden muß, erreicht sein wird. Dann werden alle Toten auferstehen, um ewige Belohnung oder ewige Bestrafung zu empfangen. Unter Berufung auf Rabhs Ausspruch behauptet Saadia, daß es in der künftigen Welt weder Trinken noch Essen, noch Handeltreiben, noch Kinderzeugen geben wird. Wenn sich jemand fragt, wie die Auferstandenen ohne zu trinken und zu essen auskommen können, braucht man ihm laut Saadia nur das Beispiel Moses vor Augen zu halten, der ohne Nahrung vierzig Tage auf dem Berge Sinai verbrachte.

Die Atmosphäre wird von einer anderen Beschaffenheit sein, und die Körper werden sich vom Licht ernähren. Der Lohn für die Tugendhaften, Gan Eden, wird eine leuchtende Substanz sein, die sie erleuchten wird. Diese Substanz wird die Gottlosen verbrennen.

Maimonides und die Unsterblichkeit der Seele

Maimonides weist in seinem Kommentar zum Traktat Sanhedrin der Mischna [76] darauf hin, daß über das Thema der Belohnung derer, die die Gebote der Thora einhalten, große Unklarheit unter den Juden herrscht. Manche sind der Ansicht, schreibt Maimonides, daß Belohnung und Bestrafung während des irdischen Daseins in Form von langem Leben, zahlreicher Nachkommenschaft, Frieden und

Wohlstand empfangen werden. Dabei berufen sie sich auf die Schriften. Die anderen gehen wiederum davon aus, daß Vergütungen und Ahndungen auch nach dem Tode – und dann ganz besonders – verteilt werden. Die einzelnen Gruppen lassen sich in vier Kategorien einteilen. Jede findet stets die Stellen der Heiligen Schriften und die Worte der Weisen, die, wenn wörtlich interpretiert, ihre jeweilige Konzeption zu rechtfertigen scheinen.

Eine erste Kategorie von Denkern glaubt, daß die Belohnung für ein gutes Leben der Garten Eden sei, in dem es ohne Mühe und Arbeit Speis und Trank und Überfluß geben werde. Dort werde man Wohnungen aus kostbaren Edelsteinen, Betten aus Seide, Flüsse von Wein und feinsten Ölen und dergleichen mehr vorfinden. Einer zweiten Kategorie gemäß wird der Lohn in den Tagen des Messias bestehen. Dann werden die wunderbarsten Dinge geschehen, die Erde werde bereits fertig gewebte Gewänder und fertig gebackenes Brot hervorbringen. Andere wieder, die dritte Kategorie, sind der Meinung, daß das erhoffte Gut die Auferstehung der Toten sei. Die Auferweckten werden essen und trinken und bis in alle Ewigkeit in Gesellschaft ihrer Familie leben. Die letzte Kategorie schließlich, die zahlreichste, kombiniert all diese Ansichten und erklärt, daß das erhoffte Glück die Ankunft des Messias sei, der die Toten wieder zum Leben erwecken und in den Garten Eden führen werde, wo sie essen und trinken und auf ewig bei bester Gesundheit leben werden.

Maimonides empört sich vehement über diese Auffassungen, die die Belohnung für ein tugendvolles Leben in rein materialistischen Formen ins Auge fassen. Die Verheißung von materiellen Belohnungen und leiblichen Genüssen diene lediglich dazu, bei Kindern und Ungebildeten die Lust auf das Studium der Thora zu erwecken. Die wahren Weisen wüßten dagegen, daß Studieren und Befolgen des Gesetzes nicht durch die Aussicht auf Belohnungen motiviert werden darf, sondern daß es sich dabei um einen Wert an sich handle. Sie wüßten auch, daß die Talmud- und Bibelstellen, die sich auf materiellen Lohn beziehen, als tiefgründige Gleichnisse zu deuten sind. Der höchste Lohn für die Gerechten sei nicht materieller Natur, sondern die künftige Welt [77], die als eine geistige, spirituelle Welt zu verstehen sei. Die Strafe für diejenigen, die die Gebote der Thora übertreten, sei nicht die Gehenna, sondern die Vorenthaltung der künftigen Welt – und damit die Vernichtung. Nach Maimonides ist die Welt, die einst kommen wird, ein unstoffliches Universum, in dem die physischen Körper nicht zugegen sind. Schließlich lehren uns die Weisen doch, daß es in jener Welt weder Speise, noch Trank, noch sexuelle Beziehungen geben wird! Wozu soll aber ein Körper noch nützlich sein, wenn es weder Nahrung noch Sexualität gibt? Gott, so läßt uns Maimonides wissen, schöpft jedoch niemals etwas Nutzloses. Also kann man davon ausgehen, daß es in der zukünftigen Welt keine Körper geben wird. Diese Welt ist nämlich das Universum der Seelen, die körperlos sind wie die Engel. Außerdem ist für Maimonides der unsterbliche Teil der Seele, der nach dem Tode weiter existiert, der erlangte Verstand, das heißt der intellektuelle oder Verstandesteil der Seele, der durch das metaphysische Denken entwickelt wurde. Die geistige Glückseligkeit der Seele wird in der Gegenwart und im Erkennen Gottes bestehen. Dieses Glück kann die Seele sogleich nach dem Tode genießen. Materie und physische Dinge existieren ebenfalls nicht mehr in der zukünftigen Welt. In seinem Werk *Mischne Thora* wird sich Maimonides sehr wohl bewußt, daß diese Auffassung nicht gerade attraktiv sein wird für diejenigen, die sich vorstellen, daß «der Lohn, der die Befolgung der Gebote und die vollkommene Ausübung des wahren Gesetzes krönt, nur darin besteht, erlesene Speisen und Getränke zu genießen, hinreißende Beischläferinnen zu besitzen, sich in Gewänder aus feinem, mit Stickereien oder vielfältigen Farben verziertem Leinen zu kleiden, in Zelten aus Elfenbein zu wohnen, Geschirr aus Gold oder Silber zu benützen oder Vorzüge ähnlicher Art zu genießen [78].»

Aber, fügt er hinzu, die Weisen wissen sehr wohl, daß diese Dinge leer und eitel sind und daß sie nur für Wesen begehrenswert sind, die mit einem Körper behaftet sind. Um wie vieles größer sind dagegen die geistigen Seligkeiten der zukünftigen Welt, die sich weder bildlich vorstellen noch mit irgend etwas hier auf Erden Existierendem vergleichen lassen.

Was wird aber aus der Auferstehung werden, wenn die zukünftige Welt die ewige Belohnung für die Seelen ist? Die Haltung des Maimonides in der Auferstehungsfrage war seinen Zeitgenossen sehr zwiespältig vorgekommen, obwohl er sie als dreizehntes und letztes zu seinen Grundprinzipien des Judentums gerechnet hatte. Unter dem Druck der Anklage, er würde nicht an sie glauben, mußte er ein Dementi verfassen, seinen *Brief über die Auferstehung*. Die Fachgelehrten fragen sich auch heute noch, ob Maimonides aufrichtig an die Auferstehung der Toten glaubte oder ob er sie aus religiösem Konformismus erwähnte oder schlicht aus Furcht vor dem Sultan, der kein Federlesens machte mit denen, die auf islamischem Boden ein so fundamentales Dogma des islamischen Glaubens offen ablehnten. Für Maimonides findet die Auferstehung der Gerechten am Anfang der messianischen Zeit statt; der Glaube an die Ankunft des Messias als Nachfahre von David und Salomo ist das zwölfte seiner Prinzipien des jüdischen Glaubens. Maimonides ist wie Samuel der Meinung, daß der einzige Unterschied zwischen der gegenwärtigen Welt und der Zeit des Messias in der Erneuerung Israels besteht. Der Frieden, der dann herrschen wird, wird den wirtschaftlichen Wohlstand fördern und somit den Weisen mehr Zeit auf das Studium der Thora gewähren. Der Garten Eden, der sich irgendwo auf Erden befindet, wird entdeckt werden und den Lebenden zur Verfügung stehen. Diese, ob auferstanden oder nicht, werden nicht ewig leben, sie werden lediglich dank des Friedens und materiellen Wohlstandes in den Genuß eines sehr langen Lebens gelangen. Bei ihrem Tode wird sich ihre Seele in die künftige Welt begeben, wo sie für immer bleiben wird. Die Auffassungen des Maimonides waren ziemlich heterodox. Er war einer der wenigen, wenn nicht gar der einzige mittelalterliche jüdische Philosoph, der den Glaubensstandpunkt vertrat, daß die abschließende Welt eine Welt der desinkarnierten Seelen sein wird, und damit stieß er auf Kritik, insbesondere bei Nachmanides und bei Chasdai Crescas (1340–1410) [79], einem der letzten großen jüdischen Philosophen des Mittelalters.

Maimonides spricht wie auch andere jüdische Philosophen seiner Zeit nicht *strictu sensu* von der Unsterblichkeit der Seele, sondern eher von einem Fortleben der Seele. Die Seelen sind mithin nicht von Natur aus unsterblich, sondern sie müssen sich ihre Unsterblichkeit, die eine Gabe Gottes ist, erst verdienen. Diejenigen, die sie nicht hinreichend verdient haben, werden nach dem Tode vernichtet werden.

Der große Philosoph Moses Mendelssohn (1729–1786) [80], der Großvater des Komponisten, wird dagegen noch von der Unsterblichkeit der Seele sprechen. Da alle Seelen nach Bestrafung mancher von ihnen die Glückseligkeit der zukünftigen Welt genießen sollen, erhebt Mendelssohn dann in seinem *Phaidon* den Anspruch, die Unsterblichkeit der Seele mit Hilfe der Ratio zu beweisen. Kant wird diesen logischen Gedankengang Mendelssohns widerlegen und die Unsterblichkeit der Seele als ein Postulat der praktischen Vernunft aufstellen. Die «modernistischen» Juden sollten in der Folgezeit der Unsterblichkeit der Seele gegenüber der Auferstehung der Körper den Vorrang einräumen. Diese letztere Doktrin wurde von der amerikanischen Fortschrittsbewegung 1885 auf der Konferenz von Pittsburgh zum alten Eisen geworfen. Während die Doktrin von der Unsterblichkeit der Seele erneut bekräftigt wurde, verwarf Artikel 7 der «Plattform» von Pittsburgh die Auffassungen von der Auferstehung der Körper, von Gehenna und Eden, da diese nicht in der Überlieferung der jüdischen Religion verankert seien. Die orthodoxen Juden waren und sind damit natürlich nicht einverstanden.

Nachmanides und die Kabbala

Nachmanides formuliert seine ablehnende Haltung gegenüber Maimonides in seinem Traktat *Scha'ar Cha-Gemul* («Das Tor der Belohnung») [81]. Es ist nicht im geringsten daran zu zweifeln, so behauptet er, daß nach Auffassung der Weisen die zukünftige Welt nicht die Welt der Seelen nach dem Tode, sondern die Welt der auferstandenen Körper ist. Die Auferstehung werde am Ende des messianischen Zeitalters während des Jüngsten Gerichts – und zwar generell für alle – erfolgen. Anfangs werden die auferstandenen Körper völlig stofflicher Natur und in der Lage sein, die Freuden und Genüsse des irdischen Gan Eden auf physische Art und Weise zu genießen. Nach dieser normalen physischen Existenz werden sich die wiedererstandenen Körper läutern. Aus einer besonders feinen Essenz beschaffen, werden sie, den Worten des Rabh entsprechend, ein rein geistiges Leben führen. Sie werden sich von feinstofflichen und ätherischen Substanzen ernähren [82]. Wozu einen Körper mit seinen organischen

Funktionen bewahren, wenn sie zu nichts mehr nutze sind, wird sich so mancher fragen. Dies geschieht deshalb, antwortet Nachmanides, weil der Körper mit der anschließenden Belohnung verbunden sein muß. Außerdem seien in der Form des Körpers tiefe Geheimnisse enthalten. Nachmanides bezieht sich dabei auf kabbalistische Vorstellungen, wonach der menschliche Körper ein irdischer Spiegel von zutiefst spirituellen Mysterien ist. Aber mehr wünscht er offensichtlich nicht zu verraten.

Für Nachmanides heißt der Aufenthaltsort der Seelen der Gerechten zwischen Tod und Auferstehung Gan Eden. Der irdische Gan Eden liegt an einem noch unbekannten Ort, dort, wo die vier in der Genesis genannten Flüsse ihren gemeinsamen Ursprung haben. Die Geographen stellten die Hypothese an, daß er sich unterhalb des Äquators befinden müsse [83]. Die Heilkundebücher der Griechen und das Buch von Asaph dem Juden berichten von einer Expedition in die Gegend von Indien, die Äskulap zusammen mit vierzig Magiern unternommen habe, um den Baum des Lebens und bestimmte Heilpflanzen zu finden. Sie sollen bis an die Grenzen des Paradieses gelangt sein. Alle, bis auf einen, wurden jedoch durch das wirbelnde Flammenschwert, das seinen Zugang schützt, zu Asche versengt [84]. Gegenüber von Gan Eden liegt Gehenna, ein real existierender Ort, wo die Seelen der Bösen bestraft werden. Die Seelen der Gerechten können, wenn sie sich von Gan Eden aus in die Lüfte schwingen, zu ihnen hinüberschauen, was ihnen übrigens durchaus Spaß zu machen scheint. Zwölf Monate lang genießen sie die Freuden des irdischen Gan Eden. Obgleich von ihrer Körperlichkeit entblößt, bleiben die Seelen auf gewisse Weise dennoch mit ihren verstorbenen Körpern in Verbindung. Anschließend gelangen sie in den himmlischen Gan Eden, wo sie noch feinsinnigere und vergeistigtere Freuden kosten. Nachmanides warnt jedoch den Leser sogleich, daß Gan Eden gleichzeitig wörtlich und auch allegorisch gedeutet werden muß. Das ist natürlich eine Anspielung auf esoterische Kenntnisse, die er aber nicht mitzuteilen wünscht. Diejenigen, die wissen, wovon ich rede, werden schon verstehen, was ich meine, läßt er zwischen den Zeilen anklingen; die anderen werden verstehen, daß sie nicht alles oder überhaupt nichts verstehen.

Die Kabbala wird sich in der Folgezeit als sehr schöpferisch in Auslassungen über den irdischen und himmlischen Gan Eden erweisen. Der Sohar, ein fundamentales Werk der Kabbala, das Ende des 13.Jahrhunderts von Moses de León (1250–1305) verfaßt wurde, enthält ausführliche Beschreibungen dieses Paradieses. Nach Nachmanides werden die meisten Kabbalisten das Schicksal der drei Teile, aus denen gemäß ihrer Lehre die Seele besteht, trennen. Der untere Teil, genannt Nefesch, ist die Quelle der Bewegung, des Instinkts und der Empfindungen. Die Nefesch verbleibt nach dem Tode im Grab, wo ihr die Strafen für ihre Vergehen auferlegt werden. Die Ruach, die dem moralischen Element der Seele entspricht, tritt nach zwölf Monaten der Züchtigung in den irdischen Gan Eden ein. Die Neschama, der geistige, spirituelle Teil, der die Thora studiert und bestrebt ist, Gott zu erkennen, steigt in den himmlischen Gan Eden auf, wo sie in den Genuß der göttlichen Gegenwart gelangt. Für viele Kabbalisten muß die Neschama so oft wie möglich durch die aufeinanderfolgenden Seelenwanderungen, Gilgul genannt, geläutert werden. Auf diesem Wege können die mittelmäßigen Seelen ihre Fehler wiedergutmachen, indem sie sich auf Erden reinkarnieren. Für die meisten Kabbalisten hat die Seele die Möglichkeit, sich dreimal zu reinkarnieren. Für manche von ihnen können die Rechtschaffenen sich sogar unzählig oft reinkarnieren.

Nachmanides hat von der messianischen Zeit eine «naturalistische» Auffassung, die ihn in die Nähe von Samuel und Maimonides rückt. Nach der Austreibung der Juden aus Spanien im Jahre 1492 wird der Messianismus bei den Kabbalisten Moses Cordovero (1522–1576), Isaak Luria (1519–1572) und ihren Schülern eine ganz besondere Bedeutung erlangen [85]. Die Ankunft des Messias wird innerhalb des großen kosmischen Dramas eine entscheidende Rolle spielen. Gleichgewicht und Harmonie des Kosmos sind vor der Schöpfung zerbrochen worden (Bruch der Vasen bei Luria). Dieses Ungleichgewicht wurde aber während der Zeit des Gartens Eden keineswegs wieder aufgehoben, sondern durch die Sünde von Adam und Eva sogar noch verschlimmert. Auf diese Weise wurde die göttliche Harmonie definitiv zerstört und die göttliche Gegenwart (Schechina) «verbannt». In diesem Kontext ist die Zerstreuung der Kinder Israel in alle Welt nicht mehr die Reaktion Gottes, um Israel zu strafen oder zu prüfen, sondern sie ist Teil des kosmischen Dramas, wird zur Wiederherstellung dieser Harmonie beitragen und der Verbannung der Schechina ein Ende setzen. Für Moses Cordovero wird jeder Mensch dem Grad seiner Vergeistigung entsprechend die messianische Zeit auf eine andere Art erleben. Die große Masse der Gläubigen wird vor allem in den Genuß der politischen Befreiung und des materiellen Überflusses gelangen. Für den Weisen, mit der esoterischen Lesart der Thora Vertrauten wird die Befreiung vor allem geistig-spiritueller Art sein, die verborgenen Geheimnisse der Thora werden sich ihm offenbaren, er wird in einem von der göttlichen Harmonie erfüllten Universum ein höheres Niveau der Vergeistigung erreichen.

Reise in die zukünftige Welt

Die rabbinische Tradition rät von Spekulationen über die zukünftige Welt ab. Zum Glück haben sich aber verschiedene Autoren nicht an diesen weisen Rat gehalten und ihrer Phantasie und Intuition freien Lauf gelassen. Bevor wir in die künftige Welt aufbrechen, müssen wir zuerst das Problem lösen, wie wir überhaupt eine Aufenthaltsgenehmigung für sie bekommen.

Wer hat Recht und Anspruch auf die zukünftige Welt?

Die Frage, wer zur künftigen Welt Zutritt erhält und wer aus ihr ausgeschlossen bleibt, hat die Rabbis des Talmuds natürlich besonders beschäftigt. Der *Traktat Sanhedrin* der *Mischna* enthält die offiziell gültige Antwort.

«Ganz Israel hat einen Anteil an der zukünftigen Welt, denn es heißt: dein Volk besteht aus lauter Gerechten; für immer werden sie das Land in Besitz nehmen; es ist der Sproß meiner Pflanzung, das Werk meiner Hände zur Verherrlichung. Folgende haben keinen Anteil an der zukünftigen Welt: Wer sagt, die Auferstehung der Toten befinde sich nicht in der Thora, (wer sagt,) die Thora sei nicht vom Himmel, und der Gottesleugner. R. Akiba sagt, auch wer die außenseitigen Bücher liest und wer über eine Wunde flüstert und spricht: Keine der Krankheiten, die ich über die Miçrijim gebracht, werde ich über dich bringen, denn ich, der Herr, bin dein Arzt. Abba Saul sagt, auch wer den Gottesnamen buchstäblich ausspricht» (Sanhedrin 90a).

Im Anschluß daran fügt die Mischna noch hinzu, daß drei Könige und vier bestimmte Menschen keinen Zutritt zur zukünftigen Welt haben werden, sowie mehrere Gruppen von Individuen, darunter die Generation der Sintflut, die der Zerstreuung, die Einwohner von Sodom und die Spione. Da drängen sich sofort zwei Fragen auf: Gelangen die Erwählten auf direktem Wege in die zukünftige Welt oder müssen sie zuvor erst geläutert werden? Und was wird aus den anderen? Eine berühmte Stelle aus dem *Traktat Rosch Haschana* des Babylonischen Talmuds gibt die Antwort:

«Die Schule Schammajs sagte: Drei Klassen gibt es am Gerichtstage; eine der völlig Frommen, eine der völlig Gottlosen und eine der Mittelmäßigen. Die völlig Frommen werden sofort zum ewigen Leben aufgeschrieben und besiegelt, die völlig Gottlosen werden sofort für das Fegefeuer aufgeschrieben und besiegelt, denn es heißt: und viele von denen, die im Erdenstaube schlafen, werden erwachen, die einen zum ewigen Leben, die anderen zur Schmach und zum ewigen Abscheu; die Mittelmäßigen sinken in das Fegefeuer, wo sie (vor Schmerz) heulen, und steigen wieder herauf, denn es heißt: ich bringe das Drittel ins Feuer, schmelze sie, wie man Silber schmilzt, und läutere sie, wie man Gold läutert. Sie werden meinen Namen anrufen, und ich werde sie erhören. Über diese sprach Hanna: Der Herr tötet und macht lebendig, er stürzt in die Unterwelt und führt herauf. Die Schule Hillels sagte: Er ist gnadenreich, er neigt zur Gnade; über diese sprach David: es ist mir lieb, daß der Herr meine Stimme und mein Flehen erhört. Auch den ganzen Abschnitt sprach David über diese: Ich bin arm, so hilft er mir» (Rosch Haschana 16b–17a).

Man erfährt ebenfalls, daß die am wenigsten eingefleischten und verbohrten Sünder unter den völlig Gottlosen zwölf Monate lang in der Gehenna bestraft werden; danach wird ihr Körper vernichtet und ihre Seele verbrannt. Die anderen werden dagegen auf ewig in der Gehenna schmachten. Ursprünglich bezogen sich diese beiden zitierten Textstellen möglicherweise auf die Zeit des Jüngsten Gerichts und der Auferstehung. In der Folgezeit neigten viele zu der Ansicht, daß damit das Gericht unmittelbar nach dem Tode gemeint ist. In der Tradition hat sich die Läuterung durch das Feuer allmählich zu einem zwölfmonatigen Fegefeuer gewandelt.

Die Rabbis haben versucht, die Auswahlkriterien für die zukünftige Welt präziser zu definieren. Anfangs steht noch alles offen; es gibt keine Prädestination, und für jeden sind zwei Plätze reserviert: einer im Paradies und der andere in der Gehenna. Rabbi Akiba sagte:

«Er schuf Fromme und schuf Gottlose, er schuf das Paradies und schuf das Fegefeuer. Jeder hat zwei Anteile, einen im Paradiese und einen im Fegefeuer; der Fromme, der sich verdient gemacht hat, erhält seinen Anteil und den Anteil seines Genossen im Paradiese; der Gottlose, der sich schuldig gemacht hat, erhält seinen Anteil und den Anteil seines Genossen im Fegefeuer» (Chagiga 15a).

Das Studium der Thora und die Einhaltung ihrer Gebote sind unabdingbare Voraussetzungen für die Sicherung eines Platzes im Garten Eden. Im Traktat *Pirke Avot* steht nämlich geschrieben:

«Denn beim Hinscheiden des Menschen begleiten ihn nicht Silber und nicht Gold, auch nicht Edelsteine und nicht Perlen, sondern nur die Thora und gute Handlungen [...]» (Pirke Avot VI, 9).

Nach Raba wird der Mensch im Augenblick des Gerichts gefragt:

«Hast du deinen Handel in Redlichkeit betrieben? Hast du Zeiten für die Thora festgesetzt? Hast du die Fortpflanzung ausgeübt? Hast du auf das Heil gehofft? Hast du über Weisheiten diskutiert? Hast du verstanden, Sache aus Sache zu folgern?» (Schabbath 31a).

Rabbi Jochanan hat dazu ebenfalls seine Ansicht geäußert:

«Drei (Sorten) gehören zu den Erben der zukünftigen Welt, und zwar: wer in Israelland wohnt, wer seine Kinder zum Studium der Thora erzieht und wer an den Sabbat-Ausgängen den Unterscheidungssegen (Habdala [87]) über Wein spricht» (Pessachim 113a).

Weshalb auch der letztgenannte?, so fragt sich der Verfasser der Talmud-Texte. Weil er es verstand, bis zum Schluß noch etwas Sabbat-Wein für die Habdala aufzuheben. Nach Ansicht mancher Autoren muß man nicht unbedingt in Israel leben, um sich sein Heil zu sichern. Rabbi Jochanan meinte sogar:

«Wer vier Ellen im Israellande wandelt, ist dessen sicher, daß er der zukünftigen Welt teilhaftig wird» (Kethuboth III a).

In den Ergänzungen und Auslegungen des Traktats Sanhedrin in der Mischna findet sich auch eine Fülle persönlicher Ansichten darüber, welche Menschen nie ins Paradies kommen werden oder welche zuerst durch die Gehenna gehen müssen, bevor sie dorthin gelangen. Gewisse Rabbis hatten Bedenken, die Sünder wieder aus der Gehenna herauszulassen. Andere wie Rabbi Dimi sind dagegen großzügiger:

«[...] alle, die ins Fegefeuer hinabsteigen, kommen zurück herauf, ausgenommen drei, die hinabsteigen und nicht mehr heraufkommen. Folgende sind es: Wer eine verheiratete Frau beschläft, wer seinen Nächsten öffentlich beschämt und wer seinen Nächsten beim Spottnamen nennt» (Baba Mezia 58 b).

Rabbi Meir meinte:

«Wer das Hohelied (im Ton einer Balladenweise) singt, wer bei Empfangen einer Verletzung Verfluchungen murmelt und wer auf eine Wunde spuckt mit den Worten: Wenn du auf alle seine Gesetze achtest, werde ich dir keine der Krankheiten schicken, die ich den Ägyptern geschickt habe, denn ich bin der Herr, dein Arzt (Ex. 15, 26), diese haben keinen Anteil an der zukünftigen Welt» (Avot des Rabbi Nathan, 36).

Diejenigen, die bestimmte Berufe ausüben, haben aufgrund der Risiken ihres Metiers praktisch überhaupt keine Chance, in die zukünftige Welt zu gelangen:

«Sieben haben keinen Anteil an der Welt, die da kommen wird, nämlich: Der Kopist, der Schulmeister, der beste Arzt, der Richter, der in seiner eigenen Stadt Recht spricht, der Wahrsager, der Mann, der ein Geschäft betreibt, und der *Chohet* (rituelle Schlächter)» (ibid., 36).

Auch die Frauen können eine Gefahr für diejenigen bedeuten, die in die zukünftige Welt eingehen möchten. Auf sie zu hören, ist nämlich mit erheblichen Risiken verbunden; man braucht sich nur an Adam zu erinnern, der auf Eva hörte. Dementsprechend steht geschrieben:

«Ferner sagte Rabh: Wer dem Rate seiner Frau folgt, stürzt ins

Fegefeuer, denn es heißt: Es hat nicht wieder einen gleich Achab gegeben (der tat, was dem Herrn mißfiel, da seine Frau Isebel ihn verführte) (1 Kön 21, 25). R. Papa sprach zu Abajje: Die Leute sagen ja aber: Ist deine Frau klein, so bücke dich und flüstere ihr zu!? – Das ist kein Einwand; eines gilt von weltlichen und eines gilt von häuslichen Angelegenheiten. Eine andere Lesart: eins gilt von religiösen Angelegenheiten und eines gilt von weltlichen Angelegenheiten» (Baba Mezia 59 a).

Ferner haben die Rabbis gelehrt, daß ein Mann, wenn er beim Geldzählen die Münzen so in die Hand einer Frau legt, daß er sie dabei anblicken kann, der Gehenna nicht entrinnen wird (Berakhoth 61 a). Und noch Ungewöhnlicheres ist zu lesen: Auch wer hinter einer Frau einen Fluß überquert, wird keinen Anteil an der zukünftigen Welt haben. (Berakhoth 61 a) [88].

Und die Nicht-Juden, die Vornehmen oder die Gojim: haben diese ein Anrecht auf die zukünftige Welt? Die Tosefta (Sanhedrin 13, 2) berichtete von einer Meinungsverschiedenheit zwischen Rabbi Elieser ben Hyrkanos und Rabbi Josua ben Hanania. Ersterer verwehrt allen Vornehmen den Zutritt, während letzterer ihn den Gerechten unter ihnen gestattet. Am Ende setzt sich die Auffassung des Rabbi Josua durch. Sie wird insbesondere auch von Maimonides vertreten.

Die kleinen Kinder stellten die Talmud-Weisen wie auch die christlichen Theologen vor besondere Probleme. Gibt es ein Mindestalter für den Einlaß in die zukünftige Welt? Je nach Standpunkt bewegt es sich zwischen dem Moment der Empfängnis über das Alter der Beschneidung und dem Moment, wo das Kind *Amen* sagen kann, und schließlich bis hin zu dem Alter, wo das Kind vollends sprechen kann (Sanhedrin 110b). Und die Kinder der gottlosen Israeliten? Nach Raban Gamaliel können sie keinen Zutritt erlangen; Rabbi Akiba, dessen Nachsicht wohlbekannt ist, läßt sie dagegen schon zu (Sanhedrin 110b). Die gleiche Meinungsverschiedenheit herrscht auch über die Kinder der vornehmen Bösen (Tosefta Sanhedrin 13, 2 und Sanhedrin 110 b). Diejenigen, die den Kindern den Zutritt zur künftigen Welt verweigern, schicken sie jedoch nicht in die Gehenna – sondern sie werden gleich ganz vernichtet.

Trotz oder vielleicht aufgrund all dieser Ansichten herrschte bei manchen, und sogar bei den Heiligsten, große Unsicherheit. So wird erzählt, daß Rabbi Johanan ben Zakkai [89], als er krank wurde, von seinen Schülern Besuch erhielt.

«Als er sie sah, begann er zu weinen. Seine Schüler sprachen zu ihm: Leuchte Israels, rechte Säule, mächtiger Hammer, warum weinst du? Er erwiderte ihnen: Wenn man mich vor einen König aus Fleisch und Blut führte, der heute hier und morgen im Grabe ist, dessen Zorn, wenn er über mich zürnt, kein ewiger Zorn ist, dessen Fessel, wenn er mich fesselt, keine ewige Fessel ist, dessen Töten, wenn er mich tötet, kein ewiges Töten ist, den ich auch mit Worten besänftigen und mit Geld bestechen kann, würde ich dennoch weinen, jetzt, da man mich vor den König der Könige, den Heiligen, gepriesen sei er, führt, der in alle Ewigkeit lebt und besteht, dessen Zorn, wenn er über mich zürnt, ein ewiger Zorn ist, dessen Fessel, wenn er mich fesselt, eine ewige Fessel ist, dessen Töten, wenn er mich tötet, ein ewiges Töten ist, den ich mit Worten nicht besänftigen und mit Geld nicht bestechen kann, und außerdem auch zwei Wege vor mir sind, einer zum Paradiese und einer zum Fegefeuer, und ich nicht weiß, welchen von ihnen man mich führen wird, soll ich da nicht weinen?!» (Berakhoth 28 b).

Folget den Führern

Während der talmudischen Ära oder auch noch später gab es einige Rabbis, die nicht zögerten, Spekulationen über die Wunder der zukünftigen Welt anzustellen. Die einen behaupteten, sie würden sich auf gehabte Visionen berufen, andere behaupteten, sie bezögen sich auf die Propheten. Dem könnte der Leser entgegenhalten, daß das, was die Propheten angekündigt haben, nur für die Zeit des Messias gilt. Meint aber Samuel nicht, daß die Propheten von der zukünftigen Welt gesprochen haben, wenn er sagt, daß die Tage des Messias den gegenwärtigen Zeiten gleichen werden bis auf den Unterschied, daß dann Israel befreit sein wird? Gelegentlich ist es mehr denn schwierig zu verstehen, ob diese phantasiebegabten Autoren uns die Welt der Seelen nach dem Tode schildern oder die Endzeit, die auf die Tage des Messias folgt. Möglicherweise handelt es sich manchmal sogar genau um diese Tage des Messias, die in der damaligen Zeit ebenfalls als zukünftige Welt bezeichnet wurden. Aber es ist fraglich, ob dieser Unterschied wirklich so sehr ins Gewicht fällt.

Manche Rabbis glauben, daß drei Dinge einen Vorgeschmack auf die zukünftige Welt geben: Der Sabbat, die Strahlen der Sonne und der Geschlechtsverkehr (Berakhoth 57 b). Die Weisen wissen, daß in dieser Welt die Werte umgekehrt sein werden. Die Tugendhaften, die Schriftgelehrten und die Gerechten, die in dieser Welt am häufigsten leiden, werden in der zukünftigen Welt alle Vorzüge privilegierter Ränge genießen. So beschreibt der Sohn des Rabbi Jehoschua ben Levi, als er nach einer vorübergehenden Ohnmacht wieder zu sich kommt, was er gesehen hat: «Ich hab' eine verkehrte Welt gesehen; die oberen waren unten und die unteren oben» (Baba Bathra 10 b).

Darauf antwortet sein Vater:

«Was du gesehen hast, ist eine mit Logik geordnete Welt.»

Aber nicht alle werden gleich behandelt. So lehrt Rabbi Isaak:

«[...] daß man jedem Gerechten eine seiner Ehre gebührende Wohnung errichtet. Ein Gleichnis: Wenn ein König [...] mit seiner Dienerschaft in die Stadt kommt, treten sie *alle* in *ein* Tor ein, beim Übernachten aber gibt man jedem eine seiner Ehre gebührende Wohnung» (Schabbat 152 a).

Im allgemeinen wird davon ausgegangen, daß die Gerechten ihren Verdiensten (ihrer «Ehre») entsprechend in sieben Kategorien eingeteilt werden. Dem entspricht eine Unterteilung des Paradieses in sieben Teile. Die Weisen werden keine Ruhe haben. Sie werden weiterhin eifrig die Thora studieren, denn Rabbi Hija ben Aschi lehrte im Namen Rabhs:

«Die Schriftgelehrten haben sogar in der zukünftigen Welt keine Ruhe, denn es heißt: Sie gehen von Heer zu Heer, sie erscheinen vor Gott in Zion (Ps 84, 8)» (Moed Katan 29 a).

Aber denen, deren Stirn von Falten tief zerfurcht ist vor lauter Thora-Studieren, wird Gott dann die Geheimnisse der Thora offenbaren (Chagiga 14 b). Nach einer Geschichte aus dem Midrasch Numeri Rabba (13, 2) wird der Herr für die Gerechten im Paradies ein Festmahl bereiten, und es wird nicht nötig sein, Balsam und Duftöl mitzubringen, denn ein Nordwind und ein Südwind werden die

Wohlgerüche der Pflanzen aus dem Garten Eden verbreiten. Auf Wunsch der Gerechten wird der Herr in den Garten zurückkehren und sich in ihre Mitte setzen. Diejenigen, die Anhänger von Rabhs Wahlspruch sind, werden in dem prächtigen Festschmaus natürlich ein Symbol für die Wonnen der zukünftigen Welt sehen. Die anderen sähen darin möglicherweise gerne die Verheißung von handfesten kulinarischen Genüssen. Ferner heißt es, Gott werde die Gerechten in einem Chor vereinen und in ihrer Mitte Platz nehmen (Ta'anith 31 a). Desgleichen wird der Herr, er sei gepriesen!, im Kreise der Gerechten im Garten Eden wandeln. Zu denen, die erschrocken zurückweichen werden, wenn sie seiner ansichtig werden, wird er sagen: «Schaut und seht, ich bin wie ihr» (Leviticus Rabba 26, 122).

Die Glückseligkeiten der zukünftigen Welt werden nach Auffassung vieler Rabbis in Gan Eden, das heißt im Paradies zu finden sein. Befindet sich aber das Paradies nun auf Erden oder im Himmel? Oder gibt es zweierlei Paradiese – ein irdisches und ein himmlisches? Ist es das gleiche wie das von Adam und Eva? Und wenn auf Erden, wo befindet es sich dann? Leider gibt es auf all diese Fragen keine einhellige Antwort.

Einigen privilegierten Individuen wurde aber bereits das Glück zuteil, das Paradies zu besuchen und dort den für sie reservierten Platz zu sehen. So wird erzählt, daß der Engel des Todes dem Rabbi Jehoschua ben Levi seinen Platz in der zukünftigen Welt gezeigt hat, als er einmal sehr krank war (Kethuboth 77 b). Rabbi Hanina ben Papa, der mit dem Engel des Todes gut befreundet war, erhielt ebenfalls das Privileg, seinen Platz im Paradies schon einmal zu besichtigen. Aber noch wunderlicher ist das, was vier Männern passierte, als sie in den «Pardes» gelangten:

«Die Rabbanan lehrten: Vier traten in das Paradies ein, und zwar: Ben Azaj, Ben Zoma, Acher [90] und Rabbi Akiba. Rabbi Akiba sprach zu ihnen: Wenn ihr an die glänzenden Marmorsteine herankommt, so saget nicht: Wasser, Wasser. [...] Ben Azaj schaute und starb. [...] Ben Zoma schaute und wurde irrsinnig. [...] Acher haute junge (Pflanzen-)Triebe nieder. [...] Nur Rabbi Akiba stieg in Frieden hinauf und kam in Frieden hinunter» (Chagiga 14 b).

Pardes ist eine Ableitung aus dem persischen Wort *pairidaeza* (=

61

«Obstgarten»), das den Ursprung des Wortes *Paradies* darstellt. Bestimmte Autoren deuten diese Geschichte als Gleichnis über die verschiedenen Arten des Wissens und die Gefahren von Esoterik und Mystik. G. Scholem und andere Fachgelehrte sind dagegen der Ansicht, daß es sich hier um einen Verweis auf tatsächlich erfolgte Himmelfahrten handelt, etwa von der Art, wie sie in der mystischen Literatur der Merkaba («Himmelswagen») beschrieben werden [91]. Diese Erzählung bezieht sich nach G. Scholem auf die berühmte Himmelfahrt aus dem zweiten Korinther-Brief des Apostels Paulus:

«Ich kenne jemanden, einen Diener Christi, der vor vierzehn Jahren bis in den dritten Himmel entrückt wurde; ich weiß allerdings nicht, ob es mit dem Leib oder ohne den Leib geschah, nur Gott weiß es. Und ich weiß, daß dieser Mensch in das Paradies entrückt wurde [...]. Er hörte unsagbare Worte, die ein Mensch nicht aussprechen kann» (2 Kor 12, 2-4).

In Werken, die aus einer Zeit zwischen dem 2. und 10. Jahrhundert stammen, aber bereits auf eine wesentlich ältere Überlieferung zurückgehen, beschreiben die Mystiker der Merkaba Himmelsreisen durch die sieben himmlischen Paläste, wobei sie schließlich zur Schau des himmlischen Throns gelangen. Damit die ekstatische Himmelfahrt gelingt, muß der mystische Reisende zunächst mehrere Tage lang fasten. Zu diesem Zweck kann er sich auch in die intensive Betrachtung eines glänzenden und reflektierenden Gegenstandes, einer Wasserfläche oder eines Spiegels, versenken [92]. Die Praxis ekstatischer Himmelfahrten setzte sich bei den Kabbalisten und Chassidim fort. So stand Isaak Luria, der große Kabbalist des 16. Jahrhunderts, in dem Ruf, jede Nacht eine Himmelfahrt zu unternehmen, in deren Verlauf er die himmlischen Talmud-Schulen von Rabbi Akiba, Rabbi Elieser und anderen verehrten Weisen besuchte. Am darauffolgenden Tag vermittelte Luria die Früchte seiner Befragungen in den himmlischen Akademien an seine Schüler weiter. Israel Baal-schem Tov (1698-1760), der Vater des Chassidismus [93], unternahm ebenfalls Himmelfahrten.

Die Midraschim des ausgehenden Mittelalters enthalten detaillierte Beschreibungen des Gan Eden. Es ist mehr als wahrscheinlich, daß diese Werke Kompilationen von weit älteren Berichten sind. Der

Sohar enthält ebenfalls zwei lange und eher wirre Beschreibungen der sieben Himmelspaläste. Zur Frage, ob diese Beschreibungen tatsächlich von den Visionen mystischer Reisender inspiriert sind, steht natürlich jedem seine eigene Meinung frei. Häufig ist der Held dieser Reisen Rabbi Jehoschua ben Levi, dem der Engel des Todes seinen Platz im Paradies gezeigt hat. Folgen wir nach der Übersetzung der französischen Version von Edmond Fleg dem Himmelsbesuch des Rabbi Jehoschua ben Levi, der im *Jalkut Schimeoni*, einer Sammlung von Midraschim, beschrieben wird [94]. Dem Stil nach könnte dieser Text aus dem 9. Jahrhundert stammen.

«Zum Gan Eden führen zwei Tore aus Diamanten, und auf ihnen befinden sich siebzigtausend dienstbare Engel, der Glanz ihrer Gesichter strahlt wie das Strahlen des Firmaments. Und wenn ein Gerechter vor ihnen erscheint, so ziehen sie ihm von oben seine Gewänder fort, die er im Grabe trug, und bekleiden ihn mit acht Gewändern, gewoben aus Wolken der Herrlichkeit. Auf sein Haupt setzen sie zwei Kronen, die eine aus Edelsteinen und Perlen, die andere aus Gold von Parvaim, in seine Hand legen sie acht Myrthenzweige und preisen ihn und sagen: ‹Gehe hin und iß dein Brot mit Freuden.› Sie lassen ihn ein in einen Ort, wo Wasser von acht Bächen fließen inmitten von hundert Essenzen der Rose und Myrthe. Und jeder Gerechte hat für sich allein einen Baldachin, aus dem vier Flüsse entspringen, einer von Milch, einer von Wein, einer von Narde und einer von Honig, und über jedem Baldachin befindet sich ein goldener Weinstock, an dem dreißig Perlen hängen, und unter jedem Baldachin ein Tisch aus kostbaren Edelsteinen und Perlen. Und sechzig Engel stehen vor jedem Gerechten und sagen zu ihm: ‹Geh und iß von dem Honig mit Freuden, denn du bist beschäftigt mit der Thora, welche zu Honig gewandelt ist, und trinke von dem aufbewahrten Wein, welcher gemacht ist aus den Trauben der sechs Tage der Schöpfung, denn du bist beschäftigt mit der Thora, welche gewandelt ist zu Wein . . .›

Und bei ihnen gibt es keine Nacht, denn es steht geschrieben: ‹Das Licht der Gerechten ist wie das Licht der strahlenden Pracht›, und es erneuert sich über sie binnen dreier Nachtwachen. In der ersten Nachtwache wird der Gerechte zum Kinde und steigt über die Hecke der Kinder und genießt die Freuden der Kinder; in der zweiten

Nachtwache wird er zum jungen Mann und steigt über die Hecke der jungen Männer und genießt die Freuden der jungen Männer; in der dritten Nachtwache wird er zum Greis und steigt über die Hecke der Greise und genießt die Freuden des Greisenalters.

Und im Gan Eden gibt es in all seinen Winkeln neunzigtausend Essenzen von Bäumen, deren geringste mehr Lob verdient als alle Duftbäume zusammen. Und in jedem Winkel befinden sich siebzigtausend dienstbare Engel, die mit lieblicher Stimme singen, und in der Mitte steht der Baum des Lebens, und sein Laub bedeckt den ganzen Gan Eden, und es gibt fünfhunderttausend Diener, von denen keiner dem anderen gleicht. Und über ihm schwebt eine Wolke der Herrlichkeit, und man schlägt ihn von allen vier Seiten des Windes, und sein Duft geht vom einen Ende der Welt bis zum anderen. – Und über dem Baum weilen die Schriftgelehrten, die die Thora erläutern, und ein jeder von ihnen hat zwei Baldachine, der eine aus Sternen, der andere aus Sonne und Mond, und zwischen jedem Baldachin befindet sich eine Hecke von wolkender Herrlichkeit.»

In einem anderen Text beschreibt Rabbi Jehoschua ben Levi die sieben mächtig großen Paradiesabteilungen, die er entdeckt, nachdem er über die Mauer gesprungen ist, die den Gan Eden umgibt [95]. Die erste Abteilung ist für die freiwilligen Proselyten reserviert, die Mauern bestehen aus Glas und sind mit Zedernholz getäfelt. Die zweite ist aus Silber mit Platten aus Zedernholz gebaut. Dort wohnen die Reumütigen. Die dritte besteht aus Gold und Silber. Dort wohnen Abraham, Isaak, Jakob, David, Salomo, Moses, Aaron und andere etwas weniger illustre Große. Wohin man sieht, überall Geschirr aus Gold und Silber sowie Edelsteine, Thronhimmel, Betten, und Lampen aus Gold, Perlen und kostbarsten Steinen. All dies ist, wie David ihm erklärt, denen reserviert, die noch in der Welt der Lebenden wohnen. Die vierte Abteilung gleicht der ersten, außer daß die Täfelung hier aus Olivenholz besteht. Dort wohnen die Vollkommenen, Treuen und Gerechten. Die fünfte ist aus Silber, Gold, Kristall und Bdellium gebaut. Hier herrscht ein Wohlgeruch, noch erlesener als der von Libanon. Die goldenen und silbernen Betten sind bezogen mit violetten und purpurnen Decken, die Eva aus Schafhaar geschaffen hatte, das von Engeln gewebt wurde. Dort wohnen der Messias, der Sohn Davids und der Prophet Elischa. Der Messias macht einen sehr bedrückten Eindruck. Elischa legt sein Haupt an seine Brust und bittet ihn, Ruhe und Geduld zu wahren, denn das Ende ist nahe. Jeden Montag, Donnerstag, Samstag und Feiertag [96] kommen alle Herrlichkeiten Israels, die im Garten Eden wohnen, ihn besuchen. Sie sprechen ihm Trost zu, beruhigen ihn und weinen schließlich mit ihm. Er fragt Rabbi Jehoschua, wie es um Israel stehe. Jehoschua antwortet ihm, daß Israel ihn jeden Tag erwarte. Da erhebt der Messias seine Stimme und bricht in Tränen aus. Nach dieser eher deprimierenden Begegnung besucht Jehoschua noch rasch die sechste und siebente Abteilung, die für diejenigen bestimmt sind, die während der Ausübung eines frommen Werkes gestorben sind, sowie für diejenigen, die an einer durch die Sünden Israels verursachten Krankheit gestorben sind. In der Beschreibung, die uns der Midrasch Konen bietet, ist nur von fünf Abteilungen die Rede. In der Schilderung des Sohar haben auch die Frauen ihre eigenen Abteilungen.

Moses hatte in einer Auffahrt zum Paradies [97] von Engeln bewachte Throne aus Gold, Silber und allen Arten von Edelsteinen gesehen. Wer Tag und Nacht die Thora studiert, hat Anrecht auf einen Thron aus Perlen, der Reumütige auf einen Thron aus Gold. Die größten und schönsten sind für Abraham, Isaak und Jakob sowie für die Propheten bestimmt. Moses fällt auch ein Thron aus Kupfer auf. Der Engel, der ihn führt, erklärt ihm, daß dieser Thron für den schlechten Menschen bestimmt ist, dessen Sohn fromm ist. Dank der Verdienste seines Sohnes erhält auch er Anteil am himmlischen Glück. Gewisse Paradiese bieten außerdem musikalische Unterhaltung an. Eines, so wird beschrieben, ist zum Beispiel mit einer riesenhaften Säule ausgestattet, die wie ein Automat herrliche Lieder spielt [98]. Bestimmte Berichte erzählen uns von ausgiebigen Festen und einem neuen, ganz aus Edelsteinen erbauten Jerusalem.

Die jüdische Welt des Mittelalters hatte ebenfalls ihren Dante gehabt. Emmanuel ben Salomon führt uns auf einem Besuch der Hölle und des Paradieses mit [99]. Das Paradies, das Emmanuel sehen kann, erweist sich als weniger strahlenprächtig und luxuriös als das von Rabbi Jehoschua ben Levi besuchte. Auf allen Straßen, in allen Gassen begegnet er sämtlichen Größen und Ruhmesblättern Israels.

Sie küssen sich, sie umarmen sich, man gratuliert und beglück-
wünscht einander. Man tauscht Ideen und Kommentare über die
Werke des anderen aus. Man kommt sich vor wie bei der Oscarverlei-
hung in Hollywood oder der Eröffnung des Filmfestivals von Cannes.
Für den gemeinen Mann von der Straße ohne Rang und Namen wäre
in diesem Paradies wahrhaftig kein Platz.

Die Seligkeiten der zukünftigen Welt haben die Philosophen des
Mittelalters nur wenig inspiriert. Die Ausnahme bildet Gaon Saadia.
Ihm scheinen besonders privilegierte Informationen über die zukünftige Welt nach der Auferstehung zur Verfügung gestanden zu haben.
Diese werden im neunten Traktat des *Buches der Glaubenssätze und Meinungen* enthüllt. Die Belohnung der Gerechten wird an einem materiell existierenden Ort stattfinden, denn sie werden im Besitz ihres
Körpers sein. Gott wird einen neuen Himmel und eine neue Erde erschaffen. Aber es wird dort weder Äcker, Pflanzen, Obstgärten,
Flüsse noch Berge geben, denn es wird nicht mehr nötig sein, sich zu
ernähren oder materielle Güter zu besitzen. Und da die menschlichen
Wesen sich nicht mehr ernähren werden, wird die Atmosphäre
anders beschaffen sein als in unserer Welt. Es wird keinen Wechsel
zwischen Tag und Nacht mehr geben, denn dieser Wechsel, der Aktivität und Ruhezeit des Menschen auf unserer Erde regelt, wird dann
überflüssig werden. Die Einteilung der Zeit in Monate und Jahre, deren einziger Grund in dem Bedürfnis besteht, Berechnungen zur
Festsetzung der Löhne und Gehälter anzustellen und um das Wachs-
tum der Pflanzen und Tiere zu regeln, wird es in der künftigen Welt
ebenfalls nicht mehr geben. Die Belohnungen werden ewig sein, und
ihre Art und Höhe werden von den Verdiensten jedes Einzelnen abhängen. Sieben Grade der Belohnung wird es für die Auserwählten
geben. Diese und die Gottlosen in der Gehenna werden sich gegenseitig sehen können. Die Erwählten werden ihr eigenes Los um so mehr
genießen, als sie das der Verdammten sehen werden. Werden sich die
Gerechten wiedervereinigen? Es scheint, als könnten nur diejenigen
Auserwählten zueinander finden, deren Ränge nahe beieinander liegen. Daß die Auserwählten weiterhin dem Herrn dienen müssen, versteht sich natürlich von selbst. Außerdem werden sie in jeder Jahres-
zeit eine Pilgerfahrt zu einem bestimmten Ort unternehmen müssen.

Und als Epilog...

Die jüdischen Jenseitsauffassungen sind so vielfältig wie verschieden-artig. Jeder kann Texte finden, die seine Ansichten rechtfertigen wer-den. Die orthodoxen Juden bestehen auf der Auferstehung der Toten und berufen sich dabei auf den Talmud. Die anderen lehnen sie im allgemeinen ab und berufen sich dabei auf die schriftliche Thora. Die feinsinnigsten Geister begnügen sich mit einem rein geistigen und ganz und gar Gott gewidmeten Jenseits. Die weniger vergeistigten Geister können durch geeignete Textstellen ihr Verlangen rechtferti-gen, sich in prächtigen Palästen oder blumenreichen Gärten, erfüllt von erlesenen Wohlgerüchen, am Fleisch des Leviathan gütlich zu tun. Der Kabbalist behauptet, er werde an jenem Ort alle Geheim-nisse der Welt aufdecken. Diejenigen, die das Fortleben nach dem Tode abstreiten, werden der Ansicht sein, daß die alten Hebräer viel-leicht so unrecht nicht hatten.

Die Rabbis haben bis in unsere Tage hinein unablässig hervorge-hoben, wie wichtig das Studium der Thora ist, um Zugang zum Para-dies und in den Genuß seiner Wohltaten zu gelangen. Im übrigen wird das Thora-Studium in der zukünftigen Welt in noch intensiverer Form weiter betrieben. Rabbi Israel Meir Kagan, auch Schofetz Chaim genannt (1839-1933), meinte, die größte Lust, die man im Pa-radies genießen könne, sei die, in Begleitung Gottes zu wandeln [100]. Das Gefühl der Seligkeit, das man empfinden könne, wenn man in Begleitung eines Prinzen oder Königs spazieren ginge, sei ge-wiß bereits beachtlich. Aber um wie viel größer sei dagegen das Glücksgefühl dessen, der es verdiene, mit Gott zu wandeln! Nehmen wir aber einmal an, sagt uns Schofetz Chaim, daß Gott während eines Spaziergangs dem glücklichen Auserwählten eine Frage über die Thora stellt, auf die dieser außerstande ist zu antworten. Man stelle sich nur vor, welch gewaltige Schande ihn dann niederschmettern wird. Daher sei es so wichtig, daß man sich bereits auf Erden bestens vorbereite.

Aber was wird dann aus denen, die nur rudimentäre oder über-haupt keine Kenntnisse von der Thora haben? Wie können sie in den Genuß des ewigen Lebens gelangen? Diese Frage haben die Schriftgelehrten mit Sicherheit nicht ignoriert. Rabbi Izchak Meir von Ger, genannt der Gerer, ein Chassidim aus dem vorigen Jahrhundert, fragte sich, ob auch ungebildete Menschen in den Genuß des Paradieses kommen, wenn sie es verdient haben. Um diese Frage zu beleuchten, liebte er es, die Geschichte von einem Fuhrkutscher zu erzählen, dessen Seele nach dem Jüngsten Gericht vor dem himmlischen Tribunal in das Paradies eingelassen wurde [101]. Als die Seele angekommen war, fand sie keinerlei Freude an der geistigen und kulturellen Atmosphäre dieses Ortes, selbst nicht in seinen niedersten Regionen. Da schickte man sie in eine imaginäre Welt, in der man ihr einen Wagen und zwei prächtige Pferde gab. Wie der Gerer sagte, habe der Fuhrkutscher nur an dem imaginären und nicht an dem wahren Paradies Genuß finden können. Ähnlich behauptete Rabbi Joseph Ha-Konen (gestorben 1769), genannt der Pulnover, daß kein Fegefeuer so schrecklich für die Schlechten sei, wie die Erlaubnis, in den Gan Eden eingehen zu dürfen [102]. Dort würden sie keine der Freuden finden, die sie auf Erden gewohnt waren. Wie sollten sie auch die Freuden in der Nähe der Göttlichkeit erkennen können, wenn sie sich auf Erden nie darauf vorbereitet hatten?

Sollte das Paradies also schlechter als sein Ruf sein?

Wir wollen dieses Kapitel mit einer kleinen Geschichte aus der jüdisch-elsässischen Folklore beschließen, die Edmond Fleg in seiner *Anthologie juive* erzählt. Sie zeigt uns auf jeden Fall, daß man das Thema Paradies auch mit Humor behandeln kann.

«Es war einmal eine gar ehrsame Elsässerin namens Sara oder vielmehr Sorle, denn sie war ein wenig schlemihl (= tolpatschig, einfältig). Aber da sie sämtliche Tugendhaftigkeiten besaß, ward sie nach ihrem Tode ins Paradies eingelassen. Sogleich bei ihrem Eintritt spielten die Seraphim ihr ihre lieblichsten Musikstücke auf. Aber Sorle weinte bitterlich. Da führte man sie auf eine über und über mit Sternen geschmückte Wiese, auf der die Seligen himmlische Tänze tanzten. Sorle aber heulte nach wie vor. – Schließlich begann man zu tratschen:

‹Sollte das Paradies etwa schlechter sein als sein Ruf?›

Und da es überall Zungen gibt, die noch weniger gut sind als die, die Madame Lévy im Laden gleich um die Ecke verkauft, kam es, wie es kommen mußte: Selbst dem Herrn des Himmels kam die Sache zu Ohren. Er befahl Sorle vor sich und fragte sie:

‹Was hast du so zu heulen an diesem Ort meines Glanzes? Versetz dich an meine Stelle, Sorle, das ist doch ganz schön beleidigend.›

Und Sorle antwortete ihm:

‹Ich weiß wohl, o Herr der Welt, daß ich gegen Brauch und Sitte verstoß’; aber es ist halt stärker als ich . . . Ich hatte zu meiner Lebzeit einen großen Kummer.›

‹Und welchen?›

‹Einen einzigen Jungen hab’ ich gehabt, und was ist er geworden: – Christ!›

‹Der meine doch auch, du schlemihl›, antwortete Gott, ‹und ich heule nicht!› [103]»

Christentum

Das Christentum – eine Religion des Himmels?

«Zu beherzigen haben wir, geliebteste Brüder, und immer wieder zu bedenken, daß wir der Welt entsagt haben und nur als Gäste und Fremdlinge hier leben. Mit Freuden werden wir den Tag begrüßen, der einen jeden seiner Heimat zuweist, der uns von hinnen nimmt, der uns von den Fallstricken der Welt befreit und dafür dem Paradiese und dem Himmelreich zurückgibt. Wer würde, wenn er in der Fremde weilt, sich nicht beeilen, in die Heimat zurückzukehren? [...] Als unsere Heimat betrachten wir das Paradies [...] [1].»

So drückte sich der heilige Cyprian, Bischof von Karthago, aus, der im Jahre 258 den Märtyrertod starb.

Der zeitgenössische Theologe Paul Badham erinnert uns daran, daß das Christentum der ersten Zeit vor allem eine Religion der «letzten Dinge», der Endzeit und insbesondere des Himmels war [2]. Predigte Jesus nicht das nahe bevorstehende Kommen des Reiches (oder vielmehr der Herrschaft) Gottes und des Himmels? Nach dem Markus-Evangelium begann Jesus seine Predigt mit den Worten:

«Die Zeit ist erfüllt, das Reich Gottes ist nahe. Kehret um und glaubt an das Evangelium» (Mk 1, 15).

Das nahende Ende wird wiederholt angekündigt:

«Amen, ich sage euch: Von denen, die hier stehen, werden einige den Tod nicht erleiden, bis sie gesehen haben, daß das Reich Gottes in (seiner ganzen) Macht gekommen ist» (Mk 9, 1).

Auch heute noch diskutieren die Fachwissenschaftler darüber, was mit diesem Reiche Gottes und dieser Predigt Jesu genau gemeint ist [3]. Die ersten Christen waren sich über die Bedeutung der Botschaft wahrscheinlich weniger im Zweifel. Sie erwarteten die baldige Wiederkunft Christi *(parusia)*, die das Ende der gegenwärtigen Zeit und die Errichtung einer neuen Welt, entweder einer himmlischen oder einer irdischen, markieren würde, einer Welt, in der die Herrschaft Gottes sich in all ihrer Macht manifestieren würde. Für Paulus wird Christus noch zu seinen Lebzeiten vom Himmel herabkommen und Lebende wie Auferstandene in ihr himmlisches und endgültiges Heim führen (1 Thess 4, 13–18). «Unsere Heimat aber ist im Himmel», behauptet Paulus im Brief an die Philipper (Phil 3, 20). Für andere wie den Verfasser der Apokalypse oder Offenbarung wird dem Wohnen der Auserwählten auf einer neuen Erde und in einem neuen Himmel die Herrschaft Christi auf Erden während tausend Jahren *(millennium)* vorausgehen. Bis dahin sind für Paulus und die Kirchenväter die Christen nur Fremdlinge und Reisende auf Erden, die nach einer besseren, das heißt himmlischen Heimat streben [4].

Für alle ist der Himmel der endgültige Wohnsitz der Christen, auch wenn nur eine Minderheit glaubt, daß er bereits denjenigen, die sterben, offensteht [5]. Allgemein wird davon ausgegangen, daß die Verheißung des ewigen Lebens im Himmel oder im Paradies [6] einer der bedeutenden Gründe für den Erfolg des Christentums gewesen war.

Mit den Anfängen der «offiziellen» Christianisierung des römischen Imperiums im 4. Jahrhundert werden die reisenden «Gäste und Fremdlinge» zu vollgültigen Bürgern, ja sogar zu Herren der Welt. Die Hoffnungen neigen sich wieder ein wenig zur Erde herab, und die Erwartung des Himmels flaut ein wenig ab. Trotzdem bleibt die Idee des christlichen Reisenden oder Pilgers auf Erden in Erwartung des Himmels, seines endgültigen Bestimmungsortes, weiterhin ein fundamentales Element des Christentums. Auf die Frage: «Welchen Eindruck wird die Aussicht auf das ewige Leben auf unseren Geist und auf unser Herz machen?» gibt der Katechismus der Diözese von Montpellier im 18. Jahrhundert folgende Antwort:

«Uns solcherart handeln zu lassen, 1. daß wir all unser Bemühen darauf richten, dorthin zu gelangen; 2. daß wir alle irdischen Dinge, die nichts sind im Vergleich zu diesem Glück, geringschätzen; 3. daß wir auf Erden wie in der Fremde seufzen und nach dem Himmel schmachten wie nach unserm Heimatland; 4. daß wir uns mit Jesum Christum vereinigen, so sehr wir irgend vermögen, auf daß diese Vereinigung für alle Ewigkeit vollzogen sei [7].»

John A. Hardon, ein katholischer Theologe unserer Zeit, behauptet, wir bräuchten den Tod nicht zu fürchten, da er lediglich unser irdisches Exil beende und unsere Seele in ihr ewiges Heim bringe [8]. Diese Tradition wurde in der 1964 durch das II. Vatikanische Konzil verabschiedeten Dogmatischen Konstitution erneut bestätigt. Diese betont den transitorischen Charakter der Kirche und der Gläubigen

74

auf Erden in ihrem VII. Kapitel mit dem aufschlußreichen Titel: «Eschatologischer Charakter der erdenwandelnden Kirche und ihre Vereinigung mit der himmlischen Kirche.» Obwohl man sich natürlich fragen kann, wie intensiv diese Himmelserwartung im Laufe der Jahrhunderte bei dem gewöhnlichen Gläubigen wirklich ausgeprägt war, und sich ferner fragen kann, ob die Furcht vor der Hölle nicht häufig stärker und motivierender war als die Hoffnung auf den Himmel [9], wäre es abwegig, die Wichtigkeit des ewigen Lebens im Paradies innerhalb der christlichen Welt zu unterschätzen [10]. Auf alle Fälle haben für den wahrhaft Gläubigen, wie John Hardon schreibt, wenige Doktrinen des Glaubens so viel praktische Bedeutung wie die Existenz und Natur der himmlischen Seligkeit gehabt [11].

Nach der katholischen Tradition und der Lehre der bedeutendsten protestantischen Konfessionen vollzieht sich der Weg der Verstorbenen in zwei Etappen. Die erste ist individuell und zeitlich begrenzt. Sie betrifft die Seele der Toten bis zur Wiederkunft Christi, der allgemeinen Auferstehung und dem Jüngsten Gericht. Die zweite Etappe, die für alle gemeinsame und abschließende, setzt mit diesen Ereignissen ein. Sie betrifft den auferstandenen Leib in einem erneuerten Himmel und auf einer erneuerten Erde. Was können wir über die ewige Wohnstatt der Auserwählten wissen? Über diese letzte Bleibe der Auserwählten hat es im Laufe von mehr als neunzehn Jahrhunderten des Christentums unzählige und erheblich voneinander abweichende Abhandlungen, Darstellungen und Spekulationen gegeben. Die christlichen Auffassungen über den Himmel bewegen sich zwischen zwei Extremen, die der große amerikanische Theologe A. A. Hodge (1823-1880), Professor im theologischen Seminar von Princeton, als Irrtümer gewertet und folgendermaßen charakterisiert hat:

«Meditiert man über das, was über die Lebensbedingungen im Himmel offenbart wird, so muß man unbedingt zwei Fehler vermeiden: erstens den extremen Standpunkt, das Dasein der Heiligen im Himmel als dem unseres irdischen Lebens als allzu ähnlich aufzufassen; zweitens das andere Extrem, das darin besteht, die Lebensbedingungen im Himmel als zu sehr unterschieden von denjenigen zu betrachten, die wir gegenwärtig auf Erden kennen[12].»

Mit dem typischen Moralismus des vorigen Jahrhunderts fügte Hodge hinzu, daß die Gefahr der ersten Auffassung darin bestehe, unsere Vision vom Himmel herabzuwürdigen, während die zweite mit der Gefahr verbunden sei, die Sehnsucht und Erwartung in Hinblick auf den Himmel zu dämpfen. Diese letztere Auffassung enthält mit Sicherheit auch die unveränderliche und zeitlose Gottesschau der klassischen Theologen und der Mystiker [13]. Die erstgenannte Auffassung bezieht sich dagegen wahrscheinlich auf das Paradies von Swedenborg (1688–1772) sowie der Spiritisten und vieler Theologen und populärwissenschaftlicher Autoren des vorigen Jahrhunderts, für die das himmlische Leben lediglich eine verbesserte Fortsetzung der irdischen Existenz darstellt. Dieser gleicht es zuweilen so sehr, daß die Verstorbenen eine ganze Weile brauchen, bis ihnen überhaupt klar wird, daß sie tot sind. Colleen McDannell und Bernhard Lang teilen in ihrer wichtigen Studie über die Geschichte des Himmels im Christentum die Himmelsauffassungen ebenfalls in zwei große Kategorien ein, die sich mit denen von Hodge vergleichen lassen und die sie als «theozentrisch» und «anthropomorph» bezeichnen [14]. Am Ende ihrer Untersuchung kommen sie zu dem Schluß, daß das Überwiegen einer Konzeption gegenüber der anderen weder von dem kulturellen Niveau der Gläubigen, noch aus den Unterschieden der religiösen Konfession, noch von der historischen Entwicklung abhängt [15].

Es kann nicht unser Ziel sein, hier eine Studie von solchem Gewicht nachzuvollziehen oder zu resümieren. Wir werden uns daher auf eine kleine Gruppenreise durch die Gefilde der Auserwählten beschränken, um Antworten auf die Fragen zu geben, die sich die Leser gewiß stellen werden. Unsere Reiseleiter werden in erster Linie Theologen, Pfarrer, Priester und Prediger, Mystiker und andere Religionsexperten auf dem Gebiet des Jenseits sein – darunter zuweilen auch Schriftsteller und Künstler. In Anbetracht des ungeheuren Umfangs dessen, was über den Himmel geschrieben und gedacht wurde, wird uns der Leser verzeihen, wenn wir zu keiner Vollständigkeit gelangen. Wir wollen versuchen, statt eines erschöpfenden Panoramas einige ausgewählte Ausschnitte zu präsentieren, zum einen, weil uns ihre Eigenart repräsentativ erscheint, und zum anderen – aus egoistischeren Gründen –, weil sie uns besonders gefallen. Ist diese Methode nicht eine Art von Archäologie? Philippe Ariès schrieb immerhin:

«[. . .] während der letzten Jahrzehnte verschwanden der Tod als solcher sowie Endzeit, Jenseits, Himmel, Fegefeuer aus der Diskussion der kirchlichen Kreise, während diese Dinge früher die am häufigsten wiederholten Themen gewesen waren [16].»

Die religiöse Literatur der letzten Jahrzehnte tendiert dazu, die Fragen über die letzten Dinge und die Endzeit auszuklammern, indem sie sie wie Paul Tillich (1886–1965) oder Rudolf Bultmann (1884–1976) in seinen Symbolismus kleidet, der sie häufig ihres traditionellen Bedeutungsinhalts beraubt und somit der Masse der Gläubigen unzugänglich macht [17]. Theologen unserer Gegenwart wie Gordon Kauffman oder Jacques Pohier gehen sogar so weit, das ewige Leben explizit zu negieren [18]. Andere wie etwa Charles Hartshorne sind der Ansicht, daß die Unsterblichkeit lediglich das Fortbestehen unseres Lebens im Gedächtnis Gottes bedeutet [19].

Die traditionellen Auffassungen und Darstellungen bringen die meisten Theologen und aktiven Gottesdienst praktizierenden Geistlichen in eine schier peinliche Verlegenheit. Sie entschuldigen sich für das Naive, Triviale, ja sogar Lächerliche dieser «élucubrations pieuses» oder «frommen Hirngespinste», wie sie Pater Bonnet in einem Interview des französischen Senders France-Culture nannte [20]. Auf diese Art löschen sie – mit erleichtertem Aufatmen und schlichtem Achselzucken – neunzehn Jahrhunderte Überlieferung und bildliche Vorstellung aus.

Und doch sind wir nicht der Meinung, als Archäologen zu wirken und die Spuren einer unter der Erde der Vergessenheit verschütteten Wissens- und Vorstellungswelt auszugraben. Das Gebiet, das wir zu besichtigen vorschlagen, ist noch für viele Menschen ein bewohnter Ort. Der Glaube an das ewige Leben ist nämlich, wenn auch mit abnehmender Tendenz – besonders unter denen, die ihn eigentlich weitervermitteln sollten –, immer noch in der christlichen Welt präsent. So zeigte eine Meinungsumfrage des Gallup-Instituts in den Jahren 1980 und 1981, daß 71 % der amerikanischen Erwachsenen glauben, daß es einen Himmel gibt, in dem diejenigen, die ein Leben geführt haben, das seiner würdig ist, für die Ewigkeit belohnt werden [21].

Umfragen aus den Jahren 1952 und 1965 sowie eine erst kürzlich aus-
geführte [22] zeigen ähnliche Glaubensniveaus auf und bestätigen
die Stabilität dieses Glaubens in den Vereinigten Staaten. Diese Daten spiegeln die Bedeutung der fundamentalistischen Strömungen in
den USA wider. Tatsächlich betrachten sich mehr als 30 % der Amerikaner als Fundamentalisten, mit anderen Worten: sie glauben an
eine wörtliche Auslegung der Bibel [23]. Obwohl die in Europa
durchgeführten Befragungen ein niedrigeres Niveau der Gläubigkeit
offenbaren, machen sie dennoch deutlich, daß die traditionellen Begriffe vom ewigen Leben und dem Paradies noch keineswegs von der
Bildfläche verschwunden sind – im Gegenteil. Eine 1981 in neun eu-
ropäischen Ländern angestellte Umfrage ergibt folgendes Bild [24]:

Von 100	Katholiken	Protestanten	Konfessionslosen
glauben an			
Gott	87	75	23
die Seele	66	56	24
die Sünde	64	59	20
das Fortleben			
nach dem Tode	52	38	13
das Paradies	45	43	8
den Teufel	30	20	5
die Hölle	30	16	3
die Reinkarna-			
tion	23	21	12

Insgesamt 43 % der Erwachsenenbevölkerung geben an, daß sie an
das Leben nach dem Tode glauben. Eine kürzlich durchgeführte
Meinungsumfrage zeigt, daß 44 % der französischen Katholiken
glauben, daß es nach dem Tode das ewige Leben gibt [25].

Über diese Zahlen hinausgehend läßt sich eine erneute Zunahme
des Interesses an Jenseitsfragen in jüngster Zeit feststellen. In ähnlicher Weise, wie im vorigen Jahrhundert Glauben und Interesse am
Leben nach dem Tode durch die Welle des Spiritismus angeregt worden waren [26], kann man annehmen, daß die von Raymond Moody

und anderen berichteten Grenzerfahrungen auf der Schwelle zum Tod sein gegenwärtiges Wiederaufleben fördern [27]. Andererseits läßt sich nicht leugnen, daß diejenigen religiösen Bewegungen ihr Publikum am stärksten vergrößern, die den Glauben an das ewige Leben und an den sehr konkreten Charakter des letzteren betonen, nämlich die evangelistischen Bewegungen und die Sekten (Sieben-Tages-Adventisten, Mormonen, Zeugen Jehovas und andere), auf die wir weiter unten noch näher eingehen werden. All diese Elemente bestärken uns in unserer Ansicht, daß unsere Untersuchung über das christliche Paradies möglicherweise nicht nur ein rein akademisches Unternehmen ist.

Kleines Kompendium der Eschatologie für Anwärter auf den Himmel

Wann kommt man in den Himmel?

Das christliche Jenseits wird traditionell in zwei Phasen unterteilt, die durch die allgemeine Auferstehung und das Jüngste Gericht voneinander getrennt werden. Alle Experten sind sich darin einig, daß die Auserwählten nach der Auferstehung die ewige Seligkeit im Himmel genießen werden. Was geschieht aber in der Zeit zwischen dem Tod und der Auferstehung? Kommen die Seelen der Erwählten nach dem Tode direkt in den Himmel? Wenn ja, wird ihnen dann die *visio beatifica*, die beseligende Gottesschau, zuteil werden? Oder müssen sie erst bis zur Auferstehung warten, um in den vollen Genuß des ewigen Lebens zu kommen? Gibt es vor dem Eintritt in den Himmel eine Phase der Läuterung? Aus Gründen, die dem gewöhnlichen Sterblichen wohl kaum so recht begreiflich sind, war die Frage, welches Schicksal die Seelen zwischen Tod und Auferstehung erwartet, aus dem gesamten Bereich der Eschatologie wahrscheinlich die am heftigsten umstrittene. Die Antworten darauf hatten jeweils einen erheblichen Einfluß auf die Geschichte der christlichen Welt [1].

Und doch interessiert diese Frage die ersten Christen wenig, sosehr sind sie davon überzeugt, daß die Wiederkunft Christi und das Ende der gegenwärtigen Zeit nahe sind. Als sich aber die Parusia verzögert, beginnen die Christen sich in stärkerem Maße für das Schicksal der Seele nach dem Tode zu interessieren. Man befragt das Neue Testament, aber es erweist sich als nur wenig aufschlußreich. Der signifikanteste Text ist das Gleichnis vom armen Lazarus und dem schlechten Reichen, das im Lukas-Evangelium berichtet wird. Es war einmal ein reicher Mann, der ohn Unterlaß die größten Feste feierte, und ein armer Schlucker namens Lazarus, der vor dessen Türschwelle dahinvegetierte und dem man nicht einmal die Reste der Festmähler gönnte.

«Als nun der Arme starb, wurde er von den Engeln in Abrahams Schoß getragen. Auch der Reiche starb und wurde begraben. In der Unterwelt, wo er qualvolle Schmerzen litt, blickte er auf und sah von weitem Abraham – und Lazarus in seinem Schoß. Da rief er: Vater Abraham, hab Erbarmen mit mir, und schick Lazarus zu mir; er soll wenigstens die Spitze seines Fingers in Wasser tauchen und mir die Zunge kühlen, denn ich leide große Qual in diesem Feuer. Abraham erwiderte: mein Kind, denk daran, daß du schon zu Lebzeiten deinen Anteil am Guten erhalten hast, Lazarus aber nur Schlechtes, jetzt wird er dafür getröstet, du aber mußt leiden. Außerdem ist zwischen uns und euch ein tiefer, unüberwindlicher Abgrund, so daß niemand von hier zu euch oder von dort zu uns kommen kann, selbst wenn er wollte» (Lk 16, 22–26).

Es ist anzunehmen, daß Jesus mit diesem Gleichnis, dessen Thema auch in der ägyptischen und rabbinischen Literatur zu finden ist [2], eher eine sittliche Lehre als eine Lektion über die Geographie des Jenseits vermitteln wollte. Dennoch werden viele Kirchenväter es heranziehen, um zu demonstrieren, daß die Seele der Gerechten nicht unmittelbar nach dem Tode in den Himmel kommt. Für viele begibt sie sich an einen vorläufigen Zwischenort *(receptaculum)*, eine Art Depot oder Sammelort, der im allgemeinen unter der Erde angesiedelt, jedoch häufig ein lichter Ort ist. In dieser Scheol, einem Totenreich Erster Klasse, findet sie Ruhe und Erquickung *(refrigerium)* und kostet bereits im voraus von ihrer künftigen Seligkeit nach der Auferstehung [3]. Die unreinen Seelen empfangen dagegen einen mehr oder weniger drastischen Vorgeschmack von ihren künftigen Leiden in finsteren Kerkern, die sich direkt in der Hölle *(inferi)* oder in ihren nahen Vororten *(limbus)* befinden. Andere Kirchenväter versetzen die Seele entweder von allen Auserwählten oder nur von den besten unter ihnen, zum Beispiel den Märtyrern, in das Paradies – das jedoch nicht mit dem Himmel, dem endgültigen Wohnort der Auserwählten, gleichgesetzt werden darf. Sagt Jesus nicht zu dem guten «Verbrecher», der zur gleichen Zeit wie er gekreuzigt wird: «Wahrlich, ich sage dir: Heute noch wirst du mit mir im Paradies sein» (Lk 23,43). Dieses Paradies, das zuweilen mit dem Paradies von Adam und Eva gleichgesetzt wird, liegt entweder auf der Erde oder im dritten Himmel [4].

Mehrere Gründe drängen die meisten Kirchenväter dazu, den Beginn der höchsten Seligkeit, das heißt den Einzug in den Himmel und die Gottesschau, bis zur Auferstehung aufzuschieben. Abschließende Belohnungen und Bestrafungen direkt nach dem Tod zu versprechen, so wird häufig argumentiert, würde dazu führen, der Auferstehung und dem Jüngsten Gericht und dadurch dem kollektiven Charakter der Verheißung und Botschaft Jesu jeden Sinn und jedes Gewicht zu nehmen. Es erscheint gleichfalls ungerecht, daß die Seele die ewige Belohnung ohne den Körper, den Gefährten ihrer Abenteuer, genießen soll. Im übrigen fragen sich manche sogar, ob die Seele dies psychologisch überhaupt verkraften könnte! Vor allem geht es aber darum, eine Oppositionsstellung gegen die gnostischen Häretiker zu beziehen, die die Seele der Gerechten sogleich nach dem Tode in den Himmel schicken und die Auferstehung negieren oder in den spirituellen Bereich entrücken. Nach Auffassung des heiligen Irenäus (um 130–um 200) schicken nur die Häretiker die Seele der Gerechten in den Himmel [5]. Tertullian (um 160 – um 225) vertritt einen kategorischen Standpunkt: Der Himmel steht niemandem offen, solange die Erde noch besteht, behauptet er in seinem Traktat über die Seele [6]. Der heilige Justinus (um 100 – um 165), der heilige Methodios von Olympia (gestorben um 311), der heilige Hippolyt (um 170 – um 236), der heilige Hilarius von Poitiers (um 315–367), der heilige Ambrosius (um 339–397) sind ebenfalls dieser Ansicht.

Die Auffassung vom sofortigen Aufsteigen der Seelen der Gerechten in den Himmel verbreitete sich jedoch auch außerhalb der gnostischen Kreise und wurde von Clemens von Alexandria (um 150– um 215), Hieronymus (um 342–420) und Gregor von Nazianz (329–389) übernommen. Einige Kirchenlehrer wie Cyprian und Augustinus (354–430) schwanken zwischen den beiden Standpunkten.

Die Auffassung von einer an einem Zwischenort ruhenden Seele lebte in den orthodoxen Ostkirchen lange weiter. Im Westen wich sie im 5. und 6. Jahrhundert zunehmend der Doktrin von der sofortigen Himmelfahrt der Seelen der Gerechten und ihrer Entsprechung, dem sofortigen Niederfahren der Seelen der Verdammten in die Feuer der Hölle.

Diese Entwicklung scheint mit dem Scheitern der millenaristischen Doktrin zusammenzuhängen, die stark mit der Auffassung von der Ruhephase der Seele verbunden ist. Da außerdem die Parusia weiterhin ausblieb, erschien es kaum mehr möglich und moralisch auch nicht mehr wünschenswert, die Belohnungen und Bestrafungen zu lange hinauszuschieben. Papst Gregor der Große (um 540–604) sollte einen entscheidenden Einfluß auf diese Entwicklung ausüben. Von den Auffassungen des heiligen Augustinus beseelt, wird er, wie sich der Theologe und Dogmenhistoriker Joseph Turmel ausdrückt, zum Gesetzgeber des Jenseits in der christlichen Welt. Direkt nach ihrer Entlassung aus dem Gefängnis des Leibes, so lehrt er, werden die vollkommen rechtschaffenen Seelen in den himmlischen Wohnstätten empfangen, wo sie die Herrlichkeit des allmächtigen Gottes schauen. Die Seelen der Schlechten werden direkt in die Hölle geschickt, wo sie die Qualen eines ganz materiellen Feuers erleiden. Diejenigen, die nur leichte Fehltritte begangen haben, werden durch das Feuer gereinigt und fahren anschließend in den Himmel auf.

In diesem letzten Punkt läßt sich Gregor von Augustinus leiten, der die Idee eines purgatorischen, reinigenden Feuers direkt nach dem Tode eingeführt hatte – also nicht im Augenblick des Jüngsten Gerichts, wie Clemens von Alexandria, Origenes (um 185–254) und einige andere Kirchenväter gelehrt hatten. Zudem legten im Gegensatz zu den griechischen Schriftgelehrten Augustinus und Gregor mehr Gewicht auf den strafenden als auf den reinigenden Aspekt des

Feuers und orientierten die katholische Tradition in diesem Sinne. Gregor ist sich durchaus bewußt, daß sich seine Doktrin, die zum großen Teil auf visionäre Berichte zurückgeht, von derjenigen unterscheidet, die die meisten seiner Vorgänger lehrten. In seinen *Dialogi* fragt Petrus ihn, weshalb so viele die Seele betreffende Dinge nun in Klarheit hervortreten, während sie in der Vergangenheit verborgen geblieben waren [7]. Gregor antwortet, daß die künftige Welt sich um so deutlicher erkennen läßt, je mehr die gegenwärtige Welt ihrem Ende zugeht.

Mehrere Jahrhunderte lang brachten die Gelehrten jedoch noch weiter ihre Ungewißheit über das Schicksal der Seele nach dem Tode zum Ausdruck. Die Doktrin von der Himmelfahrt und der Gottesschau unmittelbar nach dem Tode setzte sich schließlich 1336 nach einem Skandal durch, den Papst Johannes XXII. (1249–1334) ausgelöst hatte [8]. Im Jahre 1331 war der Pontifex zwar davon ausgegangen, daß sie direkt in den Himmel aufsteigt, aber er hatte zugleich die These aufgestellt, daß die reinen Seelen vor der Auferstehung nicht in den Genuß der *visio beatifica*, der Gottesschau der Seligen, kommen könnten. Er ließ sich hierin von der Auffassung zahlreicher Kirchenväter und den Ungewißheiten des heiligen Bernhard von Clairvaux (1090–1153) inspirieren. Diese unerwartet eingenommene Position löste in der Fakultät einen enormen Skandal aus und dazu einen schwerwiegenden Konflikt mit Philipp VI., dem König von Frankreich, der im übrigen nichts so sehr wie dies erwartete. Johannes XXII. zog sich schließlich aus der Affäre und auf sein Totenbett zurück. Sein Nachfolger, Benedikt XII. (gestorben 1342) – unter dem Namen Jacques Fournier als infamer Inquisitor von Montaillou ungleich bekannter –, entschloß sich im Jahre 1336, die Lage zu normalisieren und die Gemüter zu besänftigen, indem er die Konstitution *Benedictus Deus* veröffentlichte, die bei den Katholiken auch heute noch Autorität besitzt. Diese lehrt:

«(Alle reinen) Seelen der Heiligen [...] sind und werden sein im Himmel, im Himmelreich und im himmlischen Paradies mit Christus, in Gemeinschaft mit den heiligen Engeln. [...] Und nach dem Leiden und Tod unseres Herrn Jesus Christus schauten und schauen sie die Göttliche Wesenheit in *unmittelbarer Schau* [...] [9].»

Die Konstitution präzisiert ausdrücklich, daß die nämliche *unmittelbare Schau* in völlig gleicher Weise nach der Auferstehung fortdauern wird. Die Seelen derer, die sich gegenwärtig der Todsünde schuldig gemacht haben, werden dagegen sofort nach dem Tod in die Hölle kommen.

Man darf sich darunter jedoch nicht vorstellen, daß Benedikt XII. das Privileg der Gottesschau unmittelbar nach dem Tode vielen in Aussicht stellte. In diesen Genuß kommt nämlich nur eine ganz kleine Minderheit von Heiligen. Die große Mehrheit der wenigen, die der Hölle entgehen, muß einige Zeit an einem Zwischenort der Läuterung verweilen, bevor sie in den Himmel kommt. Die Auffassung von der Läuterung der Seelen im Jenseits geht auf die Kirchenväter zurück. Wie Jacques Le Goff in *La Naissance du Purgatoire* dargestellt hat, beginnt das Purgatorium oder Fegefeuer erst ab dem 12. Jahrhundert allmählich seine heutige Gestalt anzunehmen und sich als dritter Ort des Jenseits durchzusetzen. Trotzdem dauerte es noch mehrere Jahrhunderte, bis das Fegefeuer tief im Volksglauben einwurzelt.

Bis zum 13. und 14. Jahrhundert hat sich die überwiegende Mehrheit der Gläubigen für die Querelen zwischen den Gelehrten kaum empfänglich gezeigt. Viele hielten weiterhin an heidnisch-christlichen Glaubenselementen fest. Ein Musterbeispiel dafür wurde uns dank der Verhöre der Inquisitoren von Montaillou überliefert, die von Le Roy Ladurie so hervorragend dargestellt wurden [10]. Für die Bergbauern von Montaillou wohnt das Double oder der Geist der Toten noch eine gewisse Zeitlang zwischen den Lebenden weiter. Diese Doubles, die eine Art verblaßten Körper haben, irren von Dorf zu Dorf und von Kirche zu Kirche. Nachts wärmen sie sich in den Gotteshäusern oder in den Bauernhöfen. Eine besondere Vorliebe haben sie für die Keller, deren Weinfässer sie leeren. Sie mischen sich auch unter die Zeremonien der Lebenden und stören sie zuweilen. Durch Messen, Gebete und Schenkungen versuchen die Lebenden ihrem unbehausten Umherirren ein Ende zu setzen. Diese Periode endet im allgemeinen mit dem Allerheiligen/Allerseelen-Fest. Dann brechen die Doubles nach einer irdischen Ruhestätte auf, die gelegentlich mit dem Garten Eden aus der Bibel identisch ist. Diese Zeit der Ruhe endet nach dem Jüngsten Gericht, wenn die Seelen in das himmlische Paradies auffahren. Allen Bemühungen der religiösen Autoritäten zum Trotz war

«[...] die Überzeugung, daß der Tote wieder zu sich nach Hause zurückkehren kann, [...] in Frankreich jahrhundertelang in fast allen Kreisen des Volkes stark verbreitet und ist erst seit etwa hundert Jahren allmählich – in ländlichen Kreisen langsamer, in den Städten und Arbeiterzentren schneller – zurückgegangen [11].»

Diese Zeilen stammen von Arnold van Gennep aus den vierziger Jahren, und sie lassen sich nicht nur auf Frankreich, sondern auch auf viele andere Länder beziehen.

Ins Fegefeuer kommen all jene, die im Zustand der Gnade sterben, die aber ihre Todsünden nach der Vergebung noch nicht voll abgebüßt haben, oder die läßliche Sünden begangen haben, die noch nicht abgebüßt wurden; praktisch kommen also fast alle, die nicht in die Hölle kommen, in das Fegefeuer. Mit einer Besserungsanstalt hat das Fegefeuer jedoch nichts zu tun. Der Grad der Qualen, so lehrt uns der berühmte Theologe Robert Bellarmin (1542–1621), sei weitaus stärker als alles, was auf Erden zu empfinden möglich ist. Wie lange müssen die Seelen im Fegefeuer zubringen? Domingo Soto (1494–1560) und Juan Maldonado (1533–1583) lehrten, daß das volle Maximum zwanzig Jahre, vielleicht aber auch nur zehn Jahre betrage. Die Kirche und die Mehrheit der Theologen haben eine solche Doktrin jedoch abgelehnt. Von Pater Garrigou-Lagrange (1877–1964), der Professor für Dogmatik am Angelico in Rom war, erfahren wir, daß die Theologen sich im allgemeinen sogar für eine noch längere Dauer aussprechen [12]. Diese hänge freilich von der Anzahl und Schwere der noch nicht abgebüßten Sünden ab. Bis in die jüngstvergangenen Jahrzehnte hinein wurde noch sehr exakt Buch geführt über die Dauer des Fegefeuers in Relation zu den begangenen und bereits abgebüßten Vergehen. Michel Vovelle nennt als ein gerade erst ein Jahrhundert zurückliegendes Beispiel das *Dogme du purgatoire illustré par des faits et des révélations particulières (Dogma vom Fegefeuer, illustriert anhand von Fakten und besonderen Offenbarungen)*, publiziert von Pater Schouppe im Jahre 1888 [13]. Nehmen wir einmal an, Sie begehen jeden Tag durchschnittlich zehn Vergehen oder Sünden, so ergibt das 60000 Sünden in 20 Jahren. Wenn die Hälfte davon auf Erden

85

getilgt wird, so bleiben noch rund 30 000 im Jenseits abzubüßen. Mit einem Tarif von einer Stunde Purgatorium pro Sünde – laut Pater Schouppe ein sehr bescheidenes Strafmaß –, sind fast dreieinhalb Jahre Fegefeuer nötig, bis man restlos geläutert ist. Die Dauer des Fegefeuers kann natürlich durch Abstimmung der Lebenden – das heißt durch Messen, Gebete, Almosen und andere fromme Werke – gemindert werden. Die Ablässe, deren Verkauf eine bedeutende Einnahmequelle für die katholische Kirche war, konnten ebenfalls die Pein der Seele im Fegefeuer verkürzen.

Mit der Geographie des Jenseits, die sich in den letzten Jahrhunderten des Mittelalters durchsetzte, verlagerte sich der Schwerpunkt des Jenseits von der letzten nach der ersten Etappe, die unmittelbar auf den Tod folgt. Die individuelle Eschatologie erringt den Vorrang vor der kollektiven Eschatologie. Sofort nach dem Tod wird das unwiderrufliche Urteil gefällt, und die Belohnungen, Bestrafungen und Läuterungen erfolgen unverzüglich und mit ihrer vollen Stärke. Das Interesse richtet sich mehr und mehr auf den Moment des Sterbens. Es kommt vor allem darauf an, «gut zu sterben», das bedeutet: im Zustand der Gnade zu sterben. Man muß auf der Hut sein, denn bereits das geringste Versagen oder Versehen kann für alle Ewigkeit in die Hölle führen. Das Jüngste Gericht bestätigt und veröffentlicht lediglich das Urteil des individuellen, als «besonderes» bezeichneten Gerichts. Thomas von Aquin (1225–1274) und die meisten Theologen vertreten die These, daß die Folgen der Taten jedes Einzelnen für die künftigen Generationen im Moment des Jüngsten Gerichts klar zutage treten werden. Aber dies wird das Urteil des besonderen Gerichts nicht in Frage stellen, sondern es kann höchstens die Seligkeit der Erwählten oder das Leiden der Verdammten mehren.

Welchen Nutzen soll aber die Auferstehung noch haben, so wurde bereits Gregor der Große von Petrus gefragt, wenn den Seelen der Heiligen die Gnade der Gottesschau, die höchste Belohnung, sogleich nach dem Tode zuteil wird [14]? Der Unterschied, antwortet Gregor, besteht darin, daß nach der Auferstehung auch der Körper in den Genuß der ewigen Seligkeit gelangt. Die klassischen Theologen werden zwar sagen, daß die Seligkeit dann zunimmt, jedoch nicht an Intensität, sondern an Ausdehnung. Insgesamt schwand aber in den

Augen der Theologen die Bedeutung von Jüngstem Gericht und Auferstehung sogar so weit, daß manche von ihnen sagen konnten, beides
hätte überhaupt seinen Nutzen verloren [15]. Diese zwei Etappen der
eschatologischen Reise sind somit weitgehend gleichrangig gemacht
worden oder miteinander zusammengefallen. Die große Masse der
Gläubigen, für die die Seele von einer Art körperlichen Hülle umgeben ist, wird das Jenseits ebenfalls vereinfachen.

Die protestantischen Hauptkonfessionen werden behaupten, daß
die Erwählten unmittelbar nach dem Tod in den Himmel kommen.
Dieser Standpunkt löste heftigste Debatten aus, da bestimmte Theologen die Doktrin vom Schlaf der Seele bis zur Auferstehung verteidigten. Diese als Psychopannychie bezeichnete Doktrin wurde von
Luther (1483–1546) zunächst übernommen, dann aber schließlich
abgelehnt. Die Anabaptisten oder Wiedertäufer hingen ihr dagegen
im allgemeinen an. Calvin (1509–1564) befaßte sich eigens in einem
Buch, *Psychopannychia*, damit, sie zu widerlegen. Trotzdem lebte diese
Doktrin in bestimmten religiösen Gruppen fort, so etwa bei den Sieben-Tages-Adventisten und den Mormonen. Für die Gegner hatte
sie nicht nur den unliebsamen Nachteil, daß sie der Heiligen Schrift
widerspricht, sondern auch den, daß sie moralisch nicht zu verteidigen und schädlich ist. In seinem Werk *Tableau du socianisme* lehnt der
calvinistische Theologe Pierre Jurieu (1637–1713) die Doktrin vom
Schlaf der Seele aus folgen Gründen ab:

«Dadurch werden die Schlechten sich die Hoffnung machen, daß
sie mehrere Jahrhunderte hindurch Schonzeit haben werden; dies ist
zu viel für sie [...]. Ist dagegen ein Gottgetreuer, der die Drangsale
der Buße getragen hat, der daran gearbeitet hat, sein Fleisch, den
Körper abzutöten, der der Welt und ihren Genüssen entsagt hat [...],
nicht hocherfreut, wenn er, sobald er aus dem gegenwärtigen Leben
scheidet, seine Belohnung bereits vorfindet [16]?»

Für die Väter der Reformation kommen diejenigen, die nicht das
Glück haben, in den Himmel zu kommen, sofort in die Hölle. Keine
Berufung, weder Reue noch Buße ist möglich! Die Reformatoren
haben stets die heftigste Aversion gegen das Fegefeuer zum Ausdruck
gebracht und seine Existenz bestritten. *Tertium non datur*, eine dritte
Möglichkeit wird nicht geboten, wiederholen sie unermüdlich. Dabei

darf man freilich nicht vergessen, daß der Ablaßhandel durch den Mönch Tetzel der Auslöser für Luthers reformatorischen Eifer gewesen war.

Die unerbittliche und ausweglose Alternative zwischen Himmel und Hölle löste in den protestantischen Ländern eine gehörige Portion Angst aus [17]. Das katholische Fegefeuer war zwar keine Sommerfrische, aber seine Pensionsgäste hatten zumindest die Gewißheit, daß sie es eines Tages wieder verlassen würden. Welche Ironie der Geschichte! Um die Angst zu vermindern, die durch diese teuflische Alternative ausgelöst wurde, und um ihre Religion besser «vermarktbar» zu machen, führten zahlreiche protestantische Theologen ab dem 19. Jahrhundert ein Zwischenstadium zwischen Tod und Auferstehung ein. Dieses neue Zwischenstadium hatte bei den anglikanischen Theologen und Priestern großen Erfolg. Sie gaben den Reformatoren darin recht, daß sie die katholische Auffassung vom Fegefeuer kritisiert hatten, aber sie warfen ihnen vor, damit das Kind mit dem Bade ausgeschüttet und jede Idee eines Zwischenstadiums aufgegeben zu haben. Der Theologe Paterson Smyth erklärt in seinem populären *Gospel of the Hereafter* kategorisch:

«Gebildeten Menschen gegenüber dürfte es nicht notwendig sein, die kindische Idee erst noch eigens zu bekämpfen, wonach die Menschen nach ihrem Tode zuerst das ihnen bestimmt Schicksal – Himmel oder Hölle – erhalten und daß sie danach (vielleicht erst Tausende von Jahren später) wieder daraus zurückkehren, um bezüglich ihres endgültigen Schicksals gerichtet zu werden [18].»

Und weiter:

«Wer die Bibel aufmerksam studiert [...], erfährt aus ihr, daß es ein Zwischenleben nach dem Grab gibt; daß alle Menschen dorthin gelangen, wenn sie aus diesem Leben scheiden. Kein Mensch ist noch in den Himmel gekommen. Kein Mensch ist noch, so scheint es, in die Hölle gekommen. Kein Mensch ist noch endgültig gerichtet worden [19].»

Herbert Mortimer Luckock (1833–1909), ein anderer anglikanischer Theologe und Experte dieses Zwischenstadiums, brachte in *The Intermediate State between Death and Judgement* (1890) seine Überzeugung zum Ausdruck, daß die Seelen der Verstorbenen eine gewisse Läuterung über sich ergehen lassen müssen, bevor sie in den Himmel aufsteigen. Die meisten von denen, die sterben, seien weder genügend vollkommen, um sofort den Himmel zu verdienen, noch genügend schlecht, um die Hölle verdient zu haben. Der Zwischenzustand der Protestanten hat nicht den bestrafenden und buße-leistenden Charakter des römisch-katholischen Fegefeuers. Anstatt um eine Besserungs- oder Strafanstalt handelt es sich vielmehr um eine Schule der Seelen, um einen Zustand der Fortentwicklung und der Erziehung. Hier geht es darum, daß die Seele vollkommen geläutert und dahingehend vorbereitet wird, daß sie die ewige Seligkeit voll zu genießen vermag.

John Hick und Michael Perry [20], zwei Theologen unserer Zeit, heben hervor, wie langweilig, ja geradezu unerträglich der Himmel für eine unvollkommene Seele sein würde. Als Beispiel führt Michael Perry an, daß es für jemanden, der keine klassische Musik mag, eine wahre Hölle sein muß, die ganze Ewigkeit in Gesellschaft von Mozart verbringen zu müssen. Die einzige Möglichkeit, sie genießen zu können, ist, dazu erzogen zu werden, die klassische Musik zu lieben. Für manche bietet dieser Zwischenzustand den Gottlosen die Möglichkeit, den wahren Glauben zu empfangen und auf diesem Wege in den Himmel zu kommen. Andere Theologen wie der Lutheraner Dorner (1809–1884) und der Anglikaner Farrer (1831–1903) glaubten ebenfalls, daß die Christen, die ihr Heil nicht auf Erden gefunden haben, es dann erlangen können. Auf diese Weise wird ihnen eine zweite Chance gegeben. Diese Theologen opponieren natürlich gegen den traditionellen Standpunkt, daß im Augenblick des Todes die Würfel gefallen sind. Manche Theologen wie Farrer gehen sogar so weit, zu glauben, daß wahrscheinlich alle Kandidaten ihre Prüfung bestehen werden.

Wird es ein irdisches Paradies geben?

Nur wenige Texte haben das Fließen von so viel Tinte ausgelöst und so viele irrwitzige Hoffnungen entfacht wie das XX. Kapitel der Offenbarung des Johannes. Nach dem ersten Krieg des Zeitenendes und der tausendjährigen Gefangenschaft Satans gelangten die Märtyrer, das heißt

«[...] die Seelen aller, die enthauptet worden waren, weil sie an dem Zeugnis Jesu und am Wort Gottes festgehalten hatten [...], zum Leben und zur Herrschaft mit Christus für tausend Jahre. Die übrigen Toten kamen nicht zum Leben, bis die tausend Jahre vollendet waren. Das ist die erste Auferstehung. Selig und heilig, wer an der ersten Auferstehung teilhat! Über solche hat der zweite Tod keine Gewalt. Sie werden Priester Gottes und Christi sein und tausend Jahre mit ihm herrschen» (Offb 20, 4–6).

Nach diesen tausend Jahren wird Satan von seinen Fesseln befreit werden. Zusammen mit den Völkern der vier Himmelsrichtungen der Erde, den Gog und den Magog, werden die von ihm Verführten Jerusalem heimsuchen. Aber ein vom Himmel niedergefahrenes Feuer wird sie verschlingen. Dann wird die Auferstehung der bis dahin noch nicht wieder auferweckten Toten und das Jüngste Gericht stattfinden. Danach werden ein neuer Himmel und eine neue Erde geschaffen, und das himmlische Jerusalem wird aus dem Himmel herabkommen.

Bis zum 4. Jahrhundert erwartete die Mehrheit der Christen die Wiederkunft Christi und die Errichtung seines irdischen Tausendjährigen Reiches, des *Millenniums*. Der sehr einflußreiche Justinus betont in seinem *Dialog mit Tryphon* die Orthodoxie dieses Glaubens:

«Ich für meinen Teil sowie die vollkommen rechtgläubigen Christen, so viele sie sind, wir alle wissen, daß eine Auferstehung des Fleisches während tausend Jahren im wiederaufgebauten, geschmückten und vergrößerten Jerusalem eintreten wird, wie die Propheten Ezechiel, Jesaja und die anderen es behaupten [21].»

Der nicht weniger maßgebende Irenäus glaubt ebenfalls, daß die Gerechten tausend Jahre lang mit Christus auf Erden herrschen werden. Es sei gerecht, sagt er, daß diejenigen, die aufgrund ihrer Liebe zu Gott auf Erden so viel gelitten und geopfert haben, auf dieser nämlichen Erde belohnt werden [22].

Irenäus berichtet, daß diese Lehre direkt von Christus komme. Er zitiert dazu bestimmte Worte von Jesus, die durch Johannes, Polykarp und Papias überliefert wurden:

«Es werden Tage kommen, wo Weinstöcke wachsen werden, jeder mit 10 000 Reben und an einer Rebe 10 000 Zweige und an einem Zweige 10 000 Schosse und an jedem Schoß 10 000 Trauben und an jeder Traube 10 000 Beeren, und jede Beere wird ausgepreßt 1000 Liter Wein geben [23]. Und wenn einer von den Heiligen eine Traube ergreift, wird die andere ihm zurufen: Ich bin eine bessere Traube, nimm mich und preise durch mich den Herrn! Ähnlich werde auch ein Weizenkorn 10 000 Ähren hervorbringen und jede Ähre 10 000 Körner haben und jedes Korn 10 Pfund weißes, reines Mehl geben. Und dementsprechend alle übrigen Obstsorten und Samen und Kräuter; und alle Tiere werden sich mit den Speisen nähren, die ihnen die Erde bietet, und friedlich und zutraulich untereinander, gegen den Menschen aber ganz unterwürfig sein [24].»

Diese Beschreibung weist Ähnlichkeiten mit denen von jüdischen Texten der damaligen Zeit wie der syrischen Baruch-Apokalypse auf. Anschließend greift Irenäus die Prophezeiungen Jesajas über die messianische Zeit auf, Weissagungen, die, so betont er, wörtlich und nicht allegorisch ausgelegt werden müssen.

Tertullian, Hippolyt, Tatianus (geboren um 120), Methodius, Lactantius (um 240–um 320) und viele andere glaubten ebenfalls an die Einrichtung eines tausendjährigen Paradieses auf Erden [25]. Unter Berufung auf die Hauptaussagen der biblischen Propheten beschreibt Lactantius eine erneuerte Welt von unerhörter Fruchtbarkeit, in der alle Arbeit überflüssig sein wird. Die Gerechten, die unsterblich geworden sind, werden Kinder in endloser Zahl zeugen und gebären [26].

Bestimmte Millenaristen wie der Häretiker Cerinthus [27] hatten das schöne Bild des Tausendjährigen Reiches in gewisser Weise getrübt, indem sie sich erkühnten, auf seine sinnlichen Freuden und Genüsse hinzuweisen. Die Christen mit stärker spiritualistischen und asketischen Zielen wie Origenes nutzten diese Gelegenheit, um ihre Empörung zu bekunden und zu versuchen, eine Vorstellung in Mißkredit zu bringen, mit der sie wenig verbindet:

«Einige nun wollen von geistiger Mühe nichts wissen; sie richten sich sozusagen nach der Oberfläche des Gesetzesbuchstabens und geben in gewisser Weise allzusehr ihrem Drang nach Genuß Raum.

Diese Schüler des bloßen Buchstabens glauben, die künftigen Verheißungen seien in Lust und Ausschweifung des Körpers zu erwarten; und das ist der Hauptgrund dafür, daß sie nach der Auferstehung wieder ein Fleisch zu haben wünschen, das so beschaffen ist, daß ihm nirgends die Fähigkeit abgeht, zu essen und zu trinken und alles zu tun, was zu Fleisch und Blut [...] gehört. [...] In logischer Folge fügen sie noch hinzu eheliche Verbindungen und Zeugung von Kindern auch noch nach der Auferstehung, und sie malen sich aus, daß die irdische Stadt Jerusalem wieder aufgebaut würde; edle Steine würden ihre Grundmauern bilden, und aus Jaspis würden ihre Mauern errichtet, ihre Zinnen mit Kristallen geschmückt, und sie würde eine Stadtmauer haben aus verschiedenen auserlesenen Steinen. [...] Außerdem glauben sie, es würden ihnen als Diener für ihr Wohlleben gegeben die ‹Fremdgeborenen›, welche ‹Pflüger und Winzer› für sie sein sollten [...] und ‹Erbauer der Mauern› [...] [28].»

All diese Prophezeiungen, so warnt uns Origenes mit Berufung auf die Offenbarung des Johannes und das Buch Jesaja, müßten symbolisch als Gleichnis ausgelegt werden. Origenes brachte den millenaristischen Auffassungen ernsthafte Erschütterungen bei; die offizielle Christianisierung des römischen Imperiums sowie die Argumentation und Autorität des heiligen Augustinus werden ihnen – zumindest in den Kreisen der Kirchengelehrten – endgültig den Gnadenstoß versetzen. Auf die Wiederkunft Christi braucht man nicht mehr zu warten, denn das Tausendjährige Reich existiert bereits auf Erden – nämlich in Gestalt der Kirche. Die katholische Tradition und die wichtigsten protestantischen Kirchen hielten sich in der Folgezeit an eine allegorische Auslegung der Johannes-Offenbarung und lehnten den Millenarismus ab (eine Position, die in der Wissenschaft als *Amillenarismus* bezeichnet wird).

Aber die Geschichte der millenaristischen Hoffnung war damit noch nicht zu Ende [29]. Die Gelehrten hatten sie den Armen und Bedrängten überlassen sowie allen möglichen Visionären und Exaltierten, die reichlich Gebrauch von ihr machen sollten: die einen, indem sie geduldig der Parusia entgegenharrten, die anderen, indem sie versuchten, die Aufgabe des Herrn zu erleichtern. So werden sich utopische und sozialistische – auch marxistische – Denker und Bewegungen ebenfalls zu Trägern dieser Hoffnung machen, wobei sie jedoch zur Errichtung des irdischen Paradieses auf das göttliche Einwirken und zu seiner Regierung auf die Gegenwart Christi verzichten.

Obwohl selbst keine Millenarier, begünstigten die Väter der Reformation unfreiwillig ein Wiederaufleben dieser Doktrin, indem sie gegenüber der traditionellen Auslegung einer wörtlichen Lesart der Heiligen Schrift den Vorzug gaben. In kluger Umsicht hatte Luther der Offenbarung des Johannes einen weniger bedeutenden Rang zugewiesen. Andere, darunter auch ein gewisser Isaac Newton, werden ihm darin jedoch nicht folgen und werden im 17. und 18. Jahrhundert in Rückkehr zu einer wörtlichen Auslegung der Apokalypse die millenaristischen Theorien erneut verbreiten. Dieses Wiederaufleben des Millenarismus wird ab dem Ende des 18. Jahrhunderts in den Vereinigten Staaten und im reformierten Europa während der Zeit des «prophetischen Erwachens» bei den Gelehrten und zugleich bei der Masse der Gläubigen beträchtliche Ausmaße annehmen. Später wird man dann zwischen Postmillenaristen und Prämillenaristen unterscheiden [30]. Für die ersteren wird Christus am Ende des Millenniums erscheinen, das eine Ära des Friedens sowie sittlichen, wissenschaftlichen und materiellen Fortschritts sein wird, der durch die unvermeidliche und zunehmende Christianisierung der weniger erleuchteten Völker gefördert wird. Die beiden Weltkriege haben den Postmillenarismus endgültig vernichtet, da sie dem seligen Optimismus, der ihn inspirierte, ein Ende setzten. Nach der Auffassung des Prämillenarismus, der sich enger an die Tradition der Kirchenväter anschließt, geht dem Tausendjährigen Reich die Parusia voraus.

Der Prämillenarismus ist heute unter den fundamentalistischen protestantischen Bewegungen weit verbreitet [31]. Er beseelt auch mehrere Sekten christlichen Geistes wie die Adventisten, die Zeugen Jehovas und die Mormonen (s. u. Kap. «Christliche Sekten»). Besonders seit den siebziger Jahren erlebte die prämillenaristische Doktrin wieder eine weite Verbreitung durch Hal Lindsays Bestseller *The Late Great Planet Earth* (1970), von dem mehr als 18 Millionen Exemplare verkauft wurden, sowie durch sein weiteres Werk *The Rapture* (1983). Hal Lindsay ist von der nahe bevorstehenden Parusia überzeugt und Anhänger der populärsten unter den prämillenaristischen

Doktrinen, nämlich des *Dispensationalism* [32], der um 1830 von John Nelson Darby (1880–1882), einem wenig bekannten englischen Pastor, entwickelt wurde. Der Dispensationalismus lehrt, daß die Geschichte der Menschheit in sieben Dispensationen – oder Stufen der Erlösung oder Befreiung – göttlichen Ursprungs unterteilt ist. Gegenwärtig befinden wir uns nach dieser Lehre in der sechsten Dispensation (eher an ihrem Ende), die sich von der Himmelfahrt Christi bis zu seiner nächsten Wiedergeburt erstreckt.

Die Dispensationalisten und andere Prämillenaristen legen die Schriften des Alten und Neuen Testaments – außer dort, wo eine symbolische Interpretation explizit nahegelegt wird – in vollkommen wörtlicher Weise aus. Dem Buch Daniel und der Offenbarung des Johannes wird eine ganz besondere Bedeutung für das Verständnis des Ablaufs der Ereignisse beigemessen. Im Gegensatz zu den meisten anderen Prämillenaristen glauben die Dispensationalisten, daß die Versprechen, die Gott Israel machte und die noch nicht Wirklichkeit geworden sind, noch zu Ehren kommen werden, wodurch Israel eine Schlüsselrolle in der Errichtung und Entwicklung des Millenniums zukommen wird. Die Wiedererrichtung des Staates Israel und die zahlreichen Konflikte, die das 20. Jahrhundert haben bluten lassen, seien für diejenigen, die nicht blind sind, ein klares Zeichen dafür, daß die Parusia unmittelbar bevorsteht. Über Einzelheiten und Reihenfolge der Ereignisse, die zur Errichtung des Millenniums führen werden, gehen die Ansichten der Prämillenaristen jedoch stark auseinander [33]. Trotzdem glauben sie alle, daß Christus wiederkommen und seine Getreuen, die Lebenden wie auch diejenigen, die zu diesem Zeitpunkt auferweckt werden, in den Himmel «entrücken» wird. Diese Entführung oder Entrückung der Kirche (*rapture* im angelsächsischen Sprachgebrauch) wird von Paulus im ersten Brief an die Thessalonicher angekündigt:

«Denn der Herr selbst wird vom Himmel herabkommen, wenn der Befehl ergeht, der Erzengel ruft und die Posaune Gottes erschallt. Zuerst werden die in Christus Verstorbenen auferstehen; dann werden wir, die Lebenden, die noch übrig sind, zugleich mit ihnen auf den Wolken in die Luft entrückt, dem Herrn entgegen. Dann werden wir immer beim Herrn sein» (1 Thess 4, 16–17).

Die Entrückung der Gläubigen wird für die meisten der Dispensationalisten vor der Zeit der Drangsale und Prüfungen stattfinden, einer sieben Jahre dauernden Phase ungeheuerer Wirren [34], in der sich der Antichrist offenbaren wird. Andere Experten, ob Dispensationalisten oder nicht, glauben dagegen, daß die Entrückung der Kirche am Ende oder sogar gelegentlich bereits während der Zeit der Drangsale stattfinden wird. Für Hal Lindsay ist diese Frage vielleicht die wichtigste, die sich ein Christ dieser Generation stellen kann [35]. Auf jeden Fall, so schließt er, würden die meisten der Leser seines Buches die Antwort noch zu ihren Lebzeiten erfahren. Wann immer die Entrückung stattfinden mag, am Ende der Drangsal wird Christus vom Himmel herabkommen. Er wird in seiner berühmten Schlacht von Harmagedon den Antichrist vernichten, Satan wird für tausend Jahre in Fesseln gelegt, und während der gleichen Zeit wird das irdische Reich Christi errichtet werden. Nach den meisten Dispensationalisten wird Christus physisch-leiblich mit seiner Kirche auf Erden herrschen oder aber zwischen Erde und Himmel «kommutieren», hin und her wechseln. Für andere Prämillenaristen werden die Erwählten von dem himmlischen Jerusalem aus reagieren. René Pache, ein Millenarist unserer Zeit, schreibt:

«Während des Millenniums wird der Herr den wunderbaren Plan verwirklichen, den Er seit jeher für die Erde gefaßt hatte und der nur vorübergehend im Garten Eden gescheitert war [36].»

Die Herrschaft Christi wird so aussehen, wie es die biblischen Propheten ankündigen. Für René Pache werden ihre wesentlichen Merkmale Gerechtigkeit, Frieden, Glück, langes Leben und Gesundheit, materieller Wohlstand und Befreiung der Natur von der Verfluchung sein [37]. Während dieser Zeit wird Jerusalem die Hauptstadt der Welt und Israel das erste Volk auf Erden sein. Kürzlich selbst bekehrt, wird Israel die anderen Völker bekehren. Dann wird die gesamte Erde erfüllt sein von der Kenntnis Gottes. Wie herrlich werden diese Zeiten der Erquickung sein!, sagt René Pache voraus, wenn wirklich alle Dinge wieder in ihren paradiesischen Zustand versetzt sind [38]. Erinnern wir uns daran, daß das Millennium noch nicht das abschließende Zeitalter sein wird:

«Der glänzende Tag der messianischen Zeit wird mit den Schatten der kurzen abschließenden Revolte zur Neige gehen, wenn für die einen die ewige Nacht der Hölle und für die anderen der ewige Tag des Himmels beginnt [39].»

Die Auferstehung – wie und wozu?

«Wenn aber verkündigt wird, daß Christus von den Toten auferweckt worden ist, wie können dann einige von euch sagen: Eine Auferstehung der Toten gibt es nicht? Wenn es keine Auferstehung der Toten gibt, ist auch Christus nicht auferweckt worden. Ist aber Christus nicht auferweckt worden, dann ist unsere Verkündigung leer und euer Glaube sinnlos. [...]. Wenn wir unsere Hoffnung nur in diesem Leben auf Christus gesetzt haben, sind wir erbärmlicher daran als alle anderen Menschen. [...] Wenn Tote nicht auferweckt werden, dann laßt uns essen und trinken, denn morgen sind wir tot» (1 Kor 15: 12–14, 19, 32).

Es gibt aber keinen Grund, sich Sorgen zu machen oder just essen und trinken zu gehen. Die Tradition stellte sich voll hinter Paulus und machte die Auferstehung der Toten – oder, besser gesagt, des Fleisches – zu einem der fundamentalen Dogmen des Christentums. Dieses Dogma ist im Laufe der Jahrhunderte in zahlreichen katholischen Glaubensbekenntnissen bestätigt worden. Die Auferstehung des Fleisches wurde in Luthers *Kleinem Katechismus* und in Calvins *Institution de la religion chrétienne* gelehrt und auch von der anglikanischen Hofkirche bestätigt.

In unserer Zeit glauben viele Christen, daß die Grunddoktrin des Christentums über das Fortleben des Einzelnen im Jenseits die Doktrin von der Unsterblichkeit der Seele ist. In Wirklichkeit ist die Grundlehre aber die der Auferstehung der Toten [40]. Der deutsche Theologe Romano Guardini hat 1940 in einem populären Werk über die Endzeit und letzten Dinge nachgewiesen, daß die christliche Offenbarung nicht notwendig wäre, wenn man nur von der Unsterblichkeit der Seele spräche, denn darüber hätten bereits Pythagoras, Sokrates und Platon alles gesagt [41]. Dieser Punkt wird auch in der *Bemerkung der Kongregation für die Glaubenslehre über das ewige Leben und das Leben nach dem Tode* von 1979 hervorgehoben, die die jüngste Position der römisch-katholischen Kirche zum Ausdruck bringt. In diesem Dokument unterstreicht die Kirche ihren Glauben an die Auferstehung der Toten, und zwar verstanden im Sinne einer Auferstehung des ganzen Menschen. Darin wird nicht von der Unsterblichkeit der Seele gesprochen, sondern von Fortleben und Fortbestehen eines geistigen Elements nach dem Tode, das mit Bewußtsein und Willen ausgestattet ist, damit das menschliche «Ich» fortbestehen kann.

Die Tradition legt auf drei Begriffe Wert: Auferstehung am Ende der Welt, Auferstehung aller Menschen, Auferstehung mit demselben Leib, in dem die Menschen leben [42]. Die dogmatische Erklärung des IV. Lateran-Konzils (1215) faßt diese drei Auffassungen bereits vollständig zusammen.

«Am Ende der Zeit wird er wiederkommen, er wird die Lebenden und die Toten richten und jedem, den Verworfenen wie den Erwählten, vergelten nach seinen Werken. Diese alle werden mit dem eigenen Leib, den sie hier tragen, auferstehen, damit die einen mit dem Teufel die ewige Strafe, die anderen mit Christus die ewige Herrlichkeit empfangen, je nach ihren guten oder schlechten Werken [43].»

Die Glaubenserklärung des XI. Konzils von Toledo läßt kaum einen Zweifel darüber bestehen, wie die auferstandenen Körper beschaffen sein werden:

«So bekennen wir: Nach dem Vorbild unseres Hauptes (Jesus Christus) wird die wahre Auferstehung des Fleisches aller Toten kommen. Wir glauben aber nicht, daß wir in einem luftförmigen oder in irgendeinem anderen Leibe, wie manche irren, auferstehen werden, sondern in diesem da, in dem wir leben, bestehen und uns bewegen [44].»

Thomas von Aquin, der *doctor angelicus,* äußert sich ebenso explizit:

«Denn bei der Auferstehung wird die Seele keinen himmlischen oder luftförmigen Körper oder wie nach gewissen absurden Lehren den Körper eines anderen Tiers annehmen, sondern durchaus den menschlichen Leib, bestehend aus Fleisch und Knochen, mit den nämlichen Organen, die er gegenwärtig besitzt [45].»

Obwohl Anspielungen auf die Auferstehung der Toten mehrmals

in den Evangelien auftauchen, gibt es nur eine Stelle, wo Jesus seine Ansichten zu dieser Frage explizit ausdrückt. Sadduzäer und Pharisäer widersetzen sich, wie wir bereits erwähnt haben, der Frage der Auferstehung. Jesus dagegen verteidigt wie die Pharisäer die Auferstehung der Körper gegen die Sadduzäer. Diese versuchen ihn mit einer Fangfrage in Verlegenheit zu bringen. Jesus löst das Scheinproblem jedoch dadurch, daß er sich auf die Schrift beruft. Diese berühmte Begebenheit wird von Matthäus berichtet:

«Am selben Tag kamen zu Jesus einige von den Sadduzäern, die behaupten, es gebe keine Auferstehung. Sie fragten ihn: Meister, Mose hat gesagt: Wenn ein Mann stirbt, ohne Kinder zu haben, dann soll sein Bruder dessen Frau heiraten und seinem Bruder Nachkommen verschaffen. Bei uns lebten einmal sieben Brüder. Der erste heiratete und starb, und weil er keine Nachkommen hatte, hinterließ er seine Frau seinem Bruder, ebenso der zweite und der dritte und so weiter bis zum siebenten. Als letzte von allen starb die Frau. Wessen Frau wird sie nun bei der Auferstehung sein? Alle sieben haben sie doch zur Frau gehabt. Jesus antwortete ihnen: Ihr irrt euch; ihr kennt weder die Schrift noch die Macht Gottes. Habt ihr im übrigen nicht gelesen, was Gott euch über die Auferstehung der Toten mit den Worten gesagt hat: Ich bin der Gott Abrahams, der Gott Isaaks und der Gott Jakobs? Er ist doch nicht der Gott der Toten, sondern der Gott der Lebenden. Als das Volk das hörte, war es über seine Lehre bestürzt» (Mt 22, 23–33).

Obwohl er die Auferstehung der Toten bestätigt, weist Jesus darauf hin, daß das Leben der Auferstandenen anders als das gegenwärtige Leben auf Erden sein wird, daß es weder Ehe noch Sexualität geben wird und daß sie wie die Engel im Himmel sein werden.

Paulus liefert ebenfalls einige wertvolle, wenn auch uneindeutige Informationen über den Leib der Auferstandenen. Ihre Verwandlung hebt er besonders hervor:

«So ist es auch mit der Auferstehung der Toten. Was gesät wird, ist verweslich, was auferweckt wird, ist unverweslich. Was gesät wird, ist armselig, was auferweckt wird, ist herrlich. Was gesät wird, ist schwach, was auferweckt wird, ist stark. Gesät wird ein irdischer Leib, auferweckt wird ein überirdischer» (1 Kor 15, 42–44).

Diese wenigen Zeilen sollten die Entstehung einer Literatur auslösen, so umfangreich, daß sie die gesamte Bibliothek von Babel füllen könnte, und endlose Kontroversen [46] entfachen. Ähnlich folgenreich war auch der ein paar Zeilen später entwickelte Gedanke:

«Damit will ich sagen, Brüder: Fleisch und Blut können das Reich Gottes nicht erben; das Vergängliche erbt nicht das Unvergängliche» (1 Kor 15, 50).

Nur Paulus allein könnte uns – vielleicht im Paradies – den wahren Sinn dieser Worte erklären.

Was immer Paulus gedacht haben mag, die Kirchenväter [47] interpretierten die Auferstehung jedenfalls in einem materialistischen Sinn und legten in diesem Sinn auch die Tradition fest. Zunächst geht es im 2. Jahrhundert darum, die Gnostiker zu bekämpfen, die die Auferstehung Jesu ebenso sehr wie die der Toten ganz allgemein bestreiten. Für sie kann das Fleisch, da es zum Bösen und Schlechten gehört, nicht am ewigen Leben teilhaben. Sie deuten die Auferstehung als ein innerliches Phänomen geistig-spiritueller Erneuerung durch Aneignung eines esoterischen Wissens. Im 3. und 4. Jahrhundert wird man gegen die Auffassungen von Origenes und seinen Schülern kämpfen müssen, die die Identität («Selbigkeit») zwischen dem gegenwärtigen und dem auferstandenen Leib als einer Art luftförmigem Leib leugnen [48]. Außerdem muß man zugeben, daß eine materialistische Auffassung von den auferstandenen Körpern den millenaristischen Auffassungen entspricht, die die Mehrheit der Kirchenväter des 2. bis 4. Jahrhunderts vertrat. Schließlich scheint ein stofflich-materieller Leib auch gut für ein irdisches Leben während des Millenniums geeignet. Nach dem Zusammenbruch der millenaristischen Auffassungen wird die materialistische Lesart bei den Gelehrten in einer noch sonderbareren Form fortleben [49].

Gegen die Qualität und Schwere der Angriffe werden die Kirchenväter eine ganze Batterie von Argumenten entwickeln, um die Auferstehung des Fleisches und ihren völlig materiellen Charakter zu belegen und zu erklären.

Tertullian beweist in seinem sehr gewichtigen Traktat über die Auferstehung zunächst, daß das Fleisch der Auferstehung würdig ist und daß Gott mit Sicherheit die Macht hat, es wiederzuerwecken.

Danach stellt er sich Fragen über die Ursache der Auferstehung und ihre Notwendigkeit. Man könne in der Tat zwar annehmen, daß allein die Seele mit dem ewigen Leben belohnt wird. Tertullian zeigt aber, daß Leib und Seele während des Erdenlebens eng miteinander verbunden sind. Die Seele könne nichts ohne das Fleisch tun, das mehr als nur ein inaktives Werkzeug, nämlich ein Diener ist. Daher muß also auch das Fleisch auferweckt werden, um die göttliche Gerechtigkeit zu befriedigen:

«Daher ist, so behaupten wir [...], die Vollständigkeit und Vollkommenheit des Gerichtes nur dann vorhanden, wenn der ganze Mensch vor dasselbe gestellt wird, mithin erscheint der ganze Mensch, der aus der Verbindung der beiden Wesenheiten besteht, vor ihm. Darum muß er, der in seiner Ganzheit gerichtet werden soll, auch in den beiden Wesenheiten dargestellt werden. Denn wenn er nicht in seiner Wesenheit lebte, so würde er überhaupt nicht leben [50].»

Tertullian zeigt ebenfalls auf, daß es Gottes unwürdig wäre, wenn er nur die Hälfte eines Menschen zum Heil führen würde. Zahlreiche Gelehrte werden dieses Argument, das sich in der Doktrin festsetzen wird, übernehmen. Gelegentlich führten manche unter ihnen einen anderen Grund an, nämlich den, daß die Seele von selbst nichts oder nur wenig zu empfinden vermag und deshalb des Körpers bedarf, um die Seligkeit voll genießen oder die Strafen der Hölle voll erleiden zu können. Diese Auffassung ist implizit bereits bei Tatianus und Athenagoras (2. Jahrhundert) zu finden. Tertullian vertritt einige Zeit lang die Ansicht, daß die losgelöste Seele nicht in der Lage ist, zu genießen oder zu leiden. In der Folgezeit ändert er seine Ansicht und nimmt an, daß sie doch in der Lage ist, Gefühle zu empfinden, die aber unvollkommen sind. Eine solche Auffassung wird jedoch von der Mehrheit der Theologen abgelehnt, vielleicht weniger deshalb, weil es der losgelösten Seele gebührt, voll und ganz den Lohn des Himmels zu genießen, als deshalb, weil sie die Strafen der Hölle in all ihrer Stärke zu fühlen hat. Thomas von Aquin und zahlreiche Theologen nach ihm werden dieses Argument – wenn auch in einer modifizierten und gemäßigteren Form – wieder aufgreifen. Für sie ist die losgelöste Seele in der Lage, die ewigen Belohnungen und Bestrafungen zu empfinden. Der Zustand der getrennten Seele ist jedoch kein natürlicher Zustand. Die endliche Bestimmung des Menschen kann in einem anderen Leben nur durch die Wiedervereinigung von Leib und Seele erlangt werden. Wie sich der Theologe Garrigou-Lagrange ausdrückt, ist

«die Seele [...] naturgemäß ein Formbestandteil des Körpers, und daher zittert sie davor, sich von ihm zu trennen, sie darf also nicht für immer des Körpers beraubt werden [51].»

Hinsichtlich der Lehre, wonach die Menschen mit dem gleichen Körper auferstehen werden, den sie zu Lebzeiten hatten, entwickeln sich in der Tradition zwei fundamentale Ideen: die der Gleichheit oder Selbigkeit und die der Unversehrtheit des auferstandenen Leibes. Bereits an dieser Stelle wollen wir darauf hinweisen, daß die auferstandenen Körper auch bestimmte neue Qualitäten und Eigenschaften haben werden.

Tertullian ist der Meinung, daß das auferstandene Fleisch dasselbe wie das unseres gegenwärtigen Lebens sein muß, damit das Jüngste Gericht gerecht und angemessen ist. Es wäre nämlich absurd und ungerecht, so lehrt er uns, wenn einer Wesenheit die ganze Müh und Plage zukäme und die andere den Lohn dafür empfinge, wenn also die eine, das gegenwärtige Fleisch, im Martyrium zerrissen würde und die andere dafür die Krone bekäme [52].

Hieronymus, der zunächst an die luftförmigen oder ätherischen Körper nach der Vorstellung von Origenes glaubte, vertrat in der Folgezeit nachdrücklich und bildreich die oben genannte Idee von der Selbigkeit:

«Die Toten werden wie junge von ihren Fesseln befreite Maulesel aus ihren Gräbern steigen ... Ihre Gebeine werden aufsteigen wie Sonnen. Alles Fleisch wird vor der Gegenwart des Herrn erscheinen, und Gott wird den Fischen des Meeres befehlen, und sie werden die Gebeine wieder ausspeien, die sie verschlungen haben, und die Gliedergelenke werden sich wieder zusammenfügen, und die Knochen werden sich wieder verschweißen; und diejenigen, die im Staub der Erde schliefen, werden wieder auferstehen, die einen zum ewigen Leben, die anderen zur Schande der ewigen Wirrsal. Was im Menschen gestorben ist, wird wiederbelebt werden [53].»

In einem 1962 erschienenen Werk wurde dieses Prinzip von dem katholischen Theologen Charles Davis erneut behauptet.

«Wir werden mit denselben Körpern auferstehen. Die strikte und mengengleiche Identität zwischen dem verklärten Leib und dem leidfähigen Körper ist eine Glaubenswahrheit. Es käme also nicht in Frage, an ihr zu zweifeln. Man darf sich lediglich die Frage stellen, wie diese Identität verwirklicht werden wird [54].»

Bevor wir uns dieser komplizierten Frage zuwenden, müssen wir noch ein ganz erhebliches Problem lösen, nämlich die Frage beantworten: Wie läßt sich diese materielle Gleichheit mit dem vereinbaren, was Paulus im ersten Korintherbrief lehrte? Wie ist nämlich der Begriff *geistlicher Leib* zu interpretieren und mit dem fleischlichen Leib in Einklang zu bringen? Die Theologen haben dieses Problem dadurch gelöst, indem sie die These aufstellten, daß die geistlichen Körper nicht Körper aus einer luftförmigen Substanz sind, wie Origenes behauptete, sondern stoffliche Körper, die nur vollkommen dem Geist unterworfen sind. Hieronymus schrieb in seinem Jesaja-Kommentar:

«Genau wie der Geist, wenn er der Knechtschaft des Fleisches verfallen ist, fleischlich genannt zu werden verdient, verdient der Körper mit gutem Recht geistlich genannt zu werden, wenn er vollkommen dem Geist gehorcht. Das heißt zwar nicht, daß er in eine geistige Substanz verwandelt werde, wie manche behauptet haben [...], sondern das heißt, daß er mit wunderbarer Schnelligkeit und Leichtigkeit dem Willen des Geistes gehorchen wird, bis er mit ihm völlig vereint ist durch unlösliche Bande der glückseligen Unsterblichkeit [55].»

Größere Probleme wirft die Behauptung auf, daß Fleisch und Blut das Reich Gottes nicht erben können. Tertullian löst diese Schwierigkeit, indem er aufzeigt, daß das eine wie das andere das Reich Gottes nicht allein erben können, sondern beides dazu des Geistes bedarf. Andere wie Irenäus, Augustinus und Thomas von Aquin werden darin eine Anspielung nicht auf Fleisch und Blut selbst, sondern auf fleischliche Begierden und andere schlechte Instinkte sehen.

Kehren wir aber nun wieder zurück zu der Frage, wie sich die mengenmäßige Selbigkeit realisieren läßt. Mehrere Kirchenväter und Theologen des Mittelalters glaubten, daß der menschliche Körper aus einer begrenzten Menge von Atomen und Grundpartikeln besteht, die unversehrt und unverändert von der Empfängnis bis zum Tode überdauern. Bei der Auferstehung müsse also diese gesamte Materie zurückerlangt werden, um den Körper wiederherzustellen. Seit langem wissen jedoch andere Theologen, daß der Stoff, aus dem sich der menschliche Körper zusammensetzt, einem beständigen Wandel unterworfen ist. Die Menge der Materie, die für den auferstandenen Leib zur Verfügung steht, ist größer als das, was notwendig wäre. Charles Davis erläutert uns die Lösung, die von den katholischen Theologen in den fünfziger Jahren noch vertreten wurde:

«Nach dieser Auffassung ist es nicht erforderlich, daß die ganze Materie, aus der der sterbliche Körper beschaffen ist, während der Auferstehung wiederbelebt wird. Da sich die Materie unseres Körpers beständig erneuert, könnte eine solche Forderung die Gefahr mit sich bringen, uns am Jüngsten Tage mit mehr Materie auszustatten, als wir bräuchten. Zur Auferstehung ist eine genügend große Materiemenge vorhanden, um einen zufriedenstellenden Körper zu bilden. Im allgemeinen wird die Materie bevorzugt, die der Mensch im Augenblick seines Todes abgelegt hat; von zahlreichen Theologen wird allein diese Materie für die Auferstehung in Betracht gezogen [56].»

Dies löst aber nicht die Frage, wie diese Materie wiedererlangt wird. Die Kirchenväter und späteren Theologen sind sich des weiteren Schicksals der Leichen sowie der Elemente, aus denen sie bestehen, sehr wohl bewußt: Fäulnis und Zerfall; Beute von Fischen, Geiern und anderem Getier werden; von Menschenfressern verspeist werden; zum Raub der Flammen und anschließend als Asche in alle Winde verstreut werden. Es wird geglaubt, daß die Allmacht Gottes ausreichen wird, um die Einzelteile wiederzufinden und wieder zusammenzukleben. Die Mehrheit der Kirchenväter war davon überzeugt, daß die Auferstehung der Körper im gleichen Fleisch weder außergewöhnlicher als die Schöpfung des Menschen durch Gott, noch unglaublicher, wie Justinus schreibt, als die Erschaffung des Menschen aus dem Sperma ist:

«Was könnte auch einem, der darüber aufmerksam nachdenkt, unglaublicher erscheinen, als wenn jemand – gesetzt, wir wären ohne

Leib – sagen würde, aus einem kleinen Tropfen menschlichen Samens könne Fleisch und Gebeine und Nerven werden, so gebildet, wie wir sie sehen [57].»

Das sei nicht unwahrscheinlicher als die Wiedergeburt des Phönix, jenes Wundervogels des Orients,

«der, durch seine Einzigkeit ausgezeichnet, in bezug auf Nachkommenschaft ein Wunder der Natur ist, der, sich selbst freiwillig begrabend, sich selbst erneuert, [...] abermals er selber, er, der nicht mehr war, ein anderer und doch derselbe [58].»

Außer Tertullian werden auch Cyrillus von Jerusalem, Ambrosius und andere dieses Argument übernehmen.

Man kann der Meinung sein, daß diese Argumente keine sehr befriedigende Antwort geben; und doch hat man seither kaum bessere gefunden. Eines der Probleme, die den Gelehrten am meisten zu schaffen machten, ist das Schicksal der materiellen Elemente, die von Menschenfressern verschlungen worden waren. Augustinus vertritt in seinem Werk *Der Gottesstaat* (Buch XXII, Kap. 20) die Ansicht, daß diese Elemente wieder zu ihrem ursprünglichen Eigentümer zurückgelangen. Diese Lösung werden die meisten Theologen übernehmen. Man findet sie sogar noch in den Handbüchern und Traktaten katholischer Theologie am Ende des vorigen Jahrhunderts wieder. Man stellt sich ferner – wie Thomas von Aquin – die Frage:

«Muß der Staub des menschlichen Leibes bei der Auferstehung zu demselben Körperteil zurückkehren, der in ihm aufgelöst wurde [59]?»

Manche Theologen glauben, daß diese Frage mit Ja zu beantworten ist. Die Antwort, die Thomas von Aquin gibt, fällt nuancierter aus. Er unterscheidet zwischen der Frage nach dem «Notwendigen» («Wesentlichen») und nach dem «Angemessenen». Die Selbigkeit der Materie ist wesentlich, die der Anordnung der materiellen Elemente ist dagegen «außerwesentlich». Aber

«Spricht man jedoch im Hinblick auf die Angemessenheit, so ist es wahrscheinlicher, daß bei der Auferstehung auch dieselbe Lage beibehalten wird, insbesondere hinsichtlich der Wesensteile und der organischen Teile, wenn auch vielleicht nicht der außerwesentlichen Teile, wie es Nägel und Haare sind» (Supplement, Frage 79, 3. Art.).

Viele Theologen in der Nachfolge von Thomas folgten in der Frage der mengenmäßigen Selbigkeit einem anderen Ansatz [60]. Für sie ermöglicht die Identität der Seele die Identität des auferstandenen Körpers. Die Seele, die die Informationen für die Materie liefert, lebt in unveränderter Weise fort. Thomas und die meisten Theologen, die dieser Auffassung den Vorzug geben, vertreten dagegen die Ansicht, daß die Selbigkeit der Seele nicht ausreichend ist und daß der überwiegende Teil der Materie des gegenwärtigen Körpers im auferstandenen Körper vorhanden sein muß, um die Selbigkeit zu gewährleisten. Nach einer noch radikaleren Annahme, die von dem mittelalterlichen Theologen Durand de Saint-Pourçain (um 1275–1334) als These aufgestellt und in jüngerer Zeit von Kardinal Billot (1846–1931) sowie von einer zunehmenden Anzahl von Theologen verteidigt wurde, genügt die Selbigkeit der Seele, ohne daß es notwendig wäre, daß ein Teil der Materie des lebenden Körpers im wieder auferstandenen Körper vorhanden sein muß. Abt Michel erklärt uns:

«[...] Die stoffliche Gleichheit der Elemente, eine Identität, die sich unmöglich gewährleisten läßt, ist nicht erforderlich, um die Auferstehung der Körper zu erklären. Das Dogma von der Auferstehung läßt sich auch ohne Einschränkung aufrechterhalten und einleuchtend darstellen, wenn man zumindest an der gestaltlichen Gleichheit des menschlichen Körperbaus festhält. [...] Diese formale Gleichheit bleibt trotz der Verwandlungen und Veränderungen, die die Materie dieses Körpers erfuhren, weiterhin bestehen [...], und daher läßt sich, wie Billot (in: *De Novissimis,* S. 136) sehr treffend erklärt, behaupten: ‹Gott könnte auch einen Toten auferstehen lassen, der kein einziges Atom mehr von dem Stoff besitzt, aus dem sein Körper vor dem Tode beschaffen war› [61].»

Père de Broglie läßt wie andere Theologen diese Lösung gelten – wenn auch mit einem Vorbehalt. In seiner berühmten Schrift *De fine ultimo humanae vitae* (1948) weist er ausdrücklich darauf hin, daß die Seele die Reste ihres sterblichen Körpers wieder annehmen muß, sofern diese noch zu erkennen sind.

Das zweite Prinzip, die Unversehrtheit der auferstandenen Körper, bedeutet, daß die Körper in ihrer Ganzheit mit all ihren Gliedern, Organen und Säften auferstehen. Die Unversehrtheit oder

Vollständigkeit ist notwendig, damit die göttliche Gerechtigkeit sich voll verwirklichen kann. Jedes Glied und Organ muß dem Gericht unterworfen werden. Zudem steht für Thomas von Aquin fest:

«Wie also das Werk der Kunst nicht vollkommen wäre, wenn dem Kunstwerk etwas von dem fehlte, was die Kunst enthält, so könnte auch der Mensch nicht vollkommen sein, wenn nicht das Ganze, das in der Seele einschlußweise enthalten ist, äußerlich im Leibe entfaltet würde. Und auch der Leib würde der Seele nicht vollkommen entsprechen. So müssen denn alle Glieder, die jetzt zum Leibe gehören, bei der Auferstehung des Menschen wiederhergestellt werden [62].»

Es wird angenommen, daß alle Glieder und Organe auferstehen werden, sogar diejenigen, für die es im Himmel keine Verwendung mehr geben wird. Tertullian vertritt wie viele andere Autoritäten in dieser Frage einen unmißverständlich kategorischen Standpunkt:

«Denn wozu, sagen sie, sollte uns die Mundhöhle noch dienen, wozu die Reihen von Zähnen, der hinabführende Schlund, der Magen, welcher der Sammelplatz ist, die Bauchhöhle mit ihren Vertiefungen und die langen verschlungenen Eingeweide, wenn kein Essen und Trinken mehr stattfindet? Zu welchem Zweck sollten diese Glieder aufnehmen, kauen, hinunterschlucken, zersetzen, verdauen und aussondern? Wozu die Hände und Füße und all die Glieder, die zum Arbeiten dienen, wenn mit dem Unterhalt auch die Sorge um ihn aufhört? Wozu die Nieren, welche an der Samenbereitung teilnehmen, wozu die übrigen Zeugungsglieder beider Geschlechter, die zur Empfängnis dienenden Behältnisse, die Brüste mit ihren Quellen, da Begattung, Gebären und Erziehen ein Ende haben? Wozu endlich der Körper überhaupt, da er ganz und gar keinen Zweck mehr hat? [...] Und diese Glieder werden, indem dann das Leben der Bedürfnisse enthoben ist, auch ihrer Verrichtungen enthoben sein. Aber darum werden sie noch nicht unnötig sein. Denn wenn sie gleich ihrer Verrichtungen enthoben sind, so werden sie doch zum Zwecke des Gerichtes beibehalten werden, damit ‹jeder empfange an seinem Leibe› – (2 Kor 5, 10) – ‹wie er es getrieben hat› [63].»

Denjenigen, die sich darüber wundern, daß Mägen und Geschlechtsorgane ungenutzt bleiben können, antwortet Tertullian, daß dies ja bereits auch auf Erden der Fall sei:

«Auch wir versagen unserem Munde die Speise, so gut wir können, und halten uns von geschlechtlicher Vereinigung fern. Wie zahlreich sind nicht die freiwillig Verschnittenen! Wie viele sind nicht der an Christus vermählten Jungfrauen! Wie viele der Unfruchtbaren von beiden Naturen, die mit unfruchtbaren Geschlechtsteilen versehen sind! Wenn die Verrichtungen und Wirkungen der Glieder sogar schon hier in einer zeitweiligen Untätigkeit ohne Wirksamkeit sein können, gleichsam nach einem vorübergehenden, zeitweiligen Ratschluß, und der Mensch dabei nicht weniger Mensch bleibt, so werden wir ganz ebenso ohne Verkümmerung des Menschenwesens, weil nach einem ewigen Ratschluß, in jener Zeit noch viel weniger Dinge begehren, welche wir schon nicht einmal mehr hiernieden zu begehren gewohnt waren [64].»

Die Idee der Askese als Übung und Vorbereitung des Leibes auf sein künftiges Leben wird häufig wieder aufgegriffen werden. So erteilt Pater Francisco de Salazar, ein spanischer Jesuit aus dem 18. Jahrhundert, seinen Lesern folgende Empfehlungen:

«Fassen wir also Entschlüsse, aber großmütige Entschlüsse, dauerhafte Entschlüsse, unseren Sinnen zu entsagen, und damit meine ich nicht nur den groben, frevelhaften Freuden, sondern tausend kleinen Befriedigungen, tausend kleinen Raffinements, jenen Erfindungen der Selbstsucht, die sich durch sie auf bestimmte Weise für die Sinnenfreuden entschädigt, die wider das Gesetz Gottes verstoßen. Töten wir sie in allem ab, diese Sinne, die in allem dem Geist unterworfen sein müssen: arbeiten wir unausgesetzt daran, in uns den fleischlichen Menschen zu vernichten und uns zu rein geistlichen Menschen zu machen, so wie es der Apostel den getreuen Gläubigen seiner Zeit anempfahl. Alle Rücksichtnahme ist eines Leibes unwürdig, der für keusche Freuden und heilige Genüsse in der Ewigkeit bestimmt ist [65].»

Selbst mit dem Problem der Eingeweide und Gedärme befaßt sich der heilige Thomas [66]. *A priori* hat es den Anschein, als würden die Körper aus folgenden Gründen ohne Gedärme auferstehen: sie dürften nicht voll sein, denn sie würden unreine Stoffe enthalten, sie dürften aber auch nicht leer sein, denn die Natur hat einen *horror vacui* – die Leere ist ihr ein Greuel. Die korrekte Antwort ist jedoch die, daß sie genauso wie die anderen Glieder auferstehen werden; sie werden aber *weder* leer *noch* voll von schändlichem Unrat, sondern mit edlen Säften gefüllt sein.

Thomas, der nie eine Frage ohne Antwort läßt, befaßt sich in Frage 80 des *Supplements* zu seiner *Summa theologica* sogar mit noch spezielleren, bereits von Augustinus erwähnten Problemen, nämlich mit der Frage: Werden auch die Haare, Finger- und Fußnägel auferstehen? Werden die Säfte des menschlichen Körpers auferstehen? Den Haaren kommt deshalb eine ganz besondere Bedeutung zu, weil die Heilige Schrift sie in zwei berühmten Stellen erwähnt: «Kein Haar von eurem Haupte wird verlorengehen» (Lk 21, 18) und «Bei euch aber sind sogar die Haare auf dem Kopf alle gezählt» (Lk 12, 7). Das Thema Haare darf also keinesfalls auf die leichte Schulter genommen werden! Thomas von Aquin stellt in Übereinstimmung mit Augustinus kategorisch fest:

«Haare und Nägel sind dem Menschen zum Schmuck gegeben. Nun aber müssen die Leiber, vor allen die der Auserwählten, mit allem Schmuck auferstehen. Also müssen sie mit den Haaren auferstehen. [...] Und weil der Mensch in der ganzen Vollkommenheit seiner Natur auferstehen wird, darum müssen Haare und Nägel in ihm auferstehen [67].»

Ein anderes heikles Problem: Der menschliche Körper kann während seines Lebens mehrere Meter Haare und Nägel produzieren. Wird man also vielleicht mit der Gesamtmenge der Haare und Nägel auferstehen, die einmal zum Körper gehört haben? Thomas glaubt dies nicht. Wenn dem nämlich so wäre, lehrt er uns, dann wäre der Körper durch eine absolut exzessive Verwilderung und Zugewachsenheit entstellt. Augustinus folgend nimmt er also an, daß die Nägel und Haare in einer ihrem Zweck angemessenen Menge auferstehen werden. Thomas und Augustin weichen jedoch in der Frage voneinander ab, was mit den Nägeln und Haaren geschieht, für die es in den auferweckten Körpern keine Verwendung gibt. Nach der Ansicht von Thomas werden sie nicht wieder auferstehen; für Augustinus wird dagegen ihre Materie der göttlichen Vorsehung entsprechend im Körper verteilt oder aber dazu verwendet werden, um Gebrechen zu heilen oder Mängel zu beheben. Was die menschlichen Körpersäfte betrifft, so nimmt Thomas von Aquin an, daß das Blut und drei Säfte (schwarze Galle, gelbe Galle und Phlegma) sowie das *Gluten,* eine weiße Klebstoffsubstanz, die in den Gliedern enthalten ist, auferstehen werden. Dagegen werden die Reststoffe, die die Natur ausscheidet, wie Urin, Schweiß und Eiter, sowie die Säfte, die zur Arterhaltung dienen, nicht wiedererweckt [68].

Zahlreiche protestantische Denker haben seit langem erhebliche Zweifel an der materialistischen Auffassung der Auferstehung des Leibes angemeldet. Reverend Alfred Williams Momery (1848–1900) sprach in einer am Anfang unseres Jahrhunderts veröffentlichten Predigt über die Auferstehung schonungslos aus, was er dachte:

«Zusätzlich zu der Tatsache, daß sie nicht durch die Schrift belegt ist, gibt es noch ein anderes Argument gegen die Theorie einer leiblichen Auferstehung – nämlich, daß sie unbestreitbar absurd ist [69].»

Die Mehrheit der protestantischen und ein Großteil der katholischen Theologen setzte sich über die Zensur hinweg und teilt diesen Standpunkt. Für sie wird die einzige Kontinuität zwischen dem gegenwärtigen und dem auferstandenen Leib das Bewußtsein der Persönlichkeit sein. Der auferstandene Leib wird aus einem Stoff beschaffen sein, der sich stark von dem des sterblichen Körpers unterscheidet. Bestimmte katholische Katechismen aus jüngster Zeit versuchen eine vermittelnde Zwischenposition zu formulieren. Der *Katechismus für Erwachsene,* der 1985 von der Deutschen Bischofskonferenz veröffentlicht wurde, lehrt daher

«eine neue Leiblichkeit, verwandelt und verherrlicht durch den Geist Gottes, und eine substantielle, nicht-materielle Identität des eigentlichen Körpers [70].»

Der Katechismus definiert seine Position als eine «Mittelposition zwischen Materialismus und Spiritualismus», die er als «spirituellen Realismus» bezeichnet.

Mehrere katholische und protestantische Theologen unserer Zeit wie etwa J. M. Shaw, R. Aldwinckle, L. Boros und J. Shea wandeln ebenfalls den traditionellen Begriff von der Auferstehung ab, indem sie sie unmittelbar nach dem Tode ansetzen, während der Verstorbene in einen vorübergehenden oder endgültigen Geistkörper gehüllt ist [71]. Boros und andere halten am Prinzip einer zweiten Auferstehung am Ende der Zeit fest, wo der Körper seine endgültige Gestalt erhält. Die meisten sind jedoch noch radikaler und verzichten ganz auf sie.

Geographie des Himmels

Der Himmel – ein Ort oder ein Zustand?

Bis in die jüngsten Jahrzehnte dieses Jahrhunderts hinein stimmten fast alle Katechismen und Theologen in der Ansicht überein, daß der Himmel zwar auch ein Zustand, aber zuallererst ein Ort ist, nämlich derjenige, an dem die Heiligen gemeinsam Gott schauen. Schließlich weist ja bereits Jesus darauf hin, daß der Himmel ein Ort ist:

«Im Haus meines Vaters gibt es viele Wohnungen. Wenn es nicht so wäre, hätte ich euch dann gesagt: Ich gehe, um einen Platz für euch vorzubereiten? Wenn ich gegangen bin und einen Platz für euch vorbereitet habe, komme ich wieder und werde euch zu mir holen, damit auch ihr dort seid, wo ich bin. Und wohin ich gehe – den Weg dorthin kennt ihr» (Joh 14, 2–4).

In unseren Tagen ist die Mehrheit der Theologen dagegen der Ansicht, daß der Himmel lediglich ein Zustand sei. Nur traditionalistische Katholiken wie etwa Peter J. Kreeft und Edmund J. Fortman (geboren 1901) oder protestantische Fundamentalisten wagen noch zu behaupten, daß der Himmel ein Ort ist [1]. Die jüngsten Katechismen sind dagegen vorsichtiger, sie lassen beides gelten oder sind geteilter Ansicht. In seinem *Essai de catéchisme* vertritt Pater François Bécheau die Meinung, daß der Himmel nicht ein Ort, sondern eine *manière d'être*, ein Seinszustand oder eine Lebenshaltung sei [2]. Nach dem katholischen Katechismus von John A. Hardon ist der Himmel ein Ort und eine *condition*, Lebensstandpunkt und Lebenslage. Nach *L'Enseignement du Christ*, dem französischen Erwachsenen-Katechismus, ist der Himmel in stärkerem Maße eine *manière d'être* als ein Ort [4].

Man muß zugeben, daß sich in Anbetracht der Existenz von auferstandenen Körpern sogar schon vor der *allgemeinen* Auferstehung jede nicht-räumliche Auffassung vom Himmel nur sehr schwer vertreten läßt [5]. Pater Garrigou-Lagrange faßt das Problem so zusammen: «Der Himmel ist der Ort und noch mehr der Zustand höchster Seligkeit. Hätte Gott keinen einzigen Körper geschaffen, sondern nur reine Geister, dann wäre der Himmel kein Ort, sondern nur der Zustand der Engel, die im Besitze Gottes sind. De facto ist der Himmel aber auch ein Ort, an dem die Menschheit Jesu seit seiner Himmelfahrt, die Glückselige Jungfrau Maria seit Mariä Himmelfahrt, die Engel und schließlich die Heiligen weilen [6].»

Die Präsenz von Körpern impliziert nicht nur die Räumlichkeit des Himmels, sondern vielleicht sogar auch eine gewisse materielle Stofflichkeit des Himmels, die durch die Substanz des Körpers der Auserwählten bedingt ist. Zumindest meinen dies bestimmte Experten, darunter der protestantische Theologe Henry Harbaugh (1817–1867), einst Professor am Theologischen Seminar von Mercersburg (Penns., USA) und Autor von drei bedeutenden Werken über den Himmel. Nach seiner Ansicht sind Raum und Materie für die Existenz der auferweckten Körper notwendig. Sie können nicht, so denkt er, auf ewig in der Luft schweben oder im All treiben [7]. Wenn man davon ausgeht, daß die Auserwählten sich vor und nach der Auferstehung irgendwo befinden *müssen*, dann muß man sich die unausweichliche Frage stellen: Wo liegt der Himmel?

Wo liegt der Himmel?

Zunächst hat man zwischen der Situation vor und der nach der Vollendung der Zeit zu unterscheiden. Wie wir gesehen haben, plazieren die meisten Kirchenväter die Seelen der Auserwählten während ihres Wartens auf die Auferstehung in sogenannte *receptacula,* vorläufige Sammelorte, die vielleicht unter der Erde oder im Paradies liegen und die sie vom Himmel unterscheiden, der erst nach der Auferstehung offenstehen wird. Dieses Paradies ist für bestimmte Gelehrte nichts anderes als der Garten Eden von Adam und Eva und befindet sich irgendwo auf der Erde [8]. Es mag die Wohnstatt für die Seelen der Auserwählten sein oder nicht, auf jeden Fall sind nahezu alle Gelehrten der Antike und des Mittelalters davon überzeugt, daß das irdische Paradies exitiert und daß man es eines Tages entdecken wird [9]. Im übrigen ist es in den meisten mittelalterlichen Weltkarten konkret eingezeichnet. Für die Geographen und Gelehrten liegt es im Osten, häufig in Indien. Manche assimilieren es mit dem rätselhaften Priesterkönigtum des Johannes. Es ist ein schwer zugängliches Gefild. Vielleicht konnten einige das Paradies betreten, aber niemand ist noch daraus zurückgekehrt, um von ihm zu berichten. Es soll auf einem hohen Berg liegen. Aber vielleicht liegt dieser Berg jenseits oder inmitten eines fernen Ozeans. Viele glauben, daß es von einer Feuermauer umgeben ist und daß ein Engel, bewaffnet mit einem langen Schwert, den Eingang bewacht. Manche zweifeln dagegen an der Existenz dieses irdischen Paradieses. In der Genesis, so argumentieren sie, wird uns berichtet, daß es dort liegt, wo Tigris und Euphrat ihre Quellen haben. Aber diese Gegend ist bekanntlich alles andere als das Paradies. Irrtum, entgegnet der heilige Thomas in der *Summa theologica*. Wir wissen zwar, wo diese Flüsse aus der Erde treten, aber wir wissen nichts über ihren unterirdischen Verlauf davor [10]. Auf alle Fälle glaubte Christoph Kolumbus, den Garten Eden gefunden zu haben. Ponce de León brach auf die Suche nach dem Jungbrunnen auf. Und noch im vorigen Jahrhundert wurden hochseriöse Werke über die Lokalisierung des irdischen Paradieses veröffentlicht [11].

Der heilige Basilius (um 330–379) ist wahrscheinlich der erste Kirchenvater, der sich eingehend mit der Frage über Ort und Natur des Himmels befaßt, in dem er die Seelen der Auserwählten in Gemeinschaft mit den Engeln und natürlich mit Gott ansiedelt. Für ihn ist der Himmel älter als die sichtbare Welt [12]. Er ist fest umgrenzt und liegt jenseits des Sternenfirmaments, dessen physische Beschaffenheit weniger feinstofflich ist. Die scholastischen Theologen und der Dichter Dante (1265–1321) werden die Überlegungen von Basilius wieder aufgreifen. Für sie ist die Erde von der Sonne und den damals gekannten Planeten des Sonnensystems umgeben. Darüber befindet sich die Himmelssphäre der reglosen Fixsterne. Jenseits davon dehnt sich der empyreische Himmel, der das gesamte Universum umschließt. Dieser Himmel besteht aus zwei Ebenen; die untere ist für die Auserwählten und die Engel reserviert; in der oberen Ebene wohnt Gott. Der Himmel der Scholastiker ist ein durchaus materieller Ort. Der Himmel, so lehrt Albertus Magnus (um 1200–1280), ist der edelste der einfachen Körper. Sehen wir einmal nach, was im *Dictionnaire de théologie catholique* über die Auffassungen von Albertus Magnus zu finden ist:

«Mehrmals kommt dieser große Geist auf diese Frage zu sprechen, die seinem genialen Spürsinn anscheinend erheblich zu schaffen gemacht hat. Im übrigen ist sein ganzes Denken in den folgenden Worten enthalten: *Coelum est corpus purum, natura simplicissimum, essentia subtilissimum, incorruptibilitate solidissimum, quantitate maximum, materia purissimum* [13]» *(Compendium theol. verit.*, Buch II, Kap. IV*).*

Auch für Thomas von Aquin ist der empyreische Himmel der lichteste und edelste Körper überhaupt. Der deutsche Jesuit Jeremias Drexel (1581–1638) gibt in einem berühmten Werk verschiedene Informationen über den Himmel. Noch geprägt von der Kosmologie des Mittelalters, schätzt Drexel ausgehend von verläßlichsten wissenschaftlichen Informationen, daß die Sphäre der Fixsterne 161 884 943 Meilen weit von uns entfernt liegt [14]. Er kommt zu dem Schluß, daß

«[...] der Himmelspalast, den alle Theologen oberhalb der ganzen von den Sternen eingenommenen Region lokalisieren, sich also in einer ans Wunder grenzenden und unvorstellbar hohen Höhe befindet.»

Gelehrte hätten in früheren Zeiten, so weiß er zu berichten, die Ausdehnung des Himmels als 10 314 085 710 Meilen weit von Deutschland entfernt und seine Tiefe auf 360 000 000 000 (dreihundertsechzig Billionen!) Meilen geschätzt.

Die Fortschritte der Astronomie sollten die mittelalterliche Kosmologie und ihre Gewißheiten erheblich erschüttern. Viele Fachgelehrte siedelten in der Folgezeit den Himmel oberhalb der entferntesten Planeten an. Thomas-Henry Martin (1813–1884), Ordinarius an der geisteswissenschaftlichen Fakultät in Rennes, nahm an, daß man die Himmelskörper als Wohnstätten der Auserwählten betrachten könne.

«Gibt es in der unermeßlichen Weite des Himmels», so fragt er sich, «nicht eine Region, die in einem noch konkreteren Sinne der Himmel, das Paradies, die Bleibe der Seligen ist [15]?»

Eine solche Annahme, meint er, sei nicht nachweisbar. Henry Harbaugh ist sich zwar nicht sicher, wo der Himmel liegt, er nimmt aber an, daß man ihn dank der Fortschritte der Astronomie eines Tages noch entdecken werde [16]. Der Amerikaner Jermain G. Porter (1853–1933), Direktor der Sternwarte von Cincinnati und ehemaliger Student der Theologie, untersucht auf wissenschaftliche Weise die Natur und Lage des Himmels. Der Himmel, so schreibt er, wird hinreichend materiell sein, so daß man auf seiner Oberfläche bequem gehen kann. Er kommt zu dem Schluß: Unumstößliche Argumente gegen die Idee, daß sich der Himmel innerhalb des Sternenalls befindet, gebe es nicht [17]. Er glaubt, daß die Astronomen, wenn sie das Himmelsgewölbe eingehend erforschen, die funkelnden Lichter der zahllosen himmlischen Häuser und vielleicht sogar auch das himmlische Jerusalem erkennen können. Der Philosoph de La Codre nimmt an, daß ein ungeheuer großes Gestirn der gemeinsame Mittelpunkt der Kreisbewegungen aller großen Sternensysteme ist, von denen jedes wiederum seinen eigenen Mittelpunkt hat [18]. Dieses Riesengestirn sei der Hauptsitz der Herrlichkeit Gottes und die Hauptstadt dieses Himmelreichs, in dem die Seligen eines Tages wohnen werden. Reverend Thomas Hamilton (1842–1925), Präsident des Queen's College von Belfast, nimmt mit Berufung auf die Untersuchungen der Astronomen Maedler und Proctor an, daß dieses riesige und rätselhafte Gestirn nichts anderes als der zur Gruppe der Plejaden gehörende Stern Alkyon sei [19], der rund 500 Lichtjahre weit von der Sonne entfernt ist. Der Physiker Louis Figuier (1819–1894) siedelte «die menschlichen Seelen, die von der Erde gekommen und durch die lange Reihe ihrer verschiedenen Verkörperungen in den interplanetarischen Weltenräumen nach und nach geläutert und vollkommen geworden sind» [20], in der Sonne an. Figuier ließ sich dabei von dem Werk *Terre et Ciel* (1854) von Jean Reynaud (1806–1863), einem einstigen Polytechnicien und Professor an der Ecole des Mines, der Bergbauakademie, inspirieren. Jean Reynaud vertrat die These, daß die Seelen der Toten sich durch fortschreitende Reinkarnationen auf unterschiedlichen Planeten veredeln. Die Werke von Reynaud und Figuier gefielen den katholischen Autoritäten so wenig, daß sie sie auf den Index setzten.

Auch in unseren Tagen gibt es zahlreiche protestantische Fundamentalisten, die unverdrossen hoffen, den Himmel doch noch zu entdecken. Manche von ihnen glauben sogar zu wissen, wo er sich befindet. Er befindet sich, so erklärt uns Curtis Hutson (geboren 1934) irgendwo im Norden oberhalb des allerhöchsten Sterns [21]. Curtis Hutson hat diese Information nicht aus persönlich erhaltenen göttlichen Offenbarungen, sondern aus dem Buch Jesaja, nämlich aus der Stelle, wo Satan ankündigt:

«[...] Ich ersteige den Himmel;
    dort oben stelle ich meinen Thron auf, / über den Sternen Gottes;
    auf dem Berg der (Götter)Versammlung setze ich mich, / im äußersten Norden» (Jes 14, 13–14).

Der zeitgenössische Evangelist J. Sidlow Baxter meint dagegen, daß man den Himmel so weit gar nicht zu suchen brauche, sondern daß er sich mit Sicherheit in der Nähe der Erde befinde [22]. Läge der Himmel nämlich Dutzende oder gar Hunderte von Lichtjahren weit von der Erde entfernt, dann würde die lange Zeit, die die Auserwählten für die Hin- und Rückreisen zwischen Erde und Himmel benötigen, die Verwirklichung des vorgesehenen Szenarios für das Millennium erheblich erschweren. Vielleicht befindet sich der Himmel, so meinte bereits Isaac Taylor (1787–1865) in seiner berühmten *Physical Theory of Another Life* (1836), sogar überall um uns herum, ohne daß unsere Sinne dafür eingerichtet sind, ihn wahrzunehmen [23]. Die zeitgenössischen Theologen John Hick und Austin Farrer meinen nichts wesentlich anderes, wenn sie vermuten, daß der Himmel sich in einer anderen Dimension befindet [24]. Angesichts dieser Spekulationen ist es vielleicht klüger, man schließt sich Pater Garrigou-Lagrange an und geht davon aus, daß wir außerstande sind, «mit Sicherheit anzugeben, wo sich dieser Himmel in Relation zum Universum insgesamt befindet» [25].

Nun müssen wir uns einer noch komplizierteren Frage zuwenden:

Wo werden die Auserwählten nach der allgemeinen Auferstehung und dem Jüngsten Gericht wohnen? Die Heiligen Schriften lehren, daß unsere Welt zu Ende gehen und durch einen neuen Himmel und eine neue Erde ersetzt wird [26]. Wird es sich dabei um eine neue Schöpfung in Anschluß an die Vernichtung der gegenwärtigen Welt handeln oder nur um eine Verwandlung und Läuterung dieser Welt in einer Weise, daß sie eine erneuerte und auferstandene Menschheit aufnehmen kann? Die Rechtfertigung für den ersten Ansatz liefert insbesondere der zweite Petrus-Brief:

«Der Tag des Herrn wird aber kommen wie ein Dieb. Dann wird der Himmel prasselnd vergehen, die Elemente werden verbrannt und aufgelöst, die Erde und alles, was auf ihr ist, werden (nicht mehr) gefunden» (2 Petr 3, 10).

Die zweite Auffassung stützt sich vor allem auf das Matthäus-Evangelium, in dem von einer Neuerschaffung die Rede ist (Mt 19, 28), und auf den Römer-Brief, der von der Befreiung der Schöpfung spricht (Röm 8, 19–23). Die erste Auffassung, die in der Vergangenheit die populärere von beiden war, scheint heute allmählich ins Hintertreffen zu geraten.

Seit langem entzweit noch eine andere grundsätzlich Frage die Fachwelt: Wird das Ende der Welt das gesamte Universum in Mitleidenschaft ziehen oder nur die Erde und mit ihr vielleicht noch unser Sonnensystem? Die Kosmologie der Kirchenväter und der Scholastiker machte die erste Hypothese plausibler. Aber seitdem der Mensch weiß, daß die Erde nur ein unbedeutend winziger Teil des Universums ist, fragen sich zahlreiche Experten, ob es wirklich logisch wäre, wenn zur Erlösung eines so verschwindend kleinen Teils gleich das gesamte Universum umgestürzt würde. Die Debatte darüber geht immer noch unvermindert weiter.

Wo werden die Auferstandenen in dieser neuen Welt wohnen? Werden sie auf der erneuerten Erde wohnen? Thomas von Aquin glaubt es nicht. Für ihn werden die Auserwählten im empyreischen Himmel wohnen, von wo aus sie eine verwandelte Erde betrachten werden. Dieser Standpunkt war von den meisten katholischen Theologen beibehalten worden, obwohl manche wie der Jesuit Edmund Fortman glauben, daß es keinen Grund gibt, weshalb die Auserwählten die neue, eigens für sie vorbereitete Erde nicht benutzen sollten [27]. Louis-Antoine de Caraccioli (1721–1803) ist dagegen der Meinung, daß der Hauptgrund dafür der sei, daß die Erde zu klein wäre, um alle Auserwählten aufzunehmen:

«Aber welcher wäre der Raum, in dem sich die Körper aller Auferstandenen versammeln könnten, wenn die Stimme des Ewigen ihren Staub wieder zum Leben erwecken wird? Es ist nahezu bewiesen, daß die Erde, so wie sie ist, dafür nicht geräumig genug sein wird. Gott – um mich auf die Heilige Schrift zu berufen –, der den Himmel wie einen Mantel ausbreitet, könnte ohne Zweifel auch die Erde erweitern; aber seine Wege, die stets einfach sind, scheinen dagegen zu sein: also werden vielleicht die Planeten als Ort für die auferweckten Körper dienen. [...] Stellen wir uns Gott hier auf den Wolken sitzend inmitten aller Planeten vor, die wie viele Welten alle Generationen aufnehmen würden [28].»

Auch die Protestanten sind sich in dieser Frage kaum einig. Luther und Calvin fassen die erneuerte Erde als einen höchst angenehmen Ort, erfüllt von Blumen und Tieren, auf. Und doch werden die Auferstandenen sie nicht bewohnen, sondern sie werden sie nur betrachten, obwohl Luther annimmt, daß sie sie von Zeit zu Zeit besuchen können [29]. Henry Harbaugh ist ebenfalls der Meinung, daß die Erde zu klein sein wird, um die Auserwählten aufzunehmen. Diese werden stattdessen an jetzt schon für sie bereiten Orten irgendwo in einem entlegenen Teil des Universums leben [30]. Für Thomas Hamilton hat dies nichts mit der Größe der Erde zu tun, sondern bereits die Heilige Schrift stelle unmißverständlich fest: die Erwählten werden nach der Auferstehung nicht auf der Erde wohnen [31]. Robert Lewis Dabney (1820–1898) ist mit Sicherheit der gegenteiligen Ansicht, denn für ihn stützt die Heilige Schrift gerade die Doktrin, wonach die Erde doch der Lebensraum der Auserwählten nach der Auferstehung sein wird [32]. Augustus H. Strong (1863–1921) läßt sich weniger eindeutig festlegen: Die Erde werde möglicherweise der endgültige Wohnsitz der Heiligen sein, doch die Heilige Schrift sei in dieser Hinsicht nicht unmißverständlich klar [33]. James M. MacDonald (1812–1876) entscheidet sich für einen eleganten Kompromiß: Die Erde könne, nachdem sie durch das Feuer gereinigt sei, eine der Wohnungen der Erwählten sein, ein Apartment, das sie von Zeit zu Zeit besuchen werden [34]. Wie dem auch sei: Wer aufersteht, wird schon sehen, wer recht hatte!

Wie sieht der Himmel aus?

Im Laufe der Jahrhunderte wurde die Bleibe der Auserwählten so häufig wie unterschiedlich beschrieben. Diese Beschreibungen kreisen jedoch alle um einige wenige Hauptthemen, darunter um die Paradiesgärten und die Stadt Gottes, das neue Jerusalem. Sehen wir uns zunächst einmal an, wie Johannes von Patmos das neue Jerusalem in seiner Apokalypse oder Offenbarung beschreibt.

Das neue Jerusalem

Viele sind der Meinung, daß die Auserwählten nach der Auferstehung in der heiligen Stadt, im neuen Jerusalem, wohnen werden. Die Offenbarung des Johannes gibt uns eine sehr detaillierte Beschreibung des neuen Jerusalem. Die heilige Stadt ist von einer 144 Ellen hohen Stadtmauer mit 12 Toren umgeben. Der Grundriß der Stadt bildet ein Quadrat; Länge, Breite und Höhe sind gleich und messen 12 000 Stadien, das heißt mehr als 2000 Kilometer.

«Ihre Mauer ist aus Jaspis gebaut, und die Stadt ist aus reinem Gold, wie aus reinem Glas. Die Grundsteine der Stadtmauer sind mit edlen Steinen aller Art geschmückt; der erste Grundstein ist ein Jaspis, der zweite ein Saphir, der dritte ein Chalzedon, [...] der zwölfte ein Amethyst. Die zwölf Tore sind zwölf Perlen; jedes Tor besteht aus einer einzigen Perle. Die Straße der Stadt ist aus reinem Gold, wie aus klarem Glas. Einen Tempel sah ich nicht in der Stadt. Denn der Herr, ihr Gott, der Herrscher über die ganze Schöpfung, ist ihr Tempel, er und das Lamm. Die Stadt braucht weder Sonne noch Mond, die ihr leuchten. Denn die Herrlichkeit Gottes erleuchtet sie, und ihre Leuchte ist das Lamm [...]. Und (der Engel) zeigte mir einen Strom, das Wasser des Lebens, klar wie Kristall; er geht vom Thron Gottes und des Lammes aus. Zwischen der Straße der Stadt und dem Strom,

hüben und drüben, stehen Bäume des Lebens, zwölfmal tragen sie
Früchte, jeden Monat einmal; und die Blätter der Bäume dienen zur
Heilung der Heidenvölker» (Offb 21 und 22).

Zahlreiche Fachgelehrte sind der Ansicht, daß mit dem neuen Jerusalem eine richtige Stadt gemeint ist, wobei aber viele Details der
Beschreibung in der Offenbarung als Allegorien verstanden werden
müssen. Bellarmin und andere glauben zum Beispiel nicht, daß die
Stadt aus Gold bestehen wird, sondern daß es sich hier schlicht um
eine Metapher handelt, um zu zeigen, daß sie noch prächtiger als
irgendeine irdische Stadt sein wird. Die Stadt wird auch keine Stadt-
mauern haben, sondern dies ist eine allegorische Andeutung dafür,
daß die Stadt von Gott beschützt sein wird [35]. Ganz und gar nicht,
entgegnen wiederum der zeitgenössische Evangelist Judson Cornwall und mit ihm zahlreiche andere Fundamentalisten. Für Cornwall
gibt es keinen Grund, an dem völlig wörtlichen Charakter der Beschreibung zu zweifeln, die die Offenbarung liefert; das neue Jerusalem sei eine ebenso wirkliche und konkrete Stadt wie New York, Chicago, London oder Moskau [36]. John Walvoord, Präsident des theologischen Seminars von Dallas, macht uns darauf aufmerksam, daß
die Exegeten sich bereits über Form und Gestalt der Stadt keineswegs
einig sind [37]. Manche, darunter Judson Cornwall, sehen sie als
Würfel, andere, wie Walvoord selbst, eher als Pyramide. Über seine
örtliche Lage nach der Auferstehung und dem Jüngsten Gericht ist
die Fachwissenschaft sich ebenso uneinig. Manche meinen, das neue
Jerusalem werde auf der erneuerten Erde liegen; andere glauben, daß
es dicht über der Erde schweben wird; manche sehen es sogar hoch
oben im Himmel. Beeindruckend finden die Experten die Dimensionen des neuen Jerusalem. Aber, so fragen sie, wird es auch genügend
groß sein, um alle Auserwählten aufnehmen zu können? Judson
Cornwall stellt sich einen Würfel von 1500 Meilen Seitenlänge mit
1500 übereinanderliegenden Etagen vor. Nimmt man eine Bevölkerung von etwa 28 Milliarden Auserwählten an, so werden seinen Berechnungen gemäß jedem etwa 64 Hektar zur Verfügung stehen, und
das sei doch eine recht befriedigende Aussicht [38]. Mit einer Bevölkerungsdichte von Holland könne, so rechnet Cornwall, das neue Jerusalem 30 000 Milliarden Einwohner fassen [39]. Die Stadt wird je-

doch zu klein sein, um auch noch die Engel unterzubringen, weshalb diese im Himmel bei Gott wohnen werden. Der berühmte amerikanische Evangelist William Biederwolf (1867–1934) nahm an, daß das neue Jerusalem 300 000 Milliarden Einwohner erfassen könne [40], und wenn sie sich per Zufall beengt fühlen sollten, dann würden Gott und seine Engel es bestimmt erweitern. Judson Cornwall lädt uns ein, uns einen Spaziergang auf der ersten Ebene der Stadt vorzustellen. Über uns würden wir 1499 oder 1500 Ebenen von Straßen aus reinem Gold und funkelnd wie Kristall sehen. Dies bedeute, so stellt der Autor voller Bewunderung fest, eine unerrechenbare Anzahl Tonnen Gold in einem Wert von knapp 200 Dollar pro Unze (Ende 1989 waren es umgerechnet 402,50 Dollar) [41]. Um uns herum würden wir majestätische Paläste und prächtige Häuser, ebenfalls aus Gold erbaut, sehen. Nur gibt Cornwall leider keine Antwort auf die Frage, die sich durchaus jemand stellen könnte: Wieviel wird im neuen Jerusalem eine Unze Gold wert sein?

Paradiesgärten und Maisonnette-Paradiese der Renaissance

Wie wir gesehen haben, ist für viele antike und mittelalterliche Gelehrte die Stadt Gottes bis zur Auferstehung geschlossen oder sie steht nur den Vollkommenen offen. Die Gerechten, die keinen Zutritt haben, werden häufig in das irdische Paradies oder in ein Paradies nach seinem Ebenbild verwiesen.

Die Offenbarung des Petrus bietet uns eine der ältesten christlichen Beschreibungen des Paradiesgartens Eden [42]. Jesus zeigt dem seherischen Autor einen großen, offenen Garten voll von Bäumen und Früchten. Über allem liegt ein angenehmer Duft von Wohlgerüchen. Eine ähnliche Vision wird in der Legende von den Heiligen Barlaam und Josaphat geboten, die (möglicherweise fälschlich) dem heiligen Johannes von Damaskus (um 675–um 749) zugeschrieben wird [43]. Josaphat sieht im Schlaf eine endlos weite, mit zauberhaften Blumen übersäte Ebene. Pflanzen tragen sonderbare und prächtige Früchte. Die Blätter der Bäume verströmen einen süßen Wohlgeruch; schon beim geringsten Windhauch geben sie sanfte Klänge von sich. Kristallklare Bäche winden sich durch das Wiesenland. Ferner gibt es goldene Throne, bedeckt mit kostbaren Edelsteinen, und reich geschmückte Lager. In weiterer Ferne liegt eine leuchtende Stadt, umgeben von einer goldenen Mauer. Aus ihr erklingen himmlisch feine Melodien, gesungen von geflügelten Wesen. Der heilige Beda Venerabilis (673–735) beschreibt uns die Vision eines gewissen Drythelm [44]. Nachdem er zuerst die in der Hölle und im Purgatorium schmachtenden Seelen gesehen hat, begegnet er Menschen, die in weißen Gewändern auf bunten Blumenwiesen sitzen. Sein Führer erklärt ihm, daß es sich hier noch nicht um das Himmelreich handelt. Danach kann Drythelm aber etwas weiter entfernt einen sehr licht-umflorten Ort erkennen, dem köstliche Düfte entströmen. Sein Führer erklärt ihm, daß nur die vollkommenen Seelen Zutritt zu dem himmlischen Königreich hätten. Die anderen ruhen auf der Wiese. Das *Purgatorium des heiligen Patrick* (um 1190) war einer der Bestseller des Mittelalters [45]. Der Autor H. of Saltrey erzählt darin die Abenteuer des Ritters Owein im Purgatorium des heiligen Patrick. Es handelt sich um eine Höhle auf einer Insel namens Station Island, die zur Grafschaft Dongal in Irland gehört. Diejenigen, die sich dort einschlossen, sollen die Leiden und Freuden des Jenseits genossen und sich auf diese Weise geläutert haben. Nachdem er grauenhafte Folterstätten besichtigt hatte, entdeckt Owein eine magische Mauer mit einem edelsteinbesetzten Tor. Das Tor öffnet sich, er tritt ein, eine Prozession von Mönchen empfängt ihn. Zwei Erzbischöfe zeigen ihm eine blumenübersäte Wiese im Schatten von Bäumen, die mit köstlichen, duftenden Früchten überladen sind. Nie senkt sich die Nacht über diesen Ort, in dem eine gemäßigt milde Temperatur herrscht. Scharen von Menschen, gewandet in Kleidern von allen erdenklichen Farben, singen Lobeshymnen. Die Prälaten erklären ihm, daß dieser Ort das irdische Paradies sei. Zu seinen Bewohnern gesellen sich diejenigen hinzu, die von ihren Sünden geläutert worden sind. Obwohl bereits in mächtigem Glück schwebend, sind sie noch nicht würdig, die Freuden des Himmels zu genießen. Gott wird sie zu gegebener Zeit zu sich berufen, um mit ihm seine Herrlichkeit zu teilen. Anschließend wird Owein von seinen Führern auf einen Berg hinaufgeführt und aufgefordert, den Blick zu heben. Da sieht er über sich eine Stelle, so glänzend wie in einem Hochofen schmelzendes Gold.

Dies, so erfährt er, ist die Pforte zum Himmel. Da schießt ein Lichtstrahl vom Himmel herab und durchfährt die Körper der Paradiesbewohner. O wein überkommt ein köstliches Gefühl. Dies, erklären ihm die Prälaten, ist die Nahrung, die Gott uns jeden Tag schickt.

Die Paradiesdarstellungen aus der Renaissance werden bestrebt sein, die Wohnung der Auserwählten zu vereinheitlichen. Sie halten sich an die Konstitution *Benedictus Deus,* nach der all jene, die sich weder in der Hölle noch im Purgatorium befinden, der unmittelbaren Gottesschau im Himmel teilhaftig werden. Viele Autoren und Künstler der Renaissance werden sich aber trotzdem nicht von den Paradiesgärten trennen. Garten und Stadt Gottes sind häufig miteinander vereint, und die Erwählten können sich je nach Lust und Laune des Augenblicks unbehelligt von dem einen Ort zum anderen begeben. In seinem *Kompendium der Offenbarungen* beschreibt uns der gestrenge Savonarola (1452–1498) den Paradiesgarten mit Blumen, Bächen, Bäumen, Früchten und kleinem Getier [46]. Darüber weilt die Ordnung der Engel, die Jungfrau Maria auf ihrem Thron sowie die Heilige Dreifaltigkeit. Eine riesige Leiter verbindet das Paradies mit dem himmlischen Hofstaat. Diese Leiter ist für die irdischen Reisenden bestimmt. Die Auserwählten brauchen sie dagegen nicht zu benützen, denn sie bewegen sich durch die Lüfte schwebend von einer Ebene in die andere. Diese Auserwählten können sich in den paradiesischen Gärten ergehen und dabei gleichzeitig, wann immer sie wollen, Gott in der Stadt Gottes betrachten.

Aber nicht alle Theologen haben sich ein derart anmutiges Paradies ausgedacht.

Die unbewegte, lichte Welt des heiligen Thomas von Aquin

Die klassischen Theologen sind im allgemeinen bereits sehr zurückhaltend, wenn es um die Welt der unverkörperten, losgelösten Seelen geht – und noch zurückhaltender, wenn es um die Welt der Auferstandenen geht. Nach Thomas und vielen klassischen Theologen wird letztere eine Welt der Unbewegtheit und des Lichts sein. Die himmlischen Körper werden ihre Bewegung verlieren. Der himmlische Leib, so lehrt Thomas, war wie alle anderen geschaffen worden, um dem körperlichen Leben des Menschen als Träger und Fortbewegungsmittel zu dienen [47]. Da der Mensch im Zustand der Verklärung oder Herrlichkeit dieser Stütze nicht mehr bedarf, ist es logisch anzunehmen, daß die himmlischen Körper ihre Bewegung einstellen werden. Außerdem entspreche das dem Prinzip: «Ruhe ist edler als Bewegung.» Die verklärten Körper werden also unbewegt und in die Schau des göttlichen Wesens vertieft sein. Der Himmel, der edelste Teil der körperlichen Welt, wird im Glanz einer noch größeren Helligkeit erstrahlen. Die anderen Elemente werden ebenfalls eine gewisse leuchtende Lichtheit ausstrahlen:

«Tatsächlich heißt es, daß die Erde auf ihrer Oberfläche durchsichtig wie Glas, das Wasser klar wie Kristall, die Luft wie der Himmel, das Feuer wie die Sterne des Himmels sein wird. [...] Die Luft wird nicht glänzen wie etwas, das Strahlen aussendet, sondern wie etwas Durchsichtiges, das erleuchtet ist. Die Erde aber wird – obwohl sie auf Grund ihrer Natur aus Mangel an Licht dunkel ist – durch göttliche Kraft auf ihrer Oberfläche mit herrlichem Lichtglanz geschmückt werden, ohne daß ihre Dichte dadurch beeinträchtigt würde [48].»

Wird ein solches Übermaß an Licht nicht schmerzhaft zu ertragen sein? Im Gegenteil!, antwortet Thomas:

«Ein Übermaß an Licht wird lustvoll sein, da es keine Gegensätzlichkeit hat außer gegenüber der Schwäche des Organs, die es dann nicht mehr geben wird [49].»

Sosehr sie auch leuchtet bei all dem Licht, scheint die Welt der Auferstandenen, wie Thomas sie sieht, farblos und vielleicht sogar ein wenig trist zu sein. Es wird weder Pflanzen noch Tiere geben. Der *doctor angelicus* ist der Auffassung, daß der Seinsgrund der Pflanzen und Tiere darin besteht, die Bedürfnisse der Menschen zu befriedigen. In der künftigen Welt werden diese aber keinerlei Nutzen mehr haben, da die verklärten Körper ja weder Nahrung noch Kleidung oder Fortbewegungsmittel brauchen werden [50]. Und doch haben mehrere klassische Theologen wie etwa Bellarmin, inspiriert vom Denken des heiligen Anselm (1033–1109), angenommen, daß das Paradies mit Blumen voll süßem Wohlgeruch, ja sogar mit Tieren geschmückt sein wird; die Protestanten scheinen im übrigen, wie J. Frewen Moor in

Thoughts Regarding the Future State of Animals (1899) nachgewiesen hat, der Unsterblichkeit der Tiere gegenüber weit aufgeschlossener zu sein. Die katholischen Theologen Joseph Pohl und Arthur Preuß führen in ihrer Abhandlung über die Eschatologie, die zu Beginn des Jahrhunderts das offizielle Brevier der katholischen Seminaristen war, Kontroversen über dieses Thema aus jüngerer Zeit an. Eine immer mehr zunehmende Zahl von Theologen wie Bautz und Einig sprächen sich für die Existenz von Pflanzen und auch Tieren in der Welt der Auferstandenen aus [51]. Sie selbst finden diese Idee dagegen zwar durchaus faszinierend, aber sie weigern sich, sie zu übernehmen, da sie sich nicht nachweisen lasse. Wilhelm Schneider, Erzbischof von Paderborn zu Anfang unseres Jahrhunderts, scheint sich in dieser Frage eher unschlüssig zu sein. Er ist zwar ebenfalls fasziniert von der Idee von Blumen und Tieren im Paradies, denn sie könnte das Glücksgefühl der Auserwählten noch mehren. Könnte ihr Fehlen, so fragt er sich, sie nicht in gewissem Maße in Traurigkeit versetzen? Letztlich hält er jedoch – vielleicht sogar mit Bedauern – an der traditionellen Auffassung fest und meint, daß die Glückseligen durch die Gottesschau die Blumen und Tiere vergessen werden [52]. In jüngerer Zeit behaupteten Pater Staudinger, Professor für Theologie im Seminar von Klagenfurt, und Pater Fortman, Professor für Theologie an der Loyola-University von Chicago, daß es keinen Grund zu der Annahme gebe, Gott werde den Auserwählten die Pflanzen und Tiere vorenthalten, von denen sie auf Erden so viel Freude empfingen. Die Freigebigkeit und Güte Gottes würden über das Prinzip des Notwendigen und nicht Notwendigen das letzte Wort reden [53]. Hoffen wir also, daß sie recht behalten!

Das kleinbürgerliche Paradies der Elizabeth Stuart Phelps

Das Buch *The Gates Ajar* aus dem Jahre 1868 hat seiner Autorin Elizabeth Stuart Phelps (1844–1911) Ruhm und Vermögen eingebracht. Von ihrem Werk wurden in den USA um die 80 000 und in England 100 000 Exemplare verkauft, was für die damalige Zeit beachtliche Zahlen sind [54]. Und doch prädestinierte dieses kleine, eher etwas eintönige Werk nichts zu einem solchen Erfolg. Auf keinen

Fall die Geschichte als solche, die sehr bieder und nichts als ungeheuer fromm und erbaulich ist. Das Werk besteht hauptsächlich aus Gesprächen über den Himmel und den Tod zwischen Tante Winifried, einer jungen Witwe, ihrer Nichte Mary, die gerade ihren Bruder verloren hat, und Pastoren. Am Ende des Romans entschläft Tante Winifried in vollem Seelenfrieden. Elizabeth Stuart Phelps hatte, und das geht deutlich aus ihrem Werk hervor, immerhin sehr eingehende Recherchen über die Endzeit und letzten Dinge betrieben, bevor sie mit der Niederschrift ihres Romans begann. Die Diskussionen zwischen Tante Winifried und ihren Gesprächspartnern spiegeln die theologischen Kontroversen ihrer Zeit wieder. *The Gates Ajar* gewährt uns nur einen «glimpse of heaven» (einen «flüchtigen Einblick in den Himmel») – wie übrigens auch der Untertitel des Werkes lautet. In *Beyond the Gates*, einer 1883 veröffentlichten Fortsetzung, wird dagegen ein detailliertes Panorama geboten. In diesem zweiten Werk beschreibt die Autorin uns ein Paradies, das stark vom Œuvre Swedenborgs (s. u.) und spiritistischen Erfahrungen inspiriert ist. Dem sehr materiellen Paradies mit Häusern und reichhaltiger Vegetation nach der Vorstellung von protestantischen Theologen ihrer Epoche wie Henry Harbaugh und Thomas Hamilton ist es ebenfalls nahe verwandt.

Mary stirbt vierzigjährig und unverheiratet nach einer kurzen Krankheit. Als sie wieder aufwacht, sieht sie ihren vor langer Zeit dahingeschiedenen Vater wieder, was sie übrigens nicht einmal übermäßig erstaunt. Beide verlassen Marys Haus und wandern über einen verschneiten Weg, auf dem sie keine Fußspuren hinterlassen, worüber sich die Romanheldin durchaus wundert, obwohl sie nicht sofort alle sich bietenden Schlüsse daraus zieht. Sie gelangen durch ein Dorf voller emsig beschäftigter Menschen, unter denen sie Leute wiedererkennt, die bereits gestorben sind. Erst da stellt sie sich die so sehnlich erwartete Frage: Vater, bin ich tot? Der Leser kennt die Antwort bereits. Anschließend erfahren wir, daß das Dorf, das Mary und ihr Vater durchqueren, eine der Wohnstätten derer ist, die des Himmels nicht würdig sind. An diesem Ort von hektischer Betriebsamkeit herrschen die schnöden materiellen Interessen vor. Aus dem Himmel herabgekommene Missionare helfen den Einwohnern, moralisch

Fortschritte zu machen, damit sie in die höhere Welt gelangen können. Danach fliegen die Protagonistin und ihr Vater in einen gastlicheren Himmel hinauf. Hier ihre ersten Eindrücke vom Himmel:

«Ja, ich befand mich wahrhaftig in einem wundervollen Land. Es war eine ländliche Gegend (wie wir unten auf der Erde sagen), aber ich begriff, daß es dort auch große Lebenszentren geben mußte. Es gab Hügel und endlose Weiten, von Dunst und Nebel durchzogene Aussichten, tiefe Wälder, eine weite funkelnde Wasserfläche, Ebenen von herrlicher Farbe, wo das Gras wogte wie die grünen Fluten des Meeres. Die Sonne stand sehr hoch [...], sofern es wirklich die Sonne war. Jedenfalls war ich umgeben von einem mächtigen Licht. Es muß viele Blumen gegeben haben, denn die Luft schien richtig zu leben, so sehr war sie von Düften beseelt [55].»

Ferner sieht Mary einen Fluß mit Muscheln, rätselhafte Baumarten, unbekannte Vögel mit buntschillerndem Gefieder fliegen über ihren Kopf hinweg. Sie fühlt die Macht Gottes so stark in ihrer Seele, als ob sie sich mit Gott allein im Universum befände. Dann begegnet sie

«[...] einem Mann von wunderlicher Erhabenheit. Bei all seinen Bewegungen ging ein erstaunliches Leuchten von ihm aus, und sein edles Gesicht strahlte wie die Sonne [56].»

Sie beginnen ein Gespräch von ungeheuer hoher moralischer und intellektueller Bildung. Erst später erfährt Mary, die sichtlich nicht zu den Scharfsinnigsten gehört, was alle Leser bereits geahnt haben: dieses außergewöhnliche Wesen ist niemand anderer als Christus persönlich. Anschließend gelangt sie durch eine vor menschlicher Geschäftigkeit lärmende Stadt. Ihr fällt auf, wie groß und strahlend sauber die Häuser sind. Allüberall in dieser Stadt trifft sie auf Bibliotheken, Erziehungs- und Ausbildungszentren, Kunstmuseen und Parkanlagen. Alles scheint dazu eingerichtet zu sein, um die Philanthrophie, die Kunst, die Kultur und das Studium zu fördern. Die Einwohner versetzen sie durch ihre auffällige geistige Ausgeglichenheit in Erstaunen. Sie sind beschäftigt, doch ohne Hast, sie haben

«Ambition und Ehrgeiz, doch zum Wohle aller, Macht, doch ohne Tyrannei, Erfolg ohne Eitelkeit, Sorge ohne Angst, Anstrengung ohne Erschöpfung [57].»

In Massen füllen Schüler und Studenten Höhere Schulen und Universitäten; alles ist bestrebt, sich zu bilden. Es gibt niemanden, der alt, arm, krank oder von sonstigem Leid geplagt wäre. Ein mächtiges Gebäude mit den Lettern «Hospital» auf seiner strahlenden Frontseite behandelt die Herz- und Seelenkranken. Das sind diejenigen, die für das himmlische Leben am wenigsten gut vorbereitet sind. Schließlich gelangen Mary und ihr Vater in die östliche Vorstadt, wo Papa wohnt:

«Wir waren vor einem kleinen ruhigen, aus Holz gebauten Haus mit wunderlichen Schnitzereien und Intarsien stehengeblieben, das mich an das Werk von Sorrente erinnerte, aber so, wie etwas Vollendetes einen an eine unbedeutende Skizze erinnern kann. Die Schnitzarbeit war von solcher Feinheit, die Farbgebung so fein und zart, daß die Festigkeit des Gebäudes gelitten hätte, wenn dieses Haus größer gewesen wäre, aber die Ausmaße dieses bezaubernden Heims waren so bescheiden, daß seine Würde nur durch seine Feinheit erhöht werden konnte. Bäume spendeten ihm Schatten [...]. Es gab Blumen, [...] und Vögel, und ich entdeckte einen wunderschönen Hund, der sich auf den Stufen in der Sonne wärmte [58].»

Ihr Vater zeigt ihr das Zimmer, das für ihre Mutter reserviert ist, wenn sie sterben wird, denn

«dieser Bund war eine wahre Ehe gewesen und nicht eine jener unvollkommenen Verbindungen, die man auf Erden mit diesem Namen schmückt [59].»

Kurz: das ewige Leben in einem schmucken kleinen Vorstadtgartenhäuschen...

Die Einwohner des Himmels

Der Tradition gemäß gibt es gegenwärtig drei Kategorien von Einwohnern im Himmel: eine mehr oder weniger große Anzahl von entkörperten, losgelösten Seelen, einige auferstandene sogenannte verklärte Körper (oder Körper der Herrlichkeit) und schließlich eine Vielzahl von Engeln. Am Ende der Zeiten werden natürlich die losgelösten Seelen wieder ihren ursprünglichen Körper annehmen und sich in verklärte Körper verwandeln. Beginnen wir jedoch mit den Engeln, den ältesten Bürgern des Himmels.

Die Engel

Die Engel sind ein Wesenselement des christlichen Paradieses. Sie sind die bevorzugten Gefährten der Auserwählten. Viele Male tauchen die Engel in der Heiligen Schrift auf: 108 mal im Alten Testament und 65 mal im Neuen Testament, sofern man der Zählweise von René Pache folgt [1]. Die Konstitution *Benedictus Deus* aus dem Jahre 1336 behauptet, daß die Seelen der Auserwählten im Himmel und in die Gesellschaft der Engel aufgenommen sind. An ihrer Existenz, so René Pache, sei nicht zu zweifeln, auch wenn sie heute von manchen bestritten werde [2]. Zu ihnen zählt jedoch gewiß nicht Raymond Régamey, Autor des Buches *Anges au Ciel et parmi nous* (1960), und auch nicht die amerikanischen Evangelisten Billy Graham und Stephen Swihart, die uns in jüngster Zeit ihr Wissen auf diesem Gebiet mitgeteilt haben [3]. Selbst eine so bedeutende Autorität wie der katholische Theologe Karl Rahner (1904–1984) geht davon aus, daß die Existenz der Engel nicht in Zweifel gezogen werden kann [4]. Wie eine Gallup-Umfrage von 1988 zeigt, glaubt die Hälfte der amerikanischen Erwachsenen, daß es im Himmel Engel gibt [5]. Wer sind aber nun die Engel? Aus dem Hebräerbrief erfahren wir: die Engel sind «dienende Geister, ausgesandt, um denen zu helfen, die das Heil erben sollen» (Hebr 1, 14). Die Frage, wie groß die Anzahl der Engel ist, hat zwischen den Kirchenvätern und scholastischen Theologen unzählige Diskussionen ausgelöst. Allgemein wird angenommen, daß die Zahl der Engel die aller Menschen zusammengenommen übersteigt. Seit Erscheinen der Schrift *Die Hierarchie des Himmels* (etwa um 510), die fälschlich Dionysos Areopagita, einem von Paulus bekehrten Athener, zugeschrieben wurde, ist es üblich, die Welt der Engel in drei Hierarchien und jede Hierarchie in drei Ordnungen oder Chöre zu unterteilen. Die erste Hierarchie umfaßt die Seraphim, die Cherubim und die Throne; die zweite die Herrschaften, Tugenden und Mächte, die unterste Hierarchie setzt sich aus den Fürstentümern, Erzengeln und gewöhnlichen Engeln zusammen. Manche Gelehrte wie Gregor der Große werden die von Pseudo-Dionysos aufgestellte Hierarchie leicht abwandeln.

Die Kirchenväter waren überzeugt, daß die Engel ätherische, luftförmige Körper besitzen. Die *Hierarchie des Himmels* führte die Idee ein, daß die Engel rein geistige Wesen seien. Diese Doktrin setzte sich vom 12. Jahrhundert an in der katholischen Tradition durch. Auch die Mehrheit der Protestanten wird an dieser Auffassung festhalten. Wie der Verfasser des aus dem 18. Jahrhundert stammenden katholischen Katechismus von Montpellier schreibt, sind die Engel «spirituelle oder geistige und mit Verstand begabte Geschöpfe, die nicht dazu bestimmt sind, mit Körpern vereinigt zu werden» [6]. Geistige Geschöpfe deshalb, «weil sie weder Körper, noch Gestalt, noch Farbe haben und weil sie in der ihnen eigenen Natur nur durch die Sinne wahrgenommen werden können.» Während ihres Erscheinens auf Erden können die Engel jedoch die Gestalt eines Menschen annehmen. Da stellt sich die Frage: Können sie auch im Himmel Menschengestalt annehmen und von den Auserwählten gesehen werden? Die Experten glauben übereinstimmend, daß diese Frage zu verneinen ist.

Die Engel sind sehr beschäftigte Wesen – sowohl auf der Erde als auch im Himmel. Auf Erden dienen sie den Menschen als Schutzengel, erteilen ihnen wohldurchdachte Ratschläge und unterstützen sie in ihrem Kampf gegen das Böse. Im Himmel sind die Engel die Boten Gottes. Sie verehren und lobpreisen Gott. Ihre Chöre erfüllen das Paradies mit einer göttlichen Musik. Aber sie sind auch die bevorzugten Begleiter der Auserwählten. Wenn diese sterben, nehmen sie ihre Seele in Empfang und bringen sie in den Himmel. Im Himmel werden die Engel erlesene Begleiter sein:

«Denkt man aber an Erlesenheit und Verdienste dieser göttlichen Verstandeswesen...», schwärmt der französische Pater Rapin (1621–1687), «welch edle Untertanen des Hofes dieses meisterlichen Herrschers! O welche Geister! O welche Versammlung! Was für eine Bruderschaft! [...] Was für ein Umgang! Was für eine Gesellschaft! Welch sanfte Süße für die Glückseligen [7]!»

In jüngerer Zeit lehrte uns der Kanoniker Panneton, daß wir im Himmel

«[...] die Brüder der Engel sein werden ... Wenn wir in den himmlischen Hof eingeführt werden, welch hingerissenes Entzücken ergreift uns angesichts des Glanzes der englischen Chöre! Und alle Ewigkeit hindurch welch große Freude, mit dieser Myriade seliger Geister verschwistert zu sein [8]!»

Wir werden, so lehrt er uns weiter, ein ganz besonderes Verhältnis zu unserem Schutzengel haben, dem wir unsere Dankbarkeit ausdrücken werden. Und weiter:

«Die Auserwählten erleben die Freude, Konversation zu pflegen mit den Engeln, diesen herausragenden Geistern, vor denen unsere Künstler und unsere Genies nichts als Pygmäen sind [9].»

Wie Pater Staudinger schreibt, herrscht eine vollkommene Vereinigung zwischen dem Engel und der Seele, und ihre Gedanken und Ideen durchdringen einander [10]. Natürlich kann von verbaler Kommunikation zwischen den Engeln und auch zwischen Engeln und losgelösten Seelen keine Rede sein. Die Kommunikation findet auf rein geistiger Ebene statt. Wer sich von dieser Verschwisterung ein Bild machen möchte, der bewundere nur einmal das *Paradies* von Giovanni di Paolo oder das *Jüngste Gericht* von Fra Angelico.

Bevor wir auf die losgelösten Seelen und die auferstandenen Körper zu sprechen kommen, müssen wir zuerst die so fundamentale Frage beantworten: Wer hat überhaupt Anrecht und Anspruch darauf, in den Himmel zu kommen? Sehen wir uns daher an, auf welche Weise die Einwohner des Himmels ausgesucht werden.

Wer kommt in den Himmel?

Wer kommt in den Himmel? Werden es viele sein? Diese Fragen sind von höchster Wichtigkeit und haben die christliche Welt neunzehn Jahrhunderte lang in Furcht und Schrecken versetzt. Die Antworten fielen unterschiedlich aus und liefern leider keinerlei befriedigende Gewißheit.

Die Kirchenväter haben drei Lösungen angeboten: das Heil aller

Christen, das Heil aller Menschen und das Heil eines Teils der Christenheit. Wie Joseph Turmel [11] nachgewiesen hat, war das Heil aller Christen mit Sicherheit die bis zum 4. Jahrhundert vorherrschende Auffassung. Sich zum Christentum zu bekennen, ist damals noch eine persönliche Entscheidung, die mit Opfern und erheblichen individuellen und familiären Risiken verbunden ist. Wie könnte man also Individuen, die so stark motiviert sind, das Heil versagen! Die Taufe ist in jener Zeit ein ausreichender Reisepaß für das Paradies, für ein spezielles Visum braucht man nicht zu sorgen. Dafür herrscht andererseits die Devise: «Kein Heil außerhalb der Kirche», das bedeutet: alle Ungläubigen sind zur ewigen Verdammnis in den Feuern der Hölle verurteilt. Justinus, Irenäus, Tertullian, Cyprian, Hilarius, Ambrosius, Lactantius, Gregor von Nazianz, Hieronymus und eine Reihe anderer Kirchenväter teilen diese Ansicht. Und doch sind sie sich der Unvollkommenheit nicht weniger Gläubigen durchaus bewußt. Die weniger Vollkommenen müssen geläutert, ja sogar bestraft werden. Für Tertullian wird die Strafe im Aufschub der Auferweckung bestehen. Für Cyprian, Ambrosius und Hilarius werden die sündigen Christen zum Zeitpunkt des Jüngsten Gerichts einen Lehrgang im Feuer ablegen, um geläutert zu werden. Einige besonders barmherzige Geister wie Origenes, Gregor von Nyssa (um 330–um 395) und vielleicht auch Clemens von Alexandria gehen sogar so weit, das Heil auf alle vernunftbegabten Geschöpfe, darunter, so Origenes, selbst auf den Teufel auszudehnen, jedoch natürlich erst nach einer mehr oder weniger langen und intensiven Läuterung während des Jüngsten Gerichts.

Die Doktrin des Heils für alle Christen und erst recht des universellen Heils, die bereits von Methodius und Basilius angegriffen wurde, brach unter den vereinten Attacken von Johannes Chrysostomos (um 347–407) und besonders von Augustinus um das Jahr 400 zusammen. Sie mußte der Doktrin vom Heil nur eines – oft übrigens stark eingeschränkten – Teils der Christen weichen; die anderen folgten den Gottlosen ohne Möglichkeit der Begnadigung in die Feuer der Hölle. Diese Doktrin sollte die Position der Mehrheit der christlichen Konfessionen und Theologien bis ins vorige Jahrhundert hinein bleiben. Eine solche Entwicklung ist mit dem durchschlagenden Erfolg des Christentums seit der Herrschaft von Kaiser Konstantin zu Beginn des 4. Jahrhunderts zu erklären. Der christliche Glaube ist nun keineswegs mehr die freiwillige Entscheidung einer kleinen Minderheit, sondern er wird damals für die Mehrheit der großen Masse obligatorisch. Dadurch sinkt auf eine ganz natürliche Weise das durchschnittliche Niveau der Moral des Christen, und so kann ebenso natürlich nicht mehr davon die Rede sein, daß einfach alle ein Anrecht auf den Himmel haben.

Die ohne Taufe gestorbenen Kinder werfen ein besonderes Problem auf, das um so bedeutender ist, als die Kindersterblichkeit extrem hoch ist. Da die Erbsünde nicht durch die Taufe getilgt wurde, können sie nicht in den Himmel kommen. Verdienen sie dann aber wirklich die Hölle, wo sie doch noch keine Möglichkeit hatten, Sünden zu begehen? Vielleicht gibt es, so fragt man sich daher, einen Zwischenort zwischen Hölle und Himmel, der speziell für sie vorgesehen ist? Augustinus und Gregor der Große glauben nicht, daß es einen solchen Ort gibt, und schicken die Kinder in die Hölle. Sie gönnen ihnen jedoch immerhin eine vergünstigte Sonderbehandlung [12]. Die mittelalterlichen Theologen werden im allgemeinen den Standpunkt vertreten, daß diese Behandlung keine Strafe ist, sondern der Tilgung der Erbsünde dient. Auf diese Weise werden sie die ungetauft gestorbenen Kinder den (gemilderten) Leiden der Hölle wieder entziehen und sie an einen Zwischenort, genannt Limbus oder Vorhölle, bringen können [13]. Dort werden sie zwar keine mit den Sinnen fühlbare Peinigung erleiden, aber sie werden nicht der beseligenden Gottesschau teilhaftig werden. Werden sie darunter leiden? Manche Scholastiker, darunter schließlich auch Bellarmin, vertraten die Auffassung, daß der Umstand, daß ihnen die *visio beatifica* versagt ist, ihnen ein gewisses Maß an Schmerz und Traurigkeit bereitet. Thomas von Aquin und mit ihm die meisten klassischen Theologen teilen diesen Glauben jedoch nicht. Nach ihrer Auffassung genießen die Kinder eine reale, natürliche Glückseligkeit. Autoren aus jüngerer Zeit wie Wilhelm Schneider sehen in der Vorhölle *(limbus)* sogar einen besonders angenehmen Ort [14]. Für Bischof Schneider werden sich die kleinen Kinder dort auf eine ganz harmonische Weise entwickeln. Das Wissen der Lebenden ist, so lehrt er uns, nichts als infantiles Stammeln im Vergleich zu dem, was sie dort erlangen werden. Außerdem werden sie in Körpern auferstehen, die zwar nicht alle Eigenschaften von denen der Auserwählten haben, dafür aber von einer natürlichen – und noch dazu unvergänglichen – Schönheit und Vollendung sein werden [15].

Wo liegt nun eigentlich der Limbus, der Vorhof der Hölle? Die Tradition geht davon aus, daß diese Vorhölle sich im Inneren der Erde befindet, angrenzend an die Hölle der Verdammten und unterhalb des Limbus der Patriarchen des Alten Testaments, der frei geworden ist, seitdem ihre Bewohner durch Jesus mit in den Himmel geführt wurden. Die Doktrin von der Vorhölle für die Kinder wurde zwar von den höchsten Stellen der katholischen Kirche nicht offiziell bestätigt, aber sie wurde von den meisten Gelehrten dennoch bis in unsere Zeit vertreten.

Welches sind nun aber die Kriterien für die Auswahl der Auserwählten, wenn nicht alle Christen gerettet werden? Jesus legt in seinen berühmten Seligpreisungen seine Ansichten zu diesem Thema dar. Die Armen, Demütigen, Bedrängten, Verfolgten und Friedfertigen haben die größten Chancen, in das Reich Gottes einzugehen (Mt 5, 1–12). Die Ersten werden die Letzten sein, läßt uns Jesus wissen (Mk 9, 35; Mt 19, 30). Also haben die Reichen und Mächtigen nur wenig Grund zur Hoffnung, in den Himmel zu kommen. Leichter, so lehrt Jesus, geht ein Kamel durch ein Nadelöhr hindurch als ein Reicher in das Reich Gottes ein (Lk 18, 25). Im gleichen Geist hat Theodoret (um 393 – um 466) geschrieben:

«Uns Christen kommt es zu, in den Himmel aufzufliegen, den die Religion uns weist, und Hunger, Krankheit, Armut sind das, was uns Schwingen verleiht, um uns zu helfen bei der Auffahrt in unsere himmlische Heimat [16].»

Jeremias Drexel zitiert diesen Text und fügt noch hinzu:

«Die Juden verlangten wie die Söldner und Sklaven hienieden bereits ihren Lohn; wir dagegen wollen als Lohn nur Gott selbst, der ihn uns gibt.»

Im nämlichen Geist vertritt auch Honorius von Autun in seinem *Elucidarium* (um 1100), einer der ersten vollständigen Abhandlungen über die Eschatologie, die These, daß die Bauern in den meisten Fällen gerettet werden, da sie in Einfalt leben [17]. Bei den Rittern, Händlern und Handwerkern sei das nicht der Fall, denn sie leben entweder von Raub, Betrug oder Profit, und so werden sie in das ewige Feuer eingehen, wohin ihnen die Geistlichen folgen werden, die kein beispielhaftes Leben führen.

Die Gelehrten werden jedoch in zunehmendem Maße nicht mehr mit der Kategorie des sozialen Standes, sondern mit dem Begriff der Verdienste des Einzelnen argumentieren. Alle Gläubigen können demnach entweder direkt oder mit Umweg über das Fegefeuer in den Himmel gelangen, vorausgesetzt, sie sterben nicht im Zustand der Todsünde. Jean-Baptiste-Charles-Marie de Beauvais (1731–1790), Bischof von Senez, gibt sich in einer Predigt über das künftige Leben jedoch auch zuversichtlich, was das Schicksal der Mächtigen betrifft. Der große Prediger fragt sich, ob der Himmel wirklich nur den Schwachen und Glücklosen offenstehen wird, und seine Antwort lautet nein:

«... die Güte Gottes für die Geringen weist die Großen nicht ab: dies Unrecht tut er seiner Macht nicht an, deren Ebenbilder sie hienieden sind [...]. Und ist nicht der reiche Abraham derjenige, der den armen Lazarus in seinem Schoße aufnimmt [18]?»

Man kann sich denken, daß viele Hörer und Leser an dieser Stelle erleichtert aufgeseufzt haben. Sogar das Kriegsvolk wurde in den Himmel aufgenommen, wenn auch unter der Bedingung, daß sie Ungläubige oder Ketzer töteten [19]. Papst Johannes VIII. (gestorben 882) hat denjenigen die Gewährung von Ablässen versprochen, die um der Verteidigung der Kirche willen sterben würden, und das ewige Leben denjenigen, die im Kampf gegen die Ungläubigen ihr Leben lassen. In seinem Aufruf zum Kreuzzug im Jahre 1095 bot Papst Urban II. (um 1042–1099) denen, die zur Befreiung des Grabes Christi aufbrechen, den vollen Erlaß ihrer Sünden an, egal wie ihre Vergangenheit ausgesehen haben mag. Es muß jedoch auch betont werden, welch wesentliche Schlüsselrolle der heilige Petrus in Volksglauben und -überlieferung bei der Zulassung zum Paradies spielt. Diese Glaubensauffassungen haben ihren Ursprung im Matthäus-Evangelium, nämlich an der Stelle, wo Jesus Petrus verkündet, er werde ihm «die Schlüssel zum Himmelreich» geben (Mt 16, 19).

Das Papsttum wird diese Passage ins Feld führen, um seine Macht zur Exkommunizierung zu rechtfertigen.

Wird die Zahl der Auserwählten groß sein? Zumindest bis ins 18. Jahrhundert hielt sich die katholische Tradition an die Worte aus dem Matthäus-Evangelium: «Viele sind gerufen, aber nur wenige sind auserwählt» (Mt 22, 14). Abt A. Michel schreibt im *Dictionnaire de théologie catholique:*

«... [man] muß zugeben, daß bis ins 18. Jahrhundert hinein Theologen, Prediger und asketische Autoren einhellig einer Meinung sind: die Mehrzahl der Erwachsenen, sogar auch der katholischen, wird verdammt werden. Dies zu leugnen, wäre kindisch [...] [20].»

Johannes Chrysostomos hatte das Beispiel gesetzt, indem er bezweifelte, daß von den 100 000 Christen, die Antiochia zu seinen Lebzeiten zählte, auch nur 100 erlöst werden könnten [21]. Die berühmte Predigt von Massillon (1663–1742) über die geringe Zahl der Auserwählten zeigt, daß dieses Gefühl sich auch zu Beginn des 18. Jahrhunderts noch kaum weiterentwickelt hatte. Die Meinung des Thomas von Aquin, wonach die Zahl der Auserwählten, sofern man die Engel mitberücksichtigt, größer zu sein scheint als die der Abgewiesenen, ist auch nicht wesentlich tröstender.

Die Väter der Reformation haben diese Tradition nur geringfügig modifiziert. Sie haben sich darauf konzentriert, die Bedingungen für den Eintritt in den Himmel zu verändern, anstatt das Tor weiter zu öffnen. Manche haben glauben können, daß sie der Mehrheit der Gläubigen die Pforten des Himmels öffnen würden, indem sie dem Glauben gegenüber den Werken den Vorzug gaben. Diese Idee hat, wie Jean Delumeau [22] meint, die Fortschritte der Reformation wahrscheinlich erleichtert. Aber die Optimisten wurden rasch enttäuscht. Wer ist wirklich im Besitz des Glaubens?, so fragt man sich schon bald. Lediglich eine Minderheit von Getauften, antworten die meisten Gelehrten. Das Heil durch den Glauben mit einer für die Calvinisten noch zusätzlichen Prädestination der Auserwählten bietet den Ungläubigen, die im allgemeinen aus dem Himmel ausgeschlossen sind, kaum eine Chance. Daraus folgt, so der französische Theologe Du Mulin (1568–1658): Nicht einmal jeder millionste Mensch seit Adams Zeiten wird gerettet werden [23].

Die Reformierten streiten meistens die Existenz eines Limbus für ungetaufte Kinder ab. Calvin bietet den ungetauften Kindern dann das Heil an, wenn die Eltern Christen sind; die anderen werden in die Hölle geschickt. Zwingli (1484–1531) ist da barmherziger und schickt alle Kinder in den Himmel. Das Bestreiten der Existenz eines Limbus wird eine Reihe von protestantischen Theologen in Verlegenheiten bringen. Kleine Kinder in die Hölle zu schicken, bedeute einen Mangel an *caritas*, an barmherziger Nächstenliebe. In Anbetracht der Tatsache, daß eine erhebliche Anzahl von Kindern, seien es getaufte oder ungetaufte, in frühestem Alter stirbt, sowie angesichts der geringen Anzahl von erwachsenen Auserwählten würde man, wenn man alle Kinder in den Himmel schickte, diesen zu einer Wohnung von Wesen machen, die zum größten Teil ihres Glaubens noch nicht bewußt geworden waren. Wozu überhaupt erst leben, so kann man sich fragen, wenn die sicherste Art, in den Himmel zu kommen, die ist, schon sehr früh zu sterben? Ein furchtbares Dilemma, gewiß, wenn es die Vorhölle nicht mehr gibt, um wenigstens einen großen Teil von frühverstorbenen Kindern loszuwerden. Oder soll das Paradies etwa ein Kindergarten werden wie nach Ansicht von Pastor John Newton (1725–1807), der dort anscheinend alle Kinder und nur sehr wenige Erwachsene zuläßt.

Aber die Leser dürfen ganz beruhigt sein! Seit zwei Jahrhunderten haben sich die Heilsaussichten für Christen wie Ungläubige in den meisten christlichen Kirchen wesentlich verbessert.

Wenn die Katholiken auch ihre Chancen auf Zutritt zum Himmel steigen sahen, so betrafen die wichtigen Veränderungen doch in erster Linie das Schicksal der Ungläubigen. Für das Heil der Ungläubigen haben sich die katholischen Theologen besonders interessiert, vor allem nach der Entdeckung Amerikas, wodurch die Zahl der ungetauften Untertanen der Allerkatholischsten Könige auf beträchtliche und unvorhersehbare Weise zugenommen hat [24]. Die damals vorherrschende Doktrin war die der Kirchenväter, die von Thomas und anderen scholastischen Theologen aufgegriffen und neu formuliert wurde: der explizite Glaube, das heißt vor allem der Glaube an Christus und die Dreieinigkeit, ist für das Heil unbedingt notwendig. Der implizite Glaube allein, der für die Gerechten des Alten Testaments genügt hatte, um von der Vorhölle, in der sie weilten, ins Paradies einzugehen, ist jetzt, wo das Evangelium offenbart ist, nicht mehr zulässig. Thomas steht auf dem Standpunkt, daß das Evangelium hinreichend weit verbreitet ist, um den Ungläubigen die Ausrede der Unkenntnis zu nehmen. Und falls jemand außerstande sein sollte, die offenbarte Lehre zu empfangen, wird Gott, so glaubt er, ihm einen Engel oder einen Missionar senden, um ihn davon in Kenntnis zu setzen. Es war alles andere als leicht zu behaupten, daß das Evangelium bereits bis zu den Indianern Amerikas vorgedrungen war. Gott konnte sie also für ihre Unwissenheit nicht bestrafen. Im Jahre 1518 nimmt Claude Seyssel, der Erzbischof von Turin, zahlreiche Ungläubige zum Lohn für ihre sittlichen Taten in die Vorhölle auf. Eine Großzahl von Theologen wird sich ihm darin anschließen. 1920/21 setzt Kardinal Billot in einem damals aufsehenerregenden Werk die meisten der Ungläubigen mit solchen Wesen gleich, die zu sittlichen Taten unfähig sind, und schickt sie in die Vorhölle der Kinder [26]. Die Doktrin des ausreichenden impliziten Glaubens, die berühmte Taufe kraft des Wunsches, scheint sich heute durchzusetzen und wurde vom II. Vatikanischen Konzil bestätigt. Zahlreiche Ungläubige kamen auf diesem Wege in den Genuß einer Aufwertung und sind möglicherweise von der Hölle oder der Vorhölle in das Fegefeuer oder in den Himmel gelangt.

Hat die Befreiung von den Bedingungen für die Aufnahme in den Himmel die Zahl der Auserwählten erhöht? Lassen wir Pater Garrigou-Lagrange zusammenfassen, wie sich die Situation im Jahre 1950 darstellte:

«Betrachtet man nur die Katholiken, so wird im allgemeinen – und insbesondere seit Suarez (1548–1617) – gelehrt, daß, selbst wenn man nur die Erwachsenen berücksichtigt, die Zahl der Auserwählten die der Abgewiesenen übersteigt. [...] Betrachtet man alle Christen oder alle Getauften überhaupt [...], dann ist es wahrscheinlicher, so sagen die Theologen im allgemeinen, daß die größte Zahl von ihnen gerettet wird, und dazu zählen zumindest die Erwachsenen und die Kinder, denn die Zahl der Kinder, die im Zustand der Gnade sterben, bevor sie den Verstand gebrauchen können, ist groß. [...] Betrachtet man die Menschheit insgesamt, so bleibt die Frage nach wie vor umstritten [...]. Aber selbst wenn hier die Zahl der Auserwählten geringer ist, so nimmt die Herrlichkeit Gottes in seiner Herrschaft dadurch keinen Schaden. Denn die Qualität zählt mehr als die Quantität [27].»

Über letztgenannten Punkt war Abt Michel ebenfalls zu recht pessimistischen Schlüssen gelangt:

«Der einzige Schluß, der sich ziehen läßt, ist der, daß angesichts der oft elenden sittlichen Verhältnisse, in denen die Heiden leben, zu befürchten steht, daß der Großteil von ihnen verdammt wird [28].»

Die Protestanten haben – aus Gründen der Vielfalt der Bezeichnungen und der relativ großen Freiheit der Aussprache innerhalb ihrer Konfessionen – seit zwei Jahrhunderten die verschiedensten Ansichten geäußert. Die Fundamentalisten halten sich an die Strenge der Väter der Reformation. Eine immer bedeutendere Anzahl von Theologen und Pfarrern hat sich in der Nachfolge von Schleiermacher (1768–1834) und Maurice (1805–1872) – der dafür seinen Lehrstuhl für Theologie am King's College in London verlor [29] – zugunsten des universalen Heils ausgesprochen. Dieses Heil tritt für die weniger Tugendhaften nach einer langen Phase der Prüfung und Erziehung ein. Andere, die einerseits glauben, daß nicht alle in den Himmel kommen können, andererseits aber den Gedanken der ewigen Höllenqualen besonders abstoßend finden, befürworten die Doktrin von der Unsterblichkeit unter bestimmten Bedingungen. Nach dieser Lehre wird die Seele der Abgewiesenen nach dem Tode vernichtet. Die ungetauft gestorbenen Kleinkinder werden fast in allen Fällen in den Himmel geschickt. Henry Harbaugh nimmt an, daß alle kleinen Kinder in den Himmel kommen werden. Von den 28 Milliarden Menschen, die seiner Schätzung nach gegenwärtig den Himmel bewohnen, rechnet Reverend Harbaugh damit, daß die Hälfte davon Kinder sind [30].

Die losgelösten Seelen

Das wir uns über die entkörperten oder losgelösten Seelen ein Bild machen können, ist schon aus ganz praktischen Gründen fundamental wichtig, da wir nach Ansicht der meisten Theologen eines Tages alle zu losgelösten Seelen werden, gleichgültig ob wir für den Himmel, die Hölle oder das Fegefeuer bestimmt sind.

Die mittelalterlichen Visionen und Gemälde stellen die losgelösten Seelen gerne in Gestalt von weißgewandeten Wesen dar. Sie folgen darin der Offenbarung des Johannes, in der von einer «großen Schar» von Auserwählten in weißen Gewändern und mit Palmzweigen in der Hand die Rede ist (Offb 7, 9). Die in die Hölle geschickten losgelösten Seelen werden dagegen in Gestalt von nackten und düsteren Körpern dargestellt, die die sadistischsten und raffiniertesten Folterungen erleiden. Nach dem Vorbild des heiligen Thomas raten uns die klassischen Theologen, den überlieferten Darstellungen der losgelösten Seelen, seien es nackte oder weißgewandete Individuen oder kleine Kinder, zu mißtrauen. Für sie ist die Seele nämlich von jeglicher Materie oder Substanz restlos gelöst. Sie ist reiner Geist und somit völlig immateriell. Da die losgelöste Seele keinen Körper mehr besitzt, ist sie auch nicht mehr der Aktivitäten der äußerlichen und ebenso wenig der innerlichen Sinne (das heißt der fühlenden Vorstellung und Erinnerung) mächtig. «Eine losgelöste Seele», so Pater Garrigou-Lagrange, «sieht, hört, imaginiert daher nicht mehr sensibel [31].» Würde die losgelöste Seele nämlich weiterhin ihre sensitiven Fähigkeiten besitzen, dann gäbe es keinen Grund, so lehrt uns der heilige Thomas, weshalb man die Unsterblichkeit nicht auch den Seelen von Tieren verleihen sollte, was für ihn jedoch unvorstellbar ist. Hingegen «behält [die losgelöste Seele] weiterhin ihre höheren, rein geistigen Fähigkeiten: den Verstand und den Willen sowie deren Gewohnheiten [32].»

Die losgelösten Seelen kennen und erkennen sich gegenseitig, «obwohl weniger vollkommen als die Engel» [33]. Sie kommunizieren auf rein geistige Art miteinander sowie mit den Engeln. Wie wir wissen, ist es seit der Konstitution *Benedictus Deus* nicht mehr erlaubt, daran zu zweifeln, daß die losgelöste Seele der Heiligen in den vollen Genuß der unmittelbaren Gottesschau gelangt.

Wir wissen ebenfalls, daß das Feuer des Purgatoriums und das der Hölle den losgelösten Seelen arge Schmerzen zufügen können, obwohl es nach wie vor ein Rätsel ist, auf welche Weise dieses Feuer, das

für die meisten klassischen Theologen vollkommen materiell ist,
wirkt. Geben wir also ruhig zu, daß es gar nicht so leicht ist, sich den
Zustand einer losgelösten Seele überhaupt vorzustellen oder sich von
ihren Freuden im Paradies und von ihren Leiden im Fegefeuer oder in
der Hölle ein Bild zu machen. Kurz: der Mensch kann sich ausgehend
von dem, was ihm über seine Seele jeweils bewußt sein mag, seinen
zukünftigen Zustand als losgelöste Seele nur schwer vorstellen. Tatsächlich stellt Pater Sertillanges (1863–1948) in seinem populären
Catéchisme des Incroyants (Katechismus der Ungläubigen) fest:

«Während sie mit dem Körper verbunden ist, wird sie voll von ihm
aufgesogen und ist von seinen obskuren Klarheiten so sehr besessen,
daß sie sich keinem anderen Licht zu öffnen vermag. Ihr eigenes geistiges Licht bleibt ihr angesichts der Erfahrung der Dinge verborgen;
erst nachdem sie Geist geworden ist, wird sie sich dessen bewußt, daß
sie Geist gegenüber dem Körper ist [34].»

Eine ganze Tradition von Fachgelehrten, die bis auf die Kirchenväter zurückgeht, konnte dieser völlig immaterielle Begriff von der
Seele nur schwer befriedigen. In seinem Traktat über die *Auferstehung
des Fleisches* behauptet Tertullian:

«Die Seele ist körperlich, und wir haben in dem ihr gewidmeten
Werk gesehen, daß sie eine bestimmte eigene Beschaffenheit hat,
dank deren sie imstande ist, zu fühlen und leiden [35].»

Er bezieht sich dabei auf seine Schrift *De anima*, in der er nachweist,
daß die Seele die Form und Gestalt des Körpers inklusive aller Finger
und eines gewissen Grades von Körperlichkeit beibehält [36]. Auch
andere Kirchenväter wie Justinus und Irenäus teilen diese Ansicht.
Wie könnte man, so wird man sich unweigerlich fragen, sonst auch
das Heulen und Zähneklappern vernehmen, von dem im Gleichnis
vom königlichen Hochzeitsmahl (Mt 22, 13) die Rede ist? Diese alten
Auffassungen, an denen die Künstler notgedrungen festhielten,
haben bei bestimmten protestantischen Theologen des vorigen Jahrhunderts wieder Popularität erlangt. Der große lutherische Theologe
Martensen (1808–1884) stattet die losgelöste Seele mit einer Art An-
zug, einer gewissen körperhaften Substanz aus [37]. Diese Auffassung wird von einer Großzahl von Theologen, darunter auch von dem
Anglikaner H. M. Luckock [38], geteilt.

Aufgrund von genauer Lektüre der Heiligen Schrift und Kenntnis von Fakten der modernen Wissenschaft überkommt zahlreiche zeitgenössische Theologen gegenüber der Körper/Seele-Dualität und der Idee von der Existenz einer losgelösten Seele ein unwohles Gefühl [39]. Manche, wie etwa Oscar Cullmann (geboren 1902), haben den alten, einst ketzerischen Begriff vom Schlaf der Seele zwischen Tod und Auferstehung wieder in Mode gebracht [40]. Andere zögern, wie wir bereits gesehen haben, nicht, sich von der störenden Idee der losgelösten Seele ganz freizumachen, und ziehen eine partielle oder vollständige Auferstehung direkt im Augenblick des Todes in Betracht.

Die verklärten Körper

Nach der Auferstehung wird sich das Paradies mit den verklärten Körpern der Seligen füllen. Aber einige verklärte Körper befinden sich auch jetzt schon im Himmel, obwohl sich die Experten über ihre Zahl nicht einig sind. Für die Mehrheit der Protestanten ist der einzige Leib, der bislang wieder auferstanden ist, der von Jesus. Manche rechnen auch noch Elias und Henoch hinzu, die von Jahwe schon zu ihren Lebzeiten in den Himmel entrückt wurden. Die Katholiken zählen zu dem Leib Jesu noch den der Jungfrau Maria sowie gelegentlich den von anderen Heiligen hinzu.

Die Himmelfahrt Mariä mit Leib und Seele ist ein bereits alter Glaube der katholischen Kirche. 1950 wurde er durch Papst Pius XII. in ein Glaubensdogma umgewandelt. Nach der katholischen Tradition spielt die Jungfrau Maria in der Gesellschaft des Himmels eine ganz wesentliche Führungsrolle. Als Mutter der Auserwählten und Himmelskönigin steht sie in der Hierarchie direkt unter Jesus Christus. In einem Trostbrief an Paula nach dem Tode ihrer Tochter Blesilla bringt der heilige Hieronymus seine Freude zum Ausdruck, daß sie im Himmel eine andere Mutter, nämlich Maria, finden werde [41]. Die Rolle der Jungfrau Maria wird von den Reformatoren entschieden eingeschränkt werden. Die Katholiken der Gegenreformation werden als Reaktion darauf ihre Bedeutung wiederum erhöhen, und diese Tradition wird einen wahren Marienkult auslösen. Als

Kinder Mariä, so schreibt der Kanoniker Panneton, werden wir Zeit und Muße haben, unsere himmlische Mutter zu bewundern:

«Was für ein Glück für die Auserwählten, die Hochheilige Jungfrau Maria zu betrachten!... Die Gnadenfülle ihrer Seele, die reine Schönheit ihres jungfräulichen Leibes, ihre erhabene Würde als Mutter Gottes, ihre Tugenden, ihre Gaben, ihre allweite Mittlerrolle als Miterlöserin, ihre Hochherrlichkeit als Königin der Engel und der Menschen [42].»

Manche Autoritäten wie Bernhard von Clairvaux, Franz von Sales (1567–1622), Suarez und Bossuet (1627–1704) behaupten, daß sich auch der heilige Joseph mit Leib und Seele im Himmel befindet [43]. Die Mehrheit der Theologen ist in diesem Punkt jedoch sehr skeptisch.

Einen sehr komplizierten Fall stellen die zu Ostern Auferstandenen dar, wovon im Matthäus-Evangelium berichtet wird:

«Jesus schrie noch einmal laut auf. Dann hauchte er seinen Geist aus.

Da riß der Vorhang im Tempel von oben bis unten entzwei. Die Erde bebte, und die Felsen spalteten sich. Die Gräber öffneten sich, und die Leiber vieler Heiligen, die entschlafen waren, wurden auferweckt. Nach der Auferstehung Jesu verließen sie ihre Gräber, kamen in die Heilige Stadt und erschienen vielen» (Mt 27, 50–53).

Manche Gelehrte – und keineswegs die unbedeutendsten – wie Augustinus, Johannes Chrysostomos und nach anfänglichem Zögern auch Thomas von Aquin vertreten dagegen den Standpunkt, daß diese Heiligen nur für eine begrenzte Zeit auferstehen werden. Eine größere Zahl von Gelehrten, darunter Kajetan (1469–1534), glaubt dagegen, daß diese Heiligen die ewige Auferstehung erleben, um Gefährten der Herrlichkeit und Seligkeit Christi im Himmel zu sein [44].

Wie wir bereits gesehen haben, werden der katholischen Tradition gemäß die auferweckten Körper der Auserwählten mit ihren gegenwärtigen Körpern identisch sein. Aber sie werden auch noch weitere, besondere Eigenschaften besitzen ähnlich denen, die sich durch den Körper Jesu nach der Auferstehung zeigten. Wie wir wissen, gibt Paulus im ersten Korinther-Brief an, daß wir im Zustand der Unvergänglichkeit, Kraft und Herrlichkeit und als geistiger Leib auferstehen werden.

Auf der Grundlage von Angaben aus dem Neuen Testament und mit Hilfe einer fruchtbaren Phantasie haben die Theologen versucht, mehr über die Eigenschaften der auferstandenen Leiber in Erfahrung zu bringen. Man muß jedoch zugeben, daß es auf einem solchen Gebiet nicht leicht ist, reine Spekulation von begründeter Exegese zu trennen. Wie sich die Theologen zu dieser Frage verhalten, hat Abt Michael auf eine zwingende Weise zusammengefaßt:

«Sie [die Antworten] zeugen vor allem von der Neugier der Theologen und ihrem eifrigen Bestreben, selbst für die obskursten Probleme noch Lösungen zu finden. Die Theologen haben außerdem sehr häufig die Entschuldigung auf ihrer Seite, sie könnten sich hinter der Autorität des heiligen Augustinus verstecken. Es wäre jedoch angebracht, bis zum Tage der allgemeinen Auferstehung zu warten, um über diese Fragen endgültige Gewißheit zu erlangen [45].»

In der Tat eine weise Vorsicht, die sich mit der der Mehrzahl der protestantischen Theologen deckt, deren Bindung an die Tradition wesentlich lockerer ist.

Aber da nicht alle die Geduld haben werden, bis zum Tag der Auferstehung zu warten, wollen wir versuchen, uns klarzumachen, was die katholische Tradition über die verklärten Körper lehrt. Das Prinzip von der Selbigkeit und Vollständigkeit der auferstandenen Körper haben wir bereits dargestellt. Das Prinzip der Selbigkeit erlaubt es in bestimmten Fällen, dem auferstandenen Körper eine kleine Ergänzung anzufügen. Der Körper wird nämlich nicht nur mitsamt all seinen Organen und Gliedern auferstehen, die er zu Lebzeiten besaß, sondern er wird auch noch diejenigen erhalten, die ihm möglicherweise gefehlt haben. In Anschluß an Tertullian und Augustinus wird angenommen, daß alle körperlichen Mängel, Verstümmelungen und andere Schwächen, ob naturgegeben oder anders verursacht, zum Zeitpunkt der Auferstehung behoben sein werden. Der Kanoniker Panneton zählt die Momente ungeahnten Glücks auf, die die einst Schwachen und Gebrechlichen im Paradies erleben werden:

«Keine Schwächen und Gebrechen, keine Entstellungen [...]. Stellt euch die Freude all derer vor, die auf Erden mit irgendeinem körperlichen Gebrechen geschlagen waren: Blinde, Taube, Stumme, Hinkende, Gelähmte, Amputierte, Geistesschwache usw., ihrer sind Milliarden, eine unfaßbar große Menge [...]. Und siehe, sie werden von diesen Mängeln für immer befreit sein. Sie werden alle ausgestattet sein mit einem unversehrten, vollkommenen Körper und einem normalen und wohl ausgeglichenen Geist [46].»

Augustinus rät in seinem *Gottesstaat* (Buch XXII, Kap. 19) den zu Dicken oder zu Mageren, sich keine Sorgen zu machen; ihr Körper werde in all seiner Harmonie wiederhergestellt werden. Im selben Kapitel gesteht er jedoch, daß es im Prinzip von der Heilung der Gebrechen auch eine Ausnahme gibt. Er läßt uns teilhaben an seiner Sehnsucht, auf den verklärten Körpern der Seligen die Wundmale ihrer Qualen zu sehen. Diese Wunden und Narben werden jedoch keineswegs abstoßend sein, sondern geprägt von Würde, da sie von Ruhm und Herrlichkeit der Märtyrer zeugen. Die Amputierten zum Beispiel werden ihre in der Marter abgetrennten Glieder wiedererlangen, aber an der Stelle, wo die Abtrennung erfolgte, wird eine Narbe zurückbleiben.

Über die Qualität der auferstandenen Körper wurden verschiedene Fragen gestellt und von den Theologen vielleicht sogar beantwortet: über das Alter der Auferstandenen, ihre Körpergröße und ihr Geschlecht. Laut Augustinus und auch Thomas von Aquin werden die Menschen im vollkommen erwachsenen Alter, in der physischen wie sittlichen Blüte der Jahre, auferstehen, das bedeutet: in einem Alter von etwa dreißig Jahren, also ungefähr in dem Alter von Christus, als er gekreuzigt wurde. Entsprechend werden die Kinder mit dem Körper auferstehen, den sie als Erwachsene bekommen hätten, wenn sie länger gelebt hätten. Beachten wir, daß Luther und die Lutheraner dagegen glauben, daß der Leib im gleichen Alter auferstehen wird, in dem er gestorben ist. Thomas glaubt, daß nicht alle Erwählten mit gleicher Körpergröße auferstehen werden [47]. Jeder wird die Größe haben, die er in körperlich voller Ausgewachsenheit hatte oder gehabt hätte. Nur die anormalen Fälle wie Riesen- oder Kleinwüchsige werden durch die göttliche Allmacht korrigiert werden können. Verschiedene Gelehrte haben, besonders während der ersten Jahrhunderte, geglaubt, daß die Frauen ihr Geschlecht verlieren und als Männer auferstehen werden, da die Auferstehung, so ihre These, nach dem Vorbild Christi vonstatten gehen müsse. Nachdem Hieronymus in diesem Punkt lange von Zweifeln geplagt wurde, entschied er sich aber zugunsten einer Erhaltung des weiblichen Geschlechts. Augustinus hegt im *Gottesstaat* (Buch XII, Kap. 17) weniger Zweifel; die Frauen werden ihr Geschlecht behalten können, denn die weiblichen Organe werden nicht mehr die gleiche Funktion wie auf Erden haben. Sie werden Teil einer neuen Schönheit sein, die die Männer nicht mehr erregen wird. Mit Ausnahme von Scotus Erigena (um 810 – um 877) und einigen anderen sind die Theologen hierin Augustinus gefolgt. Die verklärten Körper werden die normalen Funktionen und Fähigkeiten der lebenden Körper haben. Wie Edmund Fortman schreibt, werden sie sehen, hören, schmecken, fühlen und empfinden können; sie werden gehen, laufen, tanzen und singen können [48]. Wie wir jedoch bereits gesehen haben, sind nahezu alle Gelehrten der Auffassung, daß die Wiedererweckten nicht essen und trinken werden und daß es vor allem kein Sexualleben mehr geben wird. Für die Nahrung, die zur Erhaltung des sterblichen Lebens notwendig ist, und für die Zeugung, die für die Erhaltung der Art notwendig ist, wird es nämlich keine Existenzgrundlage mehr geben. Wäre es aber nicht denkbar, daß man von den Geschlechts- und Verdauungsorganen trotzdem Gebrauch machen wird, und zwar zum reinen Vergnügen? Nein, antworten Thomas und nahezu alle Gelehrten:

«Man kann nicht behaupten, daß die Verwendung der Nahrungsmittel und der Zeugungsorgane zum reinen Vergnügen beibehalten wird, denn in jenem Endzustand wird es nichts Ordnungswidriges mehr geben [. . .] [49].»

Wir werden jedoch sehen, daß nach Ansicht der meisten Experten die Gaumenfreuden auf eine andere Weise befriedigt werden. Pater de Broglie hat kürzlich in seiner Studie über die Endzeit die These von der nichtexistierenden Ernährung neu untersucht [50]. Seiner Ansicht nach müßten die Auferstandenen doch noch ein echtes vegetatives Leben mit Aufnahme- und Ausscheidungsfunktion haben. Er räumt jedoch ein, daß die Nahrungsaufnahme zwar möglich, aber nicht unerläßlich sein wird, da die Auserwählten die gewöhnlichen Gesetze des Lebens aufheben könnten.

Zusätzlich zu den vier bereits genannten Eigenschaften, die lediglich die vollendeten Formen der irdischen sind, werden die Körper der Seligen mit noch anderen, neuen Eigenschaften ausgestattet sein, die den Körpern der Lebenden völlig fremd sind. Die katholische Tradition unterscheidet seit dem 13. Jahrhundert vier dieser Eigenschaften: «Leidensunfähigkeit» *(impassibilitas)*. «Feinheit» oder «Durchlässigkeit» *(subtilitas)*, «Behendigkeit» oder «freie Beweglichkeit» *(agilitas)* und «Klarheit» *(claritas)*. Die traditionellen protestantischen Theologen setzen wie Paulus die Schwerpunkte mehr auf den unvergänglichen, geistigen, seiner Möglichkeiten mächtigen und verklärten Aspekt des Körpers.

Die Leidensunfähigkeit entspricht dem unvergänglichen Charakter der verklärten Körper. Nach Thomas wird diese Eigenschaft durch die vollkommene Macht der Seele über den Körper, also der Form über die Materie, bedingt sein:

«Bei den Heiligen jedoch wird die Seele nach der Auferstehung gänzlich über den Leib herrschen, und diese Herrschaft wird auch in keiner Weise aufgehoben werden können, weil sie selbst unwandelbar Gott unterworfen sein wird, [...] sie [wird] durch den Sieg der Seele über den Leib gebunden sein, so daß sie niemals in ein tatsächliches Leiden absinken kann [51].»

Die Leidenslosigkeit bedeutet das Ende von Alterungsprozeß, Leiden, Krankheit, Erschöpfung, Schlaf, Hunger und Durst usw. Für Thomas wie für viele Theologen wird sie jedoch immer noch die Ausübung der fünf Sinne gestatten.

Die Feinheit eines Körpers bedeutet seine Fähigkeit, in alles ein- und durch alles hindurchzudringen, und damit auch die Fähigkeit, mühelos zu erscheinen und zu verschwinden. Diese Eigenschaft ist von den körperlichen Fähigkeiten des auferstandenen Christus abgeleitet, der überraschend erscheint und verschwindet (Joh 20, 19; Lk 24, 31) und in geschlossene Räume einzudringen vermag [52]. Sie entspricht der Idee des geistlichen Körpers, wie sie bei Paulus zu finden ist. Abt Michel weist darauf hin, daß

«die Feinheit [...] nicht, wie gewisse Theologen geglaubt haben, eine Art Vergeistigung der Körper bis zu dem Grade [ist], daß sie einander durchdringen können. Die verklärten Körper werden darum fein sein, weil sie restlos der Macht der Seele unterworfen sein werden [...] [53].»

Man hat sich daran zu erinnern, daß die verklärten Körper durchaus materiell und berührbar sein werden und daß ihre jeweiligen Ausmaße beibehalten werden. Mgr. Cholett schreibt im *Dictionnaire de théologie catholique* und zitiert dabei Thomas von Aquin:

«Ihre Feinheit wird die verklärten Körper keineswegs von der Notwendigkeit befreien, einen ihrer Größe entsprechenden Raum einzunehmen, da sie niemals in der Lage sein werden, sich zu verringern oder zu verdichten [54].»

Die Eigenschaft, die die Phantasie am meisten erhitzt hat, ist die *agilitas* oder Behendigkeit. Diese Schwerelosigkeit entspricht der von Paulus erwähnten Fähigkeit. Sie wurde bereits im 4. Jahrhundert behauptet und impliziert eine vollkommen schwere- und mühelose Fortbewegung im Raum. Nach Thomas läßt sich die Behendigkeit wie die Feinheit durch die absolute Unterordnung des verklärten Leibes unter die verklärte Seele erklären; der verklärte Leib wird ihr keinerlei hemmenden Widerstand entgegensetzen. Aufgrund dieser Leichtbeweglichkeit, so erklärt Abt Michel, wird

«[...] den Auserwählten sozusagen die gesamte körperliche Welt [...] zur Verfügung [stehen]. Wurde aber nicht das gesamte All für den Menschen geschaffen? Die gewaltige Größe der Welt wird unter der Herrschaft der Seligen stehen, und in diesen unendlichen Räumen werden sich die Auserwählten nach den Worten des Weisen Salomo ausbreiten ‹wie Funken, die durch ein Strohfeld sprühen› (Weish 3, 7). So geschwind die Fortbewegung der verklärten Körper durch die Räume auch sein mag, das Maß dieser Bewegung wird jedoch immer noch die Zeit bleiben, so kurz, wie man sie sich vorstellen kann, aber trotz ihrer Kürze dennoch eine reale Zeit [55].»

Zahlreiche Autoren haben im Laufe der Jahrhunderte unsere Phantasie beflügelt, wie diese herrlichen Körper sich in hoher Geschwindigkeit durch den Raum bewegen, und der Fortschritt der Astronomie eröffnete der Fortbewegungsart der seligen Körper wie der Phantasie der Schriftsteller die grandiosesten Perspektiven.

«Unsere vergeistigten, strahlenden, durchscheinenden Körper», so Louis-Antoine de Caraccioli, «werden der Geschwindigkeit unseres Geistes folgen und mit der gleichen Behendigkeit von einem Stern zum anderen wechseln, so daß wir, verbreitet über die unendliche Weite des Himmels, durch die Lüfte fliegen [56].»

Mgr. Méric (1838–1905) erzählt uns, daß diese Körper in einer Sekunde 76 000 *lieues* (= etwa 304 000 km) zurücklegen und überall eindringen können [57]. Die vielleicht schönsten Seiten über die schwerelose Behendigkeit der verklärten Körper verdanken wir jedoch der Feder von Pater Staudinger. Er, der die Grauen des Feuersturms, der 1945 Tokio verwüstete, so drastisch geschildert hatte, um uns einen Vorgeschmack auf die Hölle zu geben, fand auch die geeigneten Worte, um uns vom Himmel und seinen Bewohnern zu erzählen:

«Und wie die Gesetze der Raumestiefe, so fallen für den verklärten Leib auch die Schranken der Raumesweite. Mit der Schnelligkeit des Gedankens fliegt er, wohin er nur will, zu Sternenmeeren, von denen niemals ein Lichtstrahl herübergefunden zu uns, weil er unterdessen ausgelöscht wurde durch die Unendlichkeiten des dazwischenliegenden Raumes, und weiter hinaus an die äußersten Grenzen des Weltenraumes, wo die Unendlichkeit Gottes das gesamte Universum in Händen trägt wie eine Mutter ihr Kind ... Und jede dieser Riesensonnen und Sonnenmeere schließt eine völlig neue Welt von Schönheit in sich, ist sozusagen das Paradies in einer anderen, neuen Form, mit neuer Schönheit, neuen Reizen, einzigartige Zurückstrahlung der unendlichen Vollkommenheit Gottes ... [58].»

Die letzte der vier Eigenschaften ist die *claritas*, die Lichtheit, der «Lichtglanz». Dies entspricht der von Paulus erwähnten Herrlichkeit. Diese Lichtheit bedeutet, daß die Körper von Licht umgeben sein werden. Sie ist wie ein Aufleuchten der Herrlichkeit der Seele.

«Und so wird der Lichtglanz», erklärt Thomas von Aquin, «der in der Seele geistig ist, im Leibe als ein leiblicher aufgenommen. Darum wird der Unterschied des Lichtglanzes im Leibe vom größeren Lichtglanz in der Seele abhängen, entsprechend ihrem größeren Verdienste, wie aus 1 Kor 15, 41 f. hervorgeht. Und so wird im verklärten Leibe die Herrlichkeit der Seele erkannt werden, wie durch das Gras hindurch die Farbe der Flüssigkeit erkannt wird, die im gläsernen Gefäß enthalten ist [59].»

Die seligen Körper werden möglicherweise auch außergewöhnliche geistige und psychische Fähigkeiten haben. Für Pater Fortman werden sie in der Lage sein, durch Telepathie zu kommunizieren und Gegenstände und Ereignisse in zeitlicher (vergangener und künftiger) wie räumlicher Ferne zu sehen. Sie werden psychokinetische Gaben haben, mit deren Hilfe sie aus der Ferne Materie bewegen und sogar verwandeln können. Ferner werden sie ihren Geist an andere Orte versetzen können, um zu sehen und zu hören, was sich dort ereignet [60].

Werden die Auserwählten nackt oder bekleidet sein? In dieser Frage gehen die Ansichten auseinander. Viele sind wie Thomas von Aquin der Meinung, daß sie nackt sein werden, denn die Kleidung wird nutzlos sein. Sie werden sich weder vor Kälte noch vor begehrlichen Blicken schützen müssen. Durch Honorius von Autun erfahren wir, daß die Seligen «nackt sein werden, aber voller Schönheit und über keinen Teil ihres Körpers erröten werden» [61]. Dadurch wird man außerdem feststellen können, daß die «Körper der Heiligen von unterschiedlicher Farbe sein [werden], die der Märtyrer von einer, die der Jungfrauen von anderer Farbe». Der offiziellen Ausdrucksweise entsprechend werden die Auserwählten in einen glorienhaften, verklärten Lichtglanz oder in Gewänder des Lichts gehüllt sein. Manche Gelehrte wie etwa der Theologe Thomas Hamilton glauben, daß die Auserwählten in weiße Gewänder gekleidet sein werden [62]. Oder aber sie werden, wie andere vermuten, nur ähnliche Kleider tragen wie die, die sie auch zu Lebzeiten trugen.

Welche Sprache werden die Auserwählten sprechen? So wie sie sich gefragt haben, welche Sprache im Garten Eden gesprochen wird, haben sich die Gelehrten natürlich auch die Frage gestellt, welches die Sprache der Erwählten nach der Auferstehung sein wird – oder sogar schon vorher, sofern sie der Ansicht waren, daß bereits die losgelösten Seelen sprechen können.

Der Jesuit François Pomey faßt in seinem populären *Catéchisme théologique* (1675) eine landläufig vertretene Auffassung zusammen:

«D.: ‹Wenn man im Paradies spricht, dann wüßte ich gerne, in welcher Sprache?›

R.: ‹Es ist anzunehmen, daß es die hebräische Sprache sein wird, welche diejenige ist, die Gott den ersten Menschen gelehrt hat und die

Jesus Christus gesprochen hat. Man wird aber auch in jeder beliebig anderen Sprache sprechen können, denn es gibt nichts, was die Seligen nicht vollkommen verstehen würden.› [63]»

Manche Spezialisten wie Elizabeth Stuart Phelps glauben, daß die Bewohner des Himmels eine Universalsprache erlernen können, die den Lebenden unbekannt ist [64]. Thomas Hamilton nimmt an, daß es nur eine einzige Sprache geben wird, aber welche das sein wird, weiß er leider nicht.

Die Leser, die mit den Naturwissenschaften ein wenig tiefer vertraut sind, werden sich bereits fragen, wie sich die neuen Eigenschaften und Fähigkeiten der seligen Körper mit ihrem durchaus fleischlichen und materiellen Charakter vereinbaren lassen. Wie zum Beispiel werden sich materielle, stoffliche Körper über die Gesetze der Schwerkraft hinwegsetzen, einfach abheben und sich mit Überschallgeschwindigkeit durch den Himmel bewegen können? Bereits Augustinus versuchte in zwei Kapiteln des *Gottesstaates* (Buch XIII, Kap. 18, und Buch XXII, Kap. 1) auf diese Frage zu antworten, die ihm die Philosophen stellten. Nur zwei seiner wesentlicheren Argumente seien hier angeführt. Gott, der irdischen Körpern wie denen der Vögel die Fähigkeit verliehen hat, sich in die Lüfte zu schwingen, wird dasselbe auch für den Menschen tun können, wenn er im Himmel leben wird. Weshalb sollte man außerdem daran zweifeln, daß ein irdischer Körper im Himmel ohne Stütze in Ruhe bleiben kann, wenn er auch auf Erden trotz seines ganzen Gewichts im Gleichgewicht bleiben kann, ohne sich irgendwo aufzustützen? Wer dieser Frage eingehender nachgehen möchte, lese das Diesbezügliche in Augustinus' berühmter Schrift nach. Thomas von Aquin begründet mit der intellektuellen Sicherheit der Scholastiker Eigenschaften wie die *subtilitas* (Feinheit) und *agilitas* (Behendigkeit) durch die vollkommene Herrschaft der vernunftbegabten Seele über den auferstandenen Körper. Bedenkt man, wie schwierig es ist, eine solche Theorie zu widerlegen, so wird man begreifen, daß es nicht weniger schwierig ist, sie wissenschaftlich nachzuweisen. Trotzdem möchten sich die Theoretiker des 18. und 19. Jahrhunderts wesentlich wissenschaftlicher geben und werden versuchen, die Eigenschaften der seligen Körper mit denen der umgewandelten Materie zu erklären, aus der sie beschaffen sein werden, oder mit den neuen Eigenschaften der Atmosphäre auf der neuen Erde und im erneuerten Himmel. So stellte ein gewisser Prof. Hitchcock, wie H. Harbaugh berichtet, bereits im vorigen Jahrhundert die Hypothese auf, daß der künftige Körper der Heiligen aus einer Substanz beschaffen sein könnte, die zwar mit den Sinnen nicht wahrnehmbar sei, deren Existenz aber allgemein anerkannt werde: der lichtleitende Äther, ein verdünntes Medium, durch welches Licht, Wärme und Elektrizität im Universum von einem Ort zum anderen geleitet wird [65].

Mgr. Chollet weist in seinem Artikel «Corps glorieux» warnend darauf hin, daß wir beileibe nicht alle möglichen Zustände der Materie kennen und daß diese in anderen Zuständen Eigenschaften habe, die sich erheblich von denen unterscheiden, die wir experimentell nachweisen können. Als Vergleich führt er die neuen Gesetze und Eigenschaften der Materie an, die bei Annäherung an den absoluten Nullpunkt auftreten. Somit sei die Erzeugung neuer Eigenschaften, hervorgerufen durch eine veränderte Umgebung, keineswegs unmöglich.

Zahlreiche zeitgenössische Theologen lösen dieses heikle Problem dadurch, indem sie das Prinzip der Selbigkeit der auferstandenen Körper verwerfen und zur Annahme greifen, daß sie von einer anderen Natur sind. Die anderen ziehen es vor, ihre Unwissenheit einzugestehen und zuzugeben, daß das Ganze ein großes Mysterium ist.

Die verklärten Körper haben zweifellos unzählige klassische Theologen fasziniert. Den unvoreingenommenen Beobachter muß jedoch verblüffen, welch starker Kontrast zwischen diesen wunderlich leichtbeweglichen und schwerelosen Körpern und dem fundamental statischen, «ruhigen» Charakter des Himmels der klassischen Theologen herrscht.

Die Ungleichheiten im Himmel

«Im Haus meines Vaters gibt es viele Wohnungen» (Joh 14, 2). Der katholischen Tradition gemäß wollte Jesus damit nicht auf die Größe des Himmels hinweisen, sondern er wollte zeigen, daß es unter den

Auserwählten verschiedene Grade der Seligkeit gibt. Für die Katholiken ist seit dem Konzil von Florenz (1439) die Ungleichheit der Belohnung für die Auserwählten in Proportion zu ihren Verdiensten und Ehren ein Glaubensartikel. Von der Mehrheit der Protestanten wird die Existenz von Ungleichheiten im Himmel zwar nicht abgestritten, aber im allgemeinen doch als etwas sehr Nebensächliches dargestellt [66]. Dieser Unterschied spiegelt möglicherweise ihre entgegengesetzten Auffassungen von der Hierarchie in der Kirche wider.

Die Kirchenväter waren der Ansicht, daß die Verdienste eines jeden gesondert betrachtet werden und die Belohnungen der Auserwählten im Verhältnis zu ihren auf Erden erlittenen Entbehrungen und erbrachten Opfern stehen müßten. Für Hieronymus stellt sich die Frage, wozu es sonst gut sein soll, nach Vollkommenheit zu streben, wenn die Jungfrauen so wie die verheirateten Frauen behandelt werden und wenn die frommen Werke genauso verdienstvoll sind wie die Opfer der Märtyrer [67].

Die unterschiedlichen Grade der Belohnung können sich auf mehrere Arten äußern. Für manche Autoren der Antike und des Mittelalters sind die Worte Christi wörtlich auszulegen, so daß also die vollkommensten Auserwählten die schönsten oder dem Herrn am nächsten gelegenen Wohnungen erhalten. In den *Dialogi* berichtet Gregor der Große von der Vision eines Soldaten, der im Sterben liegt [68]. Dieser hatte eine Brücke gesehen, die über einen dunklen und in Schwaden von ekelerregenden Ausdünstungen gehüllten Fluß führt. Jenseits des Flusses ruhen in weiße Gewänder gehüllte Menschen auf blumenübersäten und von süßen Wohlgerüchen erfüllten Wiesen. Dort sieht er ebenfalls in strahlendem Licht leuchtende Häuser, darunter eines, das ganz besonders prächtig ist. Manche Häuser liegen dagegen direkt am Ufer des Flusses, und ihre Bewohner sind seinem üblen Gestank ausgeliefert. Gregor erläutert, daß das prachtvolle Haus das eines Menschen von großen Verdiensten ist, während die längs des Flusses erbauten für diejenigen bestimmt sind, die zwar genügend tugendsam sind, um erlöst zu werden, aber eine sündige Schwäche für fleischliche Genüsse haben. Andere mittelalterliche Visionen und Darstellungen richten ein besonderes Augenmerk auf die Ungleichheit zwischen den Auserwählten – und dies ist in stark hierarchisierten Gesellschaften durchaus normal. Bestimmte Auserwählte haben eben schönere Wohnungen oder sitzen am himmlischen Hof oder bei Festbanketten an bevorzugten Plätzen in der Nähe des Herrn oder der Apostel. So müssen nach der italienischen Nonne Gerardesca (1210–1269) auf den himmlischen Festmählern die Gäste ihrer Rangstufe entsprechend Platz nehmen [69].

Für die Theologen wirkt sich die Ungleichheit zwischen den Auserwählten hauptsächlich durch Unterschiede in der Qualität dessen aus, was in der Gottesschau wahrgenommen werden kann. Die Auserwählten schauen Gott je nach ihren Verdiensten mehr oder weniger vollkommen. Entsprechend werden diejenigen, die ihr irdisches Leben dem immer tieferen Eindringen in die Mysterien des Glaubens gewidmet haben, Gott mit ganz besonderer Klarheit sehen.

Die klassischen Theologen glauben, daß bestimmte Kategorien von Auserwählten ihre Verdienste durch eine *aureola* («Siegeskranz» lautet die offizielle Übersetzung), einen Heiligenschein belohnt bekommen. Der Heiligenschein mehrt zwar nicht die «wesentliche» Seligkeit der Erwählten, sondern es handelt sich dabei eher um ein Ehrenzeichen, um eine Art Orden. Thomas von Aquin hat die Heiligenscheine im *Supplement* zu seiner *Summa theologica* in aller Ausführlichkeit studiert: Die «Siegeskränze» sind der Lohn für heroische Siege der Tugend. Sie werden drei Gruppen von Kämpfern um die Tugend verliehen – den Jungfrauen, den Märtyrern und den Doctores, den Gelehrten. Die Jungfrauen werden für ihren Sieg über die Versuchung des Fleisches belohnt, die Märtyrer für ihren Sieg über die Welt und die Gelehrten für ihren Sieg über den Dämon, welcher ketzerische Irrlehren und falsche Doktrinen propagiert. Thomas stellt sich jedoch auch die Frage, ob die in Keuschheit lebenden Witwen nicht höhere Verdienste haben als die Jungfrauen [70]. Die keuschen Witwen, so argumentiert er, siegen nämlich über eine irdische Freude, die sie bereits genossen hatten, während die Jungfrauen auf etwas verzichten, was sie nicht kennen. Aber der Sieg der Jungfrauen ist trotz allem vollkommener, folgert Thomas abschließend, da sie sich dem Feind niemals gebeugt haben: «Der Siegeskranz gebührt nicht dem Kampf, sondern dem siegreichen Bestehen des Kampfes.»

Wird dann eine Jungfrau, wenn sie vergewaltigt wurde, den Anspruch auf ihren Heiligenschein verlieren? Selbstverständlich nicht, antwortet Thomas, jedoch unter der Voraussetzung, daß sie unverletzbar ihren Willen bewahrt, für immer ihre Jungfräulichkeit zu verteidigen. Können sich Frigide und Eunuchen («Geschlechtlich nicht Ansprechbare und Verschnittene») den Siegeskranz verdienen? Ja, folgert Thomas, vorausgesetzt, sie sind entschlossen, auch dann keusch zu bleiben, wenn sie die Fähigkeit, den fleischlichen Akt zu vollziehen, wieder zurückerlangen sollten. Daß die keuschen Männer ebenfalls zu den jungfräulichen Wesen zählen, versteht sich von selbst. Die Offenbarung hebt sie sogar ganz besonders hervor:

«Sie sind es, die sich nicht mit Weibern befleckt haben, denn sie sind jungfräulich. Sie folgen dem Lamm, wohin es geht. Sie allein unter allen Menschen sind freigekauft als Erstlingsgabe für Gott und das Lamm» (Offb 14, 4).

Im allgemeinen herrscht die Auffassung, daß der Heiligenschein der Märtyrer mehr gilt als der der Jungfrauen und Gelehrten. Bestimmte Heiligenscheine können aufgrund besonderer Verdienste noch höher eingestuft werden. Der Heiligenschein ist im wesentlichen eine Belohnung für die Seele; nach der Auferstehung wird er aber durch eine Art Spiegelung auch im Körper leuchten. Ferner präzisiert Thomas:

«Man muß jedoch wissen, daß der Schmuck der Narben, die am Leibe der Märtyrer aufscheinen werden, nicht ‹Siegeszeichen› genannt werden kann; denn einige Märtyrer werden ein Siegeszeichen haben, ohne daß an ihnen derartige Narben sein werden; nämlich diejenigen, die ertränkt oder durch Hunger oder Kerkerqual getötet wurden [71].»

Bei der Auferstehung wird unabhängig von der Wirkung des Heiligenscheins der Leib der Auserwählten je nach ihren Verdiensten mehr oder weniger intensiv leuchten.

Entsprechend wird auch die akzidentelle Herrlichkeit der Heiligen des Himmels, wie der Kanoniker Panneton uns in Erinnerung ruft, vermehrt durch

«[...] Ehrungen, die die Kirche ihnen auf Erden verleiht, zum Beispiel die Ehrungen der Selig- oder Heiligsprechung, ferner durch die liturgische Verehrung, die jedem einzelnen Heiligen an seinem Namenstag und allen Heiligen zusammen am 1. November gewidmet wird, und ganz besonders durch die Messen, die ihnen zur Ehre abgehalten werden [72].»

Auch wenn der Lohn der Auserwählten in unterschiedliche Grade abgestuft ist, darf daraus nicht geschlossen werden, daß die weniger Begünstigten auf ihre Gefährten neidisch sind, die sich in einer glücklicheren Lage befinden, denn im Paradies gibt es weder Neid noch Eifersucht. Wie Augustinus schrieb, wird kein Geringerer gegenüber einem Höheren Neid empfinden, wie ja auch die Engel nicht auf die Erzengel eifersüchtig sind [73]. Im Gegenteil: die weniger Seligen werden sich sogar freuen, daß manche ihrer Himmelsgefährten eine noch höhere Seligkeit genießen.

Die Beschäftigungen der Auserwählten

Mit Gott sein

Das ewige Leben im Himmel dreht sich vor allem um Gott. Die Auserwählten werden Gott verherrlichen und im Besitz Gottes sein; sie werden sich seiner Gegenwart und ihrer Beziehung zu ihm erfreuen. Man war der Auffassung, daß sich das Leben der Auserwählten in ihrem privilegierten Verhältnis zu Gott hauptsächlich auf drei verschiedene Arten abspielt: sie schauen Gott, sie singen Gottes Lob und sie dienen ihm aktiv. Aber auch das Verhältnis zu Jesus Christus spielt eine fundamentale Rolle im Glück der Auserwählten.

Gott schauen

«Die Erfüllung des Menschen», schreibt Thomas von Aquin in seinem *Compendium theologiae*, «liegt im Besitz der Endzeit, die die vollkommene Seligkeit *(beatitudo* oder *felicitas)* ist, welche in der Gottesschau besteht. [...] [1]»

155

Die Gottesschau, auch *visio intuitiva* oder *visio beatifica* (unmittelbare oder beseligende Schau) genannt, ist das einzige Dogma, das von der römisch-katholischen Kirche über die Art der Glückseligkeit der Auserwählten festgeschrieben wurde. Sie hat in den Kreisen der klassischen Theologie umfangreiche theoretische Erörterungen ausgelöst sowie zu heftigsten Kontroversen geführt, die bis zur Häresie gingen [2].

Protestantische Kirchen und Theologen messen der Gottesschau ebenfalls eine beträchtliche Bedeutung bei, obgleich sie dort häufig keinen so dominierenden und ausschließlichen Charakter wie bei den Katholiken hat und im allgemeinen nicht so detailliert definiert wird.

Die Gottesschau wird in der Heiligen Schrift mehrmals erwähnt. In der berühmten Bergpredigt lehrt Jesus: «Selig, die ein reines Herz haben; denn sie werden Gott schauen» (Mt 5, 8). Johannes schreibt in seinem ersten Brief, daß wir Gott schauen werden, wie er ist (1 Joh 3, 2). Der Verfasser der Offenbarung prophezeit, daß die Auserwählten das Angesicht Gottes schauen werden (Offb 22, 4). Paulus versucht diese Schau im I. Brief an die Korinther zu definieren:

«... wenn aber das Vollendete kommt / vergeht alles Stückwerk. [...] Jetzt schauen wir in den Spiegel / und sehen nur rätselhafte Umrisse, / dann aber schauen wir von Angesicht zu Angesicht. / Jetzt erkenne ich unvollkommen, / dann aber werde ich durch und durch erkennen, / so wie ich durch und durch erkannt worden bin» (1 Kor 13, 10−12).

Die Theologie der Gottesschau wird mit Irenäus einsetzen, mit Augustinus fortschreiten und mit den scholastischen Theologen, besonders Thomas von Aquin und Duns Scotus (um 1265−1308), ihren Höhepunkt erleben.

Das Glück der Auserwählten wird in der Konstitution *Benedictus Deus* von 1336, einem Akt von unfehlbarer, höchster Autorität, so definiert:

«[sie schauen] die göttliche Wesenheit in *unmittelbarer Schau* und auch von Angesicht zu Angesicht, ohne Vermittlung eines Geschöpfes, das dabei irgendwie Gegenstand der Schau wäre. Ohne Vermittlung zeigt sich ihnen vielmehr die göttliche Wesenheit unverhüllt, klar und offen.

In dieser Schau sind sie erfüllt von dem Genuß der göttlichen Wesenheit. Und durch diese Schau und durch diesen Genuß sind die Seelen der schon Verstorbenen *wahrhaftig glücklich* im Besitze des Lebens und der ewigen Ruhe [3].»

Das Konzil von Florenz (1483–1545) präzisiert noch deutlicher: «Die Auserwählten werden klar und deutlich Gott in Person schauen in seiner Einheit und Dreieinigkeit, so, wie er ist.» Die scholastischen Theologen und ihre Nachfolger haben versucht, Natur und Gegenstand der *visio intuitiva* eingehender zu definieren. Eine berühmte Kontroverse hat thomistische und skotistische Theologen über das formale Element der wesentlichen Seligkeit der Auserwählten entzweit. Für die Thomisten ist das grundlegende Element die *visio beatifica*, die ein Akt der Verstandes, der Ein-Sicht ist; für die Skotisten beruht das formale Element auf einem Akt des Willens, der *amor beatifica*, der beseligenden Liebe oder Freude. Heute vertreten die meisten Theologen einen Zwischenstandpunkt, wonach die wesentliche Glückseligkeit in der Gottesschau und in der Liebe besteht, die aus dieser Schau hervorgeht.

Die beseligende Liebe *(amor beatifica)* steht in vielen erbaulich-frommen Schriften sowie bei den Autoren mit mystischen Tendenzen im Vordergrund. Letzteren geht es besonders um die geistige oder mystische Hochzeit zwischen Gott und der Seele. In seinem Werk *Die Wunder der göttlichen Gnade* schreibt der Theologe Paul Scheeben:

«Die Vereinigung zwischen Gott und der Seele ist daher ungleich viel wirklicher als die zwischen Mann und Frau. [...] Die Vereinigung zwischen Gott und der Seele ist ebenso hoch erhaben über die Vereinigung der Gatten wie der Geist über das Fleisch und wie Gott über die Materie. Die Vereinigung der Seele mit Gott in einem Geist ist so innig, daß sie in der Schöpfung ihresgleichen nicht hat und daß der geschaffene Verstand sie nicht zu erfassen vermag. Gott taucht die Seele in den Ozean seines Lichts. Er überschwemmt sie mit dem Strom seiner Freuden, er erfüllt sie mit der Fülle seines Wesens. Er schließt sie in die Arme seiner Liebe. Er bindet sie so fest an sich, daß keine einzige Macht, sei es im Himmel oder auf Erden, sie ihm zu entreißen vermag [4].»

Durch Pater Garrigou-Lagrange erfahren wir, daß es sich dabei um eine Liebe handeln wird, «[...] durch welche die Seele sich selbst überwinden wird, sie wird ohn Unterlaß Gott um seiner selbst willen lieben, sie wird gleichsam aus sich heraustreten; dies wird die ununterbrochene Ekstase der Liebe sein. [...] Dies wird der Vollzug der verwandelnden Vereinigung sein, wie die Verschmelzung unseres Lebens mit dem innigen Leben des Allerhöchsten, der sich zu uns herabneigen wird, um uns endgültig zu sich zu holen [5].»

Die *visio intuitiva* ist kein Akt der Wahrnehmung mit den Sinnen [6] oder der Vorstellung und Phantasie, sondern sie ist ein Akt des Versehens, des Ein-Sehens, möglich geworden dadurch, daß dem Seligen die Erleuchtung der Verklärung und Herrlichkeit zuteil wurde. Mit Hilfe seiner natürlichen Fähigkeiten ist der Mensch nämlich nicht in der Lage, die Gottesschau in der Form zu erlangen, wie sie sich bei den Auserwählten äußert [7]. Die Mystiker und andere Asketen, die sich dem kontemplativen Leben verschrieben haben, können nur einen Vorgeschmack von der *visio beatifica* der Seligen erhalten. Allein mit Hilfe des Lichtes der Herrlichkeit oder Verklärung kann sich die menschliche Seele bis zur Schau Gottes erheben. Durch die Gottesschau wird die Seele, ohne dabei ihre Individualität zu verlieren, in einem Akt, der eine reale Teilhabe am göttlichen Leben selbst bedeutet, mit Gott vereint, den sie kennt und liebt. Gott, der auf Erden nur durch seine Geschöpfe erkannt wird, wird auf diese Weise bis in sein Wesen hinein erkannt. Die Auserwählten

«werden Gott nicht nur halb und teilweise schauen; sie werden ihn ganz schauen, in seiner wesenhaften Vollendung und seiner ehrwürdigen, herrlichen Dreieinigkeit [8].»

Die Theologen sind jedoch der Auffassung, daß die Auserwählten Gott, obwohl sie ihn ganz sehen, trotzdem nicht vollkommen schauen werden, denn Gott ist nicht vollkommen, daß heißt nicht bis ins Letzte erfaßbar. Während sie Gott von Angesicht zu Angesicht sehen, werden die Erwählten ohne Mühe alle Wahrheiten schauen. Mgr. Elie Méric schreibt dazu:

«Dann werden die Seligen die Lösung der Geheimnisse in aller Klarheit sehen, deren Wahrheit hienieden der Verstand mit der gehorsamen Demut des Glaubens behauptete: die Dreieinigkeit, die Fleischwerdung, die Erlösung, die verborgenen Gesetze der Vorsehung in der Führung der Seelen, in der Führung der Welt und in ihrem Wirken auf die Völker, deren Geschichte für uns so häufig entweder nur ein Rätsel oder nur ein langewährender Skandal ist; sie wird die übernatürliche Ökonomie der Wege Gottes für die Heiligung seiner Auserwählten und die unendlichen Wunder des eigentlichen Wesens Gottes erkennen [9].»

All diese Mysterien und Wahrheiten werden sofort und ohne Mühe verstanden werden. Thomas von Aquin und die meisten klassischen Theologen führen in ihrer Konzeption von der wesentlichen Seligkeit der Auserwählten vier Grundelemente auf: Fehlen von Dauer, Fehlen von Entwicklung, Absolute Vorherrschaft der *visio beatifica* sowie Ruhe, Unbewegtheit. Die Dauer der beseligenden Schau ist nicht die der kontinuierlichen Zeit wie im irdischen Leben. Die Dauer ist nach der Terminologie der Theologen Anteil an der Ewigkeit, und zwar deshalb, weil die Gottesschau eine Teilnahme am göttlichen Leben ist, das ja selbst die Ewigkeit ist. Pater Garrigou-Lagrange schreibt:

«Sie ist der einzige Augenblick der unbewegten Ewigkeit ohne jede Weiterfolge. [...] Die Ewigkeit [...] ist ein ständiges Jetzt *(nunc stans)*, ohne Vergangenheit, ohne Zukunft, der einzige Augenblick eines ganzen Lebens, das sich selbst als Ganzes und Gleichzeitiges *(tota simul)* umfaßt [10].»

Nach der Formulierung von Thomas von Aquin ist der Akt der *visio intuitiva*, der unmittelbaren Schau, eine einzige und ewige Handlung, ein Moment oder Augenblick, der weder vorübergeht noch zu Ende geht. Da die Gottesschau ein einziger und ewiger, immer mit sich selbst identischer Akt ohne etwas Folgendes ist, gibt es weder Wandel, noch Entwicklung im Erkennen Gottes und folglich auch nicht in der wesentlichen Seligkeit. Sobald sie in den Himmel kommt, erreicht die Seele laut der Mehrheit der klassischen Theologen sofort ihre volle wesentliche Seligkeit, die nie mehr weiter zunehmen wird. Die Theologen unterscheiden zwischen zwei Formen der Seligkeit: die essentielle, «wesentliche» Seligkeit oder Herrlichkeit der Auserwählten resultiert aus der unmittelbaren Anschauung Gottes; die akzidentelle, «außerwesentliche» Seligkeit resultiert aus der Freude an den geschaffenen Dingen außerhalb der Gottesschau. Die außerwesentliche Seligkeit wird vor allem in den Belohnungen, die manchen gewährt werden (zum Beispiel Heiligenscheine), in der Gesellschaft von Freunden und in der Auferstehung der verklärten Körper gefunden. Während die wesentliche Seligkeit niemals anwächst, nehmen die Theologen an, daß die außerwesentliche Seligkeit zunehmen kann. Für Thomas von Aquin und die meisten klassischen Theologen sind die mit der wesentlichen Seligkeit verbundenen Handlungen von sehr geringer Bedeutung. Da sie so vielfältig sind und zeitlich einzeln aufeinanderfolgen, sind sie nämlich mit der zeitlosen Einzigkeit der *visio beatifica* nur schwer zu vereinbaren. Kann man außerdem der Gottesschau, des höchsten Glücks, jemals überdrüssig werden? Viele Theologen faßten die wesentliche Seligkeit zunächst als eine Konzession an ein weniger gebildetes Publikum auf. Aus alledem folgt, daß mit der beseligenden Schau und dem Leben der Auserwählten an sich nach der Auferstehung der Aspekt der Immobilität, der Ruhe und Unveränderlichkeit, verbunden ist.

Für Thomas wird der Zustand der Ewigkeit durch Ruhe erreicht [11], statische Unbewegtheit und Unveränderlichkeit der himmlischen Körper, der verklärten Körper der Seligen, des Verstandes und des Willens, Ruhe des Verstandes deshalb, «denn wenn man an der *prima causa,* am Urgrund, angelangt ist, in dem alle Dinge erkannt werden können, hört das Forschen des Verstandes auf.» Ruhe des Willens deshalb, «weil es nichts mehr zu begehren gibt, sobald man den letzten Endzustand erreicht hat, der die Fülle aller Güte bedeutet [12].» Mehr als sechs Jahrhunderte nach Thomas von Aquin verteidigt der Theologe Terrianus immer noch die Immobilität des ewigen Lebens gegen die Angriffe der «Progressisten»:

«Wenn es ein in höchstem Maße erfülltes und in höchstem Maße vollkommenes Leben gibt, dann ist es das göttliche Leben, da Gott selbst sein eigenes Leben ist. Eine unendlich vollkommene Bewegung, da sie ein unendlich reiner Akt ist; eine unendlich ruhige Bewegung, da sie das Ewige und Unbewegbare an sich ist. Die Ruhe des Leichnams ist das vollkommene Fehlen von Leben; die Ruhe in der Kontemplation der höchsten Schönheit ist dagegen der vollkommenste Besitz von Leben. Folglich wird das Leben der Auserwählten um so vollkommener sein, je weniger es sich bewegen, wandeln, entwickeln wird [13].»

Zahlreiche Autoren populärwissenschaftlicher religiöser Werke, Seelsorger, Prediger und sogar hochrangige Theologen haben immer wieder auf den reichlich spröden, ja unfreundlichen Charakter einer solchen Vorstellung hingewiesen und ihn kritisiert. Nur wenige besonders hochentwickelte Geister, so behaupten sie, können den Wunsch haben, die ganze Ewigkeit in regloser Betrachtung Gottes zu verbringen, selbst wenn diese Ewigkeit nur einen Augenblick dauert. Diese Kritiker, zu denen aus der Reihe der Jenseits-Spezialisten auch Ägidius von Rom (um 1245–1316), Bonaventura (um 1217–1274), Robert Bellarmin und Jeremias Drexel gehören, heben auch die Freuden hervor, die mit der außerwesentlichen, der akzidentellen Seligkeit verbunden sind – zum Beispiel die Gesellschaft der Auserwählten –, und reagieren keineswegs allergisch gegen die Idee einer Beweglichkeit der verklärten Körper. François Pomey greift diese Frage in seinem *Catéchisme théologique* auf:

«D.: ‹Werden die Heiligen im Paradies umherwandeln? Werden sie singen? Werden sie sich unterhalten?›

R.: ‹Weshalb denn nicht?›

D.: ‹Aber ich habe doch sagen hören, daß die Seelen der Glückseligen vor Befriedigung, Gott schauen zu können, so sehr verzückt sind, daß sich ihre Körper in Ekstase befinden und sie des Gebrauchs ihrer Sinne beraubt verharren werden, so wie es manchmal einigen Heiligen bereits in diesem Leben hienieden widerfährt.›

R.: ‹Dasselbe, was Ihr erzählt, habe auch ich sagen hören, und noch viel erstaunlicher ist, daß ich es auch aus dem Munde gelehrter Männer vernommen habe. Aber gewiß ist ihre Meinung sehr schlecht begründet [...].› [14]»

Im vorigen Jahrhundert haben die Kritiker daneben auch den Gedanken der Weiterentwicklung in der *visio intuitiva* und der wesentlichen Seligkeit der Auserwählten verteidigt. So schreibt Mgr. Méric:

«Gott [...] offenbart seinen Glückseligen Mal um Mal neue Seiten seines Wesens, das ohne Grenzen ist [15].»

Er bittet seine Leser, sich keine Sorgen zu machen:

«Seid unbesorgt. Nein, wir werden nicht, wie einzelne Rationalisten der heutigen Zeit behaupten, verdammt sein zu einem völlig reglosen Verharren in einer Ekstase, die kein Ende nimmt. Gott, der

uns damit belohnt, daß er unserem Körper die Aktivität des verklärten Leibes verleiht, wird auch unsere Seele mit der Fähigkeit mühelo-
ser Fortentwicklung und der vom Leben nicht zu trennenden Beweglichkeit belohnen. Weises, geordnetes Handeln, wie wir es anstreben
müssen, besteht in der beständigen Aufeinanderfolge der Gesten und
Taten, durch die wir dem Wahren, Schönen, Guten angehören. [...]
Dann wird auch die ständig zunehmende Aktivität ihres Geistes weiter ausgeübt, denn Reglosigkeit ist der Tod, aber diese Aktivität wird
ohne Mühe und ohne Schmerzen sein [16].»

Zahlreiche katholische Theologen unserer Zeit wie Ladislas Boros,
John Shea, John Heaney und Edmund Fortman legen ebenfalls die
Möglichkeit einer Weiterentwicklung der Kenntnis Gottes und des
Glücks der Auserwählten nahe [17]. Dieses Thema wird seit Beginn
des vorigen Jahrhunderts bei den Protestanten – besonders in bezug
auf die Zeit des Zwischenzustandes – sogar noch häufiger diskutiert.

Das Lob Gottes singen

Das Lob Gottes zu singen ist für viele freilich die herrlichste Art, Gott
zu verehren und die Ewigkeit zu verbringen. Die Lobpreisung des
Herrn ist ein ständig wiederkehrendes Thema in den Psalmen des Alten Testaments, die so stark die christlichen Hymnen inspirierten:

«Halleluja! Lobet Jahwe – Gut ist es, unserem Gott zu singen, /
schön ist es, ihn zu loben. [...] Stimmt Jahwe, dem Herrn, ein Dank-
lied an, / spielt unserem Gott auf der Harfe», ruft uns der Dichter des
147. Psalmes auf.

«Singet dem Herrn ein neues Lied: sein Lob erschalle in der
Gemeinde der Frommen», steigert sich der 149. Psalm noch höher
hinauf. Wenn die Lebenden ihre Liebe zu Gott auf diese Weise zum
Ausdruck bringen müssen, wie viel mehr müssen das dann erst die
Auserwählten tun, die sich bereits im Zustand der höchsten Glück-
seligkeit befinden.

«Dann hörte ich», offenbart uns Johannes von Patmos, «eine
Stimme vom Himmel her, die dem Rauschen von Wassermassen und
dem Rollen eines gewaltigen Donners glich. Die Stimme, die ich
hörte, war wie der Klang der Harfe, die ein Harfenspieler schlägt.

Und sie sangen ein neues Lied vor dem Thron und vor den vier Lebewesen und vor den Ältesten. Aber niemand konnte das Lied singen lernen, außer den Hundertvierundvierzigtausend, die freigekauft und von der Erde weggenommen worden sind» (Offb 14, 2–3).

Der Himmel bedeutet für einen Heiligen, so schreibt der Puritaner Richard Baxter (1615–1691), das Genießen Gottes mit dem ewigen Besingen und Lobpreisen Gottes [18]. Richard Baxter, ein berühmter Hymnendichter, harrt voller Ungeduld dem Tag entgegen, an dem er mit Moses und David gemeinsam singen kann. Für Kardinal Bellarmin wird das Lob des Allmächtigen die Hauptbeschäftigung, wenn nicht gar die einzige Beschäftigung der Heiligen sein [19]. Die Auserwählten werden Gott in Freude und Ruhe loben, möglicherweise sogar von ihrem Bett aus, wie der Prophet verkündet. Bellarmin ist sich dessen bewußt, daß viele glauben, ein ununterbrochenes Singen von Psalmen und Hymnen auf Ruhm und Herrlichkeit Gottes könne auf die Dauer ermüden. Er gibt zu, daß die langen Stunden, die in der Kirche mit dem Hören der Messe und mit Singen von Liedern verbracht werden, für viele Gläubige eine Last bedeuten. Aber, fügt er hinzu, wenn in diesem Leben das Lobpreisen Gottes auch häufig als Pflicht und Zwang aufgefaßt werden mag, so wird es in der zukünftigen Welt eine Belohnung sein. Dann werden die Auserwählten mit beschwingter Leichtigkeit die Loblieder Gottes singen, denn sie werden Gott verstehen und in Ruhe sein, da sie befreit sind von allen irdischen Mühen und Leiden. Nichts ist aber weniger sicher als das. Zumindest ist das – besonders seit dem 18. Jahrhundert – die Ansicht vieler Experten.

Aktiv Gott dienen

Anzunehmen, daß das Singen die einzige Beschäftigung im Himmel sei, hieße, eine höchst sonderbare Vorstellung vom Paradies zu haben, behauptet Thomas Hamilton [20]. Dem Herrn durch ewiges Singen von Ruhmespsalmen zu dienen erschiene ihm stumpfsinnig und eintönig. Wie viele andere Experten sagt er sich, daß der Dienst an Gott aktivere Formen haben muß. Der Himmel kann keine Welt von irgendwelchen lässig-unbekümmerten Aktivitäten, von Müßiggang und Rast sein, meint der Presbyterianer Robert M. Patterson (1832–1911), selbst wenn diese Ruhe von Liedersingen begleitet ist: «Er muß eine Welt der Tat und permanenter Sorgfalt sein, die ständig darauf bedacht ist, den Willen Gottes zu befriedigen und seine Befehle auszuführen [21].» H. B. Swete (1835–1917), ein Cambridge-Professor und bedeutender Bibel-Spezialist, ist der gleichen Ansicht:

«Wir begehen einen schweren Irrtum, wenn wir mit unserem Begriff vom Himmel den Gedanken der Rast von der Arbeit verbinden. Sich von der Anstrengung, Müdigkeit und Erschöpfung auszuruhen – ja; sich von Arbeit, Schaffen, Dienst zurückzuziehen und zur Ruhe setzen – nein. [...] [Das himmlische Leben] darf nicht damit verbracht werden, auf goldenen Instrumenten müßig Harfe zu spielen, sich auf Wolken auszustrecken und ohne klares Ziel durch das Paradies Gottes zu bummeln [22].»

Diese Auserwählten werden Tag und Nacht aktiv sein, wobei es die Nacht aber zum Glück nicht mehr geben wird, hatte bereits Isaac Watts (1674–1748) angedeutet, der als einer der ersten zu Beginn des 18. Jahrhunderts eine Version des ewigen Lebens mit beschleunigter Geschwindigkeit angeboten hatte [23]. Worin kann also der aktive Dienst an und für Gott bestehen? Das kann man nicht wissen, antworten die meisten Experten. R. M. Patterson ist der Ansicht, daß die Auserwählten in gleicher Weise wie die Engel angestellt werden können. Sie sind Boten des Herrn, die in ferne Welten ausgesandt werden, um die Milde oder Gerechtigkeit Gottes auszuüben [24]. Viele behaupten auch, daß Gott zu dienen vor allem darin bestehe, ein vollkommen dem Willen Gottes entsprechendes Leben zu führen.

Für die Katholiken besteht eine der Hauptbeschäftigungen der Seligen in der Fürbitte vor Gott zugunsten des Heils derer, die ihn kennen und lieben.

Mit Jesus Christus sein

Jesus Christus in seiner verklärten, verherrlichten Menschlichkeit zu schauen und mit ihm zu sein, ist eine der höchsten Freuden der Auserwählten. Die Konstitution *Benedictus Deus* gibt an, daß die Auserwählten im Himmel mit Christus sein werden. Jedoch scheint bei den Theologen kaum Klarheit darüber zu herrschen, was unter dem Ausdruck «mit Christus sein» zu verstehen ist. Für manche bedeutet er, daß Christus der große Lehrmeister der Auserwählten sein wird. Für die große Mystikerin Katharina von Siena (gestorben 1380) werden die Leiber der Seligen «tanzen und springen vor Jubel beim Anblick seiner stets frischen Wunden, der stets offenen Martermale in seinem Fleisch [...]» [25]. Mit mehr nüchternem Ernst glaubt Thomas Hamilton, daß der höchste Freudengenuß der Auserwählten darin bestehen wird, Christus mit eigenen Augen zu schauen, seine Stimme zu vernehmen, seine Hand zu berühren und in seiner Gesellschaft zu wandeln wie einst seine Jünger.

Alle Auserwählten sind, wie uns der Kanoniker Panneton erinnert, aufgerufen zur mystischen Hochzeit mit Christus, zu einem Bund, der von einigen Privilegierten wie den großen Mystikern und Mystikerinnen zum Teil bereits auf Erden geschlossen wurde. Im Himmel wird diese Vereinigung ihren Höhepunkt erleben. Jesus Christus erklärt der großen Mystikerin Mechthild von Magdeburg (um 1210 – um 1280), wie er die Jungfrauen im Himmel empfangen wird:

«Sobald mit lauter Stimme die Nachricht erschollen ist: ‹Hier ist eine keusche Jungfrau!›, erbeben alle Würdigkeiten des Himmels vor Freude... Ich selbst begebe mich eilends zu ihr und rufe sie an mit diesen Worten: ‹Komm, meine Geliebte! Komm, meine Braut! Komm und empfange den Brautkranz!› Und meine Stimme erklingt dann mit solcher Macht, daß sie im ganzen Himmel widerhallt... Wenn sie vor mein Angesicht getreten, sieht sich die Jungfrau in meinen Augen, und ich schaue in die ihren wie in einen Spiegel. So betrachten wir einander mit Verzückung. Dann präge ich mich in liebendem Umfangen in sie ein und erfülle und durchdringe sie ganz und gar mit meiner Göttlichkeit [26].»

Hören wir auch, was die heilige Therese von Lisieux (1873–1894) spricht:

«O Jesus, dessen Antlitz die einzige Schönheit ist, die mein Herz entzückt, ich füge mich darein, hienieden nicht die Süße Eures Blickes zu schauen, nicht den unsagbaren Kuß Eures Mundes zu fühlen... Aber ich bitte Euch von Herzen: drückt Euer göttliches Eben-

bild in mich ein, umfangt mit mit Eurer Liebe, damit ich rasch ver-
gehe und mir bald gegeben sei, Euer herrliches Angesicht im Himmel
zu schauen [27].»

Die sozialen Beziehungen

Das 19. Jahrhundert war die Epoche des Wiedersehens im Paradies.
Das ewige Leben ist nicht nur von sozialer Natur, und die Auserwählten werden sich nicht nur wiedererkennen, sondern man wird, so
glaubte man meist, auch wieder mit seiner Familie, seinen Freunden
und sogar, wie manche ebenfalls glaubten, mit seinen Liebhabern,
Geliebten und «Verhältnissen», die man auf Erden hatte, zusam-
menfinden. Wozu sollte sonst das ewige Leben gut sein? Die Ewigkeit
mit Gott zu verbringen scheint nicht zu genügen; ohne Familie, ohne
Freunde muß das himmlische Leben reichlich langweilig, ja unerträglich sein. Von welchem Himmel spräche man, empört sich Professor J. Paterson Smyth, wenn die Auserwählten sich dort nicht wiedererkennen würden [28]? Im 19. und zu Beginn dieses Jahrhunderts
gab es eine Fülle von Spezialisten auf dem Gebiet des Wiedersehens
im Jenseits: unter den Protestanten zum Beispiel C. R. Muston (*Recognition in the World to Come, or Christian Friendship on Earth Perpetuated in
Heaven*, 1831), Henry Harbaugh (*Heavenly Recognition*, 1852), W. Ro-
bertson-Nicoll (*Reunion in Eternity*, 1918) oder unter den Katholiken
Mgr. Elie Méric (*Les Élus se reconnaîtront dans l'autre vie*, 1889), Pater
François-René Blot (*Au Ciel on se reconnaît*, 1863), Abt Louis Rouzic
(*La Famille et l'amitié au ciel*, 1922) [29].
Für bestimmte Experten besteht nicht einmal der Schatten eines
Zweifels an der Wiedervereinigung im Paradies – sie ist eine unbe-
streitbare Tatsache. So ist nach Ansicht von Rev. Alfred William Mo-
mery, Professor für Logik und Metaphysik am prestigereichen King's
College in London, die Hoffnung auf eine Wiedervereinigung, an der
nicht gezweifelt werden kann, das, was die Sehnsucht nach Unsterb-
lichkeit entflammt:
«Allein die Liebe kann aus der Jenseitswelt ein Paradies machen.
Und die Sehnsucht nach Wiedervereinigung ist alles andere als nur

eine Verheißung – sie ist ein göttliches Zeugnis dafür, daß wir einander noch einmal wiedersehen werden. Der Beweis der Liebe ist klar und deutlich. Die Wiedervereinigung ist ebenso gewiß – ja, ebenso gewiß – wie Gott [30].»

Andere sind der Ansicht, daß eine Antwort dieser Art nicht genügt und daß man auch die Heilige Schrift und die Tradition zu Rate ziehen muß.

Das Neue Testament lehrt uns, daß der Himmel mit Sicherheit nicht die Wohnstatt einsamer und voneinander getrennter Individuen ist. Daß die Gerechten den ewigen Lohn gemeinsam genießen werden, ist eine der Grundlehren Christi und seiner Apostel. Das neue Jerusalem der Offenbarung ist die Stadt, in der Gott in Gemeinschaft mit den Auserwählten leben wird. Die Auserwählten werden einander keine Fremden sein; diejenigen, die sich auf Erden gekannt haben, werden sich auch im Paradies wiedererkennen. Wenn außerdem der böse Reiche, der auf der anderen Seite des Abgrunds für seine Vergehen büßt, imstande ist, Lazaraus wiederzuerkennen, der in Abrahams Schoß seine Belohnung genießt, dann gibt es keinen Grund, zu glauben, daß die Freunde das Lazarus, die mit ihm in Abrahams Schoß weilen, ihn nicht wiedererkennen werden. Auch Jesus sagt uns: «Viele werden von Osten und Westen kommen und mit Abraham, Isaak und Jakob im Himmelreich zu Tisch sitzen...» (Mt 8, 11). Dieses Zu-Tisch-Sitzen beim Festmahl muß vielleicht als Symbol gedeutet werden; aber die Auserwählten werden den großen Vorfahren wieder begegnen, soviel ist sicher.

Die Kirchenväter haben ebenfalls diesen sozialen Aspekt des Himmels hervorgehoben. So schrieb Cyprian:

«[...] unsere Eltern haben wir in den Patriarchen zu sehen begonnen; warum eilen und laufen wir dann nicht, um unsere Heimat zu sehen, um unsere Eltern begrüßen zu können? Eine große Anzahl von Lieben erwartet uns dort, eine stattliche, mächtige Schar von Eltern, Geschwistern und Kindern sehnt sich nach uns, um die eigene Rettung bereits unbesorgt und nur um unser Heil noch bekümmert. Unter ihre Augen, in ihre Arme zu eilen, welch große Freude für sie und uns zugleich [31]!»

In einer nach dem Tod des Kaisers Valentinian verfaßten Predigt stellt sich Ambrosius vor, wie Gratian persönlich seinem Bruder entgegeneilt, um ihn in seine Wohnung der Ewigkeit einzuführen; die Engel und die Auserwählten freuen sich mit ihnen [32]. Der gestrenge Hieronymus tröstet im Jahre 399 Theodora nach dem Tode ihres Gemahls. Er schreibt ihr, daß der Dahingegangene ihr bereits einen Platz bei sich in der Wohnung der Auserwählten vorbereite und daß seine Liebe für sie immer dieselbe sei. Er erklärt ihr, daß Jesus, wenn er sagt, wir würden nach der Auferstehung *wie* Engel sein (Mt 22, 30), nicht meint, daß wir *zu* Engeln werden, nein, sondern daß wir weiterhin Menschen bleiben.

Obwohl sich die Liste der Zeugnisse noch lange fortsetzen ließe, wollen wir uns auf diese Beispiele beschränken und Mgr. Méric, Professor an der Sorbonne, den Schluß ziehen lassen:

«Und nach alledem tritt folgende Wahrheit, die für uns von absoluter Gewißheit ist, klar vor Augen: Ja, die Auserwählten werden sich im Himmel wiedererkennen. So lehren es die Kirchenväter, die großen Lehrer sowie die theologischen Fachgelehrten. Wir haben es hier mit einer beständigen, universellen und von Autoritäten solide fundierten Tradition zu tun [33].»

Das Faktum der Wiedervereinigung wird in der Tat nur von wenigen Experten bestritten. Der strenge Jansenist Pierre Nicole (1625–1695) ist einer dieser abendländischen Buddhisten, wie sich Momery ausdrückt [34]. Für Nicole ist nämlich die ewige Einsamkeit mit Gott das Wesen des Himmels [35]. In *Julie ou la Nouvelle Héloïse* hat der Pastor, der sich mit der sterbenden Julie unterhält, ihr zu ihrem großen Entsetzen kaum etwas Tröstlicheres zu bieten:

«Er sagte, die ungeheure Größe, die Herrlichkeit und die Insignien Gottes seien das einzige, womit die Seele der Seligen sich beschäftige; diese himmlische Kontemplation werde jede andere Erinnerung auslöschen; man werde einander nicht sehen können, man werde einander nicht wiedererkennen, selbst im Himmel nicht, und bei diesem hinreißenden Anblick werde man an nichts Irdisches mehr denken [36].»

Die Mystiker bestreiten die Wiedervereinigung im Himmel zwar nicht ausdrücklich, aber sie messen ihr doch im allgemeinen nur wenig Bedeutung bei. Als Arthur Edward Waite von Robertson Nicoll gebeten wurde, als Anhang zu seinem Werk *Reunion in Eternity* einen Artikel über die Haltung der Mystiker zu verfassen, schrieb er ihm, daß es zu diesem Thema so wenig Quellenmaterial gebe, daß er zu der Antwort geneigt gewesen sei, es ließe sich dazu überhaupt nichts finden. Einige spärliche Hinweise findet er aber schließlich doch und schließt:

«Sie dürfen nicht überrascht sein, daß die Mystiker sich darüber in Schweigen hüllen, denn ihr Interesse galt allein der Vereinigung der Seele mit Gott, und eine der Beschränkungen ihrer Suche war die, daß sie geneigt waren, die Liebe der Geschöpfe als Hindernis zu betrachten [37].»

Obwohl die große Mehrheit der Experten der Ansicht ist, daß das ewige Leben im Himmel sozialer Natur sein wird und daß die Auserwählten sich gegenseitig wiedererkennen werden, so weichen sie doch in der Frage voneinander ab, von welcher Art und Bedeutung die Beziehungen zwischen den Einzelnen sein werden. Zwei große Tendenzen lassen sich in ihren Auffassungen unterscheiden.

Nach der ersten, stärker theozentrischen, überdeckt die Zwiesprache mit Gott mehr oder weniger vollkommen die Beziehungen zwischen den Auserwählten, die nur in begrenzten und unbedeutenden Formen existieren. Die klassischen Theologen vertreten die These, daß die *visio intuitiva* nicht eine ausschließliche Beziehung zwischen Gott und den Auserwählten ist, sondern daß auch letztere sich gegenseitig in dieser Schau der Seligen wiederfinden und wiedererkennen. Sie lieben einander und erfreuen sich ihrer gemeinsamen Seligkeit. Die Präsenz von noch anderen Auserwählten kann die Quelle einer bestimmten – nämlich der außerwesentlichen – Form des Glücksgefühls sein, aber sie fügt nichts zu ihrer wesentlichen Seligkeit hinzu, die laut Thomas auch dann nicht geringer wäre, wenn sie allein mit Gott wären [38]. Nach Augustinus, Thomas von Aquin und vielen anderen Kirchenlehrern werden die Auserwählten nie genug von der Gottesschau bekommen können, so daß sie wenig Lust haben, sich den anderen Auserwählten zu widmen. Worüber sollten sich die Auserwählten außerdem noch unterhalten, wenn sie direkt miteinander kommunizieren würden, denn alles, was sie interessieren könnte, kennen und wissen sie ja bereits! Und doch nehmen zahlreiche klassische Theologen an, daß die Auserwählten sich nicht nur durch die *visio intuitiva* wiederfinden, sondern auch durch Formen direkter Kommunikation untereinander. Abt Michel meint dazu:

«Wollte man abstreiten, daß sie direkt miteinander kommunizieren, so hieße dies, ihnen ein legitimes Ausüben ihrer Fähigkeiten zu nehmen, was aber der Idee der Herrlichkeit an sich widerspricht, die das Höchste aller Güter und die Sättigung aller Sehnsüchte zu sein hat. Diese Geselligkeit ist zweifellos nicht als Bedingung für die wesentliche Seligkeit erforderlich, aber sie wird doch einen Teil der außerwesentlichen Seligkeit der Auserwählten ausmachen [39].»

Auch für Luther [40] und Calvin zählt die Freundschaft zwischen den Auserwählten wenig im Vergleich zur Vereinigung mit Gott. Richard Baxter lehrt uns, daß die Auserwählten gemeinsam Gott loben und ihm dienen werden; ihre Loblieder werden eine einzige, einstimmige Chormelodie bilden. Die Auserwählten werden zwar diejenigen wiedererkennen, die sie auf Erden gekannt haben, sie werden sich freuen, Henoch, Hiob, Josef, David und die anderen Herrlichkeiten aus der Vergangenheit wiederzusehen [41], aber die direkte Kommunikation zwischen den Auserwählten wird sich, wie es scheint, in Grenzen halten.

In den Darstellungen der himmlischen Hofschar aus der Sicht der Maler des Mittelalters und der Renaissance halten die Auserwählten häufig den Blick ganz auf den Herrn gerichtet. Nur manchmal erkühnen sich einige zu einem flüchtigen Blick auf andere Auserwählte. So blickte Dante, als er in das Empyreum gelangt, in ganz ähnlicher Weise nach Beatrice, die im dritten Rang der Rose sitzt; diese lächelt ihn jedoch nur einen einzigen Augenblick lang an, dann wendet sie sich wieder Gott zu:

«So flehte ich und, sofern sie scheinbar war,
sie lächelte mir zu und sah mich an,
dann wandte sie zum ewigen Born sich wieder [42].»

Viele Fachleute sind dagegen der Ansicht, daß eine ganz oder nahezu ganz auf die Gottesschau oder den Gottesdienst gegründete Auffassung nicht nur nicht attraktiv für die Masse der künftigen Unsterblichen ist, sondern auch der Botschaft Jesu und den Ansichten der meisten Kirchenväter widerspricht. So bilden nach Auffassung dieser zweiten Tendenz die Auserwählten eine vollkommene Gesellschaft, in der sie ein harmonisches Dasein führen in Gemeinschaft mit den anderen Erwählten, mit denen sie direkt kommunizieren. Das soziale Leben im Paradies ist keineswegs ein nebensächliches, sondern ein fundamentales Hauptelement des Glücks der Auserwählten. Gott zu schauen oder in seiner Gegenwart zu weilen ist gewiß der höchste Lohn der Erwählten, aber sie haben trotzdem Zeit und Interesse, sich auch anderen Dingen zu widmen.

Unter denen, die für ein aktives Sozialleben im Paradies plädieren, zeichnen sich wiederum zwei Schulen ab. Die erste räumt dem familiären Wiedersehen nur eine eingeschränkte Bedeutung ein. Für sie werden die Familien sich nicht wieder zusammenfügen; oder wenn sie es tun, dann wird dies wenig Bedeutung haben. Man freut sich mehr darüber, den großen Heiligen der Vergangenheit wieder zu begegnen und mit ihnen eine dauerhafte Freundschaft zu knüpfen, als darüber, seine Frau oder Schwiegermutter wiederzusehen. Der neue Auserwählte freut sich vor allem darüber, Mitglied einer so glorreichen, herrlichen Gesellschaft zu werden. Diese Konzeption ist bei zahlreichen Kirchenvätern zu finden [43]. Ambrosius geht davon aus, daß die Unterhaltung mit den Heiligen ein ganz besonderes Glück bedeuten werde. Honoratius, Bischof von Cirta, hebt besonders die unvergleichliche Ehre hervor, die die Freundschaft der größten Heiligen für uns bedeuten wird. Für Basilius werden die Heiligen unter sich und mit Gott wie unter Freunden verkehren. Dieser Ansatz der individuellen Beziehungen fand seit den Kirchenvätern zahlreiche Anhänger. Pater Rapin spricht von der herrlichen Gesellschaft der Auserwählten, deren Nähe

«[...] bereits für sich allein alle Sehnsüchte eines vernunftbegabten Geistes erregen könne, einen so angenehmen Umgang zu pflegen. [...] Und wenn diese seligen Geister, mit denen man ewig zu leben hat, alle von dieser Art [eines ehrenhaften Menschen] und noch unendlich viel vollkommener sind – was für eine Freude bedeutet dies dann für diejenigen, die in ihrer Gesellschaft leben werden [44].»

Reverend J. Hughes-Games (1831–1904) drückt sich in ähnlichen Worten aus:

«Welch herrliche Gesellschaft, bestehend aus den Großen und Tugendhaften jeder Zeit! Wie glücklich sind diejenigen, die zu dieser Gesellschaft gehören! Wenn ein christliches Gespräch zwischen zwei oder drei engen Freunden ein Glück auf Erden bedeutet, was für ein Glück wird es dann erst sein, mit Gefährten solcher Art in engster und immerwährender Freundschaft zu verkehren [45].»

Auch der methodistische Theologe Agar Beet (1840–1924) meint, wir könnten wie hier auf Erden hoffen, daß unsere Freunde unser kostbarstes Gut und der Quell unserer größten Freude sein werden [46]. Ein solcher Ansatz spiegelt sich auch im *Paradies* des Giovanni di Paolo wieder, das wir bereits im Zusammenhang mit den Engeln angeführt haben. Das *Jüngste Gericht* von Fra Angelico zeigt einen im 15. Jahrhundert häufigen Kompromiß zwischen dieser Auffassung und einem stärker theozentrischen Ansatz.

Die zweite Tendenz, die wir zu Beginn dieses Kapitels erwähnten, räumt den Beziehungen zu unserer Familie und anderen Menschen, die wir hienieden geliebt haben, und ihrem Fortbestand den Vorrang ein. Dieser Ansatz, der zu allen Zeiten und insbesondere in der Renaissance seine Verteidiger fand, erreichte im 19. Jahrhundert seinen Höhepunkt. Zu Popularität gelangte er besonders in der romantischen Version der Wiedervereinigung derer, die sich einst leidenschaftlich geliebt hatten – wie in den Werken von William Blake (1757–1827), Lord Byron (1788–1824) und Emily Dickinson (1830–1886). Mit einer stärkeren Betonung des Familiengefühls wurde das brennende Verlangen nach Wiedervereinigung im Paradies zuerst von den protestantischen Theologen und Seelsorgern und danach auch – zum großen Schaden der konservativeren unter ihnen – von den Katholiken aufgegriffen. Das Wiedersehen im Himmel zwischen denen, die sich auf Erden einst geliebt hatten, entwickelt sich zu einem Grundelement des himmlischen Glücks. Nach Ansicht des katholischen Bischofs W. Schneider wird

«die Seligkeit des Einzelnen [...] noch tausendmal größer durch den Anblick seiner Gefährten des Glücks, insbesondere derjenigen, die er auf Erden gekannt, verehrt und geliebt hatte [47].»

Ferner weist er auf den ergreifenden Augenblick nach der Auferstehung hin, wo die Auserwählten sich endlich in ihrer physischen, noch dazu veredelten und verklärten Gestalt wiedersehen können:

«Welch rührende Szene für diejenigen, die sich auf Erden intimer gekannt und geliebt haben, also für einen Gatten und eine Gattin, die Eltern und ihre Kinder, die Brüder und die Schwestern, wenn sie sich nach so vielen langen Jahren erneut mit den Augen des Leibes wiedersehen im Glanze ihres verklärten, verherrlichten Menschseins, wenn sie zum ersten Male wieder diese vertrauten Gesichter sehen werden und sich eine Freundeshand reichen können! Welche Überraschung und welch Entzücken in diesem freudigen Empfang, den die Auserwählten einander bereiten werden unter ausgelassenen Rufen der Freude und Rührung. Mit einem Wort: allein der Gedanke an dieses Schauspiel, dessen Erhabenheit und Wonne seinesgleichen nicht hat, genügt bereits, um das am tiefsten von Schmerzen gemarterte Herz mit Freude zu erfüllen [48].»

Die Familien, die auf Erden bestanden, so verheißt uns Abt Rouzic, werden sich wieder zusammenfügen:

«Im Himmel wird es neben der Göttlichen Familie (der Dreieinigkeit), neben der Heiligen Familie (Jesus, Maria, Josef) unsere eigenen lieben und teuren Familien geben. Ihre rührende Zärtlichkeit wird sich aus einundderselben Quelle speisen; einundderselbe Rhythmus wird ihre Bewegungen bestimmen [49].»

Etwas prosaischer stellt der zeitgenössische Evangelist Judson Cornwall die Freuden eines Familien-Picknicks in den Gärten des Paradieses dar [50].

Werden aber die Bande der Ehe weiterhin bestehen? Werden die Ehegatten im Himmel so wie auf Erden zueinander stehen? W. Schneider ist der Ansicht, daß die Bindungen der Ehe fortbestehen werden: «Der Bund, der eines Tages an den Stufen des Altars geschlossen wird, wird im Angesicht des Allerhöchsten und in Anwesenheit des gesamten himmlischen Hofes erneut geschlossen und endgültig besiegelt [51].»

Er folgt hierin Tertullian, der bereits die These vertreten hatte:

«[...] Gott wird im ewigen Leben diejenigen, die er zusammengefügt hat, nicht trennen, so wie er auch niemals ihre Trennung in diesem elenden Leben hienieden erlaubt hat. Die Frau wird ihrem Manne gehören, und der Mann wird das Wichtigste in der Ehe, nämlich die Liebe, weiter in seinem Besitz halten [52].»

Für die Protestanten Leslie Weatherhead (1893–1976), John Bretherton, Judson Cornwall, J. Sidlow Baxter und eine Reihe anderer werden nur die auf wahrhaftiger Liebe gegründeten ehelichen Verbindungen im Jenseits fortbestehen [53]. Diejenigen, die auf körperlicher Attraktivität oder materiellem Interesse ausruhten, haben wenig Chancen zu überleben. Aber besteht nicht ein Widerspruch zwischen der Wiedervereinigung der Gatten und dem Wort Jesu, wonach die Auferstandenen, ob Männer oder Frauen, nicht mehr heiraten werden? Manche lösen die Schwierigkeit durch eine elegante logische Pirouette und sagen, daß Jesus dabei neue Ehen und nicht die bereits bestehenden Verbindungen gemeint habe. Auf eine ernsthaftere Art meinen die Experten, daß die himmlischen Vereinigungen von anderer Art als die irdischen Vereinigungen sein werden, in denen Fleisch mit Fleisch vereint ist:

«Wenn dereinst die Stunde des Wiedersehens schlägt», so sieht W. Schneider voraus, «wird in der Liebe nur das erloschen sein, was unrein ist. Die Sinne werden nicht mehr die Übermacht über den Geist haben, so daß keine einzige Illusion mehr das Glück der Gatten trüben wird [54].»

Nach der Auferstehung wird diese Liebe, so erklärt er uns, wenn auch zärtlich und glühend, so doch frei von chaotischer Leidenschaft und zu rein sein, um noch der irdischen Liebe zu gleichen, obwohl die keusche Liebe der Verlobten vor Schließung und Vollzug ihrer Ehe einen Vorgeschmack davon vermitteln kann. Der zeitgenössische Evangelist L. Sidlow Baxter erinnert uns daran, daß Sex nicht unbedingt notwendig ist für eine wahre Liebe, da deren edelster und reichster Aspekt nicht die Sexualität ist [55]. Solche Überlegungen haben manche wie den berühmten viktorianischen Pastor Charles Kingsley (1819–1875) nicht daran gehindert, insgeheim die Hoffnung zu nähren, daß die sexuellen Beziehungen im Himmel doch weitergehen werden [56].

Werden die Eltern ihre ungetauft gestorbenen Kinder wiederfinden, die im Limbus oder der Vorhölle untergebracht sind? Pater de Smet ist der Ansicht:

«[...] wahrscheinlich wird es zwischen ihnen [den ungetauft gestorbenen Kindern] und den seligen Brüdern der himmlischen Hei-

174

mat Beziehungen von menschlicher Freundschaft geben. Diese könnten sich mit ihnen unterhalten, sie trösten, sie eine ganze Menge Dinge lehren, die es ihnen leichter machen, Gott zu erkennen und zu lieben ... Kann sich dieser Glaube auch auf keinen einzigen eindeutigen Text der göttlichen Offenbarung stützen, so wird er darin auch keinen einzigen eindeutigen Widerspruch finden [57].»

W. Schneider denkt ebenfalls, daß der Umgang zwischen den Erwählten und den ungetauft verstorbenen Kindern eher vernünftig und logisch zu sein scheint:

«Deshalb können wir diesen schmerzlich betroffenen Eltern sagen: seid also getrost und zuversichtlich; diese Kinder sind für euch nicht verloren, sondern sie sind an einen Ort des Glücks verbracht. Ihr werdet sie wiederfinden, und sie werden euch wiedererkennen, und ihr werdet euch, die einen wie die anderen, über dieses Wiedersehen freuen. Ihr habt keinen Grund, sie zu beweinen; sie werden euch mit Überraschung ansehen, aber sie werden kein Verlangen nach euch haben [58].»

Die Wiedervereinigung im Paradies wirft jedoch eine Reihe theoretischer Probleme auf, die den Experten keineswegs entgangen sind und die sie vielleicht mit Erfolg lösen konnten. Eine der Hauptschwierigkeiten ist folgende: den Auserwählten muß, wenn sie sich im Himmel wiedererkennen, mit Sicherheit auffallen, daß Wesen fehlen, die ihnen auf Erden lieb und teuer gewesen waren, die aber nicht als des Himmels würdig beurteilt wurden. Wird diese Abwesenheit die Auserwählten nicht schmerzlich betrüben und einen Schatten auf die Vollkommenheit ihres Glücks werfen? Laut Henry Harbaugh, unserem großen Fachmann in Himmelsfragen, ist dieses Problem das heikelste überhaupt im Zusammenhang mit dem Wiedererkennen der Auserwählten [59]; es hat sogar manche so weit gebracht, an der Möglichkeit eines Wiedererkennens an sich zu zweifeln, da es unvorstellbar sei, daß dies die Seligkeit der Auserwählten irgendwie berühren könnte. H. Harbaugh nimmt jedoch wie die meisten Gelehrten an, daß die Auserwählten nicht unter der Abwesenheit von Wesen leiden werden, die sie einst auf Erden geliebt hatten. Im Himmel werden sie nämlich erkennen, daß die Natur ihrer Liebe oder ihrer Freundschaft zu diesen letztlich unwürdigen Wesen nicht rein, sondern von unedlen Gedanken, sei es materiellen, sexuellen oder anderen, diktiert wurden. Betrachten wir uns, wie der Kanoniker Coubé 1926 die Lösung darstellte:

«Gott liebt alle Menschen in diesem Leben, denn in ihnen allen ist irgend etwas Gutes, Liebenswertes und als Sündern etwas Mitleidwürdiges. Aber wenn die Seele zur Hölle verdammt ist, bleibt an ihr nichts Gutes, auf das die Liebe oder das Mitleid fallen könnte. Sie ist dann gleichsam identisch mit dem Bösen: es ist dann ein pervertiertes, monströses Wesen, das Gott nicht mehr kennt [...]. Die Auserwählten sehen so klar wie Gott selbst. Sie sehen, daß alle Brücken abgebrochen sind zwischen ihnen und dem Verworfenen, den sie auf Erden geliebt hatten, und daß die freundschaftlichen und familiären Bande zerbrochen sind, so als hätten sie nie bestanden. Dieses Urteil ist nicht unmenschlich; es ist übermenschlich. . . . Im Himmel werden wir ein himmlisches Herz haben, geformt nach dem weit vollkommeneren Herzen Gottes. Dieses Herz wird nicht hart sein; im Gegenteil: es wird sanft sein. Aber da es klarsichtiger ist, wird es nicht zulassen, daß seine Sanftmut und sein Mitleid sich auf unwürdige Objekte verirrt [60].»

Wie werden sich die Auserwählten wiedererkennen? Diese grundsätzliche Frage haben sich viele Experten immer wieder gestellt. Die auferweckten Körper, die trotz ihrer Verklärtheit ihre einstige physische Gestalt in genügendem Maße behalten werden, um noch erkenntlich zu sein, scheinen keine wesentlichen Schwierigkeiten zu bereiten. (Nur der Fall von Kindern, die als Erwachsene auferstehen, oder von Personen, die man lange aus dem Blick verloren hat, könnte Probleme aufwerfen.) Die losgelösten Seelen bereiten dagegen erheblichere Schwierigkeiten. Wie auch andere Experten meint der Theologe Luckock, daß das Problem in den meisten Fällen gelöst ist, wenn man annimmt, daß die Seelen eine körperliche Hülle besitzen [61]. Andere wie Harbaugh, Smyth, Momery oder Bretherton sind der Ansicht, daß die Auserwählten sich vor allem dank der Gabe einer mentalen und spirituellen Schau wiedererkennen werden, egal wie das visuelle Erscheinungsbild der Seelen beschaffen sein mag. Im nämlichen Geist hatte Augustinus bereits fünfzehn Jahrhunderte zuvor gesagt, daß sich die Auserwählten nicht deshalb wiedererkennen werden, weil sie ihr Gesicht sehen werden, sondern weil sie künftig auf eine Art sehen können, wie die Propheten hier auf Erden sehen konnten [62]. Der heilige Gregor fügt noch hinzu, daß die Auserwählten aufgrund einer göttlichen Gnade auch diejenigen erkennen werden, die sie nie gekannt hatten [63].

Manche haben sich auch besorgt die Frage gestellt, wie die Auserwählten sich in der unermeßlichen Weite des Himmels zurecht- und wiederfinden können. Werden sie sich nach und nach überraschend durch Zufall wiedererkennen oder werden, wie John Bretherton meint, die neu Eingetroffenen sofort bei ihrer Ankunft von ihren nächsten Angehörigen erwartet [64]? Also ganz wie auf Erden: gleich am Bahnhof des Himmels!

Wissenschaft, Erziehung und Kultur

Die Gelehrten sind sich darin einig, daß die Erwählten ihre Kenntnisse im Paradies erweitern werden. Nur über die Art und Weise, wie diese Kenntnisse erlangt werden, gehen ihre Meinungen auseinander.

Für die meisten klassischen Theologen wird der wesentliche Teil des Wissens auf direktem Wege durch die *visio beatifica* erlangt. Wie wir bereits gesehen haben, erkennen die Auserwählten kraft dieser Sehweise Gott und die Mysterien des Glaubens. Wie das Konzil von Paris des Jahres 1528 lehrt, können die Auserwählten anhand des göttlichen Wesens alles erfahren und erkennen, was sie interessieren dürfte. Was könnte es aber dann noch geben, so fragt Gregor der Große, was diese Auserwählten noch nicht wissen, da sie doch Denjenigen kennen, der allwissend ist?

«Jeder Selige», erklärt der heilige Thomas, «der die göttliche Wesenheit schaut, sieht darin auch alles, was die Macht der Schöpfung zu erkennen imstande ist, und so werden wir, indem wir Gott schauen, alle Arten, alle Gattungen und die Ordnung alles Seienden kennenlernen [65].»

Dies wird weder mit Anstrengungen noch mit Fortschritten verbunden sein, wie Pater Sineux schreibt:

«Das Leben des Auserwählten wird künftig die Welt mit einem einzigen zusammenfassenden Blick erfassen. Ohne, so versteht sich, Gott jemals gleich zu werden, handelt die glückselige Seele dennoch ungefähr in Gottes Weise, denn sie kennt und weiß eine Fülle von Dingen, die ihr während des irdischen Lebens verborgen waren, und sie erfaßt sie alle gleichzeitig, ohne erst noch eingehender Deutung oder langen Studiums zu bedürfen [66].»

Im dreiunddreißigsten und letzten Gesang des *Paradiso* beschreibt uns Dante seine Vision:

«In seiner Tiefe sah ich innerlich,
in *einem* Liebesbunde, was sich draußen
im Universum auseinanderfaltet [67].»

Dieses Wissen erreicht Gipfel von kaum noch vorstellbaren Höhen; nach Pater Garrigou-Lagrange übersteigt «die *visio beatifica* unendlich weit nicht nur die höchste Philosophie, sondern auch das naturgegebene Wissen der höchsten Engel und jedes Engels, der erschaffen werden kann [68].» Dabei muß jedoch klar und deutlich betont werden, daß die Auserwählten trotzdem nicht Allwissenheit erlangen, denn diese ist das Privileg Gottes. Die klassischen Theologen nehmen an, daß «die *visio beatifica* die anderen naturgegebenen Handlungen des Verstandes nicht verhindert» [69] und daß die Auserwählten auch außerhalb der Gabe dieser Schau der Seligen noch fähig sind zu lernen. Diese Kenntnisse und Wissensbereiche *extra verbum* sind geringer einzustufen als die *visio beatifica* und werden nur allmählich erworben. So können die Auserwählten durch besondere Offenbarungen erfahren, was ihren lieben auf Erden Hinterbliebenen widerfährt oder welche Ehrungen und Gebete ihnen gewidmet werden. Da, wie es heißt, «die Seelen, wie die Engel, einander ihre Gedanken vermitteln können» [70], wird allgemein angenommen, daß außerhalb der *visio intuitiva* ein bestimmtes Maß an Wissen aufgrund der Kommunikation zwischen Auserwählten entwickelt wird. In welchem Verhältnis das in dieser unmittelbaren Schau erlangte Wissen zu dem außerhalb davon erlangten steht, ist jedoch eine höchst spekulative Frage, über die sich die Theologen nur wenig einigen können. Für zahlreiche Experten, zumeist Protestanten, aber gelegentlich auch Katholiken, ist dieses Aneignen von Wissen eine beständige und sich entwickelnde Aktivität des Verstandes. Dieses Wissen wird vornehmlich durch Studieren sowie durch Unterrichtung seitens bestimmter Lehrer erlangt. Nach John L. Dagg (1794–1884), einem bedeutenden baptistischen Theologen aus dem Süden der Vereinigten Staaten, wird Jesus unser einziger Lehrer im Paradies sein, und wir werden von ihm unser Wissen über die Vollkommenheiten und Ratschläge Gottes erhalten [71]. Für andere werden wir Gelegenheit haben, von der Erfahrung und dem Wissen der großen Akteure der Geschichte zu profitieren. Nach Ansicht von T. DeWitt Talmage (1832–1902), einem der berühmtesten Evangelisten seiner Zeit, werden wir Josua fragen können, wie Sonne und Mond zum Stillstand gekommen waren; Lot wird uns schildern, was sich in Sodom abgespielt hat; und wer mehr über die berühmte Nacht des 24. Dezember im Jahre Null in Bethlehem wissen möchte, bräuchte nur die Engel zu fragen, die damals dabeigewesen waren [72]. Judson Cornwall findet allein schon den Gedanken faszinierend, er könnte Adam über das irdische Paradies ausfragen oder sich mit Noah über die Sintflut unterhalten [73]. Ein wahrer Traum für jeden Historiker!

Für manche besessen Wissensdurstige wird die Hauptbeschäftigung der Auserwählten natürlich das Studieren sein, und die Kenntnisse werden nur durch ausgedehntes intellektuelles Bemühen zu erwerben sein. Der erste Intellektuelle des Himmels dürfte wahrscheinlich der große Origenes sein. Seiner Auffassung nach werden die Heiligen ihre Intelligenz weiterentwickeln und ihre Erkenntnisse fortlaufend steigern bis zur Erlangung des vollkommenen Wissens auf allen Gebieten, was wiederum die vollkommene Intelligenz, der vollendete Verstand sein wird. Wenn sie aus diesem Leben scheiden, werden sie «[...] an einem Ort auf der Erde weilen, den die heilige Schrift ‹Paradies› nennt, gleichsam an einer Stätte der Erziehung und sozusagen in einem Hörsaal, einer Schule der Seelen. Dort werden sie über alles, was sie auf der Erde gesehen haben, belehrt, und sie erhalten auch einige Hinweise auf das Folgende, Bevorstehende [...]. Wenn nun einer reinen Herzens, [...] besonders gereinigten Geistes und erprobten Sinnes [...] ist, macht er besonders rasche Fortschritte, steigt schnell zum Bereich der Luft auf und gelangt ins Reich der Himmel [...] [74]»

In den himmlischen Gefilden angelangt, werden die Heiligen die Ursache für die Existenz der Sterne sowie die Bewegungen verstehen, die im Himmel ablaufen. Danach werden sie die verborgenen Wirklichkeiten kennenlernen, von denen Paulus sprach (2 Kor 4, 18; Kol 1, 16), und Stufe um Stufe weiter fort in dieser Weise, bis der zur Vollendung gelangte Verstand sich nur noch vom unmittelbaren Schauen und Verstehen Gottes nährt.

Der bedeutende Hugenotte Moise Amyraut (1596–1664) widmet in seinem *Discours de l'état des fidèles après la mort* den intellektuellen Beschäftigungen der Auserwählten im Himmel lange Abhandlungen. Diese werden einen Großteil ihrer (unendlichen) Zeit damit verbringen, die unbekannten Wunder in Natur und Religion zu begreifen. Sie werden viel effizienter als auf Erden sein, denn sie werden von den Unannehmlichkeiten des Erdenlebens erlöst sein. Diese Entdeckung wird viel Zeit in Anspruch nehmen, den so brillant der menschliche Geist auch sein mag,

«[...] dürfte er die Bilder von allen Dingen dennoch nicht in einem einzigen Moment aufnehmen können; sie müssen notgedrungen erst allmählich und eines nach dem anderen in ihn eindringen. Nur Gott allein, dessen Auffassungsvermögen unendlich ist, sieht alles auf einmal [...] [75].»

Müssen wir aber nicht befürchten, so fragt sich Moise Amyraut, daß es unserer Meditation weniger an Zeit als vielmehr an Objekten der Erkenntnis fehlen wird?

«Da also die Zeit, die wir für diese süße Beschäftigung haben, unendlich ist, während die Gegenstände unserer Betrachtung nicht mehr unendlich sind, hat es den Anschein, als gäbe es Grund, daran zu zweifeln, daß immer etwas vorhanden sein wird, wodurch unser Geist in diesem erhabenen Geschmack seiner Seligkeit und Freude gehalten werden kann [76].»

Amyraut glaubt natürlich nicht, daß es Grund zu derlei Zweifeln gibt. Er schätzt, daß das Wissen dieser Welt Adam, wenn er nur im Paradies geblieben wäre, so viel Stoff zur spekulativen Betrachtung hätte bieten können, daß er für die ganze Ewigkeit ausgereicht hätte. Aber die Entdeckungen von Wissen, die die Auserwählten machen können, werden um so vieles bedeutender sein, daß es,

«[...] wenn unser Geist imstande wäre, ihr ganzes Ausmaß zu erkennen, niemanden gäbe, der nicht in tiefste Verzweiflung stürzte angesichts der Tatsache, daß er niemals, ich sage nicht bis zum Ende, sondern auch nur bis zum geringsten Teilbereich der Überlegungen vordringen wird, die man allein schon über ein einziges dieser Wissensgebiete anstellen könnte [77].»

Das 19. Jahrhundert, das Jahrhundert des Fortschritts par excellence, hat den Akzent stärker auf die intellektuelle Entwicklung der Auserwählten gesetzt. Für A. A. Hodge steht es unumstritten fest, daß die grundsätzlich intellektuelle und kognitive Natur des Menschen auch im Himmel weiterbestehen wird [78]. Für den Presbyterianer R. L. Dabney wird das Glück der Auserwählten in der Befriedigung von Geist und Herz zugleich bestehen [79]. Die Neugier, so lehrt Dabney, ist eine bedeutende Quelle von Interesse und Vergnügen für die gewöhnlichen Geister, und die Entdeckung der Dinge, die Gott und seine Vorsehung betreffen, wird ein immerwährendes Vergnügen des Geistes sein. Wie Amyraut ist Dabney der Ansicht, daß es im Himmel Studienobjekte genug geben wird, um die ganze Ewigkeit damit auszufüllen.

Der schottische Reverend Thomas Dick (1774–1857) hat in seinem Bestseller *The Philosophy of a Future State* (1828) die intellektuellen Beschäftigungen der Auserwählten eingehend erforscht [80]. Im künftigen Leben werden hauptsächlich folgende Wissenschaften betrieben: Mathematik, Astronomie, Naturphilosophie, Anatomie, Physiologie und Geschichte. Dick erklärt eingehend die Gründe, weshalb man diese Disziplinen studieren wird. So werden die Anatomie und Physiologie unter anderem zum Studium von Organisation und Eigenschaften des auferstandenen Leibes dienen. Weshalb Dick, einer der glühenden Verteidiger der Theorie der Pluralität der bewohnten Welten, den verschiedenen mathematischen Disziplinen und der Astrologie eine so große Bedeutung beimißt, dürfte leicht zu verstehen sein. Bestimmte Wissenschaften und Künste werden dagegen nicht studiert werden. Dick zählt darunter das Studium der Sprachen sowie Jura, Medizin, politische Ökonomie, Militärwesen, Jagd, Fischerei, Bildende Künste, Kunsthandwerk und Handarbeit usw. – mit einem Wort, so erklärt er uns, all jene Künste und Wissenschaften, die auf dem sittlichen Verfall unserer Natur aufbauen, werden verschwinden. Im künftigen Leben werden wir unsere gegenwärtigen Kenntnisse und intellektuellen Fähigkeiten erben; aber letztere werden beträchtlich verstärkt werden durch eine Umwelt ohne physische oder moralische Zwänge. Im Gegensatz zu Moise Amyraut ist Dick der Ansicht, daß die intellektuellen Unterschiede, die man auf Erden antrifft, im künftigen Leben weiter bestehen werden:

«Nehmen wir an, ein erst kürzlich zum Christentum übergetretener schwarzer Sklave und ein profunder christlicher Philosoph gehen gleichzeitig in die ewige Welt ein; ist es dann vernünftig, anzunehmen, daß es keinerlei Unterschied im Umfang ihrer intellektuellen Auffassungen geben werde [81]?»

Die Annahme, daß durch ein Wunder die geistigen Kapazitäten des Sklaven auf das gleiche Niveau wie das des Philosophen angehoben würde, würde dem widersprechen, was wir über die göttliche Vorsehung wissen, und würde alle Beweggründe zunichte machen, die uns dazu antreiben, geistige Fortschritte zu machen, so meint er. Thomas Dick ist jedoch zu der Annahme bereit, daß der schwarze Sklave nach einer gewissen Zeit die christliche Philosophie einholen könne. Für den amerikanischen Theologen Walter Rauschenbush (1861–1918), den Apostel des *Social Gospel* oder *Sozialen Evangeliums*, wird diese Möglichkeit von Aufholen und Nachhilfe eine der Segnungen des Himmels sein. In seinem Werk *Die religiösen Grundlagen der sozialen Botschaft* heißt es,

«[...] ein großer Teil von Menschen bleibt durch unsere sozialen Verhältnisse hier auf Erden so unterentwickelt, daß sie als Entschädigung einen Nachkurs im Himmel verdienen. Es wäre eine große Freude im Himmel, Männer aus den Minen und aus den Geschäften und Frauen aus Wirtschaftsküchen und Dampfwäschereien in Scharen kommen zu sehen, um die ihnen vorenthaltene höhere Bildung zu erhalten [82].»

Und was ist mit den Kindern und ihrer Erziehung? Die katholischen Theologen sind der Ansicht, daß ihre Seelen auch ohne zusätzliche Ausbildung völlig ausreichend geschult sein werden, um in der Gottesschau die Geheimnisse der Welt zu entdecken. Die Protestanten gehen dagegen lieber von der These aus, daß die Kinder im

Paradies ihre Erziehung und Ausbildung erhalten werden. Für Henry Harbaugh wird ihr Geist dank des Unterrichts durch die Engel und die menschlichen Himmelsbewohner in zunehmendem Maße geweckt werden [83]. Der Evangelist J. Sidlow Baxter glaubt, daß es im Himmel herrliche Kinderheime geben wird, in denen die Engel und die Menschen die kleinen Kinder vom Kindergarten bis hinauf zum Erwachsenenalter erziehen werden. Welche Freude muß es dann für die Eltern sein, meint Baxter, ihre einst dahingeschiedenen Kleinen als vollkommen erzogene und ausgebildete Erwachsene wiederzusehen [84].

Freuden, Genüsse, Gefühle und Vergnügungen

Weder Schmerzen noch Leiden

Das charakteristische Merkmal des Himmels ist selbstverständlich das Fehlen von allem, was das Glück der Auserwählten trüben könnte. Aus der Offenbarung erfahren wir, daß es Tränen, Tod, Wehgeschrei, Schmerzen, Durst, Hunger, Sünde, Fluch, Versuchung, Geilheit und Krankheit nicht mehr geben wird [85]. Johannes von Patmos fügt noch hinzu, daß es auch kein Meer, das Symbol des Bösen (Offb 21, 1), und auch keine Nacht, das Symbol von Unsicherheit und Gefahren (Offb 21, 25 und 22, 5) mehr geben wird.

In einer Welt ohne Aspirin, Narkose, Krankenversicherung, Elektrizität, Air-condition oder reichlich ausgestattete Supermärkte gehört diese Nichtvorhandenheit der verschiedenen Schmerzen und Unannehmlichkeiten zweifellos zu den Dingen, die den Himmel besonders attraktiv machen. Was es nicht mehr geben wird, so prophezeit Richard Baxter, sind bleiche, bedrückte Gesichter, apathische Körper, empfindliche Gelenke, elende Kindheiten, physischer Verfall, schwermütige Stimmungen, schmerzhafte Krankheiten und nagende Ängste [86]. Der berühmte Prediger Robert Hall (1764–1831), der an entsetzlichen Schmerzen litt, meinte einmal zu dem Philanthropen William Wilberforce (1759–1833), daß es sein teuerster Wunsch sei, im Paradies endlich Ruhe zu finden. Die Abwesenheit der Nacht ist ein Thema, das die Prediger ebenfalls inspirierte. Der englische Pastor Isaac Watts führt in *The World to Come* alle Vorteile auf, die die Auserwählten vom Nichtvorhandensein der Nacht haben werden [87]. Watts beklagt sich über die langen finsteren Winternächte, die zu den unbehaglichsten und lästigsten Momenten des Daseins gehörten. Sie zwängen zu Nichtstun. Diejenigen, die sich außer Haus begeben, würden sich verirren oder überfallen werden. Außerdem sei die Nacht das Reich der Sünde und der Fehltritte. Nichts mehr von alledem im Himmel. Die Auserwählten könnten in aller Ruhe den ganzen Tag beten und Gott dienen ... und dies in völliger Sicherheit.

Sturzfluten der Wonne

Der Himmel wird natürlich sehr viel mehr als lediglich eine schmerzfreie Zone sein.

«Ich weiß nicht», schreibt Louis-Antoine de Caraccioli, «warum man uns ständig von den Qualen spricht, die die Verdammten an ihren Körpern erleiden, während man uns nie ein einziges Wort von den himmlischen Hochgefühlen sagt, die die Auserwählten doch natürlich haben werden [88].»

Die Freuden und Gefühle der losgelösten Seelen sind wahrscheinlich begrenzt und sicher schwer vorstellbar. Die verklärten Körper sind dagegen, wie vielfach angenommen wird, Quellen von wahren Sturzfluten unerhörter Genüsse und Wonnen.

Wieder versichert uns de Caraccioli:

«[...] jeder Körper, der zur Seligkeit auferweckt wird, wird auf eine unsägliche Weise Freuden und Genüsse empfinden, aber so reine, so wunderbare und so viel höhere als unsere gegenwärtigen Gefühle, daß die Mohammedaner erröten müßten, wenn sie sich ein so ganz und gar fleischlich-körperliches Paradies vorstellen würden. Unsere Geschmacksempfindungen sind hienieden lediglich schwache Gaumenkitzel und viel eher geeignet, uns zu verführen, als uns wirklich zu schmeicheln; aber dieselben Geschmacksempfindungen werden im Himmel selbst nach weiterer Läuterung [...] eine wahrhaft unvorstellbare Feinheit erlangen [89].»

Manche Theologen haben den Gebrauch der Sinne bei den Auferstandenen dagegen stark eingeschränkt. Herausragende Autoritäten wie der heilige Anselm, Thomas von Aquin, Robert Bellarmin und Leonard Lessius (1554–1623) sind jedoch der Auffassung, daß die fünf Sinne schon ihre Funktion ausüben werden. Anselm lehrt:

«In einem anderen Leben wird eine unsagbare Befriedigung die Auserwählten in Sinnestaumel versetzen und sie mit der Süße, die sie dabei schmecken werden, ganz und gar durchdringen – ach, was sage ich: ganz und gar? Dieses unaussprechliche Gefühl wird in ihre Augen, in ihre Ohren, in ihre Nasen, in ihren Mund, in ihre Hände, in ihr Herz, in ihre Leber, ja sogar in ihre Eingeweide und alle Gelenke ihrer Glieder dringen, so stark werden sie gelabt werden mit einem Sturzbach von Wonne und berauscht werden vom Überfluß all des Guten aus dem Hause Gottes [90].»

Gott, so schreibt der Jesuit Jeremias Drexel, ist

«[...] der Ozean, aus dem Sturzfluten von Wonnen kommen, die alle äußerlichen Sinne der Seligen, die des Geschmacks, der Sicht, des Gehörs und aller anderen überschwemmen [91].»

In jüngster Zeit sah der katholische Theologe J. Staudinger die Dinge ganz ähnlich:

«Und so sind Auge und Ohr und jeglicher Sinn des Menschen wie trunken vor Freude, wie berauscht vor überfließender Seligkeit, und diese Freude und Seligkeit erneuert sich jeden Augenblick in immer wechselvoller Fülle und nimmt doch niemals ein Ende ... [92].»

Auch über die Lust der Augen, die Augenweide, läßt niemand Zweifel aufkommen. Für Jeremias Drexel ist die heilige Lust des Schauens die erste der fünfzehn Freuden der Glückseligen:

«Ach! Unsägliche Lust für die Augen, die ein solches Schauspiel [die verschiedenen Ordnungen der Glückseligen] bieten muß! Lust, die sich noch vermehrt beim Anblick des Himmelspalastes, der gewaltigen heiligen Stadt, erbaut aus Gold und Edelsteinen, wie die Heilige Schrift es bestätigt. [...] Einst wird kommen der Tag, wo eure Augen sehen werden und gesättigt werden von Köstlichkeiten, wo euer Herz übergeht und erfüllt ist von Bewunderung [93].»

Die Auserwählten werden das Paradies schauen, das man sich nach Pater Staudinger vorstellen kann

«[...] als einen Garten voll entzückender Schönheit, im strahlenden Sonnenglanz des übernatürlichen Lichtes, das von Gott ausgeht und alles in unaussprechlicher Weise durchflutet und verklärt, in ewigem Frühling und herrlicher Farbenpracht [94].»

Die Gelehrten haben behauptet, daß in der Welt der Auferstandenen – ähnlich wie in der Welt der losgelösten Seelen – die Musik nur im Geiste erklingen und wahrgenommen werde. Abt Michel behauptet jedoch, indem er die Ansicht von Thomas und der Mehrzahl der Experten zusammenfaßt, daß «die Musik, die nach der Auferstehung das Ohr der Auserwählten entzücken wird, [...] nicht nur geistiger, sondern vokalischer Natur sein» wird [95]. In seinem berühmten *Führer für die Sünder* sieht der spanische Dominikaner Ludwig von Granada (1504–1588) diese himmlischen Wonnen voraus:

«Was wird es heißen, englische Stimmen zu vernehmen, diese exzellenten Sänger und diese unsagbar herrliche Musik! Nicht vierstimmig wie die hier auf Erden, sondern wohl so vielstimmig und mit so vielen verschiedenartigen Stimmen, wie es Auserwählte im Himmel gibt [96]!»

Was wir auf Erden vernehmen, sei nichts im Vergleich mit dem, was wir im Himmel hören werden, sagt der Kanoniker Panneton voraus:

«Mozart, Beethoven, Schubert, Schumann, Liszt, Brahms, Gounod, Bizet, Franck, Debussy... Palestrina, Vittoria, Perosi, Casimiri... die genialen Ideen all dieser Musiker und die Interpretationen der größten Virtuosen: schwaches, blasses Gestammel im Vergleich zu der Musik und den Lobeshymnen des Himmels [97].»

Manche Theologen würden den Geruchs-, Geschmacks- und Tastsinn am liebsten ganz vergeistigen. Besingt aber gerade die Kirche nicht, wie wir von Thomas erfahren, den allersüßesten Wohlgeruch, den der Leib der Auserwählten verströmen wird [98]? Kardinal Bellarmin erklärt, daß die Körper vieler Heiliger nach ihrem Tode einen köstlichen Duft verströmt hätten [99]. Ein Grund mehr, so meint er, der dafür spricht, daß sie einen noch köstlicheren Duft verströmen, wenn sie auferstehen werden. Jeremias Drexel führt eine Reihe von Beispielen dafür auf [100]. Der Leichnam des heiligen Hilarion wurde laut Zeugnis des heiligen Hieronymus zehn Monate nach seinem Tode exhumiert und soll dabei einen so süßen Duft verströmt haben, daß man hätte meinen können, er sei gerade erst aus den Händen der Einbalsamierer gekommen. Der Körper des heiligen Hieronymus selbst habe «den lieblichsten Wohlgeruch verströmt». Der Leichnam der heiligen Ediltrude verströmte «einen Duft von erlesenem Parfüm». Die sterblichen Überreste des Säulenheiligen Simeon sollen sogar geduftet haben wie «ein wahres Offizin von Duftspezereien». Francisco Suarez verfährt nach dem Prinzip, jeder Strafe in der Hölle entspreche eine Freude im Himmel, weshalb er ebenfalls der Ansicht ist, daß die Körper der Seligen «einen der süßesten Düfte [verströmen], denn die Körper der Verworfenen werden einen üblen Gestank verbreiten» [101]. Nach Ansicht von Bellarmin und vielen anderen werden wir auch den süßen Duft von tausend himmlischen Blumen riechen [102]. Der Kanoniker R. de Thomas de Saint-Laurent sagt sogar voraus,

«[...] wir werden auf der neuen Erde das wogende Kosen ewig säuselnder Brisen fühlen, die noch herrlicher duften werden als die einst schon so süß duftende Brise des verlorenen Paradieses [103].»

Nach Ansicht vieler Gelehrter wird auch der Geschmackssinn noch vorhanden sein, obwohl es die Ernährung nicht mehr geben wird. Jeremias Drexel erklärt uns, daß die Freuden des Geschmacks auf einer Eigenschaft beruhen werden, die dieser von Gott habe und

«[...], aufgrund deren der Geschmackssinn eine wahrhaftige Ekstase erleben werde; dieses Gefühl wird dem ähnlich sein – und es sogar noch übertreffen –, das er bei einem herrlichen Mahl und den köstlichen Speisen empfinden würde. Diese Eigenschaft wird die Zunge, den Gaumen und sogar das ganze Leibesinnere der Glückseligen betreffen [104].»

An späterer Stelle fügt er noch hinzu:

«[...] dort wird unser Mund sich an allem Guten ergötzen, womit Gott, der Herr, uns verwöhnen wird. Dort werden wir trunken werden im Sturzbach ewiger Wonne [105].»

Thomas läßt sogar die Möglichkeit einer köstlichen Feuchtigkeit der Zunge nicht unerwähnt [106]. Colleen McDannell und Bernhard Lang weisen auf ein kurioses Werk des Mönchs Celso Maffei (1425–1508) hin mit dem vielversprechenden Titel *Deliciosam explicationem de sensibilibus deliciis Paradisi* [107]. In diesem Werk, das dem

Papst Julius II. (1443–1513) gewidmet ist, erfahren wir, daß bereits der Leib der am wenigsten verklärten Auserwählten einen Geschmack haben wird, der fünfzigmal besser ist als Honig und Zucker oder die herrlichsten Speisen und Getränke dieser Welt. Der Leib der heiligsten Auserwählten soll sogar noch tausendmal angenehmer schmecken [108].

Das Paradies der Protestanten ist im allgemeinen von weniger Sinnlichkeit geprägt. Der Reformierte Moise Amyraut lehrt jedoch, daß unser Leib, der gegenwärtig auch von der Kehrseite seiner Sinnenlüste belästigt wird, dann stets «einen erlesenen und in alle Ewigkeit angenehmen Geschmack» haben werde [109].

Und wie wird es um den Tastsinn stehen, den unedelsten der fünf Sinne, dessen Mißbrauch nur allzu leicht zu Ausschweifung führt? Bellarmin meint, daß es an Gelegenheiten, vom Tastsinn Gebrauch zu machen, nicht fehlen werde [110], und Lessius sieht keinen Grund, weshalb die Auserwählten ihn nicht genießen sollten [111]. So wie in der Hölle die Organe des Tastsinns grauenhafte Qualen leiden, schreibt Jeremias Drexel, werden sich diese Organe im Himmel in unendlicher Lust ergötzen. Dabei sei natürlich auf keinen Fall von der unreinen Lust die Rede, fügt er warnend hinzu, sondern es handelt sich um eine «keusche Lust, bar jeglicher Befleckung!» [112]. Pater François Pomey behauptet: «Kein Mangel wird herrschen an allem, was sich an der Berührung zu ergötzen vermag [113].» Der berühmte italienische Humanist Lorenzo Valla (1405–1457) führt in seiner Abhandlung *De voluptate* (1431) die verschiedenen Freuden der Erwählten auf. Nach Valla wird die Jungfrau Maria die neuen Auserwählten wie folgt empfangen: «Ubi ergo in congressum tuum pervenerit, te virgineo illo pectore quo Deum allactavit amplexabitur libabitque oscula [114].» Die lateinkundigen Leser werden es gewiß verstanden haben: Die Mutter Gottes wird die Auserwählten an ihre jungfräuliche Brust drücken, die sie einst auch schon Gott dargeboten hatte, und wird sie mit Küssen laben!

Was werden die Auserwählten noch tun außer Gott schauen, ihm dienen, Psalmen singen, lernen und vielleicht die Freuden des Familienlebens genießen? Welches sind die Freizeitbeschäftigungen und Vergnügungen des Himmels? Thomas Hamilton ist der Meinung, daß es gute Gründe für die Annahme gibt, daß die Auserwählten auch im Himmel weiter ihren Lieblingsbeschäftigungen nachgehen werden [115]. Aber nicht allen, hätte ihm Lorenzo Valla entgegnet, denn für ihn werden Jagd und Fischfang mangels an Wild und Fischen aufhören [116]. Die Darstellungen aus dem Mittelalter und der Renaissance zeigen uns häufig die Seligen, wie sie sich müßig in blumigen Wiesen ergehen. Zuweilen sind sie aber auch ein wenig aktiver. Nach Ansicht vieler Experten werden Musik und Gesang zu den Lieblingsbeschäftigungen der Auserwählten zählen. Außer den Psalmen zum Lobe des Herrn werden sie auf ihrem Lieblingsinstrument vielleicht auch noch andere Melodien spielen können. Der Evangelist Joe Henry Hankins (1889–1967) wird, sobald er in den Himmel kommt, Gott bitten, ihn auf allen dort oben verfügbaren Instrumenten spielen zu lassen [117]. T. DeWitt Talmage wünscht sich, die Straße der Musik *(Music Row)* zu besuchen, in der Händel, Haydn und Mozart ihre himmlischen Wohnungen haben [118]. Dort können die Passanten von der Straße aus die wundervollsten Melodien hören. Nach anderer Ansicht werden die Erwählten miteinander oder mit den Engeln tanzen. Die deutsche Volksbuchliteratur des Mittelalters zeigt uns häufig Christus als Tanzmeister und Musikanten [119]. Er führt den Reigen der Engel an und führt die Seelen der Auserwählten des Himmels im Tanz. In ähnlicher Weise zeigt uns Fra Angelico in seinem *Jüngsten Gericht* die Auserwählten in beschwingtem Tanz mit den Engeln. Die Auserwählten werden, so Lorenzo Valla, vielleicht auch noch andere Vergnügungen haben, die auf Erden unbekannt sind, etwa durch die Lüfte zu fliegen und mit den Flügeln ihrer Gefährten zu spielen, sich unter Wasser zu tummeln wie die Fische oder auf Wolken durch die Luft zu reisen [120].

Besonders in der Renaissance hat man sich daneben auch noch andere, weniger unschuldige Freuden ausgemalt. Denker und Künstler sind damals fasziniert von den antiken Vorstellungen vom Goldenen Zeitalter und den Gefilden der Seligen. Cicero, Vergil, Ovid und Tibull sind wieder in Mode. Wie in Tibulls *Elegien* stellt sich Lucas Cranach in seinem Gemälde *Das Goldene Zeitalter* die Auserwählten nackt beim Baden und Tanzen in blumenreichen Gärten vor. Sogar Paare mitten im verliebten Flirt sind darauf zu sehen. Die Auserwählten genießen die Freuden eines wiedergefundenen Goldenen Zeitalters. Der Dominikanermönch Francesco Colonna (1433–1527) läßt seiner Phantasie vollends die Zügel schießen, während er uns die paradiesischen Gefilde beschreibt, die Poliphilio in seinem Traum besucht [121]. Es handelt sich um ein Land voller Nymphen, sinnlicher Freuden und anmutig harmonischer Architektur, ganz wie es sich auch die antiken Dichter hätten vorstellen können:

«Dort gab es in Scharen delikate und himmlische Nymphen in zartestem Alter, sie verströmten den Wohlgeruch der Blüte ihrer Jungfräulichkeit, waren von unglaublicher Schönheit und leisteten ihren Geliebten von noch zartem Knabenalter, den eingeborenen Bewohnern dieses höchst-edlen Ortes, Gesellschaft. [...] Sie verweigerten ihnen auch nicht die köstlichsten und süßesten verliebten Küsse; im Gegenteil: sie gaben Küsse, die sich noch fester festsaugten, als wie es die Saugmünder von Krakententakeln tun [...]; Küsse, die hafteten wie Bisse und dabei durch lachende und feuchte Lippen die kleinen von Moschusduft getränken Zünglein spielen ließen, mit den feinen Zähnlein nagten und in die weißen Brüste unschuldige Male eindrückten. [...] Die Nymphen zeigten sich durchaus nicht grausam gegen ihre verehrten Geliebten. Nichts verweigerten sie ihnen und zeigten sich, von gleich heftiger Wiederliebe erfüllt, gütig und zugeständnisvoll und boten ihrem Begehren ihre nackten und fülligen Brüste dar [122].»

Der Anblick der Nymphen hat jedoch eine höchst bedauerliche Wirkung auf den unglücklichen Poliphilio:

«Ich hatte mit klarem Verstande geglaubt, daß die Salbe, mit der ich mich engerieben hatte, die Folge haben würde, just meine erschöpften Glieder zu erquicken; doch was geschah: auf einen Schlag verspürte ich ein so brünstiges Jucken und eine solche Lusterregung, daß ich davon aufs ärgste gewunden und gefoltert wurde [123].»

Während er mit den Nymphen spielte, so beichtete er, kam es, wie es kommen mußte:

«Das Übermaß meines fleischlichen Begehrens wurde um so mehr entflammt, als alles sich auf dieses vernichtende Übel einzustimmen und eine Gelegenheit zu bieten schien für das unbekannte Brennen, das mich so heftig in Erregung versetzte [124].»

Zu seinem Glück begegnet er jedoch Polia, der Nymphe seines Lebens. Zunächst vergnügen sie sich gemeinsam mit den anderen Nymphen:

«Sogleich wandten sie sich alle ausgelassen, heiter und feiernd wieder ihrer Tändelei, ihren Spielen, ihren Liebesumarmungen zu und ließen das sanfte Säuseln ihrer Instrumente, begleitet von Liedgesang, aufs neue erklingen, und sie tanzten, himmlische Hymnen singend, im Reigen um die himmlisch klare geweihte Quelle, deren sanfte Wasser mit süßem Murmeln durch sanfte und taubenetzte, mit vielfarbigen Blumen übersäte Wiesen und unter den dichten Schatten der anmutigen Obstbaumhaine dahinplätscherte [125].»

Sobald die Nymphen verschwunden waren, umarmen Poliphilio und Polia einander zärtlich:

«Da schlang sie ihre milchweißen, reinen Arme um meinen Hals, preßte mich an sich und drückte mir mit ihrem Korallenmund einen süßen und beißenden Kuß auf. Flugs gab ich ihn ihr mit voller, zarter und nasser Zunge zurück, daß ich schier verging. Dann küßte ich sie ohne Maßen und von äußerster Wollust fortgerissen mit einem kleinen Biß so süß wie Honig, während sie sich noch offener hingab und mich umarmte und umbeinte wie ein Kranz [126].»

Just in diesem Moment wacht Poliphilio natürlich auf.

Die erotische Traumspielerei des lüsternen Dominikaners entfernt sich ziemlich weit von der christlichen Orthodoxie. Ist sie aber wirklich so meilenweit entfernt von den Spekulationen des Abtes Sébastien-Joseph du Cambout de Pontchateau (1634–1690) und Pierre Bayle (1647–1706)? In *La Morale pratique des jésuites* zitiert Abt du Cambout de Pontchateau ein Werk mit dem Titel *Beschäftigungen der Heiligen im Himmel* des Jesuiten Henriquez, ein Buch, das von Pater Francisco de Prado 1631 in Salamanca sogar geprüft und genehmigt wurde [127]. Diesen Text, dessen Echtheit jedoch von den Verteidigern des Jesuitenordens angefochten wurde, zitiert Bayle in seinem *Dictionnaire historique et critique* [128]. In der *Morale pratique des jésuites* wird das Werk folgendermaßen resümiert:

«In Kapitel 24 gibt [der Autor] an, es werde ein herrliches Vergnügen sein, die Körper der Seligen zu küssen und zu umarmen; sie werden baden im Beisein der anderen, wofür es höchst angenehme Bäder gebe, in denen sie schwimmen werden wie Fische; auch werden sie so lieblich singen wie Kalanderlerchen und Nachtigallen. In Kap. 58 behauptet er, die Engel würden sich wie Frauen kleiden und sich den Heiligen in der Tracht feiner Damen, mit edlen Frisuren, Reifröcken und kostbarster Wäsche zeigen. In Kap. 47 heißt es, Männer und Frauen würden sich mit Maskenbällen, Festmählern, Balletten amüsieren [...]. In Kap. 65 ist zu erfahren, daß die Frauen anmutiger singen werden als die Männer, damit das Plaisir um so größer sei; in Kap. 68, daß die Frauen mit längerem Haar auferstehen werden und daß sie sich mit Bändern und Frisuren schmücken werden, wie man es auf der Welt in Gesellschaft zu tun pflegt, und in Kap. 73, daß die Verheirateten einander und auch die Kinder, ihre kleinen Lieblinge, genauso wie in diesem Erdenleben – und daher mit größter Lust – küssen werden.»

Werden sich die Seligen an den Leiden der Verdammten ergötzen?

Die Verdammten in der Hölle schmachten zu sehen – wird das auch zu den Vergnügungen der Auserwählten zählen? Die christlichen Theologen haben sich diese Frage tatsächlich immer wieder gestellt. Zu seinem Entsetzen mußte Kardinal Hans Urs von Balthasar (1902–1988) [129] sogar feststellen, daß sie gar nicht so selten mit Ja beantwortet wurde. Tertullian führt dieses Vergnügen als eine der Hauptfreuden der Auserwählten im Himmel ein. An einer Stelle in seiner Schrift *De spectaculis*, die durch Gibbon zu Berühmtheit gelangte, gibt er uns einen Vorgeschmack auf seine künftigen Vergnügen. Ihr liebt die spektakulären Schauspiele, sagt er zu den Heiden, dann wartet, bis ihr das allergrößte Schauspiel, das Jüngste Gericht, erleben werdet:

«Was für ein umfassendes Schauspiel wird es da geben, was wird da der Gegenstand meines Staunens, meines Lachens sein? Wo der Ort meiner Freude, meines Frohlockens? Wenn ich so viele und so mächtige Könige, von welchen es hieß, sie seien in den Himmel aufgenommen, [...] in der äußersten Finsternis seufzen sehe; wenn so viele Statthalter, die Verfolger des Namens des Herrn, in schrecklicheren Flammen als die, womit sie höhnend gegen die Christen wüteten, zergehen, wenn außerdem jene weisen Philosophen mit ihren Schülern, welchen sie einredeten, Gott kümmere sich um nichts, welchen sie lehrten, man habe keine Seele oder sie werde gar nicht oder doch nicht in die früheren Körper zurückkehren – mitsamt ihren Schülern und vor ihnen beschämt im Feuer brennen [...], dann verdienen die Tragöden aufmerksameres Gehör, indem sie nämlich ärger schreien werden in ihrem eigenen Mißgeschick [130].»

Cyprian erwähnt dieses künftige Vergnügen ebenfalls. In den Zeiten, wo die Verfolgten selbst zu Verfolgern werden, wird dieses Vergnügen allerdings etwas in den Hintergrund treten. Mächtig tritt es erst wieder im 12. Jahrhundert in Erscheinung mit dem großen Theologen Petrus Lombardus (um 1100–1160), dem Verfasser der *Sententiae*, eines grundlegenden Werkes, das auf dem IV. Laterankonzil des Jahres 1215 zur offiziellen Lehrgrundlage der katholischen Kirche erklärt wurde, die es auch blieb, bis sie im 16. Jahrhundert durch die *Summa theologica* des Thomas von Aquin ersetzt wurde. Petrus Lombardus stellt fest, daß es im Himmel kein Mitleid geben wird und daß die Glückseligkeit der Auserwählten durch den Anblick der Züchtigung der Bösen noch gesteigert werde [131]. Thomas von Aquin drückt sich in seiner Erklärung differenzierter aus. Er räumt zumindest ein, daß es nicht löblich sei, sich über die Leiden anderer zu freuen. Also wird es sich nicht um ein Freuen «als solches», sondern um ein «beiläufiges» Vergnügen handeln:

«Etwas kann auf zweifache Weise Gegenstand der Freude sein: *einmal* an sich, wenn man sich nämlich über etwas als solches freut. Und in diesem Sinne werden sich die Heiligen nicht über die Strafen der Gottlosen freuen.

Zum anderen beiläufig, das heißt wegen irgend etwas, was damit verbunden ist. Und auf diese Weise werden die Heiligen sich über die Strafen der Gottlosen freuen, indem sie in ihnen die Ordnung der göttlichen Gerechtigkeit und ihre eigene Befreiung sehen, über die sie sich freuen. Und so werden an sich die göttliche Gerechtigkeit und ihre eigene Befreiung die Ursache der Freude der Seligen sein, die Strafe der Verdammten aber nur beiläufig [132].»

Unzählige Predigten und Traktate werden vom 16. bis 18. Jahrhundert dieses Thema wieder aufgreifen. Ludwig von Granada, dessen fromme Erbauungsschriften ständig neue Auflagen erleben, verfällt in Jubel, sobald er die Ausübung der göttlichen Gerechtigkeit erwähnt:

«Was für ein heimlicher Zorn wird die Verdammten überkommen, wenn sie sehen, daß Gott sie an den Stellen trifft, wo sie am empfindlichsten sind! Und welch große Freude für die Seligen, wenn sie sehen, daß das göttliche Recht so gerecht und angemessen ausgeübt wird [133]!»

Derselbe Autor gibt uns einen plastischen Vorgeschmack von jener göttlichen Gerechtigkeit, die für die Seelen der Glückseligen ein solcher Hochgenuß sein wird:

«Erinnert euch an jene Art der Folter, die man in bestimmten Provinzen anwendet, wo man die Verbrecher zum Feuer verurteilt und sie, wenn ihre Verbrechen schwerwiegender sind, auf kleiner Flamme verbrennt, um ihre Qualen noch spürbarer zu machen und auszudehnen. Kann man aber die Leiden dieser Elenden noch weiter als über die Länge eines natürlichen Tages hinaus ausdehnen? Wenn diese Marter, die sich über einen ganzen Tag erstreckt, an dem man nur ein mäßiges Feuer auszuhalten vermag, bereits so entsetzlich erscheint – wie groß werden dann erst die Qualen sein, die in einem so heftigen und durchdringenden Feuer eine ganze Ewigkeit lang währen? Gibt es überhaupt einen Menschen, der sich vorstellen könnte, um wieviel diese Marter jene übertrifft [134]?»

Jean Delumeau erwähnt eine Predigt der Lazaristen des ausgehenden 17. Jahrhunderts, in der es heißt, der Jungfrau Maria und den Heiligen

«[...] wird es nach dem Wort des Propheten ein Vergnügen sein, zu sehen, wie der Gerechtigkeit Gottes Genüge geleistet wird und wie der Ehre Gottes [...] durch die Züchtigung des Gottlosen Befriedigung verschafft wird, so wie man sie erhält, wenn man sich bei übermäßiger Hitze in erfrischend kühlem Wasser die Hände wäscht [135].»

Jean Delumeau zitiert noch einen weiteren Text, in dem der berühmte italienische Jesuit und päpstliche Kanzelprediger Paolo Segneri (1624–1694) den ästhetischen Aspekt an der Züchtigung der Verdammten darlegt:

«Je grauenhafter die Verdammten aufgrund der Häßlichkeit ihrer Verbrechen an sich sind, desto schöner und bezaubernder werden sie in den Augen Gottes erscheinen aufgrund der Angemessenheit der Leiden, die er ihnen auferlegt. ‹Sie werden›, so spricht der heilige Thomas, ‹in diesen Feuergefilden wie eingebettete Sterne sein›; und sie werden durch ihre Qualen ein Schauspiel geben, das noch ebenmäßiger und anmutiger sein wird als dasjenige, das nun der Himmel durch eine gewaltige Anzahl der Sterne bietet, die er in der Nacht entfaltet. Ja, die Verdammten werden in der Hölle eine nicht geringere Zierde sein, als wie es die Sterne am Himmel sind [136].»

Diese Art der Vorfreude wird zwar seit den letzten beiden Jahrhunderten weniger geschätzt, aber trotzdem freuen sich immer noch viele darüber, daß die göttliche Gerechtigkeit verwirklicht wird, selbst wenn es auf Kosten eines geliebten Wesens geschieht. Wie 1955 der Kanoniker Panneton in seinem Werk über den Himmel schrieb, werden die Auserwählten nicht nur betrübt sein, ihre Nächsten in der Hölle schmachten zu sehen,

«[...] sondern sie werden sogar glücklich sein, die göttliche Gerechtigkeit triumphieren zu sehen, die auch die Verdammten trotz ihrer Bestrafung preisen, selbst wenn diese Verdammten mit ihnen – den Auserwählten – auf Erden durch Bande des Blutes oder der Freundschaft verbunden waren [137].»

Die christlichen Sekten

Seit dem vorigen Jahrhundert gelangten am Rande der etablierten Kirchen verschiedene religiöse Bewegungen christlichen Geistes zur Blüte. Zu den wichtigsten gehören die Kirche der Sieben-Tages-Adventisten, die Zeugen Jehovas sowie die Kirche Jesu Christi der Heiligen der letzten Tage [1]. Die erstere weicht im Bereich der Lehre relativ wenig von bestimmten protestantischen Definitionen ab, so daß sie von manchen Experten nicht als Sekte betrachtet wird. Die beiden letzteren vertreten dagegen stark heterodoxe Positionen über fundamentale Aspekte der Lehre und nehmen eine separatistische Haltung der Absonderung ein. Diese drei «Sekten» sind millenaristische Strömungen und besitzen eine besonders reichhaltige Eschatologie, was möglicherweise einer der Gründe für ihren Erfolg ist. Eine vierte Gruppe, die wir betrachten werden, umfaßt Kirchen, die sich auf die Botschaft des großen schwedischen Denkers Emmanuel Swedenborg gründen. Diese Kirchen, die nur wenige Mitglieder zählen, verdienen jedoch aufgrund von Persönlichkeit und Einfluß des Geistes, der sie inspirierte, durchaus Beachtung.

Die Sieben-Tages-Adventisten

Am 22. Oktober 1844 verließen 50 000, vielleicht sogar 100 000 Gläubige ihre Höfe, Geschäftsläden und Werkstätten, um auf den Hügeln von Massachusetts die Wiederkunft Christi zu erwarten. Der Historiker John B. McMaster schätzt, daß von den 17 Millionen Staatsbürgern, die die Vereinigten Staaten damals hatten, etwa eine Million an diesem Warten mehr oder weniger intensiv teilgenommen hatte [2]. Inzwischen wissen wir jedoch, daß sie vergeblich gewartet haben und daß Christus an jenem Tag nicht auf die Erde zurückgekehrt ist.

Das Datum der Wiederkehr war von dem Amerikaner Willïam Miller (1782–1849) errechnet worden. Nachdem er zwei Jahre lang eingehend die Bibel studiert hatte, war William Miller im Jahre 1818 zu dem Schluß gekommen, daß das Ende der gegenwärtigen Zeiten unmittelbar bevorstehe. Nach Berechnungen auf der Grundlage des

8. Kapitels aus dem Buch Daniel mußte es im Jahre 1843 so weit sein. 1831 beschließt Miller, seine Entdeckung an die Öffentlichkeit zu tragen, und wird als Prediger aktiv. Je näher das Ende heranrückt, desto dichter folgen seine Predigten. In den Jahren 1842/43 soll er einhundertzwanzig Versammlungen abgehalten haben, die mehr als eine halbe Million Zuhörer vereinten. Er setzt das genaue Datum des großen Tages fest: zwischen dem 21. März 1843 und dem 21. März 1844. Jedoch nichts passiert, und die Enttäuschung von Miller und seinen Getreuen ist groß. Im August 1844 beweist Samuel Snow, ein «Millerscher» Schüler, daß Miller sich bei seinen Berechnungen geirrt hatte und daß das schicksalsträchtige Datum der 22. Oktober 1844 ist. Miller läßt sich überzeugen. Mächtig erleichtert seufzt man auf! Aber das hilft alles nichts: Christus trifft immer noch nicht pünktlich am verabredeten Ort und Datum ein. Fünf Jahre später stirbt Miller tief enttäuscht und erblindet. Man hätte meinen können, daß damit alles sein Bewenden hatte. Aber dem war nicht so. Durch diesen Fehlschlag ließen sich eine Reihe seiner Jünger nicht entmutigen. Sie versammelten sich um Joseph Bates, Hiram Edson, James und Ellen White (1827–1915) und gründeten die Adventistische Kirche des siebenten Tages, die heute mehr als 5 Millionen Anhänger zählt. Die Adventisten warten immer noch auf die Wiederkunft Christi, die nicht mehr in allzu weiter Ferne liegen dürfte; aber, vorsichtiger als ihr Gründervater, berechnen sie nicht mehr das genaue Datum.

Die Milleriten haben jedoch nicht grundlos am 22. Oktober 1844 gewartet; an jenem Tag fand tatsächlich ein bedeutendes Ereignis statt. Aber da es im Himmel stattfand, hat es niemand bemerkt – mit Ausnahme von Hiram Edson und Ellen Gould Harman, der Gemahlin von James White. In himmlischen Visionen wurde ihnen nämlich offenbart, daß Christus an diesem Tage in den zweiten Bereich des himmlischen Heiligtums, in das Allerheiligste, eintrat, um mit den Untersuchungsermittlungen für das Jüngste Gericht zu beginnen [3]. Es handelte sich also tatsächlich um den Anfang des Endes [4].

Nach den Adventisten wird das «Second Coming», die Wiederkunft Christi, in materieller Form, sichtbar, hörbar und mit weltweiter Tragweite stattfinden [5]. In der jüngsten Formulierung ihrer Doktrin heißt es:

197

«Bei seiner Wiederkehr werden die gestorbenen Gerechten auferstehen; zusammen mit den lebenden Gerechten werden sie verklärt und in den Himmel hinaufgeführt werden, während die Verstoßenen sterben werden [6].»

Die Gerechten, die auferstehen werden, werden zum ersten Mal die Freuden des Paradieses kosten. Die Adventisten glauben nämlich nicht an die Unsterblichkeit einer vom Körper getrennten Seele. Die Toten weilen in einem Zustand des Unbewußtseins oder der Bewußtlosigkeit, aus dem sie erst im Augenblick ihrer Auferstehung erwachen. Die Adventisten glauben an das Tausendjährige Reich Christi. Aber im Gegensatz zur Mehrzahl der Millenaristen sind sie der Auffassung, daß die Herrschaft Christi im Kreise der Auserwählten im Himmel statthaben wird. Die Erde wird mit Ausnahme von Satan und einem Dämonen öde und verlassen sein. Während des Millenniums werden Christus und die Auserwählten vollauf beschäftigt sein mit dem Richten der Verworfenen. Ellen White folgend, glauben die Adventisten, daß tausend Jahre keine zu lange Zeit sein wird, um die Schuld der Bösen endgültig zu beweisen und sie zu richten. Man kann sich natürlich fragen, weshalb eine so lange Zeit vonnöten ist, um die Gottlosen zu richten, wo das Urteil doch schon bekannt ist und die einzige Bestrafung in der Vernichtung besteht. Die Adventisten antworten darauf, daß jeder Irrtum vermieden werden muß und daß die Leiden der Gottlosen vor ihrer abschließenden Vernichtung je nach ihrem Schuldkonto anders ausfallen werden. Am Ende des Millenniums wird «Christus, begleitet von seinen Auserwählten, vom Himmel herabkommen auf die Erde mit der heiligen Stadt» [7]. Die Verworfenen werden wieder auferweckt. Mit Satan an ihrer Spitze werden sie sich zum Aufstand erheben und versuchen, das neue Jerusalem im Sturm einzunehmen. Natürlich werden sie dabei scheitern und – diesmal endgültig und durch ein von Gott geschicktes Feuer – vernichtet. Der Weltenbrand wird die Erde von jeglicher Sünde reinigen. Auf der neuen Erde wird anschließend, so lehren die Adventisten,

«[...] die Gerechtigkeit wohnen, und Gott wird den Erlösten eine endgültige Wohnung und einen idealen Lebensrahmen schenken für ein ewiges Leben, bestehend aus Liebe, Freude und Fortschritt in seiner Gegenwart. Denn Gott wird mit seinem Volk zusammen wohnen, und Leiden und Tod werden verschwunden sein. Die große Tragödie wird beendet sein, und die Sünde wird nicht mehr existieren. Alles, was auf der belebten oder unbelebten Welt existiert, wird verkünden: Gott ist die Liebe; und er wird für immer herrschen. Amen [8].»

Ende gut, alles gut. Die Adventisten genießen durchaus ernste Achtung. Ein Teil der Theologen betrachtet die Adventistische Kirche nicht als Sekte, sondern als vollwertiges Mitglied der großen protestantischen Familie. Nicht so betrachten sie dagegen die von dem abtrünnigen Adventisten Charles Taze Russel (1852–1916) gegründeten Zeugen Jehovas.

Die Zeugen Jehovas

Außer den etwas mehr als 3 Millionen Zeugen Jehovas ist nur wenigen Menschen aufgefallen, daß das Ende der Zeiten bereits begonnen hat, nämlich 1914, um genau zu sein. Im Jahre 1914 unserer Zeitrechnung, so kann man in der Schrift *Ihr werdet ewig leben auf einer Erde, die ein Paradies sein wird* [9] nachlesen, begann Jesus als König der himmlischen Regierung Gottes zu herrschen. Im übrigen läßt sich die Tatsache, daß 1914 «die letzten Tage des gegenwärtigen Systems des Bösen begonnen haben» [10], für den, der nicht blind ist, in höchst augenfälliger Weise an all den Kriegen, Hungersnöten und anderen Katastrophen aufzeigen, die die Menschheit seitdem geschlagen haben. Die Bösen und Schlechten werden in allernächster Zeit in der Schlacht von Harmagedon vernichtet werden; danach wird das Reich Gottes die Erde regieren, die in ein Paradies verwandelt und demjenigen ähnlich sein wird, das Adam und Eva flüchtig kennengelernt hatten [11]. Eigentlich hätte die Herrschaft Gottes auf Erden bereits im Jahre 1925 beginnen sollen. Das so sehnlich erwartete Ereignis wurde anschließend aber auf das Jahr 1975 verschoben [12]. Seither scheint kein weiteres Datum festgelegt worden zu sein; und dennoch betonen die Zeugen Jehovas, daß das Ende nahe ist und daß manche aus der Generation von 1914 Harmagedon überleben und noch in den Genuß des irdischen Paradieses kommen werden. Die

Gabe der Prophetie scheint in ihren Kreisen nur wenig verbreitet zu sein, aber das schadet ihrem Erfolg nicht im geringsten. Bereits Pastor Russel ihr Gründervater, war zu dem Schluß gekommen, daß Christus im Jahre 1874 wiedergekommen sei und daß im Jahre 1914 das Reich Christi endgültig auf Erden errichtet werde. Wie für William Miller war der Sinn der Voraussagen von Charles Taze Russel nach ihrem Scheitern modifiziert worden. Wie wir gesehen haben, war das Jahr 1914 der Startpunkt der himmlischen Herrschaft Jesu Christi, was natürlich für die Lebenden nicht zu erkennen ist [13].

Das irdische Paradies wird von den Überlebenden der Schlacht von Harmagedon bewohnt sein sowie von denjenigen, die zu einem irdischen Leben wiedererweckt werden [14]. Seit 1965 haben die Zeugen Jehovas die Pforten des Paradieses für die meisten derer, die auf Erden gelebt haben, geöffnet. So werden die Toten bis auf diejenigen auferstehen, die wie Adam und Eva oder Judas Ischariot bewußt Böses getan haben, obwohl sie den Willen Gottes bereits erkannt hatten. Der Klerus der «offiziellen» christlichen Kirchen bleibt jedoch ausgeschlossen. Ihren einstigen irdischen Leib werden die Auferstandenen nicht mehr wiedererlangen. Sie werden einen neuen physischen Körper erhalten, der aber dem vor ihrem Tode noch ähnlich ist, damit sie einander wiedererkennen können.

Die Erde wird von der himmlischen Regierung Gottes geleitet, deren König Jesus Christus ist. Dieser wird von 144 000 treuen Jüngern unterstützt, die mit ihm zusammen im Himmel wohnen. Diese 144 000, genannt «die kleine Herde», sind jene 144 000 Auserwählten, die in der Johannes-Offenbarung mit dem Siegel gekennzeichnet sind (Offb 7, 4–8, u. 14, 1–5). Die große Mehrheit der kleinen Herde ist nicht mehr unter den Lebenden. Seit 1918, dem Datum der Öffnung des Himmels, stoßen die Gestorbenen zu Christus in einem Leib, der nicht physisch ist wie diejenigen, die auferstehen werden, sondern geistig [15]. Der Rest der kleinen Herde, das waren im Jahre 1984 noch 9000 Personen, lebt gegenwärtig auf Erden. Unmittelbar nach ihrem Tode werden sie zu ihren Kollegen im Himmel stoßen. Einige wenige werden während der Schlacht von Harmagedon vielleicht noch unter den Lebenden sein. Sie werden bis zu ihrem Tode das irdische Paradies genießen und anschließend in den Himmel aufsteigen. Die Mitglieder der kleinen Herde sind praktisch alle bereits ausersehen. Die einzige Chance für einen Nicht-Erwählten, im Kreise dieser Privilegierten aufgenommen zu werden, ist die, daß einer der 9000, die noch am Leben sind, abtrünnig wird.

Die Zeugen Jehovas haben ziemlich präzise, auf die biblischen Weissagungen gegründete Vorstellungen vom irdischen Paradies [16]. Sie lehren uns:

«[...] alle legitimen Wünsche derer, die gottesfürchtig sind, werden in Erfüllung gehen. Wir können uns nicht einmal eine Vorstellung davon machen, wie angenehm das Leben im irdischen Paradies sein wird [17].»

Jeder wird ein schönes Heim und eine gute Arbeit haben. Auf der Erde werden Überfluß und Fruchtbarkeit herrschen. Die Menschen aller Rassen und Nationalitäten werden in Frieden und ohne Vorurteile leben. Sie werden einander aufrichtig lieben. Es wird weder Verbrechen noch Gewalt geben. Jeder wird zu egal welcher Stunde hingehen können, wohin er will. Niemand wird mehr unterdrückt werden, weder politisch noch wirtschaftlich. Es wird keine unaufrichtigen Politiker oder habgierigen Geschäftsleute mehr geben. Die Gesetze werden von dem himmlischen Königreich ausgehen, und fähige und treue Menschen werden ihre Repräsentanten sein. Die gefährlichen Tiere werden mit dem Menschen in Frieden leben:

«Welche Freude wird es sein, wenn ein Löwe oder ein Bär naht und den Menschen, der im Wald spazieren geht, ein Stück des Weges begleitet [18].»

Es wird weder Krankheit noch Greisenalter geben:

«Die alten Menschen werden nämlich wieder jung werden. [...] Was für eine Freude wird es sein, wenn man feststellt, daß man sich jeden Morgen gesünder fühlt als am Tag zuvor [19]!»

Nur diejenigen werden sterben, die dem Wort Gottes nicht gehorchen.

Die Vorstellungen der Zeugen Jehovas über die Ehe und Kinderzeugung im irdischen Paradies haben eine gewisse Evolution durchgemacht. Nach der jüngsten Doktrin wird es keine Ehe und keinen Nachwuchs mehr unter den Auferstandenen geben. Die während des einstigen Erdendaseins geschlossenen Ehen werden nach der Auferstehung nicht mehr fortbestehen. Dagegen können diejenigen, die zu Lebzeiten in das irdische Paradies eingetreten sind, sowie deren Kinder noch Nachwuchs zeugen. Die Fortpflanzung wird so lange weitergehen, bis die Erde eine optimale Bevölkerungsdichte erreicht hat. Danach werden die Menschen ihren Sexualtrieb vollkommen unter Kontrolle halten und sich der Zeugung von Nachkommenschaft enthalten.

Während der ersten tausend Jahre des irdischen Paradieses – des Millenniums – wird die Erdbevölkerung dem Gericht Gottes unterzogen werden und noch nicht das volle Recht auf das ewige Leben erhalten. Das Gericht wird die «auferstandenen Toten», die Überlebenden von Harmagedon sowie deren Nachfahren betreffen. Natürlich werden diejenigen, die während ihres früheren irdischen Daseins ein gerechtes Leben geführt haben, größere Chancen haben, die gerichtliche Prüfung zu bestehen. Diejenigen, die sich immer noch weigern, dem Wort Gottes zu gehorchen, nachdem sie tausend Jahre Zeit gehabt hatten, es sich einzuprägen, werden nach Ablauf der tausend Jahre – manche vielleicht bereits vorher – vernichtet werden. Die Gottlosen werden sich während der Abschlußprüfung am Ende des Millenniums selbst erkennen. Um die Menschen einer letzten Prüfung zu unterziehen, wird Gott nämlich Satan und seine Dämonen aus dem Abgrund befreien, wo er mit ihnen nach Harmagedon eingesperrt sein wird. Satan wird die Menschen dazu aufhetzen, sich gegen Jehova zu erheben. Die Gottlosen werden ihm Folge leisten und vernichtet werden. Die Überlebenden werden dagegen im irdischen Paradies die Glückseligkeit des ewigen Lebens kennenlernen. Uns bleibt zu hoffen, daß wenigstens einige nach der Lektüre dieses Buches in der Lage sein werden, der von Jehova gestellten Falle am Ende des Millenniums zu entgehen und ewig zu leben.

Die Mormonen

Bei den 6 Millionen Mitgliedern der Kirche Jesu Christi der Heiligen der Letzten Tage, bekannter unter der Bezeichnung Mormonen, macht man mit dem ewigen Leben keine Witze [20]. Wer einmal ein

Mormonenzentrum besucht hat, dem wird dort sicher eine bedeutende Institution aufgefallen sein, die genealogische Forschung betreibt. Ihr Ziel ist es nicht, jedem beliebigen Amateurgenealogen bei der Rekonstruktion seines Familienstammbaums behilflich zu sein, sondern den Mitgliedern dieser Religionsgemeinschaft geht es darum, ihren Vorfahren zu helfen, das ewige Leben im oberen Himmel des himmlischen Königreiches zu erlangen. Dazu ist es nicht nur notwendig, daß man die Taufe empfangen hat, sondern auch, daß man sich «für die Ewigkeit verheiratet» hat [21]. Die Ehen für die Ewigkeit werden durch den Tod nicht aufgelöst, und sie gelten für immer weiter. Sie sind nur den würdigsten Mormonen vorbehalten und können nur in einem Tempel [22] unter der Autorität der Priesterschaft Melchisedeks geschlossen werden. Die Sakramente und Verfügungen des Tempels wie Taufe oder Eheschließung für die Ewigkeit sind jedoch nicht nur den Lebenden vorbehalten. Sie können von den Lebenden auch stellvertretend für Gestorbene vollzogen werden [23]. Der Prophet Joseph Smith (1805–1844), der Gründer dieser Kirche, hat gelehrt, daß die Arbeit für die Toten die fundamentalste und edelste aller Pflichten ist; daher ist es für die Mormonen so wichtig, genaueste genealogische Forschungen zu betreiben, für die sie übrigens jedes Jahr ganze Millionen Dollars aufwenden.

Die Botschaft der Mormonen wurde dem Amerikaner Joseph Smith offenbart, der im Jahre 1827 mit Hilfe eines Engels das *Buch Mormon* entdeckt hatte. Abgesehen von dem *Buch Mormon* gründet sich diese Botschaft auch auf die Bibel sowie auf die Offenbarungen, die Joseph Smith und anderen Propheten zuteil wurden [24]. Diese sind in zwei kanonischen Schriften gesammelt: in *Doctrine and Alliances* und in *Precious Pearl (Die köstliche Perle)*. Das zweite Werk enthält die dreizehn Glaubensartikel, die 1842 von Joseph Smith verfaßt wurden. Das *Buch Mormon* war in Form von goldenen Tafeln entdeckt worden, die von Joseph Smith mit Hilfe göttlicher Offenbarungen übersetzt wurden. Dieses Buch war im Jahre 400 n. Chr. in Nordamerika von dem Propheten Mormon kompiliert worden. Der Hauptteil berichtet von den Leiden und Mühsalen von Völkern des amerikanischen Kontinents, nachdem im Jahre 600 vor unserer Zeitrechnung dort eine Gruppe von Hebräern gelandet war. Der Bericht enthält auch eine Schilderung des Besuchs, den Jesus diesen Völkern nach seiner Auferstehung abgestattet hatte. Die Botschaft der Mormonen hat vieles über das ewige Leben zu sagen [25]. Aber bevor wir erfahren können, was aus uns werden wird, müssen wir zunächst verstehen, wer wir sind und woher wir kommen.

Für die Mormonen sind wir die Kinder Gottes, der ein verseligter und vollkommener Mensch und gleichzeitig ein Wesen aus Fleisch und Blut ist (*Doctrine and Alliances* 130, 2). Bevor wir auf Erden zur Welt kommen, existieren wir bereits als Geister in den himmlischen Gefilden des Vaters. Aber da seine Geist-Kinder sich im Himmel nicht weiter fortentwickeln können, hat unser himmlischer Vater beschlossen, sie auf die Erde zu schicken, um sie zu prüfen. Dann nehmen sie einen irdischen Leib an. Dort haben bestimmte Ausersehene die Möglichkeit, bereits zu Lebzeiten die Botschaft Mormons zu empfangen; den anderen, die nicht diese Gelegenheit hatten, wird eine zweite Chance geboten, und zwar in der «Geistwelt», in die der Geist eines jeden von uns nach dem Sterben seines irdischen Körpers eintritt. Diese Welt ist ein Ort des Wartens, der Arbeit, der Ausbildung und der Ruhe. Joseph Smith hat versichert, daß sie sich ganz in unserer Nähe befindet. Die Geister kennen unsere Gedanken und unsere Werke, und das stimmt sie zuweilen traurig [26]. Präsident [27] Ezra Taft Benson, der früher einmal amerikanischer Landwirtschaftsminister unter Eisenhower war, hat erst in jüngster Zeit diese Lehre wieder bestätigt. Die Geister haben die gleiche Gestalt wie die Sterblichen (*Buch Mormon*, Esther 3, 16). Sie haben die Gestalt von Erwachsenen, darunter auch diejenigen, die im Kindesalter gestorben waren. Vor ihrem irdischen Leben waren die Geister nämlich erwachsen, und in diesen Zustand kehren sie nach ihrem irdischen Leben wieder zurück. Ihr Familienleben führen sie weiter. Der Prophet Alma, der ein Jahrhundert vor Christus lebte, lehrt im *Buch Mormon*, daß es in der Welt des Geistes zwei verschiedene Zustände gibt (Alma 40, 12–14). Die Gerechten werden in einen Zustand der Glückseligkeit aufgenommen, der Paradies genannt wird. Es handelt sich um einen Zustand der Ruhe und des Friedens, in dem sich die Geister der Gerechten von Kummer und Sorgen des Erdenlebens ausruhen. Die Bösen werden in einen Zustand der Finsternis geschickt. Die

Hauptbeschäftigung der Gerechten in der Geistwelt ist das Predigen der Botschaft Mormon. Die Organisation der Kirche existiert in der Welt des Geistes genauso wie auf Erden. Unter der obersten Leitung von Joseph Smith werden die Mitglieder der Priesterschaft mit den gleichen Verantwortungen betraut, deren wichtigste darin besteht, die Botschaft denjenigen zu lehren, die sie zu ihren Lebzeiten nicht empfangen haben. Die Verantwortlichen unter den Mormonen sind offensichtlich vom Umfang ihrer Arbeit überfordert. Der ehemalige Präsident Wilford Woodruff ist in einer nächtlichen Vision im Himmel Joseph Smith und anderen hohen Würdenträgern der Kirche begegnet. Diese waren jedoch so sehr mit der Verbreitung der Botschaft beschäftigt, daß sie kaum Zeit fanden, sich dem armen Woodruff zu widmen. Joseph Smith konnte ihm mit Müh und Not erklären, daß er so viel zu tun hätte und daß nur noch so wenig Zeit bis zum Millennium bleibe [28]. Taufen und Hochzeiten für die Ewigkeit könnten nicht in der Welt des Geistes vorgenommen werden, daher die Notwendigkeit, sie *in procura* auf der Welt der Lebenden zu vollziehen.

Die Geister der Gerechten werden bei der Wiederkunft Christi zu Beginn des Millenniums auferweckt werden. Der 10. Glaubensartikel lehrt, daß dem Millennium das Wiederzusammenfinden des Stammes Israel vorausgehen wird. Die Mitglieder des Stammes Juda werden sich in Jerusalem versammeln, was bereits weitgehend geschehen ist. Die zehn verlorenen, zerstreuten Stämme Israels, die sich irgendwo im Norden aufhalten, werden sich mit den Mormonen in Zion, dem neuen Jerusalem, vereinen. Dieses wird im Jackson County im amerikanischen Bundesstaat Missouri errichtet werden. Christus wird während der Schlacht von Harmagedon erscheinen, in der die Gottlosen ausgerottet werden. Die Gerechten, deren Bestimmung das Himmelreich ist, also diejenigen, die im Glauben stehen, werden am Morgen mit himmlischen Körpern auferweckt werden. Sie werden in die Lüfte enthoben, werden dem Herrn begegnen und tausend Jahre lang mit ihm herrschen. Die weniger Gerechten unter den Gerechten, diejenigen, die kein Recht auf irdische Herrlichkeit haben, werden mit einem irdischen Körper am Nachmittag auferstehen. Die übrigen werden erst am Ende des Millenniums auferstehen und werden entweder das Himmelreich erben oder – das betrifft die

Schlechtesten unter ihnen – vernichtet werden. Das Millennium wird eine Zeit von Frieden, Freude und Glückseligkeit ohne Ende sein, in der Jesus persönlich und gemeinsam mit den auferweckten Heiligen auf der Erde herrschen wird. Sie werden von Zion und Jerusalem aus herrschen. Laut dem 10. Glaubensartikel wird die Erde erneuert werden und ihre paradiesische Herrlichkeit erhalten, das heißt, sie wird die Verhältnisse des Gartens Eden wiedererlangen. Dann wird es keine Wüsten und kein Brachland mehr geben, allüberall wird die Natur ungeheuer fruchtbar sein. Das Leben wird dem gegenwärtigen Erdenleben ähnlich sein, nur vermehrt um Gerechtigkeit und Vollkommenheit. Nach Bruce R. McConkie wird der Mensch weiterhin säen und ernten, Industrien werden geschaffen und vergrößert, Städte werden gebaut, und das Erziehungswesen wird gefördert und erweitert werden [29]. Die Menschen werden ein normales Familienleben führen, werden friedlich ihren Beschäftigungen nachgehen und werden sich, gefeit gegen alle Krankheit, zur Vollkommenheit entwickeln. Kinder werden geboren werden und sich in aller Harmonie entwickeln. Trotzdem werden die als Lebende in das Millennium eingetretenen Menschen sterblich sein, ihre Nachkommen ebenfalls. Bei ihrem Tode werden sie sofort einen auferstandenen und je nach Würdigkeit himmlischen oder irdischen Körper erlangen.

Die Kirchenmitglieder werden in der Hauptsache zwei Aufgaben haben: Arbeit und Gottesdienst im Tempel sowie Missionstätigkeit. Die Lebenden haben zwar bereits vor dem Millennium begonnen, die Verfügungen des Tempels für ihre verstorbenen Ahnen zu erfüllen, aber diese Arbeit wird mit Sicherheit nicht vor dem Millennium beendet sein [30]. Außerdem werden in der genealogischen Forschung Irrtümer unterlaufen sein, bei deren Korrektur die Heiligen ihnen dann behilflich sein werden [31]. Ebenso ununterbrochen werden die Mormonen ihre Missionsarbeit fortsetzen, damit möglichst viele das Himmelreich erben können. Am Ende des Millenniums wird jeder Einzelne auf ewig das Reich erben, das er verdient hat. Diejenigen, die die Botschaft empfangen haben und ihr treu geblieben sind, werden in das Himmelreich eingehen. Die weniger Vollkommenen werden entweder das irdische Reich oder das himmlische Reich erben.

Die anderen werden vernichtet werden. Die Erde wird nach dem Millennium sterben, danach wird sie wieder auferstehen und zu einer Art Kristallmeer werden (*Doctrine and Alliances* 130, 9), das für diejenigen vorgesehen ist, die das Himmelreich verdient haben. Das Himmelreich ist in drei Himmel oder Grade eingeteilt. Der höchste Grad ist nur denen zugänglich, die eine Ehe für die Ewigkeit geschlossen haben (*Doctrine and Alliances* 131, 1–4). Diese Auserlesenen, auch «exaltees» – Verherrlichte – genannt, werden unter anderem folgende Vorteile genießen [32]:

– Sie werden ewig leben und bei unserem himmlischen Vater und Jesus Christus wohnen.

– Sie werden Götter werden.

– Sie werden in Familien leben und Geist-Kinder zeugen, zu denen sie die gleiche Beziehung haben wie Gott zu den Menschen. Diese werden neue Planeten bevölkern.

– Sie werden all das besitzen, was auch unser himmlischer Vater und Jesus Christus besitzen.

– Ihre Freude wird vollkommen sein.

Diejenigen, die die beiden anderen Grade der Herrlichkeit des Himmelreiches erben, werden auf ewig allein bleiben. Sie werden nicht zu Göttern werden, sondern – und das immer noch besser als überhaupt nichts! – zu Engeln Gottes (*Doctrine and Alliances* 132, 17).

Swedenborg

Im Jahre 1743 ward dem Schweden Emmanuel Swedenborg im Alter von fünfundfünfzig Jahren die außergewöhnliche Gunst zuteil, daß der Herr persönlich in Kontakt mit ihm trat. In einem Brief an den anglikanischen Priester Thomas Hartley aus dem Jahre 1769 schreibt er, der Herr in Person sei ihm erschienen und habe ihm die Augen für die spirituelle Welt geöffnet und ihm die Erlaubnis erteilt, sich mit Geistern und Engeln zu unterhalten.

Der Herr hatte sich natürlich nicht irgendeinen x-Beliebigen als Ansprechpartner ausgesucht. Emmanuel Swedenborg war zweifellos einer der beachtlichsten Geister seiner Zeit [33]. Gleichzeitig Außerordentlicher Rat der Königlichen Bergbauakademie und Mitglied des schwedischen Oberhauses, leitete und entwickelte Swedenborg die Bergbauindustrie seines Landes und verfaßte nebenbei noch Werke über Physik, Kosmologie, Metallurgie, Chemie, Biologie, Anatomie und Physiologie, Studien, mit denen er so manche spätere «Entdeckung» bereits vorwegnahm. Der amerikanische Philosoph und Dichter Ralph Waldo Emerson (1803–1882), der ebenfalls kein x-Beliebiger war, stellt ihn in die Reihe seiner *Representative Men* und schreibt: «Kraft der Vielheit und Macht seiner Begabungen erweckt er den Anschein, als wäre er die Kombination aus mehreren Individuen.» Er hebt hervor, wie weit dieser kolossale Geist seinem Jahrhundert voraus gewesen war und wie wenig seine Zeitgenossen ihn verstanden hatten [34].

Um seine ungeheueren Verdienste zu würdigen, ließ die schwedische Regierung im Jahre 1909 seine sterbliche Hülle aus London, wo er gestorben war, nach Schweden in den Dom von Uppsala überführen.

Nachdem er dem Herrn begegnet war, kehrte Swedenborg nach und nach seinen wissenschaftlichen und verwaltungstechnischen Tätigkeiten den Rücken und widmete sich der Erforschung der Welt der Geister und dem Verfassen von etwa dreißig Bänden über die Theologie, in denen er eine Neudeutung der christlichen Religion unternahm. Seine Lehren inspirierten zwar einige Sekten, die heute kleine vertraulich-verschwiegene Zirkel bilden, aber die Offenbarungen Swedenborgs über den Himmel und die Hölle fanden auch weit über die «swedenborgischen» Kirchen hinaus Verbreitung. Seine Jenseits-Vorstellungen haben die Theologen, Denker und Schriftsteller des 19. Jahrhunderts stark beeinflußt und in den spiritistischen Zirkeln ganz besonderen Erfolg erlangt. In seiner Geschichte der Lehren über das künftige Leben, die im vorigen Jahrhundert einen gewaltigen Erfolg erlebte, widmet William R. Alger umfangreiche und bewunderungsvolle Ausführungen den Ideen Swedenborgs, der, so schreibt er, eine ständig zunehmende Anzahl von Gebildeten inspiriert [35]. In ihrer Geschichte des Himmels widmen C. McDannell und B. Lang ein rund vierzig Seiten langes Kapitel Swedenborg und seinem Einfluß in diesem Bereich. Auch die Grenzerfahrungen auf der Schwelle des Todes haben den Autor gerade unserem heutigen Zeitgeschmack wieder nahegebracht. Raymond Moody und andere Spezialisten haben die besondere Parallele zwischen den Beschreibungen solcher Grenzerfahrungen und Swedenborgs Auffassungen hervorgehoben [36].

Swedenborg besitzt über den Himmel ein Wissen aus erster Hand:

«Es ward mir vergönnt, im Kreise der Engel zu weilen und mich mit ihnen zu unterhalten wie von Mensch zu Mensch, und auch die Dinge zu sehen, die im Himmel und in der Hölle sind – und dies bereits seit dreizehn Jahren. Ich bin daher nun in der Lage, sie nach dem, was ich gesehen und gehört habe, zu beschreiben [...] [37].»

Diese Beschreibungen füllen die 475 folgenden Seiten seines Werkes *Himmel und Hölle*. Wenn man stirbt, kommt man (als Mann oder Frau) nicht auf direktem Wege in den Himmel oder in die Hölle. Zuerst führt der Weg über einen Übergangsort und -zustand, die sogenannte Geisterwelt. Manche verweilen dort nur ein paar Tage, bevor sie an ihren endgültigen Bestimmungsort, in den Himmel oder in die Hölle, gelangen. Andere, deren Würdigkeit oder Unwürdigkeit weniger klar auf der Hand liegen, können dort bis zu dreißig Jahre verbringen. Tritt der Mensch in die Geisterwelt ein,

«[...] so nimmt er alles mit, was ihm gehört, nur nicht seinen irdischen Körper. Tritt der Mensch nämlich in die geistige Welt ein, so besitzt er einen Körper wie auf der hiesigen Welt, ohne daß er daran einen Unterschied feststellen könnte, da er keinen zu fühlen und zu sehen vermag. Jedoch ist sein Körper von geistiger Art und infolgedessen von den irdischen Dingen gelöst oder gereinigt. Das Geistige sieht und fühlt das Geistige, so wie das Natürliche das Natürliche sieht und fühlt. Daraus folgt, daß der Geist gewordene Mensch nichts anderes weiß, außer daß er in dem Körper weilt, in dem er auch auf der Welt weilte, und folglich weiß er nicht, daß er tot ist. Der Geist-Mensch empfindet auch all seine innerlichen und äußerlichen Sinne, deren er sich auf Erden erfreut hatte [...]. Er hat Neigungen, entwickelt Wünsche, er begehrt, er denkt, überlegt, empfindet Zuneigung, Liebe und Wollen ganz wie zuvor. Wer Vergnügen am Studium empfindet, liest und schreibt, in einem Wort: wenn der Mensch von einem Leben in das andere übergeht, begibt er sich lediglich von einem Ort zu einem anderen und nimmt dabei alles mit, was er in sich besitzt [38].»

Die Welt der Geister ist eine völlig reale Welt mit Häusern, Geschäften, Büros, Kirchen, Gärten usw. Die Beschäftigungen der Bewohner gleichen denen hier auf dieser Erde. Sobald sie geistig bereit sind, werden die Bewohner zu Engeln und gelangen in den Himmel. Der Himmel besteht aus drei Ebenen: der himmlischen, der geistigen und der natürlichen Ebene. Jeder Ebene entspricht ein bestimmter Typ vorherrschender Liebe. So dominiert im höchsten Himmel die Gottesliebe, die dort ihren tiefsten Ausdruck findet. Die Engel sind in Gruppen entsprechend ihrer geistigen und mentalen Affinitäten eingeteilt. Auf diese Weise bilden sich eine Vielzahl von großen oder kleinen Gemeinschaften oder Gemeinden, in denen jeder die Umgebung findet, die ihm am meisten zusagt. Jedesmal, wenn Swedenborg von Angesicht zu Angesicht mit den Engeln sprach, weilte er mit ihnen in ihren Gefilden:

«Ihre Wohnungen sind ganz so wie die auf der Erde, nur schöner. Man findet dort eine große Anzahl von Zimmern, Kabinetten und Schlafkammern; es gibt Höfe, umgeben von Gärten, Beeten und Feldern [39].»

Bestimmte Wohnungen sind ganz besonders prächtig ausgestattet. In seinem Werk *De amore coniugali (Über die eheliche Liebe)* wird uns vom Besuch des Palasts eines Fürsten berichtet:

«Als sie an dem Palast angelangt waren, sahen sie, wie mächtig ausgedehnt er wirklich war; er war aus Porphyr auf Fundamenten aus Jaspis erbaut. Sechs hohe Säulen aus Lapislazuli ragten vor dem Eingangsportal auf. Das Dach war mit Streifen aus Gold gedeckt, hohe Fenster aus ungemein klarem Kristallglas hatten goldene Rahmen. Dann wurden sie in das Innere des Palastes und von einem Gemach zum anderen geführt. Sie erblickten Ornamente von unsagbarer Schönheit; die Decken waren verziert mit unvergleichlich schöner Stuckarbeit. An den Wänden reihten sich Tische aus Silber mit goldenen Intarsien, darauf standen himmlisch geformte Objekte aus feinsten Edelsteinen und Perlen [...] [40].»

Die Besichtigung endet im Speisesaal:

«In der Mitte des Tisches befand sich eine hohe Pyramide aus Gold mit hundert in Dreierreihen aufgeschichteten Platten voll süßen Kuchenbroten und Gelees aus süßem Wein sowie anderen delikaten aus Brotteig und Wein bereiteten Gerichten. Dem Gipfel der Pyramide entsprang eine Fontäne von Nektarwein, dessen Strahl sich teilte, um die Kelche zu füllen [41].»

So luxuriös sind natürlich nicht alle Wohnungen ausgestattet. Doch es herrscht ein Überfluß an Freuden, Vergnügungen und Kurzweil. Ununterbrochen werden Feste, Schauspiele, Konzerte veranstaltet. Jeden Morgen erklingen sanfteste Lieder aus den Kehlen von Jungfrauen und jungen Mädchen. Es wäre jedoch ein Irrtum, sich den Himmel als einen einzigen Ort der Unterhaltung und des Müßiggangs vorzustellen. Ganz im Gegenteil: die Engel sind mit unzähligen und unterschiedlichsten Tätigkeiten – mit politischen, administrativen, sozialen, religiösen, pädagogischen oder schlicht und einfach häuslichen – vollauf beschäftigt.

Der Himmel ist ein Ort, an dem die wahre eheliche Liebe voll zur Entfaltung kommt. Die auf Erden eingegangenen Bindungen werden im Himmel fortbestehen, sofern sie auf einer wahren und lauteren Liebe beruhen. Anderenfalls wird jeder Ehepartner die Möglichkeit haben, eine Schwesterseele zu finden. Die Neuankömmlinge, so berichtet uns Swedenborg, werden die Engel fragen, «ob die eheliche Liebe zwischen den Gatten im Himmel und auf der Erde die gleiche ist» [42]. «Sie ist absolut gleich», antworten die Engel. Dann stellen die Neuangekommenen die Frage, die ihnen besonders auf der Zunge gebrannt hatte: Sind die höchsten Genüsse der Liebe dort ebenfalls gleich? Sie sind nicht nur gleich, antworten die Engel, sondern

«[...] noch viel köstlicher, denn Wahrnehmung und Empfindung der Engel ist weit erlesener, als die menschliche Art zu empfinden.»

Aus diesen letzten Liebesgenüssen wird jedoch kein Kind hervorgehen. Sondern – und viel besser –,

«[...] die geschlechtliche Liebe, die man dort kennt, ist rein eheliche Liebe und – was uns erstaunen wird –, die Gatten sind unausgesetzt in der Lage, ihre Freuden zu genießen [43].»

Die Novizen, denen der Engel das erzählt, trauen ihren Ohren nicht:

«‹Ich bitte euch, hört mir zu!›, fordert sie der Engel auf. ‹Ich bin ein

Engel aus dem Himmel, und ich lebe dort mit meinem Weib bereits seit tausend Jahren in der Blüte der Jahre, in der ihr mich seht. Sie verdanke ich meiner ehelichen Liebe zu meiner Gemahlin, und ich kann behaupten wie bestätigen, daß ich diese Fähigkeit immer hatte und immer habe. [...] Ich kann bestätigen, daß es mir bereits seit tausend Jahren nie an meiner Männlichkeit, Kraft und Stärke gemangelt hat und daß ich niemals ein Schwinden meiner Kräfte verspürt habe, denn diese werden ununterbrochen durch den beständigen Einstrom aus der erwähnten All-Sphäre erneuert.›»

Die lüsternen Gemüter dürfen sich jedoch nicht zu früh freuen. Die allerhöchsten Freuden der Liebe können nur von Paaren empfunden werden, deren Vereinigung zutiefst geistiger Natur ist.

Swedenborg und seine Anhänger interessieren sich sehr für die Kinder im Himmel. Alle, die bereits im Kindesalter sterben, kommen sofort in den Himmel. Sie bilden etwa ein Drittel der Himmelsbevölkerung. Sie werden von Engeln weiblichen Geschlechts aufgezogen, die während ihres irdischen Daseins von zärtlicher Kinderliebe erfüllt waren. Die Kinder führen im Himmel ein Leben voller Genuß und Freude:

«Ich habe Kinder gesehen, die mit höchster Eleganz gekleidet waren; um Brust und Arme trugen sie Girlanden aus Blumen, die in hinreißenden himmlischen Farben leuchteten. Einmal sah ich Kinder mit ihren Gouvernanten und in Begleitung von Jungfrauen in einem paradiesischen Garten, den nicht nur Bäume, sondern auch Wiegen aus Lorbeer schmückten [...] [44].»

Die Kinder des Himmels gehen auch in die Schule, eine Schule, die jedoch mit Schulen und Unterricht auf Erden nichts gemein hat. Ein kleines Werk mit dem Titel *Children in Heaven,* das kürzlich von der New Church veröffentlicht wurde, beschreibt uns die Schulen des Himmels in allen Einzelheiten: Klassen mit beschränkter Schülerzahl; größte Zuwendung für jeden einzelnen Schüler; fähige und geduldige Lehrer; zahlreiche kulturelle und sportliche Aktivitäten [45]. Kurz: das Programm jedes x-beliebigen neuen Erziehungsministers.

Man darf jedoch nicht meinen, der Himmel wäre lediglich eine verbesserte Ausgabe der Erde, sondern es handelt sich um eine Welt von völlig anderer Natur, in der eine vollkommene Entsprechung zwischen dem Himmel jedes Einzelnen und seinen inneren Voraussetzungen herrscht. Trotzdem ist der Himmel keine imaginäre und immaterielle Welt, also keine Geist- oder Traumprojektion, sondern er ist völlig real und materiell, wenn auch von einer anderen Stofflichkeit als die Erde. Der Himmel ist nur für diejenigen wahrnehmbar, die sich in einem dafür geeigneten spirituellen Zustand befinden. Die anderen können nichts davon sehen oder fühlen. Dort herrschen andere Begriffe von Raum und Entfernung. Sie hängen von der Qualität und Enge der Beziehungen zwischen den Individuen ab. Der Zeitbegriff entspricht mehr der psychologischen Vorstellung von Dauer. Die Spezialisten der Quantenmechanik können sich dieses Universum so nahe und zugleich so fern von unserem vielleicht am besten vorstellen. Die anderen müssen ihre Ungeduld zügeln und abwarten, denn es gibt nicht den geringsten Grund, an der Seriosität, den lautersten Absichten oder an der geistigen Zurechnungsfähigkeit Swedenborgs zu zweifeln.

Islam

Was spricht der Koran? [1]

Paradies

«Paradies» [2]. «Gärten der Wonne» [3]. «Gärten Edens» [4]. «Garten der Ewigkeit» [5]. «Wohnung des Friedens» [6]. «Garten der Wohnung» [7]. «Jenseitige Wohnung» [8]. Sind das Synonyme für einunddenselben Ort – oder sind das verschiedene Orte?

Wo?

Adresse des Paradieses:
Im «Himmel» [9]. «Beim Lotosbaum der Grenze» [10].

Aufenthaltsgenehmigung – für wen?

An der Spitze der Berechtigten: Muslime beiderlei Geschlechts. Anders als Montesquieu [11] dachte, sind Frauen ebenfalls Anwärterinnen auf das Paradies des Islams.

«Und wer das Rechte tut, sei es Mann oder Weib, wenn er nur gläubig ist, den wollen wir lebendig machen zu einem guten Leben und wollen ihn belohnen für seine besten Werke [12].»

Nach dem Gericht werden die Menschen zur Linken in die Hölle fahren, die zur Rechten werden ins Paradies kommen. Die ganz zuvorderst Stehenden dürfen sich Hoffnungen auf bevorzugte Behandlung machen:

«[...] und die zuvorderst anderen im Guten vorangegangen sind, die werden allen auch in das Paradies vorangehen. Diese werden Allah am nächsten sein [...] [13].»

In ihren Reihen mit Sicherheit auch die Soldaten Allahs:

«Allah hat die, welche mit Gut und Blut streiten, im Rang über die, welche (daheim) sitzen, erhöht. Allen hat Allah das Gute versprochen; aber den Eifernden hat er vor den (daheim) Sitzenden hohen Lohn verheißen [14].»

Zusammenführung der Familien? Wenn ihre Familie es verdient hat, brauchen sich die Auserwählten diesbezüglich keine Sorgen zu machen. Sie kommen in

«[...] Edens Gärten, in die sie eintreten sollen nebst den Rechtschaffenen von ihren Vätern, ihren Frauen und ihrer Nachkommenschaft [15].»

Werden die «Schriftbesitzer», diejenigen, die der Heiligen Schrift folgen, auch «das Volk der Schrift» genannt, eine Chance haben?

«Siehe sie, die da glauben, und die Juden und die Nazarener und die Sabäer – wer immer an Allah glaubt und an den Jüngsten Tag und das Rechte tut – die haben ihren Lohn bei ihrem Herrn [...] [16].»

Außer natürlich...

«[...] wer eine andere Religion als den Islam begehrt, nimmer soll sie von ihm angenommen werden, und im Jenseits wird er verloren sein [17].»·

Und die Geistesschwachen beiderlei Geschlechts – und die Neugeborenen?

«Außer den Schwachen unter den Männern und Frauen und den Kindern, die sich nicht zu helfen vermögen und nicht des Weges geleitet sind. Ihnen verzeiht Allah vielleicht, denn Allah ist nachsichtig und verzeihend [18].»

Und die Tiere?

«Kein Getier gibt's auf der Erde und keinen Vogel, der mit seinen Schwingen fliegt, die nicht wären Völker gleich euch. Nichts haben wir in der Schrift übergangen, alsdann werden sie zu ihrem Herrn versammelt [19].»

Zur Riege der traumhaften Wesen gehören im Paradies Jungfrauen, genannt Huris, «Gattinnen, rein von aller Befleckung» [20], «gut und schön» [21], «keuschblickende Mädchen» [22], «mit großen schwarzen Augen» [23], «großzügig... gleich verborgenen Perlen» [24], «Jungfrauen mit schwellenden Brüsten» [25], «als wären sie Hyazinthen und Korallen» [26].

Geschaffen vom höchsten Herrn: «Siehe wir schufen sie in (besonderer) Schöpfung und machten sie zu Jungfrauen [27].» Sie warten auf einen Auserwählten. Jedoch nicht auf irgendeinen x-beliebigen, sondern vielleicht gerade auf den Leser dieser Zeilen. Ein Versprechen auf die heiße Umarmung wird jedoch nicht gegeben. Das der Ehe dagegen schon, und zwar klar und deutlich. Ihre Gatten «sollen sich lehnen auf grünen Kissen und schönen Teppichen» [28]. «Gelehnt auf Polstern in Reihen; und wir vermählen sie mit großäugigen Huris [29].» Die Huris werden «zu liebevollen Altersgenossinnen für die Gefährten der Rechten» [30].

Eine weitere Spezialität des Hauses sind ewig jung bleibende Knaben: «Und die Runde machen bei ihnen unsterbliche Knaben» [31] – diese zarten Epheben sind nämlich die Diener der Auserwählten.

Umgebung

Die Oberfläche des Paradieses ist «gleich der Breite des Himmels und der Erde» [32]. Die Zugänge werden von Engeln bewacht [33].

Im Inneren herrscht ein für die Bewohner angenehm wohltemperiertes Klima: «Sie sehen in ihm weder Sonne noch schneidende Kälte [34].» Der ländliche Rahmen verfügt über ein beachtliches Bewässerungssystem. Es wird verheißen, «daß Gärten für sie bestimmt sind, durcheilt von Wasserläufen» [35], von Bächen [36], sowie von Wasserfällen [37] und Flüssen [38]. Brunnen, Fontänen, Quellen und Bächlein allüberall. Treten wir aber wieder heraus aus diesen Wassern und lenken wir unser Augenmerk auch auf die Flüsse von Milch, Wein und Honig [39]. Garten reiht sich an Garten, einer so schön wie der andere [40], schattenspendend und erfrischend, bewachsen mit Grün [41], «Früchte in Menge» [42], «Bananenstauden mit Blütenschichten ohne Zahl» [43], Palmen und Granatäpfelbäume [44], «dornenloser Lotos» [45] und Weinberge [46].

Nähere Hinweise für die Auserwählten: Ihr werdet auf ewig wohnen in lieblichen Häusern [47], verziert mit «Söllern, über denen Söller erbaut sind» [48], wohnen also «in den Söllern des Paradieses» [49], in wahren Palästen [50]. Zu ihren Füßen murmeln muntere Bächlein [51]. Unter den wichtigen Behausungen sind auch die geschlossenen Zelte der Huris [52] zu erwähnen. Zum Genuß des Aus-

ruhens stehen zur Verfügung: «Erhöhte Polster» [53], «Hochzeits-
throne» [54], «grüne Kissen» [55], «Polsterkissen, welche aus Seide
und golddurchwirkt sind» [56], «hohe Ruhebetten» [57], «Kissen,
welche mit Gold und edlen Steinen geschmückt sind» [58]. Für Getränke stehen Becher, Kelche und Schalen, ja Humpen und Eimer
[59], stets aus feinstem Silber oder Kristallglas [60], bereit.

Glückliche Auserwählte

Alles wird für sie zum besten stehen: «Erkennen wirst du auf ihren
Angesichtern den Glanz der Wonne [61].» «Angetan sind sie mit
Kleidern von grüner Seite und Brokat, und geschmückt sind sie mit
silbernen Spangen [62].» «Gold und Perlen [63].» Alles ist friedlich,
man weilt an einem sicheren Ort: «Sie hören kein Geschwätz darin-
nen und keine Anklage der Sünde; nur das Wort: Frieden! Frieden!
[64].» Gebadet in reiner Glückseligkeit in einer Welt, in der es keine
Krankheit [65], keine Erschöpfung und keine nach Erfüllung
schmachtende Liebeswehmut mehr gibt [66]. Man weilt auf einem
ewigen Fest, einem Fest bereits schon fürs Auge angesichts all der ge-
botenen Augenweiden: «Auf Hochzeitsthronen werden sie sitzen und
Ausschau halten [67].» Schon während des Jüngsten Gerichts werden sie etwas Erstaunliches sehen, nämlich einstige, weniger glück-
liche Gefährten, und zwar «inmitten der Hölle» [68]. Bei dieser
Gelegenheit werden sie sich mit den Verdammten unterhalten und
sie mit Fragen überschütten [69].

«Und rufen werden die Gefährten des Feuers zu den Paradiesge-
fährten: ‹Schüttet auf uns etwas Wasser oder etwas von dem, was
euch Allah bescherte.› Sie sprechen: ‹Siehe, Allah hat beides für die
Ungläubigen verwehrt.› [70]»

Die Unterhaltungen der für das Paradies Erkorenen mit der Hölle
sollen jedoch nicht zur Gewohnheit ausarten:

«Siehe jene, denen wir zuvor das Gute bestimmten, fern sollen sie
von ihr sein.

Keinen Laut werden sie von ihr hören, und in dem, was ihre Seelen
begehrten, werden sie ewig verweilen [71].»

Bei Tisch

Im Paradies – dem wahren «Bild des Paradieses» [72] – werden die
Auserwählten nicht vor Hunger sterben. Sie sind unsterblich, da der
Tod selbst gestorben ist [73], außerdem «finden sie dort ihre Speise
des Morgens und Abends» [74]. «Und wir wollen sie reichlich mit
Früchten und Fleisch versorgen, wie sie es sich nur wünschen» [75],
und zwar «Fleisch von Geflügel, wie sie's begehren» [76], stets Erle-
senstes also nach Wunsch, bis hin zum reinen Honig [77]. Und was
das Obst betrifft: nur äußerlich sieht es aus wie irdisches Obst [78].

Allah wird auch den Durst stillen. Entweder rein [79] oder ge-
mischt mit Wein [80], ist das Wasser «für die, die es trinken, durchsichtig und von köstlichem Geschmack» [81]. Der Wein auch. «Erle-
sen» [82], «süß zu trinken» [83], Moschus ist sein Bouquet [84]. Die
Auserwählten wissen, daß er ihnen nicht schadet. «Kein Schwindel
soll in ihm sein, und nicht sollen sie von ihm berauscht werden [85].»
Die Auserwählten können bei Tisch zwischen Milch [86] oder einem
aromatisierten, mit Ingwer gewürzten Getränk [87] wählen.

Wie kommt man in den Genuß dieser Speisen? Man weiß, daß man
nicht erst weit zu suchen hat, denn «die Früchte der beiden Gärten
sind nahe» [88]. Neben dem eigenhändigen Pflücken steht auch ein
eigens dafür zuständiger Service zur Verfügung. Die Erwählten können sich, wie bereits erwähnt, bedienen lassen: «Die Runde machen
bei ihnen unsterbliche Knaben; sähest du sie, du hieltest sie für zer-
streute Perlen [89].»

Die Krönung des Ganzen

Die Gesichter der Auserwählten werden leuchten, wenn sie Allah sehen [90]. Dieser spricht mit ihnen. Er ist zufrieden mit ihnen. Und sie
sind zufrieden mit ihm [91].

Die Ewigkeit

«Frieden sei auf euch, ihr waret gut gewesen! So tretet ein für immerdar! [92].»

Die orthodoxe Tradition

Die orthodoxen Traditionen [1] und die daraus hervorgegangene Literatur sind miteinander so verflochten, daß sie uns ein besonders farbenprächtig schillerndes Paradies hinterlassen. Den Traditionalisten, Dichtern und Schriftstellern, die sich von diesem Geist inspirieren ließen, standen also die reichsten schöpferischen Möglichkeiten offen. Im Namen Allahs sprach der Prophet: «Ich habe für die Rechten unter meinen Dienern vorgesehen, was noch nie jemandes Auge gesehen, noch nie jemandes Ohr vernommen, noch nie eines Menschen Geist sich vorgestellt hat [2].» Mit anderen Worten: «Sagt über das Paradies, was immer ihr wollt, stets werden eure Worte minder sein als das, was es wirklich ist [2].» Das Paradies, das im Koran beschrieben und durch Verlangen der Notwendigkeit, noch mehr darüber zu erfahren, noch raffinierter verfeinert wurde, ist wahrhaftig eine Augenweide – und dies um so mehr, als sich die ursprüngliche Tradition in einer Zeit entwickelt hat, in der die Maler, die es hätten bildlich darstellen können, anscheinend allesamt zur Hölle verdammt waren.

Vorläufige Zusammenfassung

Das Paradies existiert bereits jetzt in diesem Augenblick, denn es hat seit jeher bestanden. Bislang weilt jedoch noch kein einziger Auserwählter darin. Erst nach den Posaunenstößen der Auferweckung und dem Jüngsten Gericht wird es sich füllen. Eine Tradition behauptet, daß die Toten bereits im Grabe einem ersten vorläufigen Gericht unterzogen werden [3]. Zwei Engel, Munkar und Nakir, verhören sie über ihren Glauben, danach verwandelt sich das Grab von Fall zu Fall in eine Vorhölle, ein Vorfegefeuer oder ein Vorparadies. Die Mehrheit der Gläubigen glaubt jedoch, daß die Toten schlafen. Sie werden erst erwachen, wenn die Posaunen erschallen. Am Thema der Kandidaten, die die Prüfung bestanden haben, entzündeten sich verschiedene Polemiken. Über das «Volk der Schrift», die «Schriftbesitzer», scheiden sich die Geister in zwei Auffassungen. Die erste behauptet, nur die zum Islam bekehrten Juden, Christen und Sabäer werden ins Paradies einziehen. Die zweite dagegen zeigt sich – nach dem Vorbild von at-Tabari (gestorben 923) – toleranter gegenüber jenen Monotheisten, die ihrer Religion treu geblieben sind [4]. Vergessen wir nicht: die Nachsicht Allahs ist groß. In Anschluß an das Jüngste Gericht werden die Propheten und Engel vor Gott treten und vermitteln, um die Verdammten zu retten. «Dank ihrer Fürbitte wird eine gewisse Zahl von Menschen aus der Hölle herauskommen; sie werden jedoch aussehen wie tso'rom [5].» Diese *tso'rom* (kleine Gurken – oder sind damit verkümmerte Menschen gemeint?) werden in das Paradies einziehen. «Die Glückseligen werden sie die *Höllischen* nennen.» Badet der «Höllische» nacheinander in drei bestimmten Flüssen, so soll er wieder zu einer makellosen Weiß- und Reinheit gelangen [6].

Schon sehr früh gab es sowohl Verfechter als auch Gegner in der Frage der Auferstehung der Tiere. Erstere gewannen die Oberhand [7]. Bei Ibn Qutaiba (gestorben 971) [8] sind die irdischen Tiere nur Repliken, deren Originale sich im Paradies befinden. Das heißt natürlich nicht alle: die Pferde, Kamele, Hammel, Ziegen und Vögel wohnen dort; ausgeschlossen sind dagegen «die schädlichen Tiere wie die Affen, Schweine, Schlangen, Skorpione».

Auch die Totgeborenen nehmen teil am Fest. Denen, die daran zweifeln sollten, verspricht der berühmte Sujuti (gestorben 1505), daß selbst ein abgetriebener Fötus in Gestalt eines Vierzigjährigen wieder auferstehen wird [9].

Und die Neugeborenen? Vielleicht. Zunächst ist aus sicherer Quelle zu erfahren, daß jemand, der auf Erden drei noch unerwachsene Kinder verloren hat, ins Paradies kommen wird [10]. Danach ist das künftige Schicksal der Dschinnen zu betrachten, jener Dämonen und eher bösen Geister, die ihre Gestalt (in tierische oder menschliche, in Wind oder Lärm) verwandeln, plötzlich erscheinen, plötzlich verschwinden und sich von Gerüchen ernähren können. Unter diesen intelligenten Wesen gibt es aber auch gute Muslime. Sie werden also belohnt werden [11].

Oberhalb des siebten Himmels ist das Theater der Belohnungen in mehrstöckigen Rängen aufgebaut [12]. Es umfaßt hundert Ränge oder Grade, die so weit wie Himmel und Erde voneinander entfernt und, damit man einander sehen kann, jeweils von Galerien eingefaßt sind: «Wenn ihr eine Frage an Allah richtet, so fragt ihn vom Gipfel des Firdausi aus, denn das ist die beste Ebene und der höchste Platz im Paradies», sprach der Prophet. Auf dem Gipfel des Firdausi liegt der ummauerte Bezirk, in dem sich der Thron Allahs befindet. Sollte dem nicht so sein, so ist der Firdausi auf alle Fälle der Wohnsitz Muhammads [13]. Dort soll sich auch der Fluß Kautar befinden, von dem im Koran die Rede ist. Die Architektur des Paradieses wird daneben auch in Gestalt von acht übereinanderliegenden Paradiesen dargestellt [14]. Zutritt erlangt man durch acht Tore, die jeweils bestimmten Eigenschaften entsprechen. Jedes Paradies besteht aus einem kostbaren Material: aus Perlen, Amethyst, Smaragd, Korallen, Silber, Gold oder Diamant. Das achte zeichnet sich durch eine Mischbauweise aus Ziegeln, Gold und Silber aus. Diese thront über allen anderen.

Da aus dem Koran emanierend, steht die paradiesische Rangordnung natürlich fest. Obwohl eine Minderheit das Gegenteil vertreten hat, ist der vorherrschende Grundgedanke der, daß der Status der Engel über dem der Auserwählten steht, die die Basis bilden [15]. Innerhalb der Hierarchie der Engel sind die bedeutendsten Ränge die der Wächter, Cherubim und Thronträger. Die Trägerengel bilden eine besondere Elite der Untertanen. Die Engel sind frei von allen Begierden, sie haben Flügel und einen Lichtkörper. Was die Auserwählten aus Fleisch und Blut betrifft, so weiß nur Gott allein, wie weit sie sich dank ihrer im Paradies vollkommenen Fähigkeiten fortbewegen können [16]. Eine besonders brennende Frage: Was geschieht mit den Märtyrern [17]? Wird Allah ihre Seelen tatsächlich «in grüne Vögel» verwandeln – tagsüber Körner pickend – nachts «auf Lüstern, aufgehängt am Thron», baumend? Wenn ja, dann haben sie es redlich verdient. Im Paradies werden die Auserwählten nicht die geringste Lust verspüren, wieder auf die Erde zurückzukehren – mit Ausnahme jedoch der Märtyrer: diese nämlich deshalb, «um erneut getötet zu werden» [18]. Nicht nur die Märtyrer haben im organisatorischen Plan des Paradieses einen guten Platz. So wird auch Fatima, die Tochter Muhammads, «die Königin der Frauen» sein, «welche im Paradies leben» [19]. Die einzelnen Wohnungen befinden sich mehr oder weniger nahe bei Allah. Der Unterschied der Nähe oder Ferne spielt für die Rangordnung der Auserwählten eine fundamentale Rolle. Auszeichnungen und sekundäre Leistungen scheinen einheitlich vergeben zu werden. Aus der Feder von Muqatil [20] ist zu erfahren, daß die Wohnverhältnisse des Auserwählten schlicht, nüchtern und erhaben sein werden:

«Jeder Mann besitzt im Paradies einen Palast, in dem sich siebzig weitere Paläste befinden, jeder davon ausgestattet mit siebzig Wohnungen, gebaut aus hohlen Perlen. Die Länge jeder Perle und ihre Breite mißt zwölftausend Ellen, und man betritt sie durch viertausend goldene Portale. Im Innern jeder Wohnung steht ein Diwan, reich geschmückt mit Bändern aus Perlen und Hyazinth, umgeben von vierzigtausend goldenen Sesseln mit Beinen aus Amethyst. Jeder Diwan ist bedeckt von siebzig Teppichen in vielfältigen Farben.»

In den wunderbar bewässerten Gärten grünt alles im Übermaß. Alle Dimensionen wuchern ins Gigantische.

«Es gibt einen Baum, in dessen Schatten ein Reiter hundert Jahre lang dahinreiten kann, ohne je den äußeren Rand des Schattens zu erreichen [21].»

Darin ist unschwer der Tuba-Baum zu erkennen, ein Baum mit siebzigtausend Ästen aus Chrysolith, Blättern aus Seide, einem Stamm aus Rubin und Wurzeln aus Perlen. Es handelt sich entweder um ein Einzelexemplar oder um eine massenhaft verbreitete Gattung [22]. Überhaupt gedeihen in der Literatur die seltsamsten Arten – und zwar auf einer Erde aus Moschus, Ambra und Kampfer. Freigebig geht die Natur mit Wasser und Licht um. Sonne, Mond, Tag und Nacht sind des Paradieses nicht würdig. Das macht aber nichts, denn dieser Ort ist in ein immerwährendes Licht getaucht [23].

Ferner herrscht im Paradies ein wunderbarer Wohlgeruch. Überall Duftöfchen, überall Räucherpfannen, in denen Gluten von Aloeholz schwelen. Die ganze Atmosphäre ist durchdrungen von Moschusduft, denn Moschus war Muhammads Lieblingsduft [24].

Die Auserwählten – Angaben zur Person

Der Durchschnitts-Auserwählte soll ein Alter von dreiunddreißig Jahren haben, «das Alter von Jesus im Augenblick seines Todes», dazu «das Gesicht Josephs, das Herz Abrahams, die Gestalt Adams, die Stimme Davids und die Sprache Muhammads» [25]. Der Prophet hat arabisch gesprochen, Adam maß 60 Ellen in der Höhe und 7 Ellen in der Breite. Nur wie lang eine Elle zu seiner Zeit war, wissen wir leider nicht. Heute hat sie eine Länge von 50 cm. Laut diesen Angaben entwickelt der Auserwählte also eine Körpergröße von 30 m und eine auf jeden Fall beachtliche Schulter- oder Armspannweite. Seine physische und moralische Vollkommenheit soll sogar noch im Wachsen begriffen sein. Bald wird er als nackt und kahlköpfig, die Augen mit Khô geschminkt, beschrieben; bald trägt er einen grünen Schnauzbart [26], 70 Mäntel aus weißer Seide [27] oder 70 Anzüge, die 70 mal pro Stunde die Farbe wechseln [28]. Er ist mit einer schier erdrückenden Last von Schmuck behangen [29]: Auf der Stirn eine Krone aus Topasen und Smaragden, auf dem Haupt eine Tiara aus Gold, verziert mit Diamanten, an jedem Arm drei Armreife aus Gold, Silber und Perlen, um Fuß- und Handgelenke und Finger goldene oder silberne Ringe mit buntschillernden Edelsteinen. Der Auserwählte besitzt ein ganzes Sortiment von Kämmen, er dürfte also eine sehr gepflegte Frisur haben [30]. Ferner hat er einen soliden Appetit [31]. Wie alle Paradiesbewohner scheidet er weder Urin noch Kot aus. «Es gibt nur einen nach Moschus duftenden Schweiß, der den Gliedern ihrer Körper entströmt und ausreichen wird, um ihnen den Leib zu erleichtern.» Von Sujuti erfahren wir, daß die Paradiesbewohner weder Gesäß noch After haben. Beides sei nämlich zur Ausscheidung von Kot erschaffen worden, und im Paradies gäbe es eine solche Ausscheidung nicht [32]. Seiner Männlichkeit kann sich der Auserwählte dagegen schon noch erfreuen, und dies in hundert-, tausend-, ja unendlich vielfacher Dimension und Häufigkeit. Hierbei gilt die Regel: «Die Rute des Erwählten knickt niemals ein [33].» Er ist ausgestattet «mit einem nie ermüdenden Glied und mit Lenden, die der Freuden nie überdrüssig werden» [34].

Zur Seite dieses Mannes, seine Frauen. Huris mit schwarzen

Augen. Eventuell auch irdische Frauen. Halten wir uns das Porträt der Auserwählten vor Augen: Sie ist eine, «die nach den Geboten Allahs gelebt und ihren Gemahl nicht mit den Schlägen ihrer Zunge getroffen hat» [35]. Unbekannt ist dagegen das Schicksal der keusch und fromm verstorbenen späten Mädchen [36]. Wie nicht anders zu erwarten, tauchte die Frage auf, was der Frau beschieden sein wird, die auf Erden verschiedene Ehemänner gehabt hat. Welcher von ihnen wird dort oben der Erwählte sein? Mehrere Hypothesen stehen zur Auswahl: der erste, der letzte, der tugendhafteste – oder aber der, auf den das Los fällt [37]. Da die Ehefrauen noch unendlich viel schöner werden, sind die auserwählten Frauen nicht eifersüchtig auf die Huris. Die Besten unter ihnen, so heißt es, würden den Vorrang haben vor diesen fatalen Jungfrauen [38]. Und außerdem werden sie ganz wie diese «ein appetitaufreizendes Geschlecht» [39] haben. Keine Menstruation, keine Sorgen und Probleme mehr. «Alles nach Lust und Vergnügen.» Verjüngt und liebend ihrem Gemahl ins Ohr schnurrend: «Dank der Macht Allahs finden wir nichts im Paradies, was schöner wäre als du [40].»

Aber auch der Huri wird das Lächeln im Gesicht stehen. Sie reagiert auf die weibliche Form des Namens ihres Gemahls. Bereits vom ersten Tage an wiederholt sie immer wieder vor ihrem Mann die Worte: «Du bist mein Geliebter. Ich bin glücklich mit dir, und ich werde dich immer lieben [42].» Sie ist etwa dreißigjährig und duftet sagenhaft gut [43]. Mehrere Autoren von Bestsellern [44] malen sie uns in allen Farben: Weißes, grünes, gelbes, rotes Gesicht. Straff und drall sprießender Körper. Safran von der Zehe bis zum Knie. Moschus vom Knie bis zu den Brüsten. Von den Brüsten bis zum Hals Ambra. Vom Hals bis zum Scheitel Kampfer. Ihr geflochtenes Haar ist reine Grège-Seide. Zwei Namen, der ihres Gemahls und einer der Namen Allahs, stehen auf ihren Brüsten geschrieben [45]. Sie ist geschmückt mit siebzig Schleiern. Aus ihrem Schmucksortiment: zehn Armreife aus Gold an jedem Arm, zehn Reife aus Edelsteinen und Perlen an jedem Fuß, zehn Ringe an jedem Finger [46]. Ibn Qutaiba, dem es durchaus nicht an Humor gebricht, erwähnt einmal eine Huri-Kruppe in einem Format von 1000 mal 1000 Ellen [47]. Die Huri ist zum Vergnügen des Auserwählten da. Sie ist ewig Jungfrau.

Sobald sie ihre Jungfräulichkeit verliert, erlangt sie sie in Bälde wieder zurück [48].

Wenn die Auserwählten der Liebe pflegen, kommt es zu keinerlei Ausstoß von Substanz und Energie. Der himmlische Orgasmus entzieht sich jeder Beschreibung. Er währt fast ein ganzes Jahrhundert lang.

«Jeder Beischlafakt ist mit einem Vergnügen, einem köstlichen Hochgefühl verbunden, das in dieser Welt hienieden so unerhört ist, daß man in Ohnmacht fiele, wenn man es erleben würde [49].»

Übrigens fand auch die Sodomie zuweilen ihre Anhänger im Paradies [50], doch diese haben sicher nie Sujuti gelesen. Kann man im Paradies Kinder zeugen? Offiziell lautet die Antwort: nein. Manche, darunter an-Nasai (gestorben 915), behaupten dagegen: ja [51]. Der rätselhafte Maqdisi erwähnt beide Auffassungen darüber [52]. Abu Said will gehört haben, wie der Prophet sagte: «Wenn ein Muslim im Paradies ein Kind haben möchte, so werden Schwangerschaft und Geburt nicht länger als eine Stunde dauern [53].» Die Entwicklung des Neugeborenen bis zur Ausgewachsenheit gilt im allgemeinen als in diesem Zeitraum inbegriffen. Schweigt man sich etwa darüber aus, was die von der Schwangerschaft Betroffenen – die Huris oder die irdischen Frauen – dazu sagen? Am Ende des 19. Jahrhunderts beleuchtet Pater Klein die Beweggründe derer, die diesen Wunsch nach einem Kind unterstützen [54]. In Palästina oder in Kairo, so stellt er fest, gilt die Auffassung: wenn es ein Vergnügen ist, Kinder zu haben, dann ist es auch möglich, sie zu machen.

Die Frage, wie viele Frauen dem Auserwählten gegönnt werden, löste zahlreiche Diskussionen aus. Der Kanoniker al-Buchari ist am geizigsten: er genehmigt nur zwei, dafür aber «so schön, daß man durch das Fleisch ihrer Beine das Mark ihrer Knochen wird durchschimmern sehen» [55]. As-Sindi ist in einem Kommentar zu al-Buchari anderer Meinung als er: «Der Gläubige hat Anrecht auf dreiundsiebzig Gemahlinnen – oder ungefähr auf diese Anzahl –, und nur Allah allein kann das genau wissen [56].» As-Sujuti begnügt sich mit 70 Huris – und dazu zwei irdischen Frauen – pro Auserwähltem. Subhi as-Saleh, dessen Ansicht unmöglich übergangen werden darf, hat dagegen gleich ganze Harems von 70 000 Huris aus den Schriften ausgegraben: Laut einer bestimmten Tradition könne der Auserwählte bis zu 100 Jungfrauen pro Liebesspiel entjungfern [56]. Da kann man nur von Glück sagen, daß er keine Erschöpfung kennt!

Die Paradiesbewohner schlafen nie, denn «der Schlaf ist der Bruder des Todes» [59]. Aber der Tod ist, wie bereits erwähnt, auch gestorben. Kurz nach dem Jüngsten Gericht soll nämlich der Erzengel Gabriel, der Hauptwächter des Paradieses, in einer einzigen Aktion dem Tod in Gestalt eines Widders feierlich die Kehle durchgeschnitten haben [60]. Die Auserwählten ruhen sich höchstens aus. Sie nehmen Bäder. Dafür stehen ihnen Quellen, Brunnen, Flüsse zur Verfügung, in denen sie sich waschen und Körper und Herz reinigen können [61]. Aber das ist nicht alles. Sie essen und sie trinken. Die im Koran erwähnten Getränke stehen zur Verfügung. Auch Wein gehört dazu: roter, weißer und gelber, sogar einen schweren Verdet hat die Literatur der Himmelfahrt zu bieten [62]. Dem Trinkfesten werden verschiedene Szenarien geboten.

«Zehntausend Epheben bieten dem Erwählten eine Tafel aus rotem Hyazinth, tausendmal tausend [Ellen?] groß, gedeckt mit siebentausend Tellern aus Gold und Silber und auf jedem Teller siebzigerlei Sorten von Speisen [63].»

In manchen Geschichten ist von einem Tisch die Rede, auf den man nur die Hände zu legen braucht, und schon werden Hunger und Durst gestillt [64]. Sie erwähnen auch eine bestimmte Gattung von Bäumen, auf denen 70 000 bereits fertige Gerichte wachsen [65]. Vögel, groß wie Kamele und in allen erdenklichen Farben schillernd, fallen den Schlemmern gebraten vor die Nase. Nach Beendigung des Mahls erstehen die Vögel wieder von den Toten auf, schwingen sich in die Lüfte, lassen sich auf einem Ast nieder und zwitschern zum Lobe der Glückseligen [66]. An anderer Stelle reihen sich die Vögel vor dem Auserwählten auf und fordern ihn nacheinander auf: «O Heiliger Allahs, verspeise mich [67]!» Wie steht es um das Vieh? «Wenn angenommen werden darf, daß es dort eßbare Vögel gibt, dann ist es ebenso möglich, daß es dort eßbares Vieh gibt», argumentiert Ibn Qutaiba [68]. Und Fische? In bestimmten Traditionen über das erste Festmahl der Auserwählten enthält die Speisenfolge auch Leber von einem großen Fisch, serviert mit einer Erde, «vergleichbar mit frischem Brot» [69]. Und nun zum Feinsten unter den Speisen: dem Obst. Das *Buch von der Leiter* bietet eine geradezu surrealistische These an [70]. Man wünscht sich eine bestimmte Frucht, und schon wächst der betreffende Baum aus dem Boden. Man pflückt die Frucht, beginnt hineinzubeißen, doch plötzlich bekommt man Lust auf eine andere – und schon wird die Frucht zwischen den Kiefern des Essers automatisch ausgetauscht. Eine andere Quelle bietet eine sogar noch direktere Möglichkeit: der Konsumierende braucht nur die gewünschte Frucht auf dem Baum zu betrachten, und schon spürt er sie in seinem Mund [71].

Erheben wir uns nun von der Tafel und wenden wir uns den Freizeitbeschäftigungen zu. Steht nicht zu befürchten, daß selbst unter den Auserwählten manch einer Lust hätte, zu arbeiten? Offiziell nicht, aber wenn es unbedingt sein muß, warum nicht? In diesem Fall geht es, so weiß Saleh zu berichten, um «eine Feldarbeit, die gewissen Phantasien durchaus gefallen könnte» [72]. Mangels an Arbeit plaudert der Auserwählte mit Freunden, lauscht einem Engel beim Erzählen eines Märchens, lobt Allah oder unternimmt allein oder von einer seiner Frauen begleitet einen Ausflug, entweder zu Fuß oder auf geflügeltem Roß oder auf dem Kamel. Nichts geht nämlich über ein Kamel. Vor dem Aufkommen des Islams glaubten die heidnischen Beduinen an die Auferstehung. Wenn einer aus ihrem Kreise starb, so band seine Familie sein Kamel unweit des Grabes fest und ließ es an Hunger und Durst verenden. Auf diese Weise schickte sie es seinem Herrn ins Jenseits hinterher, um ihm zu ersparen, daß er dort zu Fuß gehen müßte [73]. Das geflügelte Roß, *rafraf* genannt, hat einen Körper aus rotem Rubin. Laut Sujuti wächst es auf einem Baum [74]. Subhi as-Saleh gibt an, daß das Wort *rafraf* in Wirklichkeit «eine Art Sofa» [75] bedeutet. Die große Masse hat sich für das Pferd, da es ein edleres Tier ist, begeistert. Die Engel und die Pferde haben Flügel. Letzten Endes können die Erwählten, die dieses Namens würdig sind, ihnen also durchaus gleichen. Schließlich hatte der Prophet doch über Dschafar ibn Abu Talib gesagt, er sei «ein Mensch mit zwei Flügeln», und «daß er im Paradies gemeinsam mit den Engeln fliegt» [76].

Die Auserwählten mögen Flügel haben oder nicht, fest steht jedoch, daß sie singen. Genauso wie die Engel, die Huris und die sonstigen Zierden [77]. Allah dagegen spricht, und der Genuß, sein Wort zu vernehmen, ist himmlisch.

Gott Allah

Die Auserwählten bedienen sich ihrer Augen, um Gott zu schauen [78]. Sie sprechen zu Ihm, und Er antwortet ihnen, wahrscheinlich während Seines wöchentlichen Besuchs, am Freitag auf besondere Einladung. Aus Sujutis Sicht läuft das Ganze wie eine richtige Show ab [79]. Ganz nach Art der amerikanischen Stars, in der Reihenfolge ihres Erscheinens: «Abraham und seine heiligen Texte», «Moses und die Thora», «Jesus und die Evangelien», «David und die zehn Kapitel seiner Psalmen», «Muhammad und zwei Suren aus dem Koran». Während dieses ersten Teils bleibt Allah, der auf einer roten Hyazinthe thront, hinter einem Schleier verborgen. Ein Herold kündet jede Nummer an. David kann einen klaren Erfolg verbuchen, wenn er seine Kapitel «in neunzig verschiedenen Tönen» singt. Den Zuschauern auf ihren Stühlen kommen vor Rührung die Tränen. Dann folgt Muhammads Auftritt. Seine Stimme ist siebzigmal schöner als die von David. Das Publikum gerät in Verzückung. Allah wartet, bis sich die Anwesenden wieder beruhigt haben, und bringt eine Sure zum Vortrag. Die Zuschauer geraten vollends aus dem Häuschen – es herrscht die reine Ekstase. Wenn sie sich wieder gefaßt haben, kommt der Clou des Spektakels. Gott enthüllt sich und ergreift das Wort:
«Ich bin der Schleier, und ihr seid die Verschleierten [. . .] Dies sind meine Worte, hört ihnen zu! Dies ist mein Licht, betrachtet es! Dies ist mein Antlitz, schaut es an!»
Die Verschleierten schauen. Ihre Gesichter «erstrahlen und verharren dreihundert Jahre lang starr und reglos vor dem Antlitz der Wahrheit».

Mutaziliten

Die Mutazila trat erstmals zu Beginn des 8. Jahrhunderts in Erscheinung. Diese rationalistische Bewegung genoß eine gewisse Zeit die Gunst des Abbasidenkalifats. Nachdem sie in Ungnade gefallen waren, machten die Mutaziliten sich als Häretiker einen Namen [80]. Auch exkommunizierten sie sich gegenseitig selbst, wenn es ihnen erforderlich schien: so zogen zum Beispiel drei mutazilitische Autoren unter dem Einfluß der griechischen Philosophie für die schlechten Untertanen die Seelenwanderung in Aussicht. Daraufhin wurden sie aus der Sekte ausgeschlossen. Diese verschwand schließlich ganz von der Bildfläche, aber manche ihrer Ideen wanderten weiter.

Ihre Lehre hebt die spirituellen Freuden etwas stärker in den Vordergrund. Die Freuden des Körpers und das Prinzip des dekorativen Ambientes werden zwar nicht geleugnet, nur befreien die Mutaziliten das Ganze etwas von seinem übertriebenen Ballast. Der Fluß Kautar ist kein Fluß mehr [81]. Die Früchte haben den nämlichen Geschmack wie auf Erden [82]. Die Dschinnen, jene Dämonen, werden nicht ins Paradies einziehen [83]. Wieder begegnet man polemischen Tönen gegen das christliche und jüdische «Volk der Schrift», ja sogar gegen die Kinder [84]. Noch schlimmer: die Mutaziliten laufen Sturm gegen die Idee, daß das Paradies bereits jetzt existiert [85]. Für sie ist es noch nicht erschaffen. Das werde erst während des Jüngsten Gerichts geschehen. Die Mutaziliten bestreiten daher auch, daß Muhammad das Paradies bereits besucht habe [86]. Außerdem lehnen sie jedwede Hierarchie unter den Auserwählten aufs heftigste ab [87].

Der Gipfel des Skandalösen, das, was die Mutaziliten wirklich außer sich gebracht hat, war die These der direkten Schau Allahs bei den Traditionalisten. Klar und deutlich stellt al-Murdar (gestorben 844) fest:

«Wer immer – ganz gleich, in welcher Form – behauptet, Gott könne gesehen werden, der ist ein Anthropomorphist und folglich ein Ungläubiger. Und wer an der Ungläubigkeit dieses Menschen zweifelt, ist ebenfalls ein Ungläubiger [88].»

Und vom ganz harten Kern unter ihnen wurde sogar auch die Schau mit den Augen des Herzens abgelehnt [89].

Die Sinne und das Wesen

Die ersten Asketen des Islams und ihre unmittelbaren Nachfolger sehnten sich innig nach dem Paradies sowie danach, Gott zu schauen. Bereits vom 8. Jahrhundert an sind verschiedene Geister von der Schau Gottes besessen. Hasan al-Basri (gestorben 772) verkündet, daß er weinen werde, wenn er Gott nicht schauen werde, welcher weit über dem Paradies steht [1]. Die Heilige Rabia al-Adawijja (gestorben 801) macht in heftigsten Tönen ihrer tiefen Verachtung für das Paradies sowie den Wunsch, dorthin zu gelangen, Luft. Sie hat nur ein einziges Ziel, nämlich Gott zu schauen. Sie ist bereit, das Paradies ins Feuer zu werfen, am liebsten wäre es ihr, man vergäße das Ganze und redete nicht mehr davon [2]. Was einzig zählt, ist die reine Liebe, das absolut Überwiegende der spirituellen Glückseligkeit. «Das Paradies ist ein Spielzeug für kleine Kinder» [3], seufzt Bajazid Bistami (gestorben 874); ar-Razi (gestorben 872) wird noch heftiger und meint, es sei «das Gefängnis der Gnostiker» [4]. Im Laufe der Jahrhunderte werden die großen Mystiker wider den Strom schwimmen und zur Erforschung der Archetypen aufbrechen, die sich hinter den konkreten Gestalten und Bildern des Korans verbergen, sie werden sie überwinden und zu Gott Allah selbst zurückkehren. Darüber werden die Doctores des Gesetzes, die Wächter über den wörtlichen Sinn der Botschaft des Propheten, alles andere als erfreut sein. Kann man aber einen Eingeweihten daran hindern, den verborgenen Sinn zu entschlüsseln? Bei diesem Ansatz wird man erfahren, daß die Huris nicht Jungfrauen sind, sondern Tugenden oder himmlische Seelen. Die ganzen Teppiche, Polster, Sitze und Ruhebetten sind lediglich graduelle Stufen der Hierarchie. Der Wein ist die göttliche Erkenntnis, der wahre Grund all der Kontroversen über Mystik oder Mystizismus dieses oder jenes bacchantischen Dichters. Während er bei Ibn al-Faridh (gestorben 1235) in seiner *Wein-Ode* das unvergleichlich Edelste ist, so wird er von Omar Chajjam (gestorben 1123) zuweilen entschieden angefochten. Théophile Gautier hat ihn ganz verbannt, während er sich über folgende Strophe ereiferte:

«Ich will so viel Wein trinken, daß sein Duft noch aus der Erde dringen kann, wenn ich darunter liege, und daß die vom Vorabend noch halbberauschten Zecher, die mein Grab besuchen kommen, allein schon von der Wirkung dieses Duftes im Vollrausch niedersinken [5].»

Eingeweihte wie Muhasibi (gestorben 859) haben überdies die paradiesischen Freuden in besonders drastischer Weise geschildert, und zwar «um das Volk zur Frömmigkeit zu ermutigen», wie Louis Gardet anmerkt [6].

Im Thema der Gottesschau ist man dank Bajazid einen entscheidenden Sprung weiter gekommen. Der Höhepunkt des Schauspiels, der Augenblick, wo Gott sich vollends entschleiert, bedeutet den Tod des Zuschauers. Bajazid weiß, wovon er redet, denn er hat es selbst erlebt. Ein Jahr vor der Hedschra hat Muhammad in wachem Zustand seine nächtliche Reise zu Gott unternommen und dabei den Himmel, die Hölle, das Paradies und den Thron besichtigen können. Von den verschiedenen exegetischen Traditionen plädiert eine für die These, daß es sich dabei um eine ekstatische Vision gehandelt habe [7]. Und auf diesem Wege wird Bajazid die Reise Muhammads noch einmal unternehmen. Er war der erste Sufi, der dieses Abenteuer wiederholte und neu veröffentlichte [8]. Auf dem Höhepunkt seiner Himmelfahrt schaut er Gott Allah. «Ich trat aus mir heraus wie eine Schlange aus ihrer Haut», bezeugt der Heilige [9]. Das ist die totale Abtötung des Subjekts, die Vernichtung des Ego, die «Entwerdung in Gott hinein»: genannt *fana*. Dieser Begriff wurde von al-Halladsch (gestorben 922), dem großen Theoretiker der verwandelnden Vereinigung, neu definiert als «Entwerdung der Entwerdung». Suhrawardi (gestorben 1191) insistiert besonders auf diesem «höchsten Zustand der Entwerdung». Der Gläubige befindet sich auf dem Weg des Wiedereingehens in Gott. «Würde sein Gesicht von einem Schwert getroffen, so würde er es nicht einmal bemerken», wie es Sari as-Saqati (gestorben 867) noch präziser formulierte [10].

Nach der Himmelfahrt und dem Gipfelerlebnis, dem *fana*, folgt der Wiederabstieg. Bajazid identifizierte ebenfalls den Zustand, in dem man wieder aus dem *fana* heraustritt. Dies ist der Zustand *baqa*. Gott ist in allem. Er durchdringt den Auserwählten völlig, wobei er sich zwar nicht in ihm inkarniert, aber ihn erleuchtet, sich in ihm zum Leuchten, zum Strahlen bringt.

«Dann habe ich geschaut», berichtet Bajazid. «Ich habe gesehen, daß der Liebende, der Geliebte, die Liebe eins sind, denn in der Welt der Vereinigung können alle eins sein. Ich bin der Trinker, der Wein und der Mundschenk [11].»

Halladsch ruft gar: «Ich bin die Wahrheit [12].» Doch diese Formel erscheint den Orthodoxen denn doch zu bedenklich, und Halladsch wird hingerichtet.

Die erwähnten Zustände dauern jedoch nicht an. Schade, denn das Sein im *baqa* ist ein außerordentlich süßes Gefühl. Die Welt des Sichtbaren strahlt im Licht der Liebe. Der strahlende Erwählte spiegelt sich in allem, was ihn umgibt. Das Licht, das er ausstrahlt, kommt wie ein Bumerang als Quell der Freude zu ihm zurück. Der *baqa*-Zustand entspricht der «Gottförmigkeit» des Auserwählten und ist ein göttlicher Zustand – die reine Liebe.

Im *Kitab at-Tawahhum* des Muhasibi kehrt der Auserwählte nach der seligen Schau Gottes wieder zu seinen Huris zurück und läßt sich von ihren Zärtlichkeiten verwöhnen [13]. In vollem *baqa* muß dies in der Tat ein interessantes Gefühlserlebnis sein. Bei dem Ägypter Dhu'n-Nun al-Misri (gestorben 860) folgt auf die Schau Gottes, also implizit den *fana*-Zustand, ein Liedvortrag Davids. Die Huris nehmen das Lied im Chor wieder auf.

«Und der König weitet das Verstehen der Erwählten aus, um ihre Freude vollkommen zu machen. Und wenn Gott nicht im voraus bestimmt hätte, daß sie ewig währe, würden sie vor Freudenjubel vergehen [14].»

Es gibt de facto zwei Kategorien von Auserwählten. Die Basis, das heißt die große Masse, und die intimen Freunde, die innig Nahestehenden. Die Basis wird bestenfalls, so Bajazid, Gott nur einmal sehen, die Freunde dagegen wann immer sie wollen. Bei Halladsch ist Gott derjenige, der bestimmt, in welchem Rhythmus die Erstrahlungen erfolgen. Die einen wie die anderen wohnen im wiedergefundenen Paradies Adams. Die Basis frönt verzückt ihren fünf Sinnen, während die innig Nahestehenden ihrer überdrüssig sind. «Damit der Feind sie nicht zu fassen bekommt», nimmt sie daher Gott gefangen, und eine solche Entführung ist ein Hochgenuß [15].

«Die Mehrzahl der Paradieses-Bewohner ist arm im Geiste [16].»

Dieser angebliche Ausspruch des Propheten hat mehr als nur einem Mystiker zu seinem Glück verholfen. Er macht uns aufmerksam auf die Mehrdeutigkeit des Wortes *Paradies*. Man kann isoliert ein erstes Paradies betrachten, den Garten der Seele, welcher den «Armen im Geiste» vorbehalten ist und worin die fleischliche Glückseligkeit das Entscheidende ist. Die wahren Mystiker empfinden für dieses Wohngefilde jedoch nur Hohn und Spott. Dieses Paradies ist nämlich nur ein Symbol für ein zweites, eindeutig würdigeres Paradies, und das ist der Garten des Herzens, die Welt der Archetypen. Hier begreifen die Einsichtigsten, daß selbst die fünf Sinne nur Symbole sind.

Vom 9. bis zum 13. Jahrhundert wurde über diese Dinge viel nachgedacht. Die Aufrichtigen und Wahrhaftigen, das heißt diejenigen, die sich von den irdischen Kontingenzen vollkommen lösen, erlangen Zutritt zu einer dritten Ebene, dem Garten des Geistes. Hier wohnen die großen Prinzipien, die Propheten, die Heiligen, die Allernächsten, die Engel. Es ist die Wohnstätte des großen Schauders. Diese reinen Wesen sind das reine Strahlen der Liebe. Welch Genuß für den Neuaufgenommenen, der solche Lichter betrachtet. Seine Persönlichkeit verfeinert sich bis zum Extrem. Nur durch einige wenige Schleier aus Licht sind sie noch vom vierten Paradies getrennt, dem einzigen, dem wahren, dem unvergleichlichen, dem Paradies des Wesens an sich. Diese Zone entspricht dem Zustand *fana,* der Abgestorbenheit des Ego, der Entwerdung in Gott.

Für die Lösung dieses Zustandes gibt es zwei Möglichkeiten. Entweder verläßt der Auserwählte dieses Paradies des Wesens wieder und kehrt in den Zustand *baqa* zurück, aus dem er gekommen war. Oder der Auserwählte träumt von einer einfachen Hinfahrt ohne Rückfahrt. In diesem Fall ist das Endziel des Unternehmens, daß *fana* ein Dauerstadium für alle Ewigkeit wird. Das ist dann Hin- und Rückweg in einem, der in sich geschlossene Kreis.

Um es zu Erfolg zu bringen, muß man sterben. Das Ritual der Initiation ist eine Begegnung mit dem Tode [17]. Der berühmte Theologe Ghazzali (gestorben 1111) hat den Sufismus auf die Orthodoxie umschwenken lassen, indem er die Auferstehung in Fleisch und Blut lehrte. Er gab den Auserwählten der Basis die Versicherung: «Die mächtigsten Ansporne sind die der Genitalien und des Bauches, und das Paradies ist ein Ort, wo beide befriedigt und in höchstem Maße erregt werden [18].» Nach seiner Lehre wird der Auserwählte 500 Huris erben, dazu noch 4000 Jungfrauen sowie 8000 irdische Frauen, die jedoch keine Jungfrauen sind [19]. Ghazzali erteilt aber den warnenden Hinweis, daß die Wirklichkeiten des Paradieses sich von denen auf Erden unterscheiden. In seiner Sammlung zu erwartender Freuden räumt er den spirituellen Freuden den Vorrang ein [20].

Vom 11. Jahrhundert an berufen sich einige Denker, darunter auch Ghazzali, auf die Imagination, jedoch ohne all ihre Möglichkeiten realiter auszuschöpfen. Im 12. Jahrhundert unternimmt Suhrawardi eine neue Definition der Imagination. Er macht sie zur *aktiven Imagination* und assimiliert sie mit dem auferstandenen Leib. Damit ist der Weg geebnet, und das ist gefährlich. Suhrawardi wird auf wiederholten Befehl des Salah ad-Din (gestorben 1193), jenes berühmten Saladin, eines reinen Orthodoxen, hingerichtet werden. Was ist mit dieser aktiven Imagination gemeint? Henry Corbin definiert sie so:

«Es handelt sich um ein Organ, mit dessen Hilfe sich die inneren spirituellen Zustände in äußere Zustände verwandeln lassen, in Ereignis-Visionen, die mit diesen inneren Zuständen in symbolischem Zusammenhang stehen [21].»

Oberhalb unserer Welt gibt es eine suprasensible, übersinnliche Zwischenwelt. Die Unsterblichen haben dort einen vergeistigten Leib, der mit diesem «Organ», der aktiven Imagination, verwandt ist. Dank der Fähigkeiten dieser schöpferischen Imagination kann der Auserwählte seine inneren Zustände visualisieren. Diese Zustände können zwar geistig arm sein. In diesem Fall wird der Auserwählte allein kraft seiner Imagination mit seinen Über-Sinnen an den ganz irdischen Dingen Genuß und Freude finden. Ist sein geistig-spirituelles Leben jedoch intensiver entwickelt, so wird er Archetypen erkennen können, von denen manche übrigens selbst wieder Symbole sind. Um ihm bei seiner Suche zu helfen, verfügt die aktive Imagination über bestimmte Fähigkeiten der Wahrnehmung, intuitiven Einfühlung und Reflexion.

Im Zenit dieser Zwischenwelt haben diejenigen, die die irdischen Freuden verachten und sich einzig auf die spirituellen Freuden konzentrieren, allen Grund zur Hoffnung, in die Jenseitswelt, den Garten des Geistes, einzutreten. Dort leben die Bewohner – reine Geister – in Körpern aus Licht. Die aktive Imagination ist dort nicht mehr wirksam. Gott ist nahe. In dieser Jenseitswelt möchte Suhrawardi seine Tage beschließen und «einer der nächsten Engel Gottes» [22] werden. Dschalal ad-Din Rumi (gestorben 1273) teilt diese Ambition ebenfalls:

«Vor unserer Geburt weilten wir dort im Himmel im Kreise der Engel! In dieses göttliche Gefilde, das unser Heimatland ist, werden wir wieder zurückgelangen. Oh, was für ein Glück [23]!»

An die Stelle des Leibes aus Fleisch und Blut nach der orthodoxen Auferstehung tritt hier in der Zwischenwelt ein geistiger Körper, in der Jenseitswelt ein Lichtkörper und im Garten des Wesens die Abtötung oder Entwerdung. Da der geistliche Leib ist, was er ist, hindert uns nichts an dem Gedanken, daß in der Zwischenwelt Paradies und Hölle einunddasselbe sind.

Muhammad und einige seiner Gefährten wie Omar oder Ibn Abbas hatten natürlich Visionen, die ihnen die Pforten des Paradieses öffneten. Und in dieser Hinsicht blieben sie, wie sich herausstellte, nicht ohne Nachfolger. Der Begriff *Vision* ist dabei im weitesten Sinne zu fassen. Sie kann eine Szene sein, die die fünf Sinne anspricht, also lediglich eine Stimme, ein Laut, ein Geräusch, eine Zahl, ein Zeichen, ein niedergeschriebener Satz. Fünf Arten von Visionen sind zu unterscheiden. Zunächst einmal diejenige, die jeder Beliebige zu jeder beliebigen Zeit haben kann. Dschalal ad-Din Rumi ist erst sechs Jahre alt, als er von «Personen in grünen Mänteln» entführt wird, die ihn das Himmelreich besuchen lassen [24]. Hypochonder, Epileptiker und in aller Regel auch Verrückte scheinen besondere Gaben zu besitzen, ihnen scheint es besonders mühelos zu gelingen, das Paradies zu besuchen. Als Ibn Zaid (gestorben 793) wie Rabia träumt, er habe dort oben Gott zum Nachbarn, hält es ihn nicht länger, und er fragt einen Verrückten um Rat. Dieser antwortet ihm: «O Abdalwahid, du wirst Mimuna, die Schwarze, zur Nachbarin haben [26].» Im 12. Jahrhundert offenbart Suhrawardi, daß es Leute gibt, die versuchen, Kinder zu visionärem Sprechen zu bringen. Man füllt zum Beispiel ein Glas mit Wasser und läßt sie es intensiv betrachten» [27], bis sie eine Vision haben. «Laß erscheinen, was abwesend ist; es ist die Welt des künftigen Lebens» [28], pflegte Schams ad-Din Tabrizi zu sagen, dem die Gründung des Ordens der Tanzenden Derwische zugeschrieben wurde.

Ein wahrer Mystiker ruft dagegen seine Visionen selbst hervor. Es handelt sich dabei entweder um eine natürliche Gabe oder um eine durch Initiation erlangte Fähigkeit. Im Laufe der Erdenzeit wurde schon mit allen möglichen Techniken experimentiert, um in das Jenseits hinüberzutreten: mit Askese, Meditation, Kontemplation, anhaltendem Wiederholen eines göttlichen Satzes oder von Gottes-Namen, geistlichen Konzerten, Tanz, Genuß von Drogen und dergleichen mehr. Die Sufis schulen ihre Konzentration durch eine bestimmte Art von Gymnastik sowie durch Atemübungen. Diejenigen, die abheben, gelangen entweder ins Paradies, oder aber sie kehren wieder daraus zurück (und das dürfte wohl häufiger sein).

«Der Betrachter von außen meint, sie seien krank», sagt Hasan al-Basri, «aber sie sind von keinerlei Krankheit geschlagen. Oder wenn du so willst, sind sie sehr wohl geschlagen, und zwar übermächtig, nämlich von der Erinnerung an das Jenseits [29].»

Diese Visionen bleiben nicht ohne Folgen. Sie können den Lebensweg eines Menschen ändern. Manchmal hinterlassen sie sogar materielle Zeichen ihres Auftretens zurück. Eines Tages unterschreibt Hasan al-Basri einem Ketzer ein schriftliches Versprechen, daß er ins Paradies kommen werde, wenn er sich zum Islam bekehre. Dieser, ein gewisser Scham'un, erscheint eines Nachts Hasan im Traum und teilt ihm direkt aus dem Paradies mit, daß die schriftliche Zusage nicht nötig gewesen sei. Als er aufwacht, findet Hasan das Schriftstück in tausend Fetzen zerrissen am Fußende seines Bettes [30]. Auch Sari Saqati hat, während er schläft, eine Vision. An der Pfeilerspitze seines Zeltes hat seine Tochter einen Tonkrug voll Wasser aufgehängt, damit es abkühlt. Da erscheint ihm plötzlich eine Huri im Traum und macht ihm unter schrecklichem Gezeter klar, daß ein wahrer Asket heißes Wasser trinkt. Als Sari erwacht, ist der Tonkrug zerbrochen [31]. Beide Male handelt es sich um göttliche Träume, die man keinesfalls mit simplen profanen Träumen verwechseln darf.

Bis in das 9. Jahrhundert haftet auch der fleischlichen Vision aus dem Jenseits nichts Schockierendes an. Die Vision, die Ataba ben Gulam (gestorben 784) in Form des Besuchs einer Huri hatte, ist ein klassisches Beispiel. Die Jungfrau kommt und läßt ihn feststellen, daß sie ihres Ranges würdig ist. Nicht auf den Kopf gefallen, antwortet ihr Ben Gulam: «Huri, bereits drei Male habe ich der Welt entsagt, da mir sehr daran gelegen ist, dereinst bis zu dir zu gelangen [32].» Mit Bajazid Bistami wird die fleischliche Vision bestenfalls zum Sprungbrett nach höheren Sphären. Eines Nachts hört er eine Stimme, die ihm verkündet: «Ein Senfkorn der Liebe des Herrn ist mehr wert als hunderttausend Paradiese [33].» Bajazid verfällt in Ekstase. In seiner mystischen Suche ist das Wohnen im fleischlichen Leben nur eine Etappe, die man möglichst rasch hinter sich bringen – wenn nicht gar einfach überspringen – muß. Verachtung empfindet er für diejenigen, die es bei der Vision allein bewenden lassen [34]. Ein Sufi hat stetig voranzuschreiten, immer höher hinaus, bis er schließlich den Garten des Wesens erreicht, um dort seine Spezialität, den *fana*, auszukosten. Der Weg der Reise ist gespickt mit Hinterhalten, angefangen vom fleischlichen Paradies, das mehr denn verlockend ist. Sich beständig auf das Ziel zu konzentrieren ist unerläßlich. Abu Turab an-Nachschabi (gestorben 860) weiß davon ein Lied zu singen. Eines Nachts erscheinen ihm im Traum gleich mehrere Huris.

«Hört, ihr Huris», spricht er zu ihnen, «ich bin zu beschäftigt, um euch meine Aufmerksamkeit zu widmen.» – «O Scheich!» entgegnen sie, «wenn die anderen Huris erfahren, daß Ihr uns nicht empfangen wolltet, dann überschütten sie uns mit Schimpf und Spott.»

Da muß der Engel Gabriel einschreiten. Er jagt die Huris fort. Abu tröstet sie jedoch mit dem Vorschlag, sie sollten später noch einmal vorbeischauen [35].

Es kann auch passieren, daß sich ein Visionär von einer fleischlichen Vision nicht mehr zu lösen vermag. Ad-Darani (gestorben 831) ist alles andere als stolz auf seine Begegnungen mit den Jungfrauen [36]. Wenn ein Visionär, der dieses Zeichens würdig ist, konkrete Gestalten sieht, so tut er gut daran, sie als Symbole zu betrachten, wenn er die Zwischenwelt verlassen und in die Jenseitswelt eingehen möchte, was ja die einzige Möglichkeit ist, in den Zustand *fana* zu gelangen. Wenn seine Intuition ihm mittels einer fleischlichen

Vision ein Symbol Gottes vor Augen führt, ist er gewarnt. In der Zwischenzeit ist Gott nur in konkreter Gestalt darstellbar. Die vollkommenste von allen Gestalten, so lehrt uns Ibn Arabi (gestorben 1240), ist die der Frau [37]. Und diese Wohlgestalt hat den Dichtern weiß Gott wie eine Droge die Sinne berauscht. Diese Zwischenwelt nimmt zuweilen die Züge eines Gesellschafts-Clubs an. So schreibt Razi an seinen Kollegen Bajazid: «Ich muß dir ein Geheimnis anvertrauen; aber zu diesem Behuf wollen wir uns im Paradies am Fuß des Tuba-Baumes treffen [38].» Manche machen täglich einen Ausflug dorthin, andere in größeren Abständen. «Es kann vorkommen, daß ich ganze Jahre hindurch keine Vision habe» [39], gesteht ad-Darani. Diese Ausflugsreisen sind aber keineswegs ungefährlich, wie Henry Corbin betont hat [40]. Man könnte im Nu schizophren werden, wenn man die irdische Welt und die Zwischenwelt miteinander verwechselt. Ein anderes Risiko besteht darin, daß man einen Überlegenheitskomplex entwickelt, der fehl am Platze wäre. Schließlich sei bei einigen die Gottesschau zu einer fatalen Obsession ausgewachsen: Ibn Sabin (gestorben 1270) hat sich am Ende umgebracht, um ihn aus noch größerer Nähe schauen zu können.

Mit der Zeit haben diese Mystiker ein anmutiges Bild hinterlassen. Sujuti hat ihre *fana* in seinen populären Geschichten festgehalten, und das haben sie auch verdient. Ibn Arabi betete, Gott Allah möge alle Frauen rehabilitieren [41]. Vor ihm glaubte Bajazid nicht daran – und dennoch schlug dieser Heilige vor, daß seine Adepten einst, wenn der Tag kommen wird, eine Verbindung zwischen der Hölle und dem Paradies herstellen sollen. Das Ziel dabei war, die Verdammten ins Paradies überwechseln zu lassen, um sie nicht mehr ewig in den Feuergluten sitzen zu lassen [42].

Die Gläubigen, die keine Zeit zum Meditieren haben, werden sich lieber für das fleischliche Paradies eines Wanderpredigers interessieren als für die Etappentheorie des Dhu'n-Nun. Und doch sind dies keine unvereinbaren Gegensätze, denn die Sufis haben niemals die Existenz der fleischlichen Seligkeit geleugnet. Die Gesetzeshüter werden schon über sie wachen. Im 12. Jahrhundert gestand ein Syrer dem Scheich von Damaskus folgendes:

«Heute nacht habe ich im Traum meinen Vater gesehen, und er

behauptete mir gegenüber: ‹Was der Scheich erzählt, ist nicht die Wahrheit; wir [die Toten] haben weder das Paradies gesehen, noch das ewige Feuer, noch das Jüngste Gericht, noch die Notwendigkeit, Rechenschaft abzulegen.› Und er weinte bitterlich.

‹Das war nicht dein Vater›, antwortete der Scheich.

‹Herr, aber ich erkenne doch meinen Vater wieder!›

‹Das war der Teufel, und gleich wird er wieder erscheinen und dir noch einmal sagen, was er dir bereits gesagt hat. Da sprich folgendes zu ihm: 'Im Namen Allahs, und es gibt keine andere Gottheit außer Ihm –: bist du mein Vater?' Da wird er dir ins Gesicht furzen und dann verschwinden.›

Am Morgen nach der darauffolgenden Nacht trat der Mann wieder vor den Scheich, und dieser fragte ihn:

‹Hat er dir ins Gesicht gefurzt?›

‹Bei Gott, ja, hoher Herr›, antwortete der andere [43].»

Der sunnitische Islam hält sich weder mit den Literalisten, den Verfechtern der wörtlichen Auslegung, noch mit den Esoterikern auf. Die modernen Exegeten in Gestalt der Philologen haben jedoch beide Tendenzen kritisiert [44]. Sie waren zwar mit dem Prinzip der konkreten Gestalten des Paradieses einverstanden und haben ihnen eine Funktion als Beispiel für die Araber zugestanden. Für Nichtaraber habe dies jedoch keine Wirkung. Diese Gestalten seien daher Ausdruck einer wesensmäßigen anderen, höheren Wirklichkeit, die allein Gott Allah bekannt ist. Man darf sie also auf keinen Fall mit den spirituellen Gaumenfreuden verwechseln, denn diese sind natürlich die besseren.

Einige Schiiten-Gruppen

Der Tod des Propheten im Jahre 632 warf die beängstigende Frage auf, wer seine Nachfolge an der Spitze der Gemeinschaft antreten würde. Von den Anhängern des vierten Kalifen, Ali ibn Abu Talib (gestorben 661), Vetter und Schwiegersohn des Propheten, wurden – und werden auch heute noch – die drei ersten Kalifen als betrügerische Hochstapler betrachtet. Der vierte Kalif war klein, rundlich, kahlköpfig und ein ausgezeichneter Krieger. Seine Rechte wurden durch Muawija, den Gouverneur Syriens (gestorben 680), der sich selbst zum Kalifen ausrief, bestätigt. Nach vielfältigen Abenteuern «endete Ali ermordet in der Moschee von Kufa». Was folgte, war das Schisma.

Die Zwölfer-Schia

Während die sunnitische Tradition einen literalistischen Kanon aufstellte, haben die Zwölfer-Schiiten eine Sammlung von Traditionen geerbt, die von Literalismus, Magie und Esoterik gleichermaßen geprägt ist. In beiden Systemen ist jedoch die Offenbarung unlöslich mit der arabischen Sprache verbunden. Von dieser gemeinsamen Basis aus kann ein Anhänger der Zwölfer-Schia in der Offenbarung den Buchstaben und gleichzeitig seinen verborgenen Sinn nebeneinander gelten lassen, während ein orthodoxer Gläubiger allein bei dem Buchstaben Halt macht [1]. Zu unserem Glück hat Henry Corbin dieses Problem eingehend untersucht. Nach dem Glauben der Zwölfer-Schiiten hatte bereits Muhammad selbst den verborgenen Sinn der Schrift heimlich Ali offenbart [2]. Das verborgene Wissen darf auf keinen Fall in alle Hände gelangen, zumindest nicht, solange die *conditio humana* noch nicht mehr ist als das, was sie gegenwärtig ist. Ali war der erste aus einer Reihe von insgesamt zwölf Imamen. Sein von Fatima hervorgegangener Stamm war, so offenbarte sich, wie seine eigene Person von besonders exemplarischer Reinheit. Der Imam ist ein Führer in die spirituelle Einweihung, der zwölfte spielt dabei die Schlüsselrolle. Sein Name war Muhammad wie der des Propheten. Er schied zwar schon als Fünfjähriger im Jahre 873 aus dem Leben, aber von Zeit zu Zeit ließ er noch weiterhin durch Botschaften von sich hören. Diese sogenannte kleine Verborgenheit nahm im Jahre 941 ihr Ende. Seither hat jener Muhammad keine weiteren Botschaften mehr gesendet, sondern er ist in seine große Verborgenheit eingetreten. Eines Tages wird er aber wieder auf die Erde zurückkehren und öffentlich den verborgenen Sinn der Religion enthüllen. Dieses

Come-back, der wahre Triumph des Geistes, wird die Auferstehung und das Jüngste Gericht ankündigen. Muhammad ist der Vollstrekker des Erbes von Ali dem Gerechten, das heißt, falls die Zwölfer-Schiiten sich um seine Rückkehr verdient machen, indem sie der göttlichen Gerechtigkeit zum Sieg verhelfen.

Auch hier muß zwischen der Gemeinde aller und dem Kreis der Eingeweihten unterschieden werden. Die Mehrheit der Zwölfer-Gemeinde strebt nach der konkreten Version des koranischen Paradieses sowie nach der nicht weniger sinnlich faßbaren, die aus ihrer Tradition hervorgegangen ist. Sie lehnt die unmittelbare Gottesschau ab, worin sie dem Vorbild des gelehrten al-Mufid (gestorben 1023) folgt.

«Es ist unmöglich, Gott mit den Augen zu schauen. Gott zu schauen widerspricht dem Verstand, dem Koran und allen von der Familie überlieferten Traditionen [3].»

Die Eingeweihten respektieren nicht nur ihre eigenen Heiligen, sondern auch die Tenöre vom Schlage eines Ghazzali oder Ibn Arabi. Der große schiitische Philosoph Molla Sadra (gestorben 1650) ist Suhrawardis bester Kunde. Für ihn ist die aktive Imagination kein Geheimnis. Ebensowenig die Zwischenwelt und das Jenseits. Oberhalb der Jenseitswelt diagnostizieren die Zwölfer-Schiiten ein höchstes Plerom des Lichts, bestehend aus dem Propheten, seiner Tochter Fatima und den zwölf Imamen. Molla Sadra lehnt für sich die Auferstehung in Fleisch und Blut ab. Nach dem Tod wird die Seele in der Zwischenwelt mit ihrem Organ, der aktiven Imagination, auferweckt, und diese «macht jede Seele zur Schöpferin ihres Paradieses oder ihrer Hölle» [4]. Das ist die kleine Auferstehung oder Erwekkung, und die Seele setzt «ihr Wachsen» weiter fort. Die große Erwekkung folgt aus der Parusia des zwölften Imams [5]. Der erste Posaunenstoß schlägt wie ein Blitz in die Seelen in der Zwischenwelt ein. Der zweite läßt sie als reine Geister in der Jenseitswelt unterhalb des Lichtploroms auferstehen. Die Lichtkörper der Geister setzen dort ebenfalls ihr «Wachsen» fort. Und wie weit? «Man kann das Niveau des Imams erreichen, ohne jedoch selbst der Imam zu sein» [6], meint M. A. Amir Moezzi. Der Imam in Person zu sein – unmöglich. Daran ist nicht zu rütteln. Chomeini hat darauf hingewiesen, wie schwierig allein schon der Versuch ist:

«Nach Auskunft der *rawajat,* über die wir verfügen, waren der Prophet und die Imame Lichter in der Finsternis des Himmels, sie waren von höherem Geist und höherer Natur als die anderen Menschen und unendlich begabt, und an späterer Stelle erklärt der Engel Gabriel mit Bescheidenheit: ‹Hätte ich mich weiter genähert, so hätte ich mich verbrannt› [7].»

Im vorigen Jahrhundert hat Ahmad Ahsa'i (gestorben 1826), ein ehemaliger Zwölfer-Schiite, ein persönliches Szenario entwickelt. Der Mensch besitzt demnach vier Körper. Sein irdischer Leib und sein Astralleib haben keine Zukunft. Was zählt, sind einzig sein feinstofflicher Elementarkörper und sein feinstofflicher Wesenskörper. Wenn die Stunde des Todes schlägt, wohnt der feinstoffliche Elementarkörper, durch die aktive Imagination stimuliert, in der Zwischenwelt. Während dieser Zeit kehrt der feinstoffliche Wesenskörper in strahlendster Form in das irdische Paradies zurück, «welches im Westen liegt». «Er betritt das Haus des Friedens und besucht dort seine Wohnung und den Ursprungsort, aus dem er entführt worden war [8].» Wenn die Posaunenstöße nach der Parusia des zwölften Imams erfolgen, wird der feinstoffliche Wesenskörper den feinstofflichen Elementarkörper in der Zwischenwelt aufsuchen, wird in ihn eingehen, und beide werden gemeinsam in das Paradies zurückkehren. Ahmad Ahsa'i wurde dafür, daß er die Auferstehung in Fleisch und Blut geleugnet hatte, von der Zensur seiner Zeit exkommuniziert. In seinem System ist das Licht das Gewand der aktiven Imagination. Was Anlaß zum Träumen gibt, wurde jedoch als alberne Verrücktheit verurteilt.

Wenden wir uns nun wieder dem Imam, insbesondere dem letzten, Muhammad, zu. Durch Henry Corbin sowie Ali ben Fazel Mazandarani [9], einen iranischen Visionär des ausgehenden 13. Jahrhunderts, wissen wir, daß Muhammad fünf Söhne hatte, die ihrerseits wieder Söhne hatten. Diese regieren auf Inseln in der Zwischenwelt. Nicht jeder Beliebige – vielleicht sogar niemand – kann den Imam sehen. Er verfügt über eine Prätorianergarde von 313 Mann. Es sind Reine und Ritter, die ihn auf seiner großen Wiederkunft begleiten werden. Aber wann wird er zurückkehren? Molla Sadra verlängert seine Verborgenheit so weit, «bis die Menschen fähig geworden sind, ihn zu sehen» [10]. Auch Chomeini sah in weiten Zeiträumen: «Einige tausend Jahre sind seit der kleinen Verborgenheit vergangen, und vielleicht werden noch hunderttausend weitere vergehen, bis der Imam wieder in Erscheinung tritt [11].»

Die Mehrheit der Gläubigen betrachtet jenen Tag als Vorspiel zur Wiederauferstehung in Fleisch und Blut. Zeichen des nahenden Gerichts. Hoffnung auf das Paradies. Auf seine Brunnen, seine Gärten, seine Huris, seinen Wein und seine himmlischen Genüsse...

Die Ismailiten

Die Ismailiten und die Zwölfer-Schiiten sind, was Namen und Person des siebten Imams betrifft, keineswegs der gleichen Meinung. Die Anhänger von Ismail [12] erwarten die Ankunft des Großen Erwekkers auf Erden, der ihnen das Wissen offenbaren wird. Dieser könnte Ismail während seiner Wiederkunft oder sein Sohn Muhammad sein. Egal auf welche ismailische Variante man sich bezieht, stets sind die weltlichen Gläubigen diejenigen, die nicht alles wissen. Die Gnosis hebt dafür zwei Indizien hervor, nämlich die Seelenwanderung und die Geschichte der zyklischen Zeit.

In der fatimidischen Lehre begnügt sich die unlautere Seele damit, in einen neuen menschlichen Körper überzuwechseln, also *a priori* in den Körper eines degenerierten Wesens und folglich mit wenig Chancen, wieder den Aufstieg nach oben zu schaffen. Die Ismailiten haben sich zuweilen darüber empört, daß man sie verdächtigen könnte, an die Metempsychose zu glauben. Da sie sich hinter einem Wechsel von Wesenhaftigkeiten verbergen, haben ihre Rechtfertigungen obskur erscheinen können, bis Sajjid-na al-Husain, der achte jemenitische Dai (gestorben 1268), den Verlauf des Seelenweges erklärte. Wenn ein großer Gegner [13] stirbt, bleibt seine Seele fest mit seinem Körper verbunden – bis auf einen Teil von ihr, die sogenannte Luftseele, die in Form von Regen wiederkehren wird. Der Körper vermodert und vermischt sich mit anderen Ingredienzien. Aus diesem Brei sprießt eine Pflanze hervor, von der sich ein Paar von «Negern» ernährt.

Diese Kost führt zur Geburt eines Sprößlings, der nach einem jäm-
merlichen Leben seinerseits eingehen wird. Aus seinen Überresten
wird eine Pflanze hervorgehen, die ein Paar von Schweinen ernähren
wird und so fort... Doch dies ist kein typisches Schema der Metempsychose. «Wer den Glauben an einen solchen Irrtum vertritt, ist verloren, er ist dem Untergang geweiht, er ist ein Verfluchter.»

Ein volkstümliches Handbuch aus später Zeit bietet seinen Lesern
zunächst eine konkrete Beschreibung des Paradieses an und legt
ihnen dann die Wohlbegründetheit der Seelenwanderung nahe [14].
M. G. S. Hodgson betont jedoch, daß diese Art der Verbreitung von
Seelenwanderungslehren relativ selten war [15].

Henry Corbin hat die Geschichte der ismailitischen Zeit genau vor
Augen. Gegenwärtig befinden wir uns in einem größeren Zyklus der
Verborgenheit, der mit dem biblischen Adam begonnen hat. Er wird
mit der Wiederkunft des großen Erweckers enden. Dieser größere Zyklus umfaßt sieben kleinere Zyklen oder Zyklen der Propheten. Nach
Adam, Noah, Abraham, Mose, Jesus und Muhammad waltet der
siebte Imam des Zyklus des sechsten Propheten als siebter Prophet,
auch wenn er nichts verkündet außer der großen Erweckung. Der
Große Erwecker wird das Gesetz abschaffen und den Menschen die
Mysterien des göttlichen Wortes offenbaren. Damit wird er einen Zyklus der Offenbarung eröffnen. Auf Erden werden wieder nahezu paradiesische Lebensbedingungen einkehren. Permanente Glückseligkeit – dank des Triumphs des Geistes. Aber leider wird dann die
Mehrheit der Menschen zum Schaden der engelhaften Freuden im
Materialismus verhaftet sein. Also wird auf den Zyklus der Offenbarung wieder ein Zyklus der Verborgenheit folgen und so fort...

Dieser Wechsel von Zyklen der Verborgenheit und Offenbarung
bildet insgesamt einen Megazyklus, dessen Dauer auf 360 000 mal
360 000 Jahre geschätzt wird [16]. Dieser Megazyklus hat mit dem
allerfernsten Vorfahren unseres biblischen Adam begonnen. Dieser
Ur-Adam, ein außergewöhnlicher Mensch, stammt aus Ceylon, dem
heutigen Sri Lanka. Der Imam, der den letzten Zyklus der Verborgenheit innerhalb des Megazyklus beschließen wird, wird mehr als
vollkommen sein. Allein schon sein Beiname Erwecker aller Erwek-
ker bringt die Zähne der Eingeweihten zum Leuchten.

Im 10. Jahrhundert greift die Manie des Intellekts oder Verstandes um sich. Die Lauteren Brüder siedeln über der Jenseitswelt ein Plerom an, das vom All-Verstand und von der All-Seele gelenkt wird. Der Philosoph Ibn Sina (gestorben 1073) träumt davon, sich mit dem wirkenden Verstand und dem All-Verstand zu vereinigen. Das Plerom des al-Kirmani (gestorben 1021) enthält gleich zehn Verstände. Der zehnte, derjenige, der sich am Fuße der Leiter befindet, ist der aktive Verstand, der Demiurg, der unsere irdische Welt regiert. Diese Idee wird später wieder im Jemen auftauchen. Der bereits erwähnte al-Husain hat ihr zu neuem Glanz verholfen, indem er sie um einen persönlichen Beitrag, und zwar um das «Drama im Himmel», bereicherte [17].

Vor sehr langer Zeit hatte der spirituelle Adam den dritten Platz auf der Tribüne des höchsten Pleroms inne. Infolge einer kleinen Krise fiel er auf den zehnten Platz zurück. Die *dawat,* der Ruf der ismailitischen Religion, hat ihm jedoch dazu verholfen, seine Bronzemedaille wieder zurückzuerlangen. Wie konnte dies gelingen? In einem größeren Zyklus der Verborgenheit folgt auf jeden Propheten eine Heptade (Siebenheit) von Imamen. Jeder Imam hat seine Getreuen. Sobald ein Mitglied der Gemeinde eingeweiht ist, erscheint sofort ein Lichtkorn auf seiner Fährte. Das Korn vergrößert sich im gleichen Verhältnis wie die Zunahme des gnostischen Wissens in dem Adepten. Am Tag, an dem dieser seine Seele aufgibt, stellt sich seine Lichtgestalt in der Jenseitswelt neben die des Meisters, der ihn eingeweiht hat. Die Lichtgestalt des Einweihenden wiederum vereint sich mit der des Meisters, der diesen Meister eingeweiht hat, die sich selbst wiederum ... und so fort. Diese immer höher steigende Lichtsäule mündet schließlich in den Bau eines Lichttempels. Dieser Tempel hat die Gestalt eines vollkommenen Menschen: diejenige des Imams. Diese Gestalt setzt sich aus der Gesamtheit der Getreuen zusammen, die je nach ihrem Rang innerhalb der Hierarchie die Stelle des Herzens, der Zehen, der Finger usw. einnehmen. Dabei ist keinerlei Eifersucht zu befürchten. Sadschasteni (gestorben 971) hatte es bereits drei Jahrhunderte zuvor geschworen:

«Derjenige, der nur eine bescheidene Rolle hat, weiß nichts von der Lage desjenigen, der eine bedeutende Rolle hat; ihm kommt sogar häufig der Gedanke, daß sein Lohn ein solches Höchstmaß erreicht hat, daß ein weiteres Anwachsen unvorstellbar wäre [18].»

Die Summe der Tempel, die einem größeren Zyklus entspricht, bildet den höchsten, erhabenen Tempel des Lichts. Nach dem Ende unseres größeren Zyklus wird diese Kolossalarchitektur dem großen Erwecker gleichen. Dieser wird seinen erhabenen Lichttempel bis zur Schwelle des Pleroms der Zehn bewegen. Dort wird er den Platz des zehnten Verstandes, des Demiurgen, einnehmen. Dieser wird in der Hierarchie um eine Rangstufe höhersteigen. Die vor ihm Kommenden werden ebenfalls aufsteigen, und zwar alle bis zum vierten, denn dieser wird in das Paradies Adams zurückkehren.

Es versteht sich von selbst, daß die aufsteigende Lichtsäule auch in absteigender Richtung verläuft. Das Mysterium aller Mysterien, das heißt Gott, gießt über die aus ihm Hervorgegangenen sein Licht aus. Und die aus ihm Hervorgegangenen folgen seinem Beispiel und tun dies ebenso …

Der strahlende Leuchtturm der fatimidischen Doktrin wurde im Jahre 1094 durch ein Schisma verschleiert, wodurch die reformierte Ismaili-Kirche ins Leben gerufen wurde. Ihr Gründer Hasan-i Sabbah (gestorben 1124) tat nur zum Schein so, als würde er das Gesetz und seine Vorschriften achten (zumindest werden dies seine Gegner behaupten). Seine Lehre stellt sich gegen die Zwölfer-Schia und den fatimidischen Ismailismus gleichermaßen in Opposition. Sie stellt den Imam noch über den Propheten. Der scheinbare Sinn der Religion ist ohne Wert, das konkrete Jenseits ist ohne Sinn. Das einzige, was zählt, ist blinder Gehorsam gegenüber dem Imam, wenn man nach einer Chance auf Erlösung begehrt. Auf Erden wie im Himmel haben diejenigen, die ihn in seiner wahren Natur betrachten, das Paradies erreicht. Der neunte Grad der Initiation, der allerdings nur selten erreicht wird, gestattet es dem Eingeweihten, sich eine philosophische Lösung nach eigenem Geschmack auszusuchen.

Am 8. August 1164 berief Hasan II., der vierte große Meister von Alamut, seine Getreuen um sich, um ihnen zu verkünden, daß das Ende des Zyklus der Verborgenheit geschlagen habe. Das Gesetz sei abgeschafft. Der große Erwecker nahe im Galopp, um einen Zyklus der Offenbarung zu eröffnen. Den wesentlichen Teil der Verheißung, nämlich die Ankunft des Angekündigten, blieb den Zuschauern – von denen die meisten nie über den dritten Grad der Einweihung hinausgelangt waren [19] – jedoch verborgen. Hasan II. wurde nämlich ermordet, und der Zyklus der Offenbarung ließ erheblich auf sich warten. Die Anhänger Hasans wanderten aus, ihre Nachfahren ließen sich in Indien nieder. Ihre Lehre wird in der Folgezeit gemäßigter und milder werden. Heute achten die Eingeweihten aufrichtig das Gesetz und seine Vorschriften, sogar diejenigen, die von einer lichtvollen «companionship on high» [20] träumen.

In Persien wurde die Alamut-Sekte von den Säbelhieben der Mongolen niedergemetzelt. (Weiteres darüber siehe unten im Kapitel «Das Paradies der Haschischin».)

Die Drusen

Voller Ungeduld halten die Drusen Ausschau nach der Wiederkunft von al-Hakim (gestorben 1021), der ursprünglich ein Ismailit, anschließend aber sechster fatimidischer Kalif war und von seinen Gegnern zuweilen als ein pathologisch tollwütiger Verrückter dargestellt wurde [21]. Durch den Imam Hamza (gestorben 1021 ?), seinen spirituellen Premierminister, ließ er verkünden, daß er Gott – um genau zu sein: dessen sechste irdische Inkarnation als Mensch – sei. Nach Bischof Severus von Oschmunein wurden 18 000 Ägypter, die daran zweifelten, gebraten und in Stücke gehauen. Al-Hakim, den zuweilen die sonderbarsten Launen überkamen, soll einmal den Befehl gegeben haben, die Jungfräulichkeit seiner Schwester zu überprüfen. Daraufhin soll diese Mörder gedungen haben, um ihn zu liquidieren. Al-Hakims Leiche wurde nie gefunden. Wenig später schlossen sich «die Pforten der Mitgliedschaft», mit anderen Worten: entweder wird man von Anfang an als Druse geboren, oder man ist keiner. Bekehrungen zum Drusentum sind undenkbar.

Nach ihrem Tode reinkarnieren sich die genügend reinen Eingeweihten nicht wieder und weilen im Jenseits an Imam Hamzas Brust. Die ungenügend Reinen dagegen reinkarnieren sich sofort wieder auf Erden, und zwar ausschließlich in menschlicher Gestalt. Das sei die ganz reine Metempsychose, wie uns vor einigen Jahren Kemal Dschumblat wieder in Erinnerung rief:

«Wir glauben, daß sich die Seele nach dem Tod sofort in einem gerade auf die Welt kommenden Baby niederläßt und daß sie durch den Atem in das Fleisch fährt. Bis dahin hatte das Kind nur ein animalisches Leben im Mutterschoß geführt; erst in dem Moment, wo es zu atmen beginnt, bezieht die Seele ihre Wohnung in ihm [22].»

Nach der von al-Hamza niedergeschriebenen Lehre, die wie durch ein Wunder von Silvestre de Sacy übersetzt wurde, wird man al-Hakim nicht sehen können, wenn er wieder auf die Erde zurückkehrt. Hamza und seine Reinen dagegen werden sehr wohl sichtbar sein. Sie werden in Ägypten landen und zuerst einmal alle Nicht-Drusen töten – vornehmlich mit dem Säbel. Danach wird al-Hakim diese Untreuen wieder auferwecken, damit ihre Bestrafung beginnen kann. Die Drusen werden dagegen den gerechten Frieden ihres Glaubens empfangen.

Erster Punkt der Lehre: Auf Erden sind Paradies und Hölle dasselbe. Die Nicht-Drusen, die Verdammten, leben mit den Drusen, den Auserwählten, zusammen. Sie sind ihre Sklaven. Dieser Status macht ihnen zweifellos erheblich zu schaffen, denn sie haben eine jährliche Steuer zu entrichten, ein unzerstörbares Zeichen der Verworfenheit, «das sie mit Schande bedecken wird». Die Juden werden 2,5 Drachmen, die Christen 3,5 Drachmen, die Unwissenden und Abgefallenen 5 Drachmen zahlen. «Diese Abgaben werden von Greisen, jungen Leuten, Frauen, Kindern und sogar von Säuglingen in der Wiege erhoben.»

Ein weiterer markanter Punkt: die Verdammten werden besondere Gewänder oder Zeichen tragen, damit man sie erkennen kann. Die Juden werden Ohrringe aus Blei tragen. «Der Saum ihres linken Ärmels wird mit der Farbe der Quittenblüte eingefärbt werden.» Die Christen werden Ohrringe aus Eisen tragen. «Der Saum ihres Ärmels wird mit schwarzer Farbe eingefärbt sein.» Die Abgefallenen werden ihr Haupt mit einer Haube aus Fuchsfell bedecken. Sie werden gläserne Ohrringe tragen. «Ihr Kleid wird auf der Brust in der Mitte bleigrau sein.» All dieses Gesindel wird den Drusen zu Diensten sein. Bereits bei der geringsten Regung von Ungehorsam werden die

Schuldigen unerbittlich enthauptet. Natürlich werden die Drusen sich die Schätze und schönsten Wohnsitze der Nicht-Drusen angeeignet haben. Die Verworfenen werden ihnen dienen und für sie arbeiten. Die Auserwählten werden von Sklaven umgeben sein und unbeschwert die süßen Freuden des ewigen Lebens genießen. Sie werden alle Paschas, Wesire, Sultane sein. Sie werden strotzen vor Gesundheit, und darauf dürfen sie ebenfalls stolz sein, denn die Nicht-Drusen werden ununterbrochen mit Krankheit und Pech geschlagen sein. Die Besten unter den Auserwählten werden näher bei al-Hakim wohnen als die übrigen. Die Eingeweihten werden dort voll auf ihre Kosten kommen, denn trotz allem hatte al-Hamza, der eine Emanation Hakims war, durchaus die Hoffnung, eines Tages wieder in ihn zurückzukehren. Im Laufe der Jahrhunderte wurde die ursprüngliche Lehre durch verschiedene Beiträge – wedische, griechische oder ägyptische – angereichert. Eine Gewißheit blieb dabei jedoch immer bestehen: bald wird irgend etwas passieren. Nach Kemal Dschumblat könnten sich die Pforten der Mitgliedschaft sogar wieder öffnen.

«Um das Jahr 2000 wird durch ein göttliches Zeichen, nämlich durch das Erscheinen eines großen Weisen, ein neuer Zyklus der Einweihung eröffnet werden. Dann wird der Weg wieder offen sein, und überall auf der Welt wird man ihn einschlagen können [23].»

Warten wir ab, dann werden wir ja sehen.

Die Alawiten

Für die Alawiten, die früher Nusairier genannt wurden, ist Ali ibn Abu Talib, der Schwiegersohn und Vetter des Propheten, mehr als nur ein erster Imam. Ali ist Gott in Person!

«Alle Nusairier-Stämme glauben, daß die Nusairier zur Zeit des Anbeginns, noch bevor die Welt geschaffen wurde, leuchtende Gestirne, funkelnde Sterne waren und daß sie unterschieden zwischen Gehorsam und Aufbegehren. Sie aßen nicht und sie tranken nicht und schieden keinen Kot aus. Sie verharrten in Betrachtung von Ali ibn Abu Talib im Glanze des Saphirs [24].»

Der *Kitab al-Bakurah,* ein heiliges Buch, erzählt die traurige Geschichte dieser Sterne. Sie glaubten, sie stünden höher als Ali. Siebenmal weigerten sie sich, ihn als den einzigen Gott anzuerkennen. Da schuf Ali in seinem Zorn eine niederere, von abscheulichen Kreaturen bevölkerte Welt, und dorthin verbannte er die rebellischen Sterne. Zu diesen Geschöpfen gehört auch die Frau, ein Wesen, das nicht mehr Seele besitzt als die Steine oder die Tiere. Jäh wechselt da Fatima ihr Geschlecht und verwandelt sich in Fatir [25]. Die Sterne, Gefangene in menschlichen, pflanzlichen oder mineralischen Körpern, haben nur einen Traum: wieder dort oben bei Ali in der Höhe vollwertige Sterne zu werden.

Jedem Alawiten stehen sieben Zyklen der Reinkarnation zur Verfügung, um wieder in die höhere Welt der Sterne gelangen zu können [26]. Die Elenden reinkarnieren sich in Frauen, Affen und Kröten. Da muß man allerdings alle Chancen auf seine Seite ziehen, damit man sich nicht aus Dummheit gleich einen ganzen Zyklus verdirbt. Im Jahre 1800 berichtete J. B. Rousseau, der französische Konsul in Aleppo, daß die Türken ihre zum Tode Verurteilten aufhängen,

«[...] eine Hinrichtungsart, die von den Nusairiern ganz besonders gefürchtet wird, denn sie sind der Ansicht, daß die Seele, da sie nur durch den Mund entweichen könne, der Verunreinigung ausgesetzt werde, wenn sie den entgegengesetzten Ausgang nehmen müsse. Um einem ihrer Brüder ein solches Unglück zu ersparen, erwirken sie mit Hilfe von Unsummen Goldes, daß er statt dessen gepfählt wird [27].»

Dadurch daß sie die Auferstehung der Körper verachten, unterscheiden sich die alawitischen Eingeweihten von der Konkurrenz, denn sie nehmen weder an, daß Ali selbst, noch daß einer seiner Stellvertreter auf die Erde zurückkehrt [28]. Im Gegensatz zu den Eingeweihten hat die profane Gemeinde nichts gegen die Ankunft eines Mahdi einzuwenden. Zumindest hat sie zu Beginn des 14. Jahrhunderts, wie der Reisende Ibn Battuta (gestorben 1377) berichtet [29], noch daran geglaubt, daß er wiederkommen werde. In unserem Jahrhundert, im Jahre 1923, sagte im alawitischen Dschabal [30] ein wundertätiger Schafhirte namens Sulaiman Murschid die Ankunft des Mahdi und das Ende der Welt für den 1. April 1924 voraus. Man warf ihn ins Gefängnis. Sobald er wieder auf freien Fuß gesetzt wurde, erhoben sich seine Anhänger zu einem Aufstand, doch die Armee sorgte mit Maschinengewehrfeuer dafür, daß sich die Nerven der Rebellen wieder beruhigten. Es gab fünfzig Tote. Fassungslos und verunsichert verschob Sulaiman Murschid daraufhin das Ende der Welt *sine die* auf eine vage Zukunft.

Das Paradies der Haschischin

Die bereits erwähnten reformierten Ismailiten um Hasan-i Sabbah sind in den Annalen besser bekannt als Sekte der Haschischin (Haschschaschin oder Assassinen). Dschuwaini (gestorben 1283) und Rachid ad-Din (gestorben 1318), zwei persische Geschichtsschreiber der Mongolenzeit, ferner Marco Polo (gestorben 1323) und der Missionar Oderico de Pordenone (gestorben 1331), europäische Chronisten der Kreuzzüge wie Jacques de Vitry (gestorben 1240) und Arnold von Lübeck (gestorben 1212), sowie eine Reihe von arabisch-sunnitischen Geschichtsschreibern stellen das Schurkenstück des Hasan-i Sabbah in übereinstimmender Weise wie folgt dar:

In seiner schmucklosen Festung Alamut 1800 m hoch in den Bergen pflegte Hasan junge Leute zu empfangen, die den Wunsch hatten, ihm zu dienen und *fida'i* zu werden. Zuerst versetzte er sie in Haschischwolken, dann redete er endlos auf sie ein, bis sie schließlich einschliefen. Anschließend ließ er sie in einen innerhalb der Burgmauern verborgenen Garten schaffen. Die *fida'i*-Kandidaten erwachten in einem herzlichen, freundlichen Ambiente. Während sie in Lumpen gekleidet angekommen waren, um den großen Meister zu sehen, trugen sie nun aus grüner Seide geschnittene, mit Goldfäden durchwirkte Gewänder. Sie wurden umschwirrt von Sklaven beiderlei Geschlechts. Mit Ausnahme von Gott waren sämtliche Requisiten des konkreten Paradieses vorhanden: das goldene Geschirr, die Karaffen voll Wein, die Brunnen, die buntschillernden Vögel, die Blumenarrangements. Und als Sonderzulage Haschisch, so viel das Herz begehrte. Im Nu verfielen die Kandidaten in einen Rausch von Alkohol, Drogen und Sex und anschließend in einen tiefen Schlaf. Da

befahl Hasan-i Sabbah, sie wieder aus dieser Paradies-Imitation fort-
zuschaffen, in ihre Lumpengewänder zu stecken und zum Ausgang
zu bringen. Als sie wieder aufgewacht waren, fragten die künftigen
fida'i den großen Meister, was ihnen soeben widerfahren sei. Hasan
erklärte ihnen, sie hätten eine Vision gehabt, die ihnen einen Vorgeschmack auf das Paradies gegeben habe. Wenn sie noch weitere
haben wollen oder – noch besser – wenn sie endgültig ins Paradies
eingehen wollten, dann müßten sie nur seinen Befehlen absolut blind
gehorchen. Das gelobten die Kandidaten sofort hoch und heilig. Auf
diese Weise verfügte der Alte vom Berge [1] über eine ergebene Bande
von Mördern, die hauptsächlich mit dem Dolch gegen orthodoxe
Ziele – und das waren stets hohe Würdenträger – vorgingen. Jedesmal wenn ein *fida'i* einen Wesir oder einen Sultan erstochen hatte, ließ
er sich anschließend gehorsam und mit einem Lächeln auf den Lippen gefangennehmen und hinrichten. Dschuwaini zitiert auch eine
Ausnahme, den Überlebenden eines solchen Kommandos. Seine
Mutter wähnte ihn bereits im Paradies. Als sie ihn plötzlich zurückkehren sah, riß sie sich die Haare aus und legte Trauerkleidung an
[2].

In dieser Komödie spielt Hasan-i Sabbah die Paraderolle des fal-
schen Heiligen. Bis zur Sechsten Stufe seiner Lehre mußte man hin-
aufklettern, um zu erfahren, daß das konkrete Paradies nicht existiert. Diese Stufe erreichten die *fida'i* natürlich nie. Heute behaupten
die Experten, daß die Geschichte von den «Gärten von Alamut»
lediglich eine Legende und ein gegen Hasan gerichtetes Propaganda-
instrument war.

Nach M. G. S. Hodgson [3] stammt die Legende vom Paradies der
Assassinen aus dem *Sira Hakim*, einem arabisch verfaßten histori-
schen Roman, dessen Protagonist Ismail heißt. Er vermutet, daß
Marco Polo die persische Fassung dieses Buches gelesen hatte, in der
Hasan an die Stelle jenes Ismail tritt und ungefähr die beschriebenen
Szenen aufführt.

Für Bernard Lewis [4] erblickte die Legende möglicherweise mit
Hasan II. und seiner Rede über «die Große Auferweckung» das Licht
der Welt. Da er einen Zyklus der Offenbarung eröffnete, wurde das
Gesetz außer Kraft gesetzt. Die Mitglieder der Sekte sollen, sofern

man Dschuwaini glaubt, mitten im Ramadan Wein getrunken haben. Das Ereignis wurde überall außer auf Alamut bei den Assassinen von Syrien begrüßt, denn diese wurden vage angeklagt, zur Feier des Datums ein paar Fässer geleert und unter einige Dschellabas gegriffen zu haben.

Marco Polo hat von Drogen gesprochen. In seinem Aufsatz über die Assassinen von Alamut aus dem Jahre 1809 führte Silvestre de Sacy ihren Beinamen auf den Genuß von Haschisch zurück [5]. Zeitlebens empörte sich Henry Corbin jedoch über diese Namens-Verballhornung der Assassinen als Ableitung von *haschischi*, die diesen Puristen nur von der abbasidischen Propaganda angehängt worden sei. Lewis wiederum ist davon überzeugt, daß das Wort *haschischi* in Wirklichkeit ein syrisches Schimpfwort ist [6]. Eigentlich schade – denn die Geschichte mit dem künstlichen Paradies war eine herrliche Idee. Sie war die Antwort auf das wilde, abweisende Klima von Alamut. Acht Monate im Jahr gefriert man dort vor Kälte, die restliche Zeit des Jahres zerfließt man vor Hitze. Die Augen eines Novizen im Haschischrausch werden nicht unbedingt ein wirklichkeitsgetreues Bild von der Umgebung gesehen haben. Irgendein beliebiges Gewächs, eine Decke, ein Kissen, ein paar Tupfer Farbe an den Wänden und eine kümmerliche Hähnchenkeule verwandeln sich in einem solchen Zustand mit Leichtigkeit in einen von Coco Chanel dekorierten botanischen Garten – weshalb also nicht gleich in das Paradies?

Dichtung oder Wahrheit? Es ist zu spät, um der Wahrheit noch auf den Grund zu kommen. In den überlieferten Geschichten gaukelt Hasan-i Sabbah jedenfalls seinen Killern ein Paradies vor, an das er selbst nicht glaubt. Anschließend braucht er nur noch die Frage zu stellen: «Wer unter euch ist bereit, diesen Staat zu befreien von ... [7].» Da melden sich alle *fida'i* freiwillig. Ist da nicht Betrug im Spiel? Die Gemeinde der Gläubigen marschiert im Konkreten. Die Meister der Gnosis tun sich einsam und zurückgezogen am Abstrakten gütlich. Man hat aber den Eindruck, als kämen beide Seiten dabei durchaus auf ihre Kosten.

Nach bestimmten Überlieferungen, die Maxime Rodinson gesammelt hat [8], soll einige Jahrhunderte davor der Weg des Propheten selbst implizit das Beispiel vorgegeben haben, das jedoch über den

Verdacht der Scheinheiligkeit erhaben war. Nach der Schlacht von Badr (624) rechnet Muhammad ab. Er begnügt sich dabei mit der schlichten Formel: «Wer unter euch ist bereit, mich zu befreien von...» Damit läßt sich immer ein Freiwilliger finden. Sein erstes Opfer ist die Dichterin Aschma, die Tochter des Marwan. Sie hatte es gewagt, seine Verbündeten aus Medina als «Schwule» zu beschimpfen. Und noch weitere werden auf seine schwarze Liste gesetzt. Als Abdallah ins Heerlager zurückkehrt, nachdem er einem aufsässigen Hauptmann die Kehle durchgeschnitten hatte, überreicht ihm der Prophet einen Stab und eine besondere Belobigung: «Dies wird am Tage des Gerichts ein Zeichen sein zwischen mir und dir. Nur noch wenige außer dir werden einen solchen Stab besitzen.» Die Exekutionskommandos von Muhammad unterscheiden sich von den *fida'i* nur dadurch, daß sie nach Erledigung ihres Auftrags unbehelligt wieder ins traute Heim zurückkehren.

Der Prophet des Islams hatte bereits die Existenz des Paradieses offenbart, das heißt, falls er selbst daran glaubte, und hatte auch höchstpersönlich präzisiert, wo es sich genau befindet: «Im Schatten der Schwerter [9].» Als in der Schlacht von Badr zwischen Scharmützeln und Zweikämpfen die Lage gefährlich außer Kontrolle zu geraten drohte, hielt der Prophet seinen Truppen eine flammende Rede: «Ich gelobe bei dem, in dessen Hand die Seele Muhammads liegt: am heutigen Tage soll kein Kämpfer, wenn er genügend ausdauernd war und wenn er vorgerückt und nicht zurückgewichen war, getötet werden, ohne daß Allah ihn ins Paradies eintreten läßt.» Da rief ein gewisser Omair, der gerade ein paar Datteln lutschte, jubelnd aus: «O wie herrlich! Wie herrlich! Man braucht sich also nur von denen dort töten zu lassen, und schon kommt man ins Paradies?» Dann zückte er seinen Säbel, warf sich ins Getümmel und ließ sich niedermetzeln [10].

Diejenigen, die an diese Überlieferungen glauben wollen, lassen keinen Zweifel an der Aufrichtigkeit des Propheten zu. Die des Hasan-i Sabbah, der seinen Handlangern ein Paradies vorgaukelte, an das er selbst nicht glaubte, wird – nicht zuletzt von den Orthodoxen – dagegen mit Spott und Hohn bedacht. Die Paradies-Kopie der Assassinen mag vielleicht nur eine Legende zu didaktischen Zwecken sein, aber der Orient kann auch noch mit anderen, noch älteren aufwarten.

Ein Beispiel ist die Legende vom tausendsäuligen Iram [11]. Eine uralte Geschichte: Einst herrschte König Schaddad über Arabien. Er unterwarf die Könige der ganzen Welt. 4000 Städte und 4000 Jungfrauen waren sein eigen, und er lebte tausend Jahre lang. Eines Tages hatte er vom Paradies reden gehört. Flugs ließ er es erbauen und nannte es Iram. Man ist sich im Zweifel, an welcher Stelle es zu suchen ist – in Aden, Damaskus oder Alexandria. Diesen Ort, an Viktualien, Tänzerinnen, Musikanten, Sklaven, Rosen und raren Schätzen reich bis zum Überfluß, schenkte Schaddad seinem Volk, jedoch unter der Bedingung, daß es ihn zum Gott ausrufe. Am Tage vor der feierlichen Eröffnung kam jedoch ein Sandsturm auf und vernichtete Schaddad, sein Volk und sein Paradies. D'Herbelot (gestorben 1695) hat das Paradies von Iram in seinen *Dictionnaire* aufgenommen [12]:

«Man findet dieses berühmte Paradies in fast allen Werken der muslimischen Dichter, die sowohl das irdische Paradies als auch jenen sagenhaften Garten mit dem Paradies von Gottes Herrlichkeit verwechseln, so arg ist ihnen diese vulgäre und phantastische Lust zu Kopf gestiegen, mit denen Muhammad ihren Sinnen schmeichelt.»

D'Herbelot regt sich jedoch zu Unrecht auf. In manchen Märchen und Geschichten, in denen dieses Iram gepriesen wird, hat Schaddad vor Ausbruch des Wirbelsturms noch Zeit gehabt, seinen letzten Willen in gelben Marmor meißeln zu lassen. In der Tat ein sehr demütiger Mann, dieser Schaddad. Er legt seine Beichte ab und bittet den Leser seiner Worte, er möge niemals seinem Beispiel folgen [13]. Das sagenhafte Iram hat die Menschen bereits lange vor dem Paradies Muhammads zum Träumen gebracht. Und dennoch ist die fühlbare Version von Muhammads Paradies diejenige, bei der den *fida'i* in der Legende von den Assassinen das Wasser im Mund zusammenläuft. Diese Legende lenkt unsere Aufmerksamkeit auf die strategische Bedeutung des Paradieses. Lieferte sie vielleicht einen der Schlüssel zum Erfolg des Propheten? Ein anderer berühmter Stratege, General Bonaparte, hat die Akte nämlich genau gesichtet [14]. Für ihn war Muhammad umgeben von Beduinen:

«Wenn er an ihren Geist appelliert hätte, dann wäre er nicht gehört worden. Inmitten des Überflusses von Griechenland entsprachen die Freuden der Betrachtung des Geistes einem Bedürfnis; aber inmitten der Wüsten, in denen der Araber ohn Unterlaß nach einer Wasserquelle schmachtete oder nach dem Schatten einer Palme, die ihm Schutz vor den sengenden Strahlen der Tropensonne bieten konnte, war es notwendig, den Erwählten als Belohnung nie versiegende Flüsse von Milch und Haine voller Wohlgeruch zu versprechen, wo sie sich in immerwährendem Schatten in den Armen göttlicher Huris mit weißer Haut und schwarzen Augen ausruhen konnten. Die Beduinen konnten sich für einen so bezaubernden Aufenthaltsort begeistern; sie setzten sich jeglicher Gefahr aus, um dorthin zu gelangen: auf diese Weise wurden sie zu Helden.»

Unter der Feder des Korsen wird dieses Paradies zu etwas Unvermeidlichem, weil logisch Begründetem. Carra de Vaux, der zu Beginn unseres Jahrhunderts nach der Herkunft der Huris forschte, gelangte zu der Ansicht, daß der Prophet sich durch Engelporträts inspirieren ließ, die er auf christliche Miniaturen gekritzelt fand [15]. Später entdeckte Tor Andrae in den Hymnen des heiligen Ephraim, eines syrischen Christen aus dem 4. Jahrhundert, einen Weinschößling, der angeblich ein Symbol der Huri gewesen sein soll [16]. All diese Erklärungen konnten aber, wie es scheint, niemanden überzeugen. Wozu in die Ferne schweifen und die Gatha des Zarathustra, den Atharwa-Weda, die Upanischaden und gar noch Ferneres bemühen?

In Tradition, Überlieferung, Literatur, Legende, Logik und anderen Religionen ... – man kann das Paradies des Muhammad suchen, wo immer man will, finden wird man es jedoch nur im Koran. Ob sichtbar oder verborgen, mehrstöckig oder ebenerdig: wenn dieses Paradies so viele Arme und graue Zellen mobilisieren konnte, dann gewiß deshalb, weil es in seiner Art einzig ist.

Die Religion Zarathustras

Bevor wir die Pforten von Zarathustras Paradies aufschließen können, müssen wir uns der Person selbst zuwenden, jener mehr oder weniger legendären Gestalt, die in Raum und Zeit nur schwer zu orten ist.

Für die Parsen (oder Parsi), die Erben und Nachfahren der Iraner, die im 10. Jahrhundert nach Indien auswanderten, wurde Zarathustra (griechisch: *Zoroaster*) 660 v. Chr. geboren und starb ermordet siebenundsiebzig Jahre später. Die Iranisten begrenzen sein Leben dagegen mit weniger präzisen Zeitangaben. Duchesne-Guillemin [1] setzt sein Leben vorsichtig zwischen dem 10. und 5. Jahrhundert vor Christus an; Mary Boyce [2] schließt nicht einmal die Hypothese aus, daß er in der Bronzezeit zwischen 1400 und 1200 oder gar zwischen 1700 und 1500 v. Chr. gelebt haben könnte; M. Molé [3] wiederum streitet zwar nicht grundsätzlich ab, daß der Prophet eine wirkliche historische Gestalt war, aber er hat sich sehr wohl davor gehütet, daran zu glauben. Und im alten Iran? Sah man dort wenigstens Zarathustra irgendwo zur Welt kommen? Und wenn ja, wo? Im Osten, im Westen oder woanders? War er ein Viehzüchter, ein Hirte, ein Magier? Ein in Hanf gehüllter Seher [4]? Ein ekstatischer Sänger? Kein einziges Element von der Existenz dieses Menschen ist gesichert. Bis auf das eine natürlich, daß er alles andere als stumm war, wie Nietzsche so scharfsinnig entdeckt hat. Die Zoroastristen wissen ferner, daß ihr Prophet ein wahrhaft genialer Dichter war. Die Menschheit hat seine Vershymnen, die Gatha, geerbt. Diese Verspredigten sind in einem sehr archaischen ostiranischen Dialekt überliefert, der dem wedischen Sanskrit nahe verwandt ist. Die deutsche Übersetzung von Christian Bartholomä [5] bringt folgende Einzelheiten zum Vorschein:

Wer den einzigen Gott Ahura Mazda verehrt, kann ruhigen Gewissens sterben, denn mit einem Undankbaren haben es die Erwählten nicht zu tun. Der weise Gott hat ihnen als Wohltat nach dem Tode das Leben «im Haus des Lobes» «zu (ihrem) Nutzen» [6] verheißen sowie sein «künftiges unumschränktes Reich» [7], in dem er «den Körpern dauernd Seligkeit» [8] verleiht und in dem es «vom Guten nur das Beste» [9] geben wird. Niemand zweifelt daran, daß sie in das versprochene «Reich der Verheißung» [10] kommen werden, wo Mazda wohnt. Sein Prophet Zarathustra garantiert jedem Jünger: im künftigen Leben bekommt, «wer zu ihm hält, als Lohn ein Paar trächtige Kühe [...] samt allem, worauf sein Sinn steht» [11]. In den Gatha geht es um «das Ende der Dinge» [12], um die «große Abrechnung» zwischen «Schuldforderungen» und «Buchungen von Verdiensten» [13], um das «letzte Ende des Lebens» [14] und um den großen «Richterspruch» [15]. *A priori* gibt es nur einen einzigen Richter, Ahura Mazda, dessen Lohn und Strafe die «Lebenden und die waren und die sein werden» trifft. In Ewigkeit wird dann «die Seele des Asa-Anhängers glücklich sein, immerdar (aber werden) die Qualen der Drug-Genossen sein» [16] – *Asa* ist das Gute, Rechte und Gerechte, das heißt die Gerechtigkeit. *Drug* ist Lug und Trug und alles Böse. Die Preisverteilung ist mit dem strahlenden Feuer Ahura Mazdas verbunden. Daß Belohnung und «Gewinn, [...] wie bekannt, durch das lohende Metall kund wird...» [17] macht Zarathustra zum ersten uns bekannten (!) Autor einer Apokalypse. Zunächst findet, wie es scheint, eine Sonderung zwischen Spreu und Weizen statt. Ahura Mazda wird «die Klugen und Unklugen scheiden durch seine kundige Beraterin Asa» [18]. Die Schlechten, so erfährt man, «werden dorthin kommen, wo die Brücke des Scheiders ist, sie, die Gesellen im Haus der Drug für alle Zeit» [19]. Man ist also gewarnt! Als Präambel zu diesen Köstlichkeiten gaukelt uns Zarathustra die Ankunft eines «Helfers», also Retters oder Erlösers auf Erden vor, ausgestattet mit der heiligen *daena* [20], dem unsterblichen Bewußtsein und Wissen. Außerdem sind alle Anhänger Zarathustras solche erlösenden «Helfer» [21].

Durch die awestischen Textsammlungen [22] und die Pehlewi-Literatur [23] lassen sich einige dieser Rätsel aufhellen. Die zarathustrische Prophetie spricht von zwei Gerichten. Zunächst erfolgt ein Einzelgericht über die Seele nach dem Tode. Die Seele des Gerechten geht in ein vorläufiges Paradies ein. Dort wartet auf sie das Jüngste Gericht, das letzte Gesamtgericht, das göttliche Flammenurteil, durch das die Auferstehung bewirkt wird. Dieser Zeitplan *post mortem* klingt wie der Prototyp einer Erfolgsserie. Doch wo sind seine Wurzeln? Zarathustra soll an das baldige Erscheinen und Eingreifen des helfenden Retters, an den Sieg über die Mächte des Bösen, an die Erneuerung des Lebens geglaubt haben. Er glaubte, er werde in Bälde diese herrlichen Ereignisse erleben. Dann soll ihm aber trotz Unterstützung durch einen kleinen Potentaten klar geworden sein, daß die Zeit im Fluge vergeht. Manche seiner Gefährten starben, und so mußten vielleicht die ursprünglichen Offenbarungen – oder zumindest ihre Deutung – hie und da den neuen Gegebenheiten entsprechend korrigiert werden [24].

Bevor wir uns den einzelnen Etappen des Systems, insbesondere den Leistungen des «Helfers» zuwenden, sei hervorgehoben, daß Zarathustra nicht nur ein visionär begnadeter Prophet, sondern auch ein nicht minder begnadeter Bearbeiter von bereits vorhandenem Material zu prophetischen Zwecken war. Nicht er war der Erfinder des Weltendes durch das Feuer, denn das war ein alter Arier-Mythos. Auch das Paradies hat nicht er erfunden. Er hat diese Endzeit nur mit der Idee von der Belohnung der Moral durch einen einzigen Gott auf dem Richterstuhl verbunden. Vom präzarathustrischen Pantheon ist lediglich Ahura Mazda übriggeblieben. Die anderen Götter hat der Prophet getilgt, zu Dämonen gemacht oder als Erzengel verkleidet. Es ist sogar denkbar, daß Zarathustra weder lesen noch schreiben konnte. Heute würde man einen Visionär seines Schlages fraglos zu den Meistern des Marketings zählen.

Die postgathischen Texte sind ein Gemenge aus zarathustrischem Denken und Elementen von präzarathustrischen Kulten. Im späteren *Awesta* konzentriert sich das Interesse besonders auf das Einzelgericht. Aus den Fragmenten des *Hatoxt-Nask* [25] geht hervor, daß die Seele nach dem Tode drei Nächte und drei Tage lang an der Seite des Leichnams verbleibt. Sie hält Totenwache und trägt dem Verstorbenen die Gathas vor. In der Nacht setzt sich die Seele des Gerechten an seinem Haupt nieder. Die Seele des Schlechten dagegen umschwirrt ruhelos dessen Haupt. Wenn man also stirbt und die Seele einem um den Kopf herum schwirrt, so ist das Urteil entschieden. Am Morgen des vierten Tages tritt eine Erscheinung auf. Handelt es sich um ein fünfzehnjähriges, köstlich duftendes Mädchen, «leuchtend, mit weißen Armen, kräftig, von anmutigem Wuchs, groß, mit aufragenden Brüsten, schönem Körper, von edler Art und herrlicher Rasse», so braucht sich die Seele des Gerechten keine Sorgen zu machen. Diese

Erscheinung ist nichts als seine *daena*, sein Bewußtsein. Bleibt diese Erscheinung aus und erhebt sich statt dessen ein Windstoß von übelstem Gestank, so steht der umherschwirrenden Seele ein wahrer Leidensweg bevor. Der Text präzisiert nicht näher, ob die *daena* einer frommen Verstorbenen einem jungen Mädchen oder möglicherweise einem kleinen Jungen gleicht. Wie dem auch sei, um ins Paradies zu kommen, genügt es, wenn man reich ist «an guten Gedanken, guten Worten, guten Taten». Die «wohlgelehrte» Seele schwebt ein kurzes Stück durch den Himmel, und schon findet sie sich im Paradies wieder. Ahura Mazda empfängt sie und befiehlt, daß man sie mit Speisen bedient, darunter mit «Butter des Frühlings» und einem Saft der Unsterblichkeit. Im *Wendidad* (oder *Widewdat*) [26] weicht der Weg der Seele leicht davon ab. Die schöne Fünfzehnjährige führt Hunde mit sich. Sie hilft der Seele des Gerechten eine gewaltige Brücke, die Tschinwat-Brücke, zu überqueren. Am Ende der Brücke beginnt das Paradies. Dort erhebt sich Wohu Manah, ein Erzengel mit einem sehr gütigen Geist, von seinem goldenen Thron, um die Seele zu empfangen. Nach einer Mahlzeit wird diese den goldenen Thronen von Ahura Mazda und den Erzengeln sowie deren Wohnungen ihre Aufwartung machen.

Die Pehlewi-Schriften [27] aus dem 9. Jahrhundert vervollständigen dieses Gemälde weiter. Wenn die Seele dem Verstorbenen während der drei Nächte *post mortem* nicht um das Haupt wirbelt, wenn sich ein Wind voll bezaubernden Wohlgerüchen erhebt, wenn die Erscheinung der Morgenröte eine wohlgeformte Jungfrau ist und wenn es so aussieht, als stünde der Überquerung der Tschinwat-Brücke nichts mehr im Wege, dann ist nur noch eine Formalität zu erledigen.

Vor der Brücke streunt nämlich eine Bande von Dämonen – ein Klub blutrünstiger Gestalten – herum und sorgt vor der Überquerung für Spannung. Zum Glück wird aber das Manöver von Mihr, Srosch und Raschn, Abgesandten des Ahura Mazda, überwacht. Der letzte der drei trägt eine Waage mit sich. Ohne Kommentar werden die guten und schlechten Taten gewogen. Dann überquert die Seele die Brücke. Srosch begleitet die Seele des Gerechten. Für sie hat die Brücke – je nach Text – eine Breite zwischen tausend und neun Jagdspeerwürfen. Die Seele des Schlechten schreitet über eine Brücke, die ungleich schmaler ist, nämlich noch schmaler als eine Rasierklinge. Ganz wie es ihr vorbestimmt ist, stürzt sie senkrecht in die Abgründe der Hölle. Die Seelen der Männer oder Frauen, die ebenso viele gute wie schlechte Taten auf dem Gewissen haben, werden dazu verurteilt, sich an einem unbedeutenden Ort namens Hamistakan zu gedulden, der irgendwo zwischen der Erde und der Sternensphäre liegt. Dort werden sie der Auferstehung entgegenharren und bis dahin außer den Temperaturschwankungen der Atmosphäre keine weiteren Leiden zu erdulden haben. Ob die Seele des halb Guten und halb Schlechten die Brücke überqueren muß, bevor sie nach Hamistakan gelangt, ist unklar. Manuscht, der Verfasser des *Datastan-i denik*, hebt hervor, daß Ahura Mazda, «der wahre Richter und Beschützer der Brücke», die oberste Instanz der Gerichtsbehörde ist. Er ist derjenige, der über die Breite der Brücke entscheidet. Die Seele des Gerechten kann aber ganz beruhigt sein, denn die Schöne mit den Hunden ist allüberall zur Stelle. Nur im *Menok-i Xrat* und im *Bundahischn* tritt sie erst nach dem Gericht an der Brücke auf. In anderen Texten erscheint sie, wie bereits erwähnt, bei Anbruch des vierten Tages. Jedenfalls ist sie zur Stelle, und das ist das Entscheidende. Auch die persische Literatur muß in Zusammenhang mit ihr erwähnt werden. Im *Sad Dar Bundahischn*, einem Ende des 16. Jahrhunderts verfaßten Werk, taucht das bezaubernde Wesen nach dem Gericht mitten auf der Brücke auf. Sie hält einen kurzen Plausch mit der Seele des Gerechten, umarmt und küßt sie, und anschließend ziehen beide heiter und ausgelassen in das Paradies ein. Um zu erfahren, was nach dem Überqueren der Brücke geschieht, müssen wir uns wieder den Pehlewi-Schriften zuwenden.

Arda Wiraf [28] hat unter günstigen Bedingungen das Paradies besuchen können. Die mündliche Überlieferung, die sich um diesen legendären Heiligen des Zoroastrismus rankt, scheint gegen Ende des 9. Jahrhunderts feste Gestalt angenommen zu haben. Von den Seinen wie vom Schicksal ausersehen, trank Arda Wiraf ein Gebräu aus Wein und einem Rauschmittel, das ihn für sieben Tage und sieben Nächte ins Koma versetzte. Seine Seele nutzte diese Woche dazu, um den Weg des um sein Heil Ringenden in allen Stationen zu durchlaufen: die Schöne, das Wägen der Taten, die Brücke sowie die Be-

sichtigung des Paradieses, der Hölle und des Übergangsortes Hamistakan.

Wie sich herausstellt, befindet sich Arda Wirafs Seele, sobald sie
die Brücke hinter sich gebracht hat und den ersten Schritt tut, in der
Sphäre der Sterne, in der sich die verdienstvollen Seelen tummeln.
Ein Schritt weiter, und sie betritt die Sphäre des Mondes. In ihr ergehen sich Seelen in Mondeslicht gehüllt. Noch ein Schritt, und die
Seele steigt zur Sphäre der Sonne auf. Dort begegnet sie den Seelen
von Hauptmännern, Gouverneuren und Generälen, die auf Thronen
und goldenen Teppichen sitzen. Der vierte Schritt in den Himmel
hinein führt Arda Wiraf nach Garotman, in das Paradies der ewigen
Glückseligkeit. Der Erzengel Wohu Manah, immer noch ein herzens-
guter Geist, erhebt sich unermüdlich von seinem Goldthron und stellt
ihm die gesamte Versammlung vor. Hier sind die Seelen wahrhaft
himmlisch fein vor lauter leuchtender Lichtheit. Die Seelen von Königen und Kaisern tragen Rüstungen aus purem Gold. Die Seelen
frommer Frauen sind in edelsteinbesetzten Stickereien drapiert. Die
Kriegerseelen ziehen in Rüstungen aus kostbarsten Brustharnischen
und Beinschienen an Bord goldener Streitwagen ihre Kreise. Dazwischen Arbeiterseelen, erkenntlich an ihren «sternenübersäten Gewändern». Seelen von Künstlern und Kunsthandwerkern, die auf
mit Teppichen bedeckten Thronen sitzen. Seelen von Gerechten,
die auf reich mit Kissen garnierten Diwanen lagern. Schließlich entdeckt Arda Wiraf in einem bestimmten Winkel von Garotman das
Paradies der Reinen, in dem nichts als Unbeschwertheit und Wohl-
gefühl waltet. Dieses Paradies ist ein unbeschreiblich herrlicher
Garten. Er enthält alle süßduftenden Blumen und sämtliche Wunderdinge der Welt. Ein Ort, an dem «alle Befriedigungen und alle
Wonnen» zu erlangen sind, und niemand wird dieser Wonnen jemals
überdrüssig. Damit ist die Besichtigung beendet.

Arda Wiraf hat Ahura Mazda nicht zu Gesicht bekommen, aber er
hat zumindest seine Stimme gehört. Und dennoch residiert der weise
Gott anscheinend durchaus sichtbar im Paradies, wie dem *Hatoxt-
Nask* zu entnehmen ist. Die treuen und gläubigen Leser des *Datastan-i
denik* [29] werden Gott im Paradies schauen. Für die Seelen der Gerechten bedeutet das eine unbeschreibliche Freude. Zu den minderen

Freuden der Seelen zählt, daß sie mit anderen frommen Seelen Freundschaft schließen. Sie haben niemals Hunger, aber sie essen aus reinem Vergnügen. Die Seelen der Männer haben aufrichtige, treue, bescheidene und sparsame Gemahlinnen. Auf diese Perlen werden wir am Ende der Welt noch zurückkommen. Der Hohepriester Manuscht Echihr schildert das Paradies als gut bewässerten Wunderpark, ein Gefild zwischen Zoo und botanischem Garten. Zuvor hat er den Leser sogar freundlich darauf hingewiesen, daß diese Beschreibungen keineswegs der Wirklichkeit entsprechen, denn diese sei noch unendlich viel herrlicher.

Der Gedanke der Hierarchie, der in den Gatha nahegelegt wird, wird in den Pehlewi-Schriften sorgfältig strukturiert ausgeformt. Über die guten und die schlechten Werke wird Buch geführt. Die guten werden an einem bestimmten Ort des Paradieses, am «Platz des immerwährenden Gewinns» [30], gespeichert. Das haben die Seelen, die im Paradies auf den besten Plätzen sitzen, auch verdient. Ihr Haben ist grenzenlos. Trotzdem haben die hohen Würdenträger des Sassaniden-Reiches (224–651) glauben können, daß sie ihre Privilegien, da sie sich diese auf Erden verdient haben, auch im Paradies weiter genießen werden [31]. In den Pehlewi-Schriften wird daneben noch eine Doktrin der Reue erwähnt, die es gestattet, bestimmte Übeltaten zu tilgen. In den Gatha würde man auch die mindeste Andeutung eines solchen Schuldablasses vergeblich suchen. Da die bezaubernde Fünfzehnjährige, die beschützenden Abgesandten von Ahura Mazda, das Wägen der Taten und die Brücke dort ebenfalls nicht vorkommen, wird man sich fragen, aus welchen Gründen sie fehlen. Diese Elemente der Inszenierung sind Bestandteile des alten gemeinsamen indoiranischen Fundus, aus dem auch Zarathustra geschöpft hatte.

Der spätere Awesta und die Pehlewi-Erzählungen belegen den Endsieg des weisen Gottes über die Streitmächte des Bösen. In manchen Büchern ist von einem Kampf die Rede. Ahura Mazda und seine Abgesandten werden Ahriman, diesen Teufel, und seine Avatare der Hölle für immer vernichten. Im *Zamjat Jascht* steht der Erlöser keineswegs nur als Statist auf der Bühne. Mit einer Keule bewaffnet, kämpft er handfest mitten im Gewühl mit. In bestimmten pehlewischen

Schriften werden auch die Erzengel in den Vordergrund gerückt, und sie zeichnen sich beachtlich im Zweikampf aus. Im *Bundahischn* verkriecht sich Ahriman schließlich in den hintersten Winkel einer Höhle. Ahura Mazda, der seine Augen überall hat, ergreift jedoch seinen Gegner und wirft ihn für immer in den Kerker. Ein anderer Dichter ist weniger konziliant, und Ahriman wird in seinem Werk enthauptet. Insgesamt hinterlassen der Teufel, die Schlange Az, seine Gehilfin und andere Monster in unserer Erinnerung eher den Eindruck eines Häufleins armseliger Schreckgespenster. In Anbetracht ihrer Nichtswürdigkeit und Macht- und Kraftlosigkeit fragt man sich beinahe, weshalb es überhaupt so lange gedauert hat, bis sie endlich alle liquidiert wurden.

Die Gegenwart des Erlösers garantiert die Auferstehung der Körper. Im *Bundahischn* [32] findet sie vor der definitiven Niederlage Ahrimans statt, im Buch *Zatspram* [33] erst danach. Folgen wir dem Text des *Bundahischn*. Auf Erden haben die Bewohner ihre ursprüngliche Ernährungsweise wiedergefunden. Nachdem sie nacheinander auf Fleisch, Gemüse, Brot und Milch verzichtet haben, trinken sie auch kein Wasser mehr. Dies währt bereits zehn Jahre lang, als Saoschjant, das heißt der Erretter und Erlöser, erscheint. Sein besonderes Kennzeichen: er läßt die Körper wieder auferstehen. Diese erstaunliche Persönlichkeit wird innerhalb von siebenundfünfzig Jahren die gesamte Menschheit auferstehen lassen. Jeder Mann, jede Frau stehen an der Stelle wieder auf, wo sie gestorben waren. Bei den Auferstandenen gibt es nur zwei Altersstufen: 40 Jahre für die Erwachsenen und 15 Jahre für die Kinder. Anschließend wird die Versammlung des Satwastaran abgehalten, in der nach einer Aussonderung die Gottesfürchtigen von den Gottlosen getrennt werden. Die Frommen ziehen ins Paradies ein, während die Unfrommen in die Hölle wandern, wo ein gewaltiges Pensum an Torturen auf sie wartet. Drei Tage und drei Nächte später sind alle wieder zurück auf Erden und werden der Läuterung durch das flüssige Metall unterzogen. Der Fromme hat dabei den Eindruck, er wate durch warme Milch, während der Unfromme tatsächlich fühlt, daß er durch geschmolzenes Metall watet. Alle werden geläutert. Dann bricht die wahre Wiedersehensfreude aus. Die Eltern, die Freunde tauschen die neuesten Neuigkeiten aus. Mann und Frau erhalten wieder ihre Kinder zurück, aber sie zeugen keine weiteren. Alle sprechen die gleiche Sprache und danken Ahura Mazda. Saoschjant und seine Helfer verabreichen ihnen einen Unsterblichkeitstrunk. Gleichzeitig verteilen sie den jeweiligen Verdiensten entsprechend die Belohnungen. All dies ist von allmächtiger Reinheit beherrscht, denn als Ahura Mazda dem unschädlich gemachten Ahriman begegnet, reinigt ein universaler Weltenbrand selbst die Hölle und verwandelt die Erde, deren Gebirge eingeschmolzen wurden, in eine gewaltige Ebene. Hölle, Erde und Himmel werden eins und bilden eine einzige superreine Zone, das Super-Paradies. Und dieses ist das endgültige Paradies, ein Gefilde immerwährenden Fortschritts, wo die Bewohner, indem sie Ahura Mazda preisen, ihre Freude immer weiter veredeln.

Die pehlewische *Riwajat* bestätigt einen Wechsel der Landschaft: zunächst bringt man fünf Opfer dar, damit Erde und Garotman sich auf der Höhe der Sternensphäre vereinigen. Danach steigen die Sterne, der Mond, die Sonne und das Feuer auf die Erde nieder. Am Ende wird die gesamte Schöpfung in Ormazd (das heißt Ahuramazda) aufgenommen.

«Fortan wird es nicht mehr vonnöten sein, Arbeit zu erbringen; die Menschen werden als Vierzigjährige erscheinen, werden unsterblich sein und unvergänglich, frei von Altwerden, Verfall und Verfaulen. Ormazd betrachten, ihn ehren und preisen und frei und ungezwungen zu tun, was ihnen am meisten beliebt: das werden ihre Beschäftigungen sein.»

Auch die Tiere werden wieder erscheinen. Der Ur-Stier wird sich vorübergehend in die Körper der paradiesischen Erdenbewohner mischen, um ihnen auf ewig den Wohlgeschmack sämtlicher Fleischsorten einzuverleiben. Auf diese Weise werden sie nicht mehr zu essen brauchen. In dieser Welt von Feinschmeckern, denen die Vernunft nichts mehr anhaben kann, werden sich «Mann und Frau begehren und begatten; doch sie werden keine Nachkommen zeugen». Der Vorgeschmack auf die Szenerie erweckt einen idyllischen Eindruck: «Jeder Ort wird so schön wie ein Garten sein, welcher alle Blumen und Blüten und alle Knospen und Triebe enthält.»

Zum *Zatspram* [35] liegen verschiedene Varianten vor. Dort

braucht Soaschjant weniger lange als im *Bundahischn,* um die Toten wieder aufzuwecken. Nachdem er zusammen mit sechs anderen Erneuerern die Messe der Erneuerung gesungen hat, erläßt der Erlöser seinen Aufruf:

«Stehet auf, o körperliche Wesen, die ihr die *jasat* geachtet habt und verstorben seid auf Erden!»

Und schon tun seine Worte ihre Wirkung:

«Der fünfte Teil der Verstorbenen wird wieder auferstehen von der Erde, ausgestattet mit Körpern und demselben Aussehen wie zur Stunde ihres Sterbens – auferstehen an der Stelle auf Erden, wo der Atem ihre Körper verließ. Zu zweien in Paaren werden sie auferstehen, der Vater mit dem Sohne, die Frau mit dem Gemahl, der Meister mit dem Schüler, der, der Befehle gibt, mit dem, der gehorcht.»

Der Kalender sieht fünf Tage – und zwar ganz besondere – für die Auferstehung vor. Werden aber die Körper der Wiedererweckten nicht durch verschiedene Drangsale verändert werden? Das Gericht schickt die Gerechten zum Genießen der Glückseligkeit ins Paradies und die Gottlosen in die Hölle, wo sie drei Tage und Nächte lang schmoren müssen.

«Die körperlichen Wesen werden wiederhergestellt werden in Glückseligkeit aus einem leuchtenden Lehm ohne Schatten, aus einem Wasser ohne Gift, aus einem Feuer ohne Rauch, aus einem Wind voller Wohlgeruch. Ihre Knochen werden leuchten wie der Kristall unter den Steinen; das Fleisch, das ihre Knochen bedeckt, wird an sie angekettet sein wie eine goldene Kette, eingefaßt in Kristall; ihr Blut wird in ihren Adern fließen wie gewürzter Wein in einem goldenen Kelch. Die Säfte ihres Körpers werden wohlriechender duften als Moschus, Ambra und Kampfer. Sie werden groß von Gestalt, fein in ihren Proportionen und von derselben Statur wie Gajomart sein [36] und werden dank ihrer Erscheinung aussehen wie vierzigjährig.»

Die Männer werden, ob mono- oder polygam, all ihre Frauen wiederfinden. Aber auch der Junggeselle wird nicht vergessen: «Man wird ihm eine geben, deren Statur und Aszendenz der seinen gleicht.» Doch was für «eine» mag sie sein – eine Junggesellin oder ein Roboter? «Da ihre Naturen einander gleichen, wird der Mann diese Frau

272

mehr lieben als alle jungen Mädchen der Erde, und die Frau wird sich mit dem Manne vereinen; und sie werden keine Lust finden mit anderen. Sie werden einander mit Wohlwollen und Eintracht betrachten.»

Diese Seelen, bar jeder Befleckung und ausgestattet mit feinsten Körpern, werden natürlich proportional verteilt und belohnt, denn nicht alle erfassen «mit der gleichen Kraft die Schönheit und das Licht des Göttlichen».

Und schließlich noch ein Detail: die fruchtbare Virilität des Feuers. Dieses listige Element

«[...] wird sich mit den Männern und Weibern gatten nach Art dessen, was bei der Empfängnis zwischen Mann und Frau geschieht, wenn die männliche Form in die weibliche eintritt durch Einführung des Samens und des Atems. Zu jener Zeit werden Männer und Frauen, die wie fünfzehnjährig erscheinen, auf dieser Erde wandeln; unter den Vierzigjährigen werden sie wie Kinder im Kreise ihrer Eltern erscheinen, und die Freude, die sie dabei empfinden, wird die nämliche sein.»

Der spätere Awesta, die Pehlewi-Erzählungen sowie die persische Literatur bieten noch weitere Einzelheiten über die Person des Erlösers [37]. Während der Vermählung Zarathustras passierte etwas ganz Entscheidendes: der Same des Propheten fiel drei Male auf die Erde. Er wurde von einem Engel aufgefangen, der Göttin (!) des Wassers anvertraut und ruht nun unter strengster Bewachung auf dem Grunde eines Sees. Es ist vorgesehen, daß sich bestimmte Jungfrauen in dieses Wasser setzen. Die Folge ist, daß im Abstand von jeweils tausend Jahren die drei Söhne Zarathustras geboren werden. Uns interessiert jedoch nur der dritte, Astrart-Arta, da er es ist, der uns auferwecken wird. Er wird das Ende einer Welt einläuten, nach der das Paradies ohne Geschichte sein wird. Diese Welt wird zwölftausend Jahre gedauert haben, unterteilt in vier Viertel zu je dreitausend Jahren. Die erste Periode ist die geistige Zeit. Die zweite ist die körperliche Zeit. Ahura Mazda schöpft reine Körper, während Ahriman vollkommen verroht ist. In der dritten Zeit wütet Ahriman. Die vierte setzt mit der Geburt Zarathustras ein. Dreitausend Jahre später läßt Astrart-Arta den Vorhang fallen.

Im Laufe der Zeit wurde die ursprüngliche Lehre mit aufgepfropf-ten präzarathustrischen Trieben überfrachtet. Zarathustra hatte die Opferung des *haoma* und die Einnahme eines Unsterblichkeitstrunks, «jenen Unflat von Rauschtrank» [38], abgelehnt. Die Nachfolger des Propheten haben das *haoma* dem System jedoch wieder einverleibt.

Heute wird von den großen Parsi-Priestern sein Kult gefeiert. Ihre Vorfahren hatten das ursprüngliche Rezept jedoch verloren. Man kann lediglich vermuten, daß es aus dem Extrakt des Fliegenpilzes, jenes geschätzten halluzinogenen Pilzes, hergestellt worden sei [39]. Solche Wiedereingliederungen in die grundlegende Lehre, ob künst-lich aufgeschminkt oder nicht, gibt es zu Tausenden [40]. Bei be-stimmten Zügen davon kann man aber durchaus ins Schwärmen ge-raten. Die Auferstehung, die Generalversammlung der Auferstande-nen, die drei Tage und Nächte währende Seelenfahrt, die universale, erlösende Reinigung und die Chronologie der Welt sind der Anfang einer langen Liste von Figuren, die in den Gatha *a priori* fehlen. Wurde Zarathustra, der Freund der Stiere, für alle Ewigkeit verraten? In sei-ner Legende endet er mit einem Dolch im Rücken [41]. Fromme, Un-fromme, Freunde, Feinde, Übersetzer, Kommentatoren, Experten, Profane und andere, all jene, die sich aus der Nähe oder aus weiter Ferne dem Propheten zuwenden, scheinen dazu verurteilt zu sein, ewig mit dem Messer in seiner Wunde zu wühlen. Beten wir also zu Ahura Mazda, daß der iranische Boden eines Tages wieder aus den Sedimenten von Zeit und Legende das eine oder andere leuchtende Täfelchen mit den authentischen Worten Zarathustras – am liebsten dazu auch noch die wahre Stimme des Propheten – ans Licht beför-dert.

Hinduismus

Vorspiel: die Weden

Der Hinduismus bietet seinen Anhängern eine verblüffende Vielfalt
unterschiedlichster Formeln und Ausformungen an. Für jeden Geschmack – für Monisten, Dualisten, Atheisten, Pantheisten, Poly-
theisten, Monotheisten, Götzenanbeter und Fetischisten – ist etwas
zu finden. Wie konnte es zu einer so wuchernden und buntschillernden Entwicklung kommen?

Die Forschung setzt die aus dem Nordwesten kommende Invasion
der Arier in den indischen Raum um 1500 oder vorsichtiger zwischen
2000 und 1200 v. Chr. an. Die Krieger fielen zu Pferd mit Waffen und
Gepäck in das Land ein. Und in ihrem Gepäck brachten sie eine Religion mit. Diese bildete den *Weda* (auch *Veda*), eine prachtvolle Sammlung von hymnischen Liedern, Liebes- und anderen Zaubern, liturgischen Texten und philosophisch-metaphysischen Spekulationen, die
durch lokale Anleihen noch weiter angereichert wurden. Durch
streng traditionsgetreue mündliche Überlieferung erstaunlich gut erhalten, stellt der Weda heute den ältesten religiösen Text Indiens dar.
Seine Verfasser genießen den Status von Sehern. Sie haben den Weda
(= das «Wissen») «gesehen». Obwohl die gewaltige Mehrheit der
Hinduisten diese Texte nie in schriftlich aufgezeichneter Form zu Gesicht bekommen hat und sie auch niemals lesen wird, respektiert sie
sie dennoch, denn es sind heilige Texte.

Die Götterhymnen aus dem *Rigweda* – in anderer Schreibweise *Rg
Veda* (entstanden etwa um 1500 v. Chr.) – singen von unserer ersten
Etappe, dem Paradies der Ahnen, der Väter. Etwas später kommen
noch der *Atharwaweda*, dann in der Zeit vom 10. bis zum 7. Jahrhundert vor Christus die *Brahmanas* hinzu. Und noch später... Aber zuerst...

Jama und Waruna, die Könige des Paradieses

Rigweda 9, 113 [1], eine Hymne an *soma*, ein kultisches Rauschmittel,
läßt uns das Wasser im Munde zusammenlaufen. Sie entführt uns in
Gefilde, die bezeichnet werden als ein Ort,

«wo unerschöpfliches Licht ist,
worein das Sonnenlicht gesetzt ist [...]
die unsterbliche, unvergängliche Welt [...].
Wo König ist Wiwaswants Sohn,
wo des Himmels innerstes Gemach,
wo die neu entspringenden Gewässer sind [...].
Wo man nach Belieben wandelt
im dritten Himmel auf der dritten Himmelshöhe,
wo die lichtvollen Welten sind [...].
Wo Wünsche in Erfüllung gehen,
wo des Roten [Sonnenhengstes] Standort,
wo Manen-Schmaus und Sättigung [...].
Wo Wonne wohnt und Lust,
wo Freuden und Ergötzlichkeit,
wo man der Liebe Wunsch erlangt [...].»

Der Sohn des Wiwaswant ist Jama. Ursprünglich war er ein Mensch, aber nicht irgendein x-beliebiger, sondern der erste. Ein Forscher, ein Pionier. Kaum war er gestorben, ist er «fortgegangen [...] den großen Abhang hinunter» [2]. Schließlich entdeckte er einen Weg, der in ein Königreich führt.

«Jama hat uns als erster den Weg gefunden;
nicht kann man diese Flur uns wegnehmen [...].»

Im Nu ist Jama der Herrscher über dieses Reich, das Paradies der Väter, der Vorfahren. Denjenigen, die es erreichen «im höchsten Himmel», schenkt er

«[...] mit Tagen, Wassern, Nächten
einen schön bereiteten Rastort.»

Da zwei Kronen besser sind als eine, steht diese Region unter dem Schutz eines zweiten Königs, des Gottes Waruna. Während Jama ein Held ist, der nur in den Rang einer minderen Gottheit erhoben wird, thront Waruna an der höchsten Stelle des alten wedischen Pantheons. Wir wissen, daß Jama eine arabische Verbindung zu Jima, dem Walter des iranischen präzarathustrischen Paradieses, hat. Die Wurzeln der Gestalt Waruna liegen dagegen immer noch im dunkeln. Gelegentlich wird er in die Nähe von Ahura Mazda, dem von Zarathustra besungenen höchsten Herrscher, gerückt, zuweilen werden an ihm auch präarische Merkmale gesehen. Mit letzter Sicherheit weiß Waruna nur selbst als einziger, woher er kommt, denn er ist allwissend, wie der *Atharwaweda* später bestätigen wird. Bis dahin ist er im *Rigweda* der größte Magier seiner Zeit. Die Seher des Weda sprechen von Wunderleistungen, die nur ein Waruna zu vollbringen wagt:

«Dies große Wunderwerk des weisesten Gottes,

dessen hat sich noch keiner erkühnt:

daß die schimmernden Flüsse das eine Meer,

darein sie münden, nicht füllen mit ihrem Wasser [3].»

Das ist bereits eine beachtliche Leistung, doch er hat noch weit mehr vollbracht. Einst waren Erde und Himmel miteinander verschweißt. Waruna war derjenige,

«der auseinandergestemmt hat die weiten Weltenhälften,

der das erhabene Firmament da droben, zweifach das Gestirn,

hat angetrieben und die Erde ausgebreitet» [4].

Waruna ist der Architekt des «dreifachen Baus» [5], Erde, Luftraum (die Atmosphäre) und Himmel. Eine spätere Hymne spricht diese Leistung Wischnu zu, der sie «in einem dreifachen Sprung» [6] vollbracht haben soll. Auch wenn sich Wischnu bereits einige Sporen abverdient hat, ist er noch kein Star. Waruna ist Gott der Wasser – und daraus spricht deutlich seine Überlegenheit. Er ist derjenige, der die Erde und selbst den Himmel unter Wasser setzt:

«Daß Faß hat mit der Öffnung nach unten Waruna ausgegossen,

über Himmel und Erde und den Luftraum;

damit benetzt der König der ganzen Welt

die Erde wie ein Regenguß die Gerste.

Er benetzt die Erde, die breite, und den Himmel [...] [7].»

Das Wasser, einer der Schlüssel allen Lebens, wird von einem Gott geschenkt, vor dem man besser Respekt haben sollte. Waruna kann nämlich – wie übrigens auch Mitra – helfen, «zu gewinnen die Wohltaten der Erde und des Himmels» [8]. Aber er besitzt auch Fesseln, mit denen er uns im Nu das Leben einschnüren kann [9].

Wer hätte es 1500 v. Chr. gewagt, sich über Waruna lustig zu machen? Niemand. Wasser ist lebenswichtig, das war gestern so und wird morgen so sein, hier wie anderswo. Er hatte also ständig ein Wort mitzureden, und manchmal hatte er sogar das letzte Wort, und zwar schon vor der Zeit, als sich die Arier in Bewegung setzten. Mit Regenfluten mußte immer gerechnet werden, manchmal auch mit dem einen oder anderen Fluch. In Pakistan erregt die Mohendscho-Daro-Kultur (2800–1500 v. Chr.) Aufsehen mit ihren engen Bindungen an das Wasser: interne, externe Kanalisationssysteme, Toiletten mit Wasserspülung und Schwimmbecken (als Becken und Schoß der Kultur überhaupt?). Diese prächtige Wasserstadt, deren Mauern einst vom Indus umspült waren, ist durch das Wasser vernichtet worden [10]. Tiefer unten im Süden Indiens rollt die Mythologie der Tamilen des 3. bis 2. vorchristlichen Jahrhunderts in ihren literarischen Akademien 18000 Jahre Geschichte auf [11]. Kawadapuram, die Hauptstadt der zweiten Akademie, soll unter den Fluten verschwunden sein. Auch wenn man nicht gleich bis zu jenen Zeiten zurückgeht, als wir Menschen noch Amphibien waren, kann man sich vorstellen, daß die drawidischen Ackerbauern ihre Flüsse verehrten. Wenn es darum ging, blieben auch die Klane der Arier nicht ruhig sitzen, ohne eine Initiative zu ergreifen. Nachdem sie ihren Kaschmir zusammengerollt und den Pendschep eingepackt hatten, hielten die Häuptlinge Rat und beschlossen, zur «Eroberung der Wasser» [12] aufzubrechen. Zu diesem Zweck wandten sie sich an Indra, Gott des Krieges und Muster des brutalen Haudegens. War er auch derjenige gewesen, «der den Luftraum durchmaß und ausweitete» und sogar «den Himmel stützte» [13] – ja, auch er, ganz wie Waruna –, so war es vor allem sein Verdienst, daß er den Lindwurm Writra, der die Wasser der sieben Flüsse gefangenhielt, in Stücke gehauen hatte. Dank seiner Tat «gehn die Gewässer, frei ansteigend, über ihn hinweg» [14], denn «das Wasserloch, das geschlossen gewesen, / als er Writra erschlug, schloß er da auf» [15], und so konnten alle Ströme wieder frei fließen. Die arischen Stämme machten diesem Fachmann die weitere Ehre, ihre Eroberung der Wasser, nämlich des Indus- und Gangesbeckens, im 8. vorchristlichen Jahrhundert zu vollenden.

Da das Wasser Leben schenkt, aber gelegentlich auch den Tod bringt, wird man sich über den zweifachen Aspekt Warunas schwerlich wundern: ein ganz menschlicher Aspekt, denn er ist gleichermaßen fähig, zu begnadigen wie zu liquidieren. Das gleiche läßt sich auch von Jama sagen, der, je nach dem, was die Akte des Verstorbenen enthält, entweder sympathisch oder grauenhaft sein kann. Bereits im *Atharwaweda* wird sich Jama auf die Rolle des Todesgottes, einer erschreckenden Gestalt, spezialisieren. Dieses Buch stellt eine familiäre Beziehung zwischen den beiden Königen her [16]. Warunas Gemahlin hat nämlich von Jama ein Kind. Der Kleine entwickelt sich prächtig und führt den Namen «der Alptraum». Im Laufe der Jahrhunderte geht es jedoch mit Warunas Karriere abwärts. Seine Popularität schwindet zugunsten von Indra, dem obersten Herrscher des Himmels. In den *Brahmanas* wird er einen Teil seiner Machtfunktionen an einen gewissen Pradschapat abtreten, den Vater der Götter, der seinerseits eine Evolution durchmacht. Bevor es soweit kommt, herrschen Jama und Waruna als Herren über das Paradies der Väter. Dieses ist jedoch nur ein Ort unter anderen, denn die dreifache Struktur des Universums umfaßt unzählig viele Gefilde. Dort residieren alle Arten von Geschöpfen, Wesen wie Sie und wir, Götter, Antigötter, Genies, Dämonen, Geister, Phantome, fliegendes Gewürm und dergleichen mehr.

Im Paradies der Väter hat Jama seinen Sitz in «dem, was man das Gebäude der Götter nennt» [17]. Was treibt er dort? Er sitzt auf einem Baum – auf einem Feigenbaum, wie der *Atharwaweda* präzisiert [18] – und trinkt in Gesellschaft der Götter, ja sogar der Vorväter. Aber das ist nicht alles. Jama singt und spielt auf der Flöte. Als die Arier dazu übergehen, ihre Toten zu verbrennen, werden die Priester, die in Trance vor dem Scheiterhaufen ihre heiligen Rituale vollziehen, Jama sogar bitten, er möge erscheinen. Während seiner ganzen Karriere als Totengott wird Jama daher häufig unterwegs sein. Zu seinem Glück stehen ihm aber Helfer zur Seite, die ihn bei seiner Arbeit ein wenig entlasten, darunter zwei Boten, «die das Leben rauben», sowie ein Paar buntscheckige Hunde, die die Strecke Erde–Paradies markieren [19].

Waruna muß die Möglichkeit haben, sich niederzulassen, wo immer er will, so auch im Himmel, in der Mitte [20] oder im höchsten Firmament auf seinem Kampfwagen [21]. Im *Atharwaweda* heißt es, daß er ein Haus aus Gold auf dem Grund der Wasser besitzt [22]. Ein Nachrichtendienst himmlischer «Spione», die ihm alles melden, weicht nicht von seiner Seite.

«Selbst wer über den Himmel hinaus kröche jenseits zum anderen Rand,
entginge Waruna, dem König, nicht.»
Sein göttlich weitschauender Blick erfaßt das gesamte Universum, alles «was zwischen den beiden Welten liegt, was jenseits liegt» [23]. Abgesehen davon ißt er, trinkt er und berauscht sich an Drogen [24].

Nach diesen Vorbemerkungen wenden wir uns vorläufig von den Königen ab und wollen uns ihren Untertanen widmen.

Unsere Vorfahren im Paradies

Sie verfügen über einen herrlichen Körper bar jeder Befleckung, wie dem 10. Buch des *Rigweda* zu entnehmen ist [25]. Der *Atharwaweda* ist sogar noch optimistischer [26]. Ihre Glieder sind von jedem Gebrechen und Leiden, von jedem Mangel frei. Die Paradiesbewohner leben in Frieden und sind niemals krank. Allerorts fügen sich die familiären Gruppen wieder zusammen. Die Kinder finden ihre Eltern, die Männer ihre Ehefrauen wieder. Bezaubernd buntschillernd ist die Kulisse. Ganze Lotoswälder, Seen aus glasklar zerlassener Butter, Dämme aus Honig, Flüsse von Wein, Wasser oder Milch. Der *Atharwaweda* garantiert sexuelle Freuden im Überfluß.

Wer darf Anspruch auf ein solches Dasein anmelden? Rigweda 10, 154 antwortet: «Diejenigen, die die Askese unangreifbar macht», werden in das Paradies eingehen. Ebenso die Krieger, «die für die Beute kämpfen, / die Helden, die ihren Körper opfern», und schließlich diejenigen, «die tausend Dakschina gespendet haben». Für solche, die es sich leisten können, ist dieses Paradies somit käuflich. Ein paar kleine Opfer machen sich also bezahlt.

Opfer und Paradies

Die Welt ist aus einem göttlichen Opfer geboren. Die Götter beschenken einander selbst mit Opfergaben. Die Menschen stehen ihnen gegenüber in Schuld. Sie begleichen sie durch das Opfer. Agni, der

Feuergott, «Herr des Opfers» [27], führt die irdischen Opfergaben in den Himmel über, wo sie dann von den Gottheiten gewürdigt und genossen werden. Das Opfer ist das Wesentliche im wedischen Kult. Es muß nach ganz präzisen Normen vollzogen werden. Die Priester, Experten auf dem Gebiet ritueller Handlungen, übernehmen diese Aufgabe unter Einbehalt eines Teils der Opfergabe. Diese Entlohnung, die bereits genannte Dakschina, ist heilig. Ohne Dakschina ist das Opfer wertlos. Nur für diejenigen, die die Dakschina leisten, sind die Schönheiten dieser Welt, die Sonnen im Himmel, geschaffen, wird in *Rigweda* (1, 125, 6) behauptet [28]. Gezahlt wird in Naturalien – in Form von Hanf, Butter, Reis, Hammel, Schafen, Kühen, Ochsen, Pferden (oder deren Fleisch) – sowie in Form eines Streitwagens, von Gewändern, einer Konkubine oder ähnlichen Gütern. Geld als Zahlungsmittel wird in Indien erst um 500 v. Chr. aufkommen. In der Frühzeit der wedischen Religion ist das wichtigste Opfer der Soma, ein nicht identifiziertes Rauschmittel, das von den Ariern vergöttert wurde. Mit Hilfe dieser in den Bergen wachsenden Drogenpflanze kaufen sie ihre Seelen von den Göttern frei. Man weiß also, «wer ein Soma-Opfer dargebracht hat, hat seinen Platz im Paradies» [29]. Als sie die Bergeshöhen verließen, um die Talebenen zu erobern, entfernten sich die arischen Stämme vom Soma und fanden es nie mehr wieder. Die Priester ersetzten es durch den Hanf, der bereits im *Atharwaweda* sakralisiert wird. Wahrscheinlich handelte es sich dabei um die von Lamarck im Jahre 1783 als *Cannabis Indica* bezeichnete Gattung [30].

Der Umfang der Dakschinas variiert entsprechend der Art des Opfers. Das Wischwajit-Opfer ist besonders teuer: es kostet 1000 Rinder und 100 Pferde [31]. Der Opfernde investiert jedoch nicht aufs Geratewohl, denn er fordert dabei zwei Dinge von den Göttern, nämlich eine Stelle als Unsterblicher im Paradies, aber auch schon davor ein Dasein auf Erden, das seines Namens würdig ist und das bedeutet: Gesundheit, Reichtum, sexuelle Rüstigkeit, männliche Nachkommen, Unsterblichkeit. Diese irdische Unsterblichkeit, die der Opfernde erwünscht, hat jedoch seine Grenzen, nämlich 100 Jahre [32]. Die *Brahmanas* machen aus dem Opfernden zuweilen einen wahren Astronauten. Dieser gelangt nämlich während des Opferrituals in den Zwischenraum zwischen Erde und Himmel, danach in den Himmel. Dann kehrt er wieder auf die Erde zurück, denn wenn dies nicht geschähe, würde er den Verstand verlieren. Nach der Rückkehr von dieser Reise hat er den Tod gekostet, hat ihn überwunden und ist somit mehr denn in alle Ewigkeit unsterblich [33]. Das ist das typische Porträt eines Eingeweihten.

Der zweite oder Wiedertod

«Wer ohne vom Tode sich ganz befreit zu haben zu jener Welt eingeht, den läßt er in jener Welt immer wieder sterben, so wie man einen, der gebunden ist, in dieser Welt nicht achtet, sondern wann immer man will, dem Tode überantwortet» [34], so warnt das *Schatapatha-Brahmana*. Dieser Text, der etwa aus dem 10. vorchristlichen Jahrhundert stammt, spricht von der Existenz eines zweiten Todes, des Wiedertodes. «Erfolgreich wehrt den Wiedertod von sich ab, wer das Natschiketa-Feuer errichtet [35].» Man muß jedoch die Gebrauchsanweisung zum Bau des Altars kennen. Das *Taittirija-Brahmana* läßt ebenfalls anklingen, daß die Opfer und frommen Werke eines Menschen zunichte gemacht werden können, wenn er nicht weiß, wie dieser Feueraltar zu errichten ist [36]. Das *Schatapatha-Brahmana* knüpft andererseits das Gelingen des Opfers an die Assimilation einer neuen Gegebenheit, nämlich des Brahman, von dem es heißt: «Nichts ist größer als dieses.» Dieses unpersönliche schöpferische Prinzip ist vermutlich mit Pradschapati, dem Vater der Götter, identisch [37].

Schließlich ist noch die Rede von Atman, dem Selbst: es ist «golden wie ein rauchloses Licht, größer als der Himmel, größer als der Luftraum, größer als die Erde, größer als alle Wesen. [...] Zu diesem Selbst werde ich beim Scheiden von hier gelangen [38].»

Mit Hilfe dieses Rituals verschafft sich der Opfernde eine immaterielle, unsterbliche Seele [39]. Er muß in der Lage sein, die Symbolik des Rituals zu entschlüsseln. Gewisse Lehren gehören jedoch nicht in jedermanns Hände, denn das wäre eine Sünde, und Indra schlüge dem unvorsichtigen Lehrer das Haupt ab [40]. Für das weitere

Schicksal *post mortem* zeichnen sich mehrere Möglichkeiten ab. «Der Weg führt entweder zu den Göttern oder zu den Vätern» [41] und natürlich in die Hölle, die allmählich großen Zulauf bekommt. Im *Schatapatha-Brahmana* ist von einem Gericht über den Verstorbenen die Rede:

«In der anderen Welt wird man ihn nämlich auf eine Waage legen, und nach welcher Seite sie immer ausschlagen mag, stets wird er ihr folgen müssen: dem Guten oder dem Bösen! Aber wer dies weiß, wird schon jetzt hienieden in der Waagschale aufsteigen, und entgeht so der Verpflichtung, sich in der anderen Welt in sie zu setzen. Seine guten Werke überwiegen, nicht seine schlechten [42].»

All diese in der Frühzeit noch leicht diffusen Parameter werden ab dem 6. Jahrhundert v. Chr. klarere Konturen annehmen.

Karma und Samsara

Die alten Upanischaden markieren das Ende der wedischen Zeit. Sie zeugen von unseren Werken und Taten, dem Karma, deren Früchte wir ernten. Solange ein Wesen Karma produziert, ist seine Seele an den Kreis der Durchwanderung, des Samsara, gebunden. Die Elite setzt alles daran, die Ketten des Karma zu sprengen, um endgültig dem Samsara zu entrinnen. Allein durch Wissen ist das Heil zu erlangen, entweder durch Erkenntnis über den Weg der Initiation oder unmittelbar einfühlendes Gewahrwerden in Einsamkeit [43]. Im einen wie im anderen Fall hat man zu begreifen, daß Atman, das höchste Selbst, die Einzelseele, identisch ist mit Brahman, der umfassenden All- oder Weltseele. Dieser Atman

«[...] enthält alle Werke, alle Wünsche, alle Gerüche, alle Essenzen, er umfaßt das Ganze, er ist unaussprechlich, indifferent – dieser mein Atman im Innern meines Herzens, dieser ist Brahman [44].»

«Der eine Herr, der innere Atman aller Wesen,
der seine eine Form vervielfacht –
die Weisen, die ihn im eigenen Selbst erfahren,
ihnen wird ewige Freude zuteil, nicht den anderen [45].»

Diese Gleichsetzung setzt also der Macht des Karma ein Ende.

Die verschiedenen Wege, wie sie im *Schatapatha-Brahmana* aufgezeigt werden, zeichnen sich allmählich deutlicher ab. Die Wesen, die die Gleichheit zwischen Atman und Brahman wahrgenommen haben, folgen dem Weg der Götter.

«Diejenigen, die dies so wissen und die im Wald Glauben und Askese üben, sie gehen (nach dem Tod) in die Flamme ein, von der Flamme in den Tag, vom Tag in die lichte Mondeshälfte, von der lichten Mondeshälfte in die sechs Monate des nördlichen Sonnenlaufes, von den sechs Monaten in die Götterwelt, von der Götterwelt zur Sonne, von der Sonne in die Blitzregion. Wenn sie die Blitzregion erreicht haben, dann führt sie der geistige Purusa in die Brahman-Welten. In den Brahman-Welten weilen sie im Höchsten, Jenseitigen. Von dort gibt es keine Rückkehr [46].»

So lauter die Version in der *Brihadaranjaka-Upanischad*. Die der *Kauschitaki-Upanischad* weicht davon merklich ab [47]. Die Seele des Verstorbenen steigt zum Mond auf. Dieser nimmt sie ins Verhör. Wenn ihre Antworten korrekt sind, darf sie dem «Götterweg» *(dewajana)»* folgen «und gelangt [nacheinander] in die Welten des Feuers [Agni], des Windes [Waju], Warunas, Indras, des Herrn der Geschöpfe [des Schöpfers, Pradschapati] und Brahmas». In diesem Gefild findet man einen See, einen Fluß, einen Baum, einen öffentlichen Platz, einen Palast, einen Thron und einen Palankin, das heißt Tragsessel, vor. Indra und Pradschapati fungieren als Torwächter. Indra hat auch hier seinen Status des Königs der Götter, da er als erster Brahman erkannt und anerkannt hatte [48]. Neben den Torwächtern gibt es noch ein Paar Göttinnen, «die die Welten mit Blumen weben», sowie die Apsaras, eine Gruppe himmlischer Nymphen.

Die *Nirukta-Upanischad* (6. Jahrhundert v. Chr.) hebt eine davon besonders hervor, deren Anblick so erregend ist, daß «die Substanz der Männlichkeit der [Götter] Mitra und Waruna hervorspritzt», sobald sie sie erblicken [49]. Der – hier personifizierte – Brahman befiehlt den Apsaras, dem Verstorbenen entgegenzueilen.

«Ihm gehen von den Apsarasen fünfhundert entgegen: hundert mit Früchten in den Händen, hundert mit Kränzen in den Händen, hundert mit Gewändern in den Händen, hundert mit Riechpulver in den Händen. Sie schmücken ihn mit dem Schmuck des Brahmans. Wenn er mit dem Schmucke des Brahmans geschmückt ist, macht er sich, das Brahman kennend, nach dem Brahman auf den Weg [50].»

Zunächst überquert er den See und den Fluß, was ihm «mit Hilfe des Denkvermögens» gelingt. Dort entledigt er sich seiner guten und seiner schlechten Taten. Die Verwandten auf Erden, die ihm lieb und teuer sind, erben das Gute an ihm, diejenigen, die er nicht liebt, erben das Böse, das er sich hatte zuschulden kommen lassen. Dort oben gelangt er schließlich vor den Palankin, den Tragdiwan, auf dem der Brahman sitzt. Das letzte zu überwindende Hindernis sind eine Reihe von Fragen, die ihm der Brahman persönlich stellt. (Die Antworten, die er zu geben hat, sind in der *Kauschitaki-Upanischad* zu finden.) Danach sagt der Brahman zu dem Interessierten:

«Die Gewässer sind meine Welt; sie sei die deine!»

Der zweite Weg neben dem zu den Göttern ist der Weg zu den Vätern.

«Doch diejenigen, die durch Opfer, durch Gaben und durch Askese die Welten gewinnen, sie gehen [nach dem Tod] in den Rauch ein, vom Rauch in die Nacht, von der Nacht in die dunkle Monatshälfte, von der dunklen Monatshälfte in die sechs Monate des südlichen Sonnenlaufes, von den sechs Monaten in die Welt der Vorväter, von den Vorvätern zum Mond. Wenn sie den Mond erreicht haben, werden sie zu Nahrung. Dort werden sie von den Göttern verzehrt, ebenso wie diese den König Soma [von Nektar gefüllter Mond] verzehren, indem sie sagen: ‹Nimm zu, nimm ab!› Wenn dies geschehen ist, gehen sie [die Seelen] in den leeren Raum, vom Raum in den Wind, vom Wind in den Regen, vom Regen auf die Erde. Wenn sie auf die Erde gelangt sind, werden sie zu Nahrung. Dort werden sie wieder im Feuer eines Mannes dargebracht und im Feuer einer Frau geboren. Wenn sie sich aus der Welt erheben, gehen sie wieder in den Kreislauf ein [51].»

So wird der Weg der Vorväter in der bereits zitierten *Brihadaranjaka-Upanischad* beschrieben. Nach einem Aufenthalt in dieser Welt der Manen, dem Paradies des Jama, ist die Rückkehr des profanen Menschen auf die Erde unumgänglich. Die *Kauschitaki-Upanischad* rät uns dringend, uns vor dem Mond nicht in Schweigen zu hüllen, sondern den Mund aufzumachen, denn «der Mond ist das Tor des Himmelreichs. Wer ihm zu antworten vermag, den läßt er weiterziehen; wer ihm dagegen nicht antworten kann, den läßt er zur Erde fallen in dem Regen, in den er [der Mond] sich verwandelt. Dann wird der [so wieder zur Erde Gesandte] hier als Wurm oder als Motte oder als Fisch oder als Vogel oder als Löwe oder als Eber oder als Paraschwant oder als Tiger oder als Mann oder als ein anderes Geschöpf wiedergeboren, an den verschiedensten Orten, je nach seinen Taten und je nach seinem Wissen [52].»

Hinduismus: sich befreien

Die Anzahl der Upanischaden ist im Laufe der Zeit immer mehr angewachsen. Sogar noch im 20. Jahrhundert werden neue geschaffen [53]. Die philosophischen Systeme (zuweilen in unterschiedlicher Interpretation), die mythischen Erzählungen und alle möglichen mehr oder weniger religiösen Texte fordern uns lebhaft auf, unseren Ausbruch erfolgreich zu verwirklichen. Niemals werden die Philosophen aufhören, irgendwelche Systeme zu ersinnen, und die Interpreten werden niemals aufhören, sie zu interpretieren. Und die einen wie die anderen haben immer nur das eine Ziel vor Augen: die Wahrheit. Wer aber besitzt sie? Der Hühnerschlächter, der um einen Fetisch tanzt? Der Weise, der sich in seiner Erkenntnis badet? Oder gibt es noch eine andere Möglichkeit, eine zusätzliche Chance, dem Tod endgültig Lebewohl zu sagen und endlich Ruhe zu haben? Antwort: ja. Nämlich *bhakti*, die Gottesliebe, die Hingabe, das Sichaufgeben. War diese Idee auch nichts Neues, so wurde sie doch von der (wahrscheinlich um 200 v. Chr. entstandenen) *Bhagawad-Gita* in besonderem Maße (wieder) in den Vordergrund gerückt. Als Mittel, sich zu befreien, besitzt man sogar einen höchsten Trumpf: die Musik. Jan Gonda erklärt: «Der Klang ist identisch mit dem göttlichen Schöpfungsprinzip des Universums, mit dem man mit Hilfe der Musik in Beziehung treten kann [54].» Man hat also drei Asse in der Hand. Das Wissen des Eingeweihten, die Hingabe und Verehrung des Gläubigen und die Musik des Künstlers. Wie das Spiel ausgeht, ist nicht schwer zu erraten. Am Ende des Tunnels winkt das Nirwana, die Befreiung. Was hat es damit auf sich? Bereits im 4. vorchristlichen Jahrhundert treten zwei philosophische Systeme in Erscheinung, die Mimamsa und das Sankhja, die auf die Vereinigung mit dem Brahman abzielen. Ziel ist das Verschwinden des groben Körpers und das völlige Einschmelzen der Persönlichkeit in das absolute unpersönliche Prinzip. Zum Erlangen dieses Zustandes bietet die Mimamsa bestimmte Rituale, Techniken und Auslegungen an. Das Sankhja ist eine dualistische Religion. Auf der einen Seite waltet die Materie, auf der anderen die Einzelseele. Der Körper des Einzelnen, seine psychischen Zustände, seine Persönlichkeit, seine Individualität, sein Ich, all dieses Vokabular betrifft den Bereich der Materie. Wenn er dies weiß, ist derjenige, der sich von der Materie löst, gerettet.

Später wird Schankara, der berühmte Wedanta-Philosoph (um 788–820), offenbaren, daß die Materie nur eine Illusion ist, die die Gleichung *atman* = *brahman* verschleiert. Um den Schleier zu lüften, muß man «durch Unterscheidung das reine im tiefsten Innern sitzende Selbst von den Hüllen trennen, die es bedecken, so wie man ein Reiskorn schält, indem man es von der bedeckenden Schale durch Zerstoßen in einem Mörser trennt» [55]. Gleichgültig, aus welchem System betrachtet, ist man, wenn man Brahman ist, niemals geboren (worden), denn das (oder der) Brahman ist ungeschaffen. Dafür ist man aber eins, und alles ist in einem enthalten. Außerdem ist man allwissend, und so geht dies Alles und Eine im gleichen Stil weiter...

Will man unbedingt an Gott, das einzige personifizierte All-Eine, das mit dem Brahma gleichzusetzen oder gar ihm noch überlegen ist, glauben, so bietet auch das keine Schwierigkeiten. Dieser eine Gott ist nämlich keineswegs einundderselbe für alle, die ihn verehren. Für die einen wird er Schiwa, der Vernichter, sein. Für andere wird er Wischnu, der Bewahrer, sein. Oder aber eines seiner Avatare, Krischna und Rama, denen lange verherrlichende Epen gewidmet sind. Oder auch die Muttergöttin Schakti, ein Kleinod aus dem Land-Hinduismus, das von der Philosophie weiter aufpoliert wurde. Oder ganz einfach Ischwara. Ischwara, der «Herr», der etwa um 400 v. Chr. in den Upanischaden auftaucht, überragt alle und alles. Er ist übermächtig, allwissend, transzendent. Er ist Schöpfer, Bewahrer und Zerstörer der Welt.

Dieser Theismus plädiert für das Verschwinden und Aufgehen des von der Materie befreiten Individuums in Gott [56]. Der als klassisch bezeichnete Joga, ein in Ergänzung zum dualistischen Sankhja entwickeltes System, wird in Patandschali (der vermutlich zwischen 150 vor und 150 nach Chr. lebte) einen Adepten von Ischwara finden. Schankara wird sich, obwohl grundlegend monistisch, von Zeit zu Zeit als Schiwaist verkleiden, um für die Idee von der Einschmelzung in Gott und der Illusionshaftigkeit von allem andern zu werben. Ramanudscha (1050–1137) [57], ein anderer wedischer Philosoph, vertritt eine andere Ansicht. Bei ihm wird das Brahman mit Wischnu assimiliert. Man hat sich an Wischnu aufzugeben. Aber die befreite Seele hat nicht die geringste Aussicht, zu Wischnu zu werden. Sie mag noch so sehr ihre göttliche Natur wiedergefunden haben, aber sie ist dennoch nicht in der Lage, das All zu schöpfen und es zu erhalten. Daher versenkt sie sich in die Kontemplation von Gottes Werk. Ihre Individualität bleibt erhalten. Sie kann sich bewegen, kann sehen, kann ergriffen werden. In Waikuntha, dem Reich Wischnus, ist ihr die Seligkeit sicher. Bei Madhwa (1199–1278), einem Deuter der wischnuitischen Lehre, scheinen sich die Erlösten unermüdlich der Liebe hinzugeben, mit gutem Appetit zu essen und weder Kot noch Schweiß auszuschneiden [58]. Die Befreiung ist an die Bedingung obligatorischen Wissens und uneigennützigen Tuns von guten Werken, mit anderen Worten an die Übung von Karma-Joga geknüpft, das eine der Perlen der *Bhagawad-Gita* darstellt. Die Bhakta von Krischna, Erben des Tschaitanja (1486–1533), können wählen:

«In Wirklichkeit hat die unendliche Seele nach der Befreiung die Wahl, entweder wie ein Funke im strahlenden Schein des Körpers Gottes zu leben, oder kraft einer höheren Intelligenz sich auf einen der geistigen Planeten zu begeben und dort bei dem höchsten Wesen zu leben [59].»

Hier wird das Wohnen mit Gott dem Herrn durch das Beten der Formel «Hare krischna hare krischna krischna krischna hare hare / hare rama hare rama rama rama hare hare» erlangt. Die *Kali-Santarana-Upanischad* äußert sich eindeutig dazu:

«Wiederholt man dieses Mantra fünfunddreißigtausend Mal, so befreit man sich von den schlimmsten Sünden, die es geben mag, wie das Töten eines Brahma, das Stehlen fremden Gutes, das Annehmen von Gold oder der Beischlaf mit einer Ausgestoßenen! Hätte man auch sämtliche Regeln des Dharma übertreten, so hätte man anschließend wieder Reinheit und Befreiung erlangt [60].»

Alles ist möglich, besonders für diejenigen, die nicht abseitigen Sekten, sondern dem Hauptstrom des Hinduismus angehören. Sich auflösen in Brahman. Einschmelzen in Gott. Leben in seiner Gesellschaft, in ihm oder in seinem Paradies, in Wischnus Waikuntha oder in seinen benachbarten Nebengefilden. In Schiwas Kailasa, seinem Perumpattapulijur, seinem Perundurai und all den anderen seligen Gefilden. Oder woanders, je nachdem, wer der oder die Erwählte des Herzens ist. In Form eines Funkens oder in menschlicher Gestalt, verklärt nach dem Bilde der Gestalten, die Gott annimmt, um sich zu inkarnieren, oder auch nicht. Das Wesentliche ist, dem Samsara zu entrinnen. Befreit zu sein, egal ob tot oder lebendig. Und doch ist Alexandra David-Neel durchaus nicht frei von Zweifeln, ob diese Befreiung tatsächlich in allen Kreisen als das einzig Wahre angestrebt wird:

«Mag die hinduistischen Denker auch bei der Aussicht auf diese beständigen Wiederbeginne der Überdruß befallen, mögen sie auch danach streben, diesem mühseligen Spiel von ständig aufeinander folgenden Toden und Wiedergeburten ein Ende zu setzen, so finden sich im Gegensatz zu ihnen die Massen des Volkes durchaus freudig damit ab [61].»

«Die Metempsychose ist ihre geringste Sorge» [62], bemerkte bereits Victor Jacquemont im Jahre 1832, ja er ging sogar so weit zu behaupten, den Indern sei dieses metaphysische «Geschwätz» unbekannt. Da hatte Jacquemont jedoch ein wenig übertrieben. «Heute», so meinte noch in jüngster Zeit Indira Gandhi, «glauben die meisten Hindus an die Reinkarnation [63].» Ebenso teilen alle Systeme einen explosiven Gedanken, nämlich den der periodischen Vernichtung der Welt. Dem großen Zusammenbruch entrinnen allein die Befreiten. .

Die zyklische Zeit

Bereits im *Atharwaweda* war von der periodischen Wiederkehr von Schöpfung und Vernichtung der Welt die Rede, jedoch noch ohne eingehendere Darstellungen darüber. Das Epos *Mahabharata* (400 vor bis 400 nach Chr. entstanden), die Manu-Gesetze (1.–2. Jahrhundert n. Chr.) und die *Puranas* (4.–14. Jahrhundert n. Chr.) gehen ausführlicher darauf ein.

Im *Mahabharata* [64] erläutert Gott Hanuman, ein Affe, seinem Bruder die Theorie von den vier Weltaltern Krita-Juga, Tetra-Juga, Dwapara-Juga und Kali-Juga. Krita ist das Zeitalter der Vollendung. Eine einzige Religion. Nichts als Heilige. Keine Rituale. Keine Spur von Handel, Arbeit, Krankheit. Man braucht nur zu wollen, und schon erhält man. Erste und höchste Tugend: Losgelöstheit von den irdischen Dingen. Die Seele des Universums wird von einem gewissen Narajana, einem allen zugänglichen Weißen, repräsentiert. Darauf folgt Tetra-Juga, die rote Periode. «Die Tugend sinkt um ein Viertel.» Fortan muß man aktiv arbeiten und dem Kult opfern, um zu erhalten, was man haben möchte. Weiter geht es mit dem Dwapara-Juga. Nun ist die Weltseele gelb. «Die Tugend ist um die Hälfte abgesunken», vergleichbar mit der der Krita-Zeit. Mit dem Glauben geht es abwärts. Gelüste, Krankheit und andere Kalamitäten machen sich breit. Schließlich weicht alles dem vierten Zeitalter, dem Kali-Juga, in dem die Seele der Welt schwarz ist. Degeneration auf allen Ebenen. Herrschaft der Gemeinheit. Die Tugend hat nur noch 25 Prozent ihres ursprünglichen Wertes. In diesem Zeitalter befinden wir uns gegenwärtig.

Nach dem Weisen Markandeja [65] dauert ein Zyklus dieser vier Weltalter zwölftausend göttliche Jahre lang. Tausend Zyklen stellen einen Tag des Brahma dar, des Gottes, in dem die Schöpfung personifiziert ist. Am Ende eines Brahma-Tages schlägt die Stunde der Vernichtung des Universums (Erde, Luftraum, Himmel). Dann bricht die Brahma-Nacht herein, eine Phase der Resorption und das Präludium vor einer neuen Morgendämmerung. Eine solche Nacht währt ebenso lange wie ein Tag, und Brahma lebt hundert Jahre lang. Dieses göttliche Jahrhundert ergibt, auf den Maßstab der Menschen umgerechnet, nach der Rechnungsart der Manu-Gesetze eine Kleinigkeit von 311 Billionen und 40 Milliarden (311 040 000 000 000) Erdenjahren [66]. Im *Brahmawaiwarta-Purana* [67] erklärt Wischnu als fahrender Bettler verkleidet Indra:

«Auf einen Brahma folgt ein nächster Brahma; der eine legt sich nieder, schon steht der andere auf. Man kann sie nicht zählen. Die Zahl der Brahmas hat kein Ende. Jenseits der fernsten Sicht, jenseits allen vorstellbaren Raumes entstehen und vergehen die Universen in unendlicher Zahl. Leichten Booten gleich treiben die Weltenalle auf dem reinen und unendlich tiefen Wasser, das den Körper Wischnus bildet. Aus jeder Pore dieses Körpers steigt einen Augenblick lang ein Weltall auf und zerplatzt wieder.»

Bei den bedingungslosen Brahma-Anhängern ist das absolute unpersönliche Prinzip unsterblich und unzerstörbar. Ebenso der höchste Herr für seine Gefolgschaft. Sein Paradies, sofern er eines hat, ist von der Vernichtung ausgenommen. Abgesehen von diesem höchsten Gott sind alle anderen Götter sterblich. Das ist Bedingung und Preis der Samsara-Theorie. Solange sie nicht befreit sind, müssen die Götter früher oder später auf Erden wiedergeboren werden. Dann werden ihre Posten neu besetzt. Ihre Reiche dienen ihren getreuen Anhängern, die noch nicht befreit sind, als Paradies, und sie genießen dort zwischen zwei Reinkarnationen ein paradiesisches Zwischenleben. Das Ende eines Brahma-Tages bedeutet unweigerlich die Zerstörung dieses Paradieses und seiner Bewohner. Während der Brahma-Nacht verharren nämlich die unbefreiten Einzelseelen unverkörpert. Erst bei Anbruch eines neuen Brahma-Tages erscheinen sie wieder. Zwischen dem Tod eines Brahma und der Geburt des folgenden ist die Unverkörpertheit oder Gestaltlosigkeit das Los der Opfer der Materie. Diese Zwischenzeit kann mehrere Millionen Jahre dauern [68].

Paradies mit Finsternissen

Unter den Paradiesen, die in regelmäßigen Abständen vernichtet werden, gibt es eines, das die *Puranas* über alle anderen stellen, nämlich Brahmaloka, die Brahmanwelt [69].

«Auf dem Gipfel des Berges Meru thront die gewaltige Brahma-Stadt, sie erstreckt sich vierzehntausend Wegstunden weit und berührt mit ihrem Ruhm den Himmel; in den vier Himmelsrichtungen rings um sie herum liegen in Abständen die prächtigten Städte des Indra und der anderen Herrscher der Sphären.»

Dieses Brahmaloka, «vollkommen quadratisch und ganz aus Gold», ist in mehrere Bezirke aufgeteilt: in Satjaloka residiert Brahma allein und in Meditation versunken. Die weiteren Teile dieses Gefilds sind Tapoloka, Dschanaloka und Maharloka. Hält man sich vor Augen, daß auch Brahmaloka der Zerstörung geweiht ist, könnte man sich darüber wundern, daß man dort zuweilen auch Befreite antrifft, denn man fragt sich, wohin diese sich während des großen Black-outs retten werden [70]. Im Grunde läßt sich nur so viel sagen, daß es ihnen selbst überlassen ist, wohin sie gehen wollen. Für die meisten Sekten ist Brahmaloka denen vorbehalten, die zwar rein, aber noch nicht befreit und somit ebenfalls Kandidaten der Vernichtung sind. Im allgemeinen sind die Philosophen der Ansicht, daß nur die auf Erden vollbrachten Werke und Taten das Schicksal des Einzelnen lenken können. Aber man hat auch Ausnahmen zu berücksichtigen. Für die Bhakta Krischnas gilt,

«[...] wenn ein Wesen in seinem Gewahrsein Krischnas während seines Aufenthaltes auf höheren Planeten fortschreitet, wird es auf immer höher entwickelte Planeten gelangen, bis es, wenn die Zeit für die universale Zerstörung gekommen ist, in das ewige Reich Gottes versetzt wird. Zu dem Zeitpunkt, wo die Welt vernichtet wird, werden Brahma und diejenigen, die beständig in das Gewahrsein Krischnas versunken ihn umgeben, je nach ihren Wünschen auf den einen oder anderen der geistigen Planeten gelangen [71].»

Eine Stufe darunter liegen die sinnlichen Paradiese.

Im *Mahabharata* [72] erfahren wir, daß Indra sich sein Paradies selbst konstruiert hat. Indraloka ist eine mobile Stadt. Sie ist in der Lage, sich fortzubewegen «wie ein Fuhrwerk». Indra logiert in Gesellschaft seiner Frau in einem prächtigen Palast. Schattige Bäume, soviel das Herz begehrt, nimmer verwelkende Blumen und ein Zephir voller Wohlgeruch bilden die Atmosphäre der Umgebung. Ardschuna, der berühmte Held des Epos, hat fünf Jahre in diesem Para-

dies verbracht, bevor er sich zum Kampf mit seinen Gegnern auf-
machte. Dort hat er den Umgang mit den Waffen, die Kunst von
Musik und Gesang, Tanz und sogar das Mogeln beim Würfelspiel ge-
lernt. Die Apsaras, unsere bereits bekannten Nymphen, kennen Mittel und Wege, den Bewohnern Freude und Kurzweil zu bereiten.
Auch Gandharwas sind zugegen, himmlische Musikanten, die ihre
Kunst in höchster Vollendung beherrschen. Aus der Reihe der Festi-
vitäten seien die Turniere zwischen Kriegern erwähnt. «Wenn du im
Kampfe stirbst, wirst du auf den Planeten der köstlichen Wonnen
gelangen» [73], verspricht Krischna dem Ardschuna in der *Bhagavad-
Gita*. Der materialistische Standpunkt des *Rigweda* hat sich weiterentwickelt. Die Beute erhält einen metaphysischen Charakter. Krischnas Bhakta glauben, «zuweilen ist Gewalt notwendig, um die religiösen Prinzipien zu schützen» [74]. Diese Gewalt hat Gandhi zwar abgelehnt, aber absolut ausgeschlossen hat er sie dennoch nicht: Wenn
man nur die Wahl zwischen Feigheit und Gewalt hat, so sagte er einmal, dann würde er wahrscheinlich zur Gewalt anraten [75]. Die in
Indraloka Wohnenden leben aber natürlich in Frieden und Seligkeit.
Diese Gelegenheit sollten sie auch weidlich nutzen, denn dereinst
werden sie zu Staub zertrümmert.

Wasudhanagara, das Paradies des Waruna [76], war unter dem
Meer von einem gewissen Wischwakarman errichtet worden. Seine
Mauern und Arkaden sind von makellosem Weiß. Bäume aus kostbaren Edelsteinen spenden Früchte und Blüten nach Herzenslust. Alle
möglichen Arten von Vögeln zwitschern köstliche Melodien. Tänze
und Musik stehen auf dem Programm. Die Gäste dieser Stadt singen
ohne Unterlaß Hymnen auf Warunas Herrlichkeit.

Jama, der Spezialist des Todes, hat sein Paradies der Vorväter
durch die Zeit retten können [77]. Die Körper der Väter zeigen sich in
glänzender Gestalt. Sie tragen weiße Gewänder, Armbänder in allen
Farben und Halsgeschmeide aus purem Gold. Sanfte Musik, verlok-
kende Düfte und Blütengirlanden zieren den Ort auf angenehmste
Weise.

Kubera, der Gott des Reichtums, besitzt ebenfalls ein charmantes
Reich, genannt Alaka [78]. Flieder umsäumt einen See, der bedeckt
ist von Lotosblüten mit Blütenblättern aus Gold und Stengeln aus

Lapislazuli. Rings herum himmlische Gärten, duftende linde Brisen, Kristallpaläste, Vogelgezwitscher...

Da der Hinduismus an die 330 Millionen Götter und ebenso viele – wenn nicht noch mehr – Paradiese kennt, wollen wir es bei den hier genannten bewenden lassen. Es sei jedoch noch darauf hingewiesen, daß die Wischnu- und Schiwa-Paradiese, die in den *Puranas* geschildert werden, je nach der Perspektive, aus der man sie betrachtet, zerstörbar sind oder nicht. Für einen Wischnuiten werden das Waikuntha Wischnus mit seinen goldgepflasterten Alleen und seinen Palästen aus Rubinen, das Goloka von Krischna (seiner anderen Gestalt) mit seiner verschwenderischen Vegatation sowie seine wenig schüchternen Hirtinnen die Nacht oder den Tod Brahmas überleben. Die Schiwaiten behalten sich jedoch das Recht vor, auch das Gegenteil zu glauben, denn für sie ist Wischnu bestenfalls nur eine andere Erscheinung Schiwas – und natürlich umgekehrt.

Wie immer das zum Tod verurteilte Paradies aussehen mag, seine Bewohner haben jedenfalls stets einen – wenn nicht gar mehrere – deutlich manifestierten Körper. Die letzte wedische Upanischad, die *Maitri-Upanischad,* verlieh dem Karma eine auf das höhere Selbst fixierte feinstoffliche Materie, die den Tod des grobstofflichen Körpers und das psychische Ich überlebt [79]. Das Thema des feinstofflichen Körpers wurde von den Philosophen des Sankja und danach besonders von dem wedischen Philosophen Schankara aufgegriffen. Michel Hulin hat die charakteristischen Merkmale und den Weg dieses Körpers auf seiner Seelenwanderung in hervorragender Weise resümiert [80]. Stark vereinfacht ausgedrückt, ist dieser Körper unsichtbar, unfühlbar, formlos und unzerstörbar, zumindest solange das Individuum noch nicht befreit ist. Nach dem Tode löst er sich von dem grobstofflichen Körper. Das Substrat der Opfergaben aus der Bestattungszeremonie und die Grabbeigaben dienen ihm als Vehikel zur Auffahrt in das Paradies. Dort nimmt er einen «Leib des Entzückens» an. Wenn der Vorrat an Verdiensten des Betreffenden erschöpft ist, verflüchtigt sich dieser Leib des Entzückens, der feinstoffliche Leib schwebt wieder zur Erde nieder und reinkarniert sich in einem neuen grobstofflichen Körper.

Laut einigen tiefschürfenden Denkern besitzt die menschliche

Spezies ein höheres Bewußtsein als die anderen Lebensformen. Wir sind also privilegierte Wesen. Und doch gibt es auch unter uns Wesen, die noch privilegierter sind als der Rest von uns. Nichts verbindet einen reichen Menschen, der sich bester Gesundheit erfreut, mit dem Unberührbaren, der in der Gosse krepiert. Die Lehren von Karma und Samsara rechtfertigen alle Ungleichheiten auf unserem Planeten als Konsequenzen unseres Verhaltens in einem früheren Leben. Kehrt ein brillanter Erdenbürger wieder auf die Erde zurück, so setzt sich die Preisverleihung an ihn fort. Die Besten unter den Unvollkommenen erben nur einen begrenzten Aufenthalt in einem fraglichen Paradies, auf das ein neues sonniges Leben folgt. Ihre Enttäuschung ist also durchaus verständlich, denn sie hatten sich etwas Besseres erträumt.

Die «Femme fatale»

Schiwas Gemahlin besitzt einen Stammbaum, der bis in präarische Ursprünge zurückreicht und durch den Tantrismus neu interpretiert wurde, ein System, das um 500 n. Chr. besonders starken Anklang fand. Diese Große Göttin ist die Personifikation der kosmischen Kräfte, während ihr Gemahl den unbeweglichen, unverrückbaren Geist verkörpert. Die verwirklichte Vereinigung dieser beiden Prinzipien führt zur Befreiung und Erlösung. Eine der Techniken, mit deren Hilfe man dieses Ziel erreichen kann, ist der Laja-Joga. Die kosmische Kraft nistet in Gestalt der Kundalini, einer eingerollten Schlange, am Fuße unserer Wirbelsäule. Zuerst gilt es, dieses Reptil aufzuwecken (und zwar durch Blinzeln mit dem Anus, wie Arthur Koestler sagen würde [81]). Dann steigt die Kundalini-Schlange das Rückenmark entlang bis zum Scheitel des Gehirns hinauf, um sich mit Schiwa zu vereinigen. Dort winkt die Rettung, vorausgesetzt, das Reptil bleibt in seiner Stellung.

Mit all ihren Gestalten und Namen, ob Parwati, Durga, Kali oder Bhawani, verlangt die Große Göttin in regelmäßiger Folge nach Opfern. Meist handelt es sich um Tieropfer, aber in der Geschichte wurden auch Menschenopfer bekannt. Ob freiwillig oder nicht, ist den

Opfern, wie es scheint, auf alle Fälle sehr daran gelegen, daß man sie tötet, denn dies sichert ihnen eine schöne Zukunft. In den Annalen des Ritualmordes gebührt den Thugs zweifellos die höchste Auszeichnung. Vom 12. bis 19. Jahrhundert haben sie rund eine Million Menschen hingerichtet. Und außerdem pflegten sie sie auch noch auszurauben. Sofern sie nach den Regeln der Kunst erwürgt wurden, gelangten ihre Opfer auf direktem Wege ins Paradies [82]. Für sich selbst strebten die Thugs dagegen nicht alle das Paradies der Bhawani an. Manche unter ihnen waren Muslime und hegten das Ziel, in Muhammads Paradies einzugehen. Diese Sekte von Würgern wurde von den Engländern vernichtet. Die letzten Häuptlinge der Bande ließ Captain Sleeman 1851 in Saugur aufhängen. Einer von ihnen sagte damals seinen Richtern kalt ins Gesicht: «Jetzt mögt ihr tun und lassen, was ihr wollt, denn ihr habt die Macht, aber wartet, bis ich euch im Paradies wiederfinde, und ihr werdet schon sehen, wie ich mich rächen werde [83].»

Der Ruf des Paradieses

In Indien gilt als Muster der tugendhaften Frau die Sati, die Witwe, die sich zusammen mit dem verstorbenen Gemahl bei lebendigem Leibe auf dem Scheiterhaufen verbrennen läßt. Offiziell wurde dieser Brauch im Jahre 1829 von Lord W. Bentinck, dem englischen Generalgouverneur in Indien, verboten. Es stellt sich aber die Frage: Läßt sich die Tugend einfach verbieten? In der Chronik des 20. Jahrhunderts machten Witwenverbrennungen ebenso wie religiös motivierter Freitod und Kindermord, obwohl von den bürgerlichen Gesetzbüchern verboten, immer wieder von sich reden, auch wenn in unserem Jahrhundert die Anzahl dieser Fälle weit hinter denen zurückliegt, die noch zu Anfang des 19. Jahrhunderts registriert wurden. Zwischen 1815 und 1824 loderten in Bengalen 8134 Witwen in Flammen auf [84]. Nach dem Zeugnis von Abt Dubois, einem Augenzeugen der damaligen Bräuche, war die Verbrennung der Sati eine besondere Spezialität der Bevölkerung des Gangesgebietes [85]. Jan Gonda stellte die Hypothese auf, daß die Skythen diesen Brauch importiert haben könnten, als sie im 1. vorchristlichen Jahrhundert in den Westen Indiens eindrangen [86]. Diese Krieger feierten den Tod ihres Königs, indem sie aus seinem Gefolge zweihundert bis dreihundert Personen – Frauen, Köchen, Ärzten usw. – die Kehle durchschnitten, von denen sie glaubten, sie müßten ihn ins Jenseits begleiten, um ihm Gesellschaft zu leisten. Dieser Ritus der Begleitung ins Jenseits hat im Königreich von Assam in Nordost-Bengalen noch bis um 1750 fortgelebt [87]. In der Zwischenzeit erlangte die Sati eine Funktion als Erlöserin. Im *Brihaddharma-Purana* (12.–14. Jahrhundert n. Chr.) sind deutliche Anspielungen darauf zu finden [88]:

«[...] eine treuergebene Frau, die ihren Gemahl in den Tod begleitet, befreit ihn von seinen großen Sünden. O zweimal Geborene, es gibt nichts Besseres für eine Frau, denn auf diese Weise gelangt sie in den Genuß des Paradieses in Gesellschaft ihres Gemahls.»

Die Einwirkung auf das Karma des Gemahls entspricht zwar nicht gerade der orthodoxen Lehre, aber sie verdient dennoch Beachtung. Gegen Ende des 18. Jahrhunderts zieht Sonnerat ein anderes Schicksal für die Sati in Erwägung:

«[...] die Brahmana ermutigen sie, sich zu opfern, indem sie ihr versichern, daß sie im Paradies eine Seligkeit ohne Grenzen genießen werde, denn dort werde sie die Gemahlin eines Gottes, der sie heiraten wird, um sie für ihre Tugendhaftigkeit zu belohnen [89].»

Dennoch ist die allgemein geltende Ansicht die, daß die Frau ihren Ehemann im Paradies wiedersehen wird. Hier einige bei Sleeman [90] entdeckte Fälle. In Sihore stirbt im Jahre 1800 ein Bankier. Sofort beschließt in der Stadt die Frau eines Bauern, sich verbrennen zu lassen. Sie erklärt, daß sie in ihren sechs früheren Leben die Frau des Bankiers gewesen sei, für den sie sich bereits sechsmal auf den Scheiterhaufen gelegt habe. Ein «Ruf des Paradieses» gebe ihr den Befehl, ein siebentes Mal ihrem Geliebten zu folgen. Den Worten folgt die Tat. Die «offizielle» Gemahlin des Bankiers hat dagegen keinerlei lockenden Ruf vernommen. Ein weiterer Fall aus Sihore: Ein Mann stirbt. Da erklärt zweitausend Meilen weit enfernt eine Frau ihrem Mann, daß sie in Wirklichkeit die Gemahlin des betreffenden Dahingeschiedenen sei. Sie seien nur getrennt worden, denn in einem früheren Leben habe sie auf einer Pilgerfahrt nach Benares einem Fakir

Zucker geschenkt, während dieser sie um ein Almosen Salz gebeten habe. Prompt sei sie ein Leben später um eine Kaste tiefer gesunken, und die einzige Möglichkeit, ihren «richtigen» Gemahl wiederzufinden, sei nun die Verbrennung. Ihr «falscher» Gemahl, ein verständnisvoller Mann, errichtete daraufhin höchstpersönlich den Scheiterhaufen. Und noch ein letzter Fall, der geradezu komisch ist: Eine Frau, deren Gemahl sich auf Reisen befindet, hat eine Vision. Sie sieht ihren Mann sterben. Sie erwacht, vernimmt den Ruf des Paradieses, läßt den Scheiterhaufen errichten, legt sich darauf und geht in Flammen auf. Als ihr Ehemann von der Reise zurückkehrt, findet er von seiner Frau nur noch ein Häuflein Asche vor.

Es gibt keine Altersbegrenzung dafür, ab und bis wann man sich zur Sati machen kann [91]. Im Jahre 1820 wurde sogar einer vierjährigen Witwe das Recht dazu erteilt. Fünf Jahre später kam eine Hundertjährige an die Reihe. Diese aus Liebe brennenden Witwen dürfen jeden zutiefst ergriffen machen. Besonders diejenigen, die man gegen ihren Willen mit Gewalt verbrannt hat. Bis zum Unerträglichen mit Drogen abgefüllt und gefesselt, blieb manchen kaum eine andere Wahl. Alle kamen dabei auf ihre Kosten. Die Familie teilte sich untereinander die sterblichen Überreste. Die Priester strichen ihr Honorar ein. Und das betreffende Dorf wurde zu einem Wallfahrtsort, was kommerziell gesehen selten von Übel ist. Oder wie Henri Michaux sich ausdrückte: «In Indien hüte man sich davor, ein Hund oder eine Witwe zu sein [92].»

Im Reich der Wahrheit

Die Lehre des Sikh-Gurus Nanak (1469–1539), für die einen ein Ketzer, für die anderen noch am Rande des Hinduismus beheimatet, ist monotheistisch geprägt. Gott ist der Eine, ist Eins, das All-Eine. Er inkarniert sich nicht. Das Gefäß der Frömmigkeit ist das menschliche Herz, in dem man beständig «die Erinnerung an den göttlichen Namen» zu verinnerlichen hat. Es genügt nicht nur, überhaupt zu glauben, sondern man muß an Gott glauben. Das Ziel: die mystische Vereinigung vollziehen, um sich nie mehr zu reinkarnieren. Im *Dschapd-*

schi des Nanak [93] besteht die spirituelle Entwicklung des Sikh aus fünf Etappen oder Stufen, die nacheinander zu erklimmen sind. Die erste ist das Reich der Pflicht, die Erde, in der das Individuum mit dem Gesetz des Karma konfrontiert wird. Wenn er dessen würdig ist, wird er im Reich des Wissens wiedergeboren. Dort erwarten ihn Monde, Sonnen, Meere, unbeschreibliche Herrlichkeiten, Musik, verstärkte Wahrnehmung und vor allem Zunahme an Weisheit. Wenn der Sikh sich dann Mühe gibt, die Kenntnis Gottes zu erlangen, wird er in das Reich der Mühe, eine Zone der Veredelung und Läuterung, eingehen. Die vierte Stufe ist das Reich der Gnade, in dem der Tod bereits nicht mehr existiert. Aber der Sikh kann noch mehr, nämlich den Gipfel der Seligkeit, das Reich der Wahrheit erreichen. Dort wird er in alle Ewigkeit «versenkt in den wahren Einen» leben [94]. Eins sein mit Gott. Eins mit dem Einen. «Vereint mit sich selbst.» Die Idee des bereits zu Lebzeiten Befreiten, die den gesamten Hinduismus durchwaltet, ist durchaus zulässig. Ein Sikh, der «die Erinnerung an den göttlichen Namen» vollkommen zu verinnerlichen versteht, kann die mystische Vereinigung bereits zu Lebzeiten vollziehen. Das Gedenken an Gott ist ein wesentlicher Schlüssel zum Heil. Im Jahre 1905 hat Bhai Wir Singh dies in seinem Gedicht *Rana Surat Sing* in wunderschöne Worte gekleidet. Es handelt von der Witwe eines im Kampf gefallenen Kriegers. Von einem himmlischen Geist geführt, bricht sie zur Suche nach ihrem Gemahl auf. Sie gelangt an die Pforten des Reiches der Wahrheit, aber es gelingt ihr nicht, einzutreten. Von ferne kann sie jedoch ihren glücklichen Gemahl sehen. Als ihre Füße wieder den Boden berühren, hat sie alles verstanden:

«Möge der Herr nicht fehlen in meinem Gedenken,
denn dies ist mein Paradies und dies ist mein Heil [95].»

Buddhismus

Sprachliche Konventionen

Bleiben wir weiterhin in Asien. Der Buddha Gautama (624–544 oder 564–484 v. Chr.) alias Schakjamuni, erblickte in derselben Epoche wie Mahawira (599–527 oder 540–468), einer seiner Konkurrenten, das Licht der Welt. Dieser, der große Prophet der Dschainas, erkennt weder Gott noch Brahma an. Atman, die ewige Einzelseele, wird durch einen karmischen Körper, das Erbe seiner Taten, verunreinigt. Die verunreinigte Seele begibt sich auf Seelenwanderung. Ist das Karma gut, so vollführt sie ein reges Hin und Her zwischen der Erde und einer ganzen Sammlung von Paradiesen, doch ein Grund zu übermäßiger Freude ist dies nicht. Das Ziel des Dschaina ist es nämlich, seinen karmischen Körper durch Abtöten aller Leidenschaft zu vernichten und auf diesem Wege das Nirwana zu erlangen, für dessen Definition wir gemäß N. Shanta nur hilfloses Gestammel finden [1]. Einer der Schüler Mahawiras spricht von «einem ewigen, schwer zu erreichenden Ort auf dem Gipfel des Universums, einem Ort, an dem es weder Alter, noch Tod, noch Krankheit gibt», «ohne Qualen, ohne Drangsal, nur Vollendung, Frieden, Wohlsein».

Unter den Streitpunkten zwischen Buddha und Mahawira gibt es einen, der besonders strittig ist. Buddha lehrt die Unbeständigkeit, das Nicht-Überdauern, und für ihn existiert die ewige Einzelseele nicht. Atman, Seele, Selbst, Ich, Ego, (menschliches) Wesen, es, er – all diese Begriffe sind lediglich sprachliche Konventionen. Der Einzelne, das Individuum – sofern diese Bezeichnungen überhaupt zulässig sind –, besteht aus fünf Aggregatzuständen *(skandhas)*, das heißt fünf «Anhäufungen» oder Daseinsgruppen: Körperlichkeit, Gefühle, Wahrnehmungen, Geistesformationen (Wünschen und Wollen) und Bewußtsein. Die Kombination aus diesen ist einem ununterbrochenen Wandel unterworfen. Das Leben ist eine ununterbrochene Folge von Toden und Wiedergeburten. Der Mensch haucht niemals seine Seele aus, da er ja keine besitzt. Er beendet sein Leben, und seine Aggregate *(skandhas)* lösen sich auf. Sein karmischer Fluß pflanzt sich sofort wieder in eine neue Aggregatekombination ein. Mit Ausnahme von bestimmten Fällen wie dem tibetischen Buddhismus erfolgt die Wiedergeburt sofort.

Es gibt also keine Seele. Zumindest nicht für die Bonzen, Bönzchen, Nonnen und aufgeklärten oder erleuchteten frommen Gläubigen, die nicht infiziert sind von der Idee eines überdauernden Restes, die immer wieder zahlreiche Sekten in Versuchung führte [2]. Der volkstümliche Buddhismus sperrt sich zuweilen gegen bestimmte Subtilitäten. In verschiedenen Religionen, besonders in den alten, gibt es dagegen sehr wohl Seelen. Der vom Tao durchdrungene Chinese hat zehn Seelen [3]. Der Vietnamese ebenfalls. Die Vietnamesin besitzt sogar zwölf [4]. Für den Tibeter sind zwei das Minimum [5]. Bei japanischen Schintoisten schwankt ihre Zahl zwischen zwei und neun [6]. Häufig begegnen wir sogar einem bunten Flickwerk aus allen möglichen Religionen. Die Anhänger eines Misch-Buddhismus können im Himmel stets wiedergeboren werden [7]. Nach dem Pali-Kanon predigte Buddha den Mönchen das Nirwana, den Massen dagegen den Himmel [8]. Jedem das, was seinem geistigen Fassungsvermögen entsprach. Worin besteht das Nirwana? Buddha hat sich geweigert, auf diese Frage zu antworten [9]. Will man dieses Nirwana erreichen, braucht man es sich nicht beschreiben zu lassen, da es ohnehin unbeschreiblich ist. Im Samsara ist alles Leiden, selbst das Glück, denn nichts ist beständig. Das Nirwana bedeutet das Ende dieses Leidens. Und das ist nichts Geringes. Dabei hat man zwischen dem bereits mitten im Leben erreichten Nirwana und dem nach dem Tode erreichten Parinirwana zu unterscheiden. Die Sekte der Therawadin, der Vertreter des Hinajana oder Kleinen Fahrzeugs, behält das Nirwana ihren Arhats, das heißt solchen Bonzen vor, die vollkommene Heiligkeit erreicht haben. Ihre Laienanhänger können je nach Art ihres Karma bestenfalls auf eine Wiedergeburt, wenn auch von nicht geringer Qualität, hoffen. Gleichgültig, wie lange ihr Aufenthalt dort dauert, in jedem Fall müssen sie anschließend auf einer niedrigeren Stufe wiedergeboren werden, und zwar möglicherweise wieder auf Erden, wo ihre Lage nicht unbedingt leichter sein wird als zuvor. Der Weise Narada Thera lehrt:

«[...] wenn wir trotz unserer Tugendhaftigkeit ein unglückliches Leben haben, so ist dies durch unser schlechtes Karma der Vergangenheit bedingt; wenn wir trotz unserer Schlechtigkeit ein glückliches Leben haben, so ist dies ebenfalls durch unser vergangenes Karma bedingt. Auch unsere gegenwärtigen Handlungen werden bei der erstmöglichen Gelegenheit ihre Folgen haben [10].»

Die Anhänger des Großen Fahrzeugs, Mahajana, sind davon überzeugt, daß auch der Mensch weltlichen Standes das Nirwana erlangen kann. Dort, wo sich der Arhat auf dem Gipfel hinajanischer Weisheit im Nirwana auflöst, schwören die Mahajana-Anhänger auf Bodhisattwa, ein Muster des Mitleidens. Dieses Wesen ist in der Lage, das Nirwana zu erreichen, aber es lehnt es ab, schiebt es auf und verlangt statt dessen danach, noch einmal auf Erden wiedergeboren zu werden. Er tut dies jedoch nicht zu seinem Vergnügen, denn für ein solches Denken fehlt ihm jeder Sinn. Er kehrt zurück, um uns zu retten, um uns den Weg zu zeigen. Anschließend wird er seinerseits Buddha. Überhaupt gibt es im Großen Fahrzeug schier überall Buddhas. Einer von ihnen, Amitabha, brachte es, besonders in Japan, zu einer herrlichen Karriere. Als er seine Bodhisattwa-Eide und -Wünsche ablegte, hat er auch die Schöpfung einer reinen Erde gefordert, die seinen Anhängern vorbehalten sein sollte. Dieses Paradies des Westens wird von den Amidisten sehr geschätzt, denn sie betrachten es als ein Sprungbrett, das direkt zum Nirwana führt.

Anstatt im Staunen über die unzähligen Definitionen des Nirwana [11] zu verharren, wollen wir uns nun dem Himmel und der reinen Erde zuwenden. Zuvor müssen wir aber noch einen Blick auf das Karma werfen. Es handelt sich dabei nur um eines der fünf universellen Gesetze, die das gesamte mentale, physische und ethische Phänomen erklären [12]. Auch Wetterkunde, Vererbung, Physik und Psychologie folgen diesen Gesetzen. Im übrigen bezieht sich das einzige Karma, das seines Namens würdig ist, auf die Handlungen, die vom Willen abhängig sind. Über die unwillentlichen Handlungen wird nicht Buch geführt. Wenn sich unsere Handlungen als verdienstvoll erweisen, werden also nicht unbedingt alle auf unserer Verdienstliste stehen. Es besteht die Möglichkeit, sie auf das Konto eines anderen Menschen zu übertragen (Hinajana) oder gar der gesamten Menschheit gutzuschreiben (Mahajana). Bietet ein junger Thailänder, der zwei Jahre in einem Tempel verlebt, um dort für seine verstorbene Mutter «Verdienste zu erwerben» [13], nicht ein ebenso ergreifendes Schauspiel wie ein Bodhisattwa, der seine Verdienste an die ganze

Welt verteilt? Darüber mag jeder seine eigene Ansicht haben. Doch nun wollen wir sterben.

Die Himmel

Die Qualität des Karmas auf der Habenseite bestimmt die Qualität der Wiedergeburt. Ihr geht eine zeitlich begrenzte Übergangsphase in der heißen oder kalten Hölle als Tier, Phantom, menschliches Wesen oder aber als Gott im Himmel voraus [14]. Wenn man davon ausgeht, daß man die Möglichkeit hat, in den Himmel zu kommen, so muß doch genauer erklärt werden, um welchen es sich handelt. Drei klar voneinander unterschiedene Welten überlagern einander. Kamadhatu, die Welt der Begierden. Rupadhatu, die Welt der begierdelosen, verfeinerten Körperlichkeit. Arupadhatu, die Welt der vergeistigten Körperlosigkeit. Kamadhatu ist an die Verdienste gebunden. Rupadhatu und Arupadhatu sind den Trance-Erfahrenen, denen, die die Praxis der Meditationen beherrschen, reserviert. Keiner der Götter, die diesen drei Welten angehören, vermag das Nirwana zu erreichen. Auch sie müssen in der Haut eines menschlichen Wesens wiedergeboren werden, um endlich die Kerze ausblasen zu können.

Erheben wir uns nun in den Himmel Kamadhatu, der zum Teil dank des Pali-Kanons von den Therawadin verehrt wird [15]. Erste Zwischenstation: der Himmel Tschaturmaharadschakajika. Das Alter seiner Bewohner reicht nicht über fünf himmlische Jahrhunderte hinaus, von denen ein Tag immerhin fünfzig Erdenjahren entspricht. Die Körpergröße dieser stets wohlgestaltigen, stets glücklichen Götter mißt ¼ Kroscha. Der Ort wird regiert von vier Königen, Wächtern in Osten, Süden, Westen und Norden. Ihre Untertanen wie alle Götter von Kamadhatu genießen die «fünf Freuden». Steigen wir in der Hierarchie der Himmel eine Stufe höher und begeben wir uns in den Himmel Trajastrimscha. Dort beträgt das Höchstalter der Bevölkerung zehn himmlische Jahrhunderte, wobei dort ein Himmelstag hundert Erdenjahren entspricht. Körpergröße: ½ Kroscha. Schakra, der Herrscher dieser Gefilde, ist niemand anderer als Indra, der Gott des Krieges und Souverän des Himmels im Weda. Zum Buddhismus bekehrt, wird er dagegen zum Schutzherrn des Friedens. Er überragt Seinesgleichen in zehnfacher Hinsicht, unter anderem in «Lebensdauer, Eleganz, Glück, Berühmtheit, Macht, Intensität der Freuden der fünf Sinne». Diese Unterschiede existieren im übrigen unter Buddhisten und Nicht-Buddhisten in allen Himmeln der Begierden. Schakra lebt in Gesellschaft seiner Gemahlin, seiner vier Kinder und seines Ministerrates. Die Götter haben ihre eigene Stadt, deren wohllautender Name «Bezaubernde Aussicht» bedeutet. Im 1. Jahrhundert unserer Zeit hat ein hinajanischer Dichter, der Inder Aschwaghosa, der Nachwelt ein Werk von lehrreicher Tiefe hinterlassen [16]. Es ist die Geschichte von Nanda, einem Schüler Buddhas, der das Kloster verläßt, denn es verlangt ihn nach seiner Frau. Sofort nimmt ihn Buddha an der Hand und fliegt mit ihm in den Trajastrimscha-Himmel hinauf. Dort werden sie von einer Welt voller rotblütendem Lotos und kristalläugigen Vögeln mit scharlachroten Schwingen begrüßt. Besonders beeindruckt ist Nanda von den himmlischen Nymphen. Diejenigen Menschen, die sich auf Erden in Strenge und Entsagung geübt hatten, können sich nun in aller Diskretion mit diesen jungen Schönheiten vergnügen. In der Wahl zwischen seinem Eheweib und diesen Mädchen gibt es für Nanda kein Zögern. Er vergißt seine Frau und wendet sich wieder seinen Meditationen zu. Zum Glück geht einer seiner Kollegen mit ihm ernsthaft ins Gericht und sagt ihm klar und deutlich, daß das Paradies nicht von Dauer sei und daher keine dauerhafte Befriedigung geben könne, was er sich stets vor Augen halten möge.

Oberhalb von Trajastrimscha liegt Jama, ein dritter Himmel. Die beiden ersten Himmel waren noch mit dem Berge Meru verbunden, dieser ist es nicht mehr. Höchstalter hier: zwanzig himmlische Jahrhunderte (1 Himmelstag = 2 Erdenjahrhunderte). Körpergröße: ¾ Kroscha. Der König des Ortes heißt Sujama. Die vierte Etage bildet der Himmel Tuschita. Höchstalter seiner Bewohner: vierzig himmlische Jahrhunderte (1 Himmelstag = 4 Erdenjahrhunderte). Körpergröße: 1 Kroscha. Hier wird der Geschlechtsakt durch Händedrücken mit dem jeweiligen Liebespartner vollzogen. Dieser von Samtuschita verwaltete Himmel hat einen hohen Gast: Maitreja.

Das Gesetz des Buddha muß, so gut es auch sein mag, verschwinden, heißt es in den alten Überlieferungen [17]. Zu welchem Zeitpunkt? Dreißig, fünfzig, hundert Jahrhunderte oder mehr nach der Auslöschung Gautamas. Man darf aber ganz beruhigt sein, denn es ist ein Ersatz-Buddha vorgesehen, nämlich Maitreja. Diese Gewißheit herrscht im Kleinen wie im Großen Fahrzeug. Vorübergehend logiert er im Himmel Tuschita und wartet auf seine Stunde der Wiedergeburt auf Erden, um dort wieder das Gesetz einzuführen. Häufig wird Tuschita im Großen Fahrzeug als ein Reines Land betrachtet. Eine Stufe höher liegt Nirmanarati, der fünfte Himmel. Höchstalter: achtzig himmlische Jahrhunderte (1 himmlischer Tag = 8 Erdenjahrhunderte). Körpergröße: 1 ¼ Kroscha. König des Himmels: Sunirmita. Man darf sich freuen, denn das Weilen dort ist ein einziger Geschlechtsakt. Ganz allgemein vergnügen sich die Bewohner dieses Himmels nicht konkret und handfest mit den Objekten ihrer Lust, sondern sie sind besonders feine Wesen und stellen sie sich nur noch geistig vor. Der sechste und letzte Himmel der Begierden ist Paranirmitawasawartin. Nach Ansicht von Mohan Wijayaratna ist der Stammbaum seines Königs Mara der eines reinen Gangsters:

«Ganz ähnlich wie ein Mafiaboß, der von Sinnesfreude umgeben in Saus und Braus lebt und sich selbst zum Vollstrecker der Justiz erhebt, ist Wasawatti Mara eine Art ‹himmlischer Pate›, der ständig versucht, die spirituellen Kräfte der Welt zu zerstören [18].»

Dennoch darf man die Bewohner dieses Himmels auf keinen Fall mit einer Horde hemmungsloser Ferkel verwechseln, denn für sie besteht der Liebesakt darin, einander in die Augen zu sehen, und das genügt ihnen. Höchstalter: sechzehntausend Himmelsjahre (1 Himmelsjahr = 16 Erdenjahrhunderte). Körpergröße: 1 ½ Kroscha!

Verlassen wir nun diese unerträglichen Himmel und besuchen wir Rapadhatu, die Welt der verfeinerten Körperlichkeit, die, wie ihr Name bereits anklingen läßt, wesentlich feiner als die vorige ist. Die Götter, die in ihr wohnen, sind von Geschmacks- und Geruchssinn und jedem sexuellen Verlangen befreit. In Kamadhatu waren beide Geschlechter vertreten. Hier gibt es nur noch eines, das männliche. Aufgrund seiner häßlichen Gestalt ist das Geschlechtsorgan zurückgebildet und verborgen [19]. Wenn die Materie des Körpers so feinstofflich ist, dann zweifellos aufgrund der Tatsache, daß die einzige Nahrung, die die Bewohner dieses Himmels zu sich nehmen, die Freude ist. In der Pali-Tradition des Abhidharma wird der Himmel Rupadhatu in sechzehn verschiedene Himmel unterteilt [20]. Der *Abhidharmakoscha,* dessen Verfasser vermutlich Wasubandhu (320–400 n. Chr.) war, zählt siebzehn Teilhimmel auf [21]. Maximale Lebenserwartung und Körpergröße variieren je nach der erreichten Ebene der Versenkung. Glaubt man dem historischen Buddha, so kann derjenige, der auf Erden die Eigenschaften eines Brahma erreicht hat, in den Brahma-Welten wiedergeboren werden [22]. In einigen Texten des Pali-Kanons und in der Abhidharma-Literatur wird von einem Drama berichtet [23]. Die drei ersten Rupadhatu-Himmel, nämlich Brahmakajika, Brahmapurohita und Mahabrahma, bilden das erste Reich der Versenkung. Einen unangenehmen Aspekt hat es mit allen Etagen von Kamadhatu gemein: sie werden nämlich in regelmäßigen Abständen nacheinander vom Feuer, vom Wasser und vom Wind zerstört. Über diesem ersten dreistöckigen Himmel liegen drei weitere Himmel, die das zweite Reich der Versenkung bilden. Parittabha, Apramanabha und Abhaswara gehen regelmäßig in den Fluten unter und werden anschließend vom Wind fortgeweht. Das dritte Reich der Versenkung, bestehend aus Parittaschubha, Apramarnaschubha und Schubhakritsna, wird vom Sturm vernichtet. Nur das vierte Reich scheint der wiederholten Liquidation zu entgehen [24].

Louis de la Vallée Poussin hat die Theorie der buddhistisch gewordenen zyklischen Zeit einmal von ihrem verwirrenden Beiwerk befreit und übersichtlich dargestellt. Dieser Theorie liegt als Zähleinheit die Große Weltperiode, Mahakalpa, zugrunde, die in vier unberechenbare Weltzeitalter, die Asamkhjeja, unterteilt ist, von denen jedes wiederum in zwanzig Zwischenzeitalter zerfällt. Das erste dieser unberechenbaren Weltzeitalter umfaßt eine Zeit der Zerstörung eines Teils des Kosmos. Das zweite entspricht einem stationären Zustand des Chaos. Das dritte wird als Zeitalter der Erneuerung bezeichnet. Dann tauchen zuerst wieder die Brahma-Himmel und anschließend der Kamadhatu-Himmel auf. Das letzte der unberechenbaren Weltzeitalter dauert so lange, wie das wiederhergestellte

Universum besteht. Wie lange dauert ein solches unberechenbares Zeitalter? Buddha hat uns bereits gewarnt: das Unberechenbare läßt sich nicht berechnen. Dies hat jedoch einige Ästheten nicht daran gehindert, sich in phantastische Rechenabenteuer zu stürzen. Jenseits dieser schwindelerregenden Zahlen kann man sich fragen, was aus den Bevölkerungen wird, die von den Zyklen vernichtender Fluten bedroht sind. Diese werden in dem Augenblick, wo sich die Elemente entfesseln, durch ein Evakuationsmanöver gerettet. Sie werden in höheren Himmeln wiedergeboren, die von der Katastrophe verschont bleiben. Dort warten sie auf das Zeitalter der Erneuerung, in dem sie wieder an den ihnen gebührenden Ort zurückkehren können. Ein Mensch, der einen Arhat tötet oder der ein Schisma auslöst, hat natürlich nichts anderes als die tiefsten Niederungen des Kamadhatu, also die Hölle, verdient. Was soll man aber tun, wenn diese vernichtet ist? Die Tausende von Universen werden nicht alle zur selben Zeit vernichtet. Also werden die Verdammten in ein anderes Universum verlegt, nämlich auf den Grund einer Zwischenhölle.

Bevor wir Rupadhatu verlassen, sei noch die mögliche Lebensdauer seiner Bewohner erwähnt. Im untersten Himmel, dem Brahmakajika, beträgt sie ³/₄ einer unberechenbar langen Zeit, was bereits recht beachtlich ist. Im vierten Reich der Versenkung nimmt sie noch erheblich zu. Sie könnte nachgerade zur Last werden, in den Gefilden der Reinen sogar ganz besonders. Auf dem höchsten Gipfel der Himmelshierarchie können die Bewohner des Akanischtha gar bis zu sechzehntausend Mahakalpas lang leben. Und sogar noch mehr ist möglich, aber dazu muß man sich in eine andere Welt, nämlich in den Himmel Arupadhatu, begeben.

Die Wesen von Arupadhatu, der Welt der Körperlosigkeit, sind völlig immateriell. Sie denken, also sind sie – und zwar nirgends (zu sehen). Der vierte und allerletzte Himmel jener Welt wird Naiwasandschnanasandschna genannt und ist «weder Bewußtsein, noch Unbewußtsein». Maximale Lebenserwartung: 80 000 Mahakalpas. Das Individuum hat nur noch einen winzigen Funken Bewußtsein. Wird es auf der Erde wiedergeboren, so wird es eines Tages vielleicht auch noch diesen winzigen Rest verlieren. Und dann wird der Betreffende erlöst sein. Dann kann man ihm wirklich gratulieren.

Reine Länder

Die uralte Auffassung der Buddha-Länder ist im Großen Fahrzeug durch ein besonderes Merkmal gekennzeichnet. Die Wiedergeburten als höllische, tierische, geisterartige, menschliche und göttliche Wesen gehören dem Universum der unreinen Länder an. Jenseits der dreiteiligen Struktur von Begierden unter Körperlichkeit, begierdeloser Feinkörperlichkeit und vergeistigter Körperlosigkeit gibt es zusätzlich noch die Reinen Länder. Aus der schöpferischen Macht der Bodhisattwas auf ihrem Weg zur Buddhaheit hervorgegangen, sprießen sie schier überall aus dem Boden, so als würden sie industriell angebaut. Zum Beispiel das Land Sakjamuni, für das der Japaner Nitschiren (1222–1282) bereit war zu töten [25]. Dann das im Osten gelegene Bhaischadschjaguru, genannt Land des «Reinen Lapislazuli» [26]. Ebenfalls im Osten das Land Akschobhja, genannt Abhirati, das deshalb interessant ist, weil es eines der seltenen Reinen Länder ist, in denen es auch richtige Frauen gibt [27], während die anderen nur vom männlichen Geschlecht bevölkert sind, das vollkommen vergeistigt ist und sich bestenfalls den rein dekorativen Apsaras nähert. Die Frauen von Abhirati sind von einer ans Wunder grenzenden Schönheit. Sexualität ist bei ihnen nicht vorhanden, aber das hindert sie nicht daran, Kinder zu gebären. Dank der Lebensart im Lande Akschobhja bekommen sie sie jedoch, ohne sich zu «beflekken». Im allgemeinen lauschen die Bewohner der Reinen Länder ihrem Lieblings-Buddha beim Predigen der guten Worte. Möglich ist das aufgrund der Lehre von den drei Körpern des Buddha. Sie existiert zwar in unzähligen Varianten [28], aber immerhin gibt es einen gemeinsamen Konsens. Buddha hat zu allererst und überhaupt einen Dharma-Körper. Dharma ist «die ewige Wahrheit des Erweckten» und führt zum Gipfel der Befreiung. Diesem Körper emaniert ein zweiter, der sogenannte «Genuß»- oder «Wonne»-Körper, und dieser ermöglicht es dem Buddha, sich zu zeigen und in den Reinen Ländern Reden zu halten. Schließlich besitzt der Erweckte noch einen dritten, den sogennanten «Wandlungs»- oder «Erscheinungs»-Körper. Dieser ist der historische mönchische Körper, gekleidet in eine safranfarbene Kutte.

Es existieren noch andere Reine Länder wie Wairotschana, Amoghaschiddhi oder Ratnasambhawa, das berühmteste ist aber das Westliche Paradies Sukhawati, das Land von Amitabha, genannt Buddha des Unendlichen Lichts. Die drei wichtigsten Texte [29], die von diesem Paradies handeln, sind der große *Sukhawati-wjuha*, der kleine *Sukhawati-wjuha* und das *Amitajurdhjana-Sutra*. Der Grundunterschied zwischen dem kleinen und dem großen *Sukhawati* liegt in den Bedingungen für den Zutritt in das Reine Land. Im kleinen erfolgt die Wiedergeburt bei Amitabha nicht als Lohn für die verdienstvollen Werke, die man auf Erden vollbracht hat. Hier genügt es nämlich, wenn man einmal den Namen Amitabha vernommen hat und ihn mindestens eine Nacht lang im Kopf behält, und schon darf man dieses Land betreten. Der große *Sukhawati* räumt den Verdiensten einen ebenso wichtigen Stellenwert wie dem Gebet ein. Das *Amitajurdhjana-Sutra* schließlich gibt der Meditation den entscheidenden Vorzug. Sechzehn Stufen sind zu erklimmen, bis man das Reine Land sehen kann, und das wirkt wie ein wahrer Radiergummi, der in der Lage ist, die im Laufe von achtzig Millionen Kalpas begangenen Sünden auszuradieren.

Das Land Amitabhas ist süß und golddurchwirkt, so lehrt uns der kleine *Sukhawati*. Übersät von Seen, bewachsen mit blauem, gelbem, rotem und weißem Lotos. Diese Wasserflächen sind gesäumt mit Treppen von vier Stufen aus Gold, Silber, Beryll und Kristall. Um diese Seen herum dehnen sich Wälder aus kostbaren Edelsteinen. Gleichgültig in welchem Text, überall strahlt dieses Paradies wie das Auge des Diebes. Zu all dem Gold und den anderen Juwelen kommen noch Lapislazuli, Achate, Korallen, rote Perlen und Diamanten hinzu. Es gibt prächtige Paläste, funkelnde Gärten, feenhafte Parke, in denen sich alle Arten von Geflügel tummeln, Kuckucke, Sperlinge, Brachvögel, Papageien, Schwäne, Pfauen, Reiher, Kraniche, Gänse, Enten. Unablässig ist eine himmlische Musik zu vernehmen. Im kleinen *Sukhawati* fällt dreimal am Tage und dreimal in der Nacht ein Blütenregen. Die Bewohner befinden sich wahrhaftig in einer glücklichen Lage. Sie brauchen nicht mehr irgendwoanders wiedergeboren zu werden. Vom Gesetz gelabt und getränkt, werden sie früher oder später befreit sein. Alle Morgen, bevor sie zum Morgenmahl schreiten, bringen sie Milliarden von Buddhas ihre Verehrung dar, indem sie sie in ihren Ländern begrüßen gehen. Die Bewohner des Westlichen Paradieses besitzen, so wird im großen *Sukhawati* hervorgehoben, eine erstaunliche Selbst- und Körperbeherrschung und dazu magische Fähigkeiten, nämlich ein «göttliches Auge», mit dem sie Milliarden von Welten sehen können, und ein «göttliches Ohr», mit dem sie die Predigten der Myriaden von Buddhas hören können. Hier haben alle Wesen die gleiche Hautfarbe: Gold. Lebenserwartung: unbegrenzt. Der Ort und seine Bevölkerung entgehen den Zyklen des Chaos. Technisch gesprochen grenzt die Wiedergeburt im Land Amitabha an ein Wunder. Bei denen, die im Glauben stehen, tritt sie sofort ein. In Lotosstellung sitzend, erscheinen die Betreffenden wieder. Und wo? In einer Lotosblüte. Warum? Diejenigen, die sich eine Menge Verdienste angesammelt, aber an ihrer Wiedergeburt im Westland gezweifelt haben, müssen sich fünf Jahrhunderte in Geduld üben, bevor sich die Blüte für sie öffnet. In dem geschlossenen Blütenkelch hockend, erleben sie das draußen existierende Dekor und seine Freuden in ihrer Phantasie. Und doch bleibt ihnen das Wesentliche, nämlich der Anblick der Buddhas und Boddhisattwas, vorenthalten, die sie in unzähligen Scharen umgeben. Das Gesetz nicht vernehmen zu können ist für die solcherart Gefangenen eine harte Folter.

Abgesehen davon, und das ist eine gute Nachricht, trägt der Bewohner des Paradieses herrliche Kleidung und ist überreich geschmückt mit Accessoires wie Armreifen, Colliers, Armbändern, Kettchen, Diademen, Ohrringen, Gürteln. Die Nahrung, die er sich einflößt, ist von so feiner Stofflichkeit, daß er sie nicht einmal in den Mund zu nehmen braucht. Er lebt in einem Palast, geht spazieren, treibt Sport. Er schwimmt in Flüssen, ohne zu ertrinken, Wassertiefe und -temperatur gehorchen seinen Wünschen. Da die Wiedergeburten streng männlichen Geschlechts sind, sei den Männern mitgeteilt, daß es im Reinen Land Apsaras gibt. Diese wedischen Nymphen, denen man immer wieder mit großem Vergnügen begegnet, dienen dort wahrscheinlich dem nämlichen Zweck anmutiger Verzierung wie die Vögel.

Dieses Westliche Paradies hat seine Anhänger und Anwärter in

China, Vietnam, Tibet und Japan. In Indien hat der Amitabha-Kult erst mit der christlichen Zeit begonnen. Nargadschuna (2.–3. Jh. n. Chr.?) [30] und Wasubandhu sympathisieren ebenfalls mit ihm. In China, wo die Reinen Länder Amitabhas und Bhaisdschjagurus bereits vor dem Entstehen der Karma- und Samsara-Lehre importiert wurden (1.–2. Jh. n. Chr.) [31], hat das Paradies des Westens sehr viel dem Maler Zendo (613–618) zu verdanken. Dieser Patriarch soll das Reine Land, das er selbst am meisten verehrte, auf dreihundert Gemälden dargestellt haben [32]. Außerdem soll er auch zehntausendmal den kleinen *Sukhawati* abgeschrieben haben. In Japan wurden die *Sukhawati* erstmals im Jahre 640 am kaiserlichen Hof öffentlich vorgetragen. Drei Jahrhunderte später wurde Genschin (942–1017), ebenfalls ein Maler, geboren. Er war der Förderer des japanischen Amidismus und betrachtete das Praktizieren von Nembutsu, der Anrufung des Namens Amitabha, als das einzig nötige Visum, um in das Reine Land einzugehen. Seine Nachfolger waren Honen (1133–1212), der Gründer des Dschodo-schu, und nach diesem Schinran (1173–1262), der Vater des Dschodo-schinschu. Die weiterentwickelten Ableger dieser beiden Schulen des Reinen Landes zählen heute zwanzig Millionen Adepten. Nach Honen genügte es, zehnmal den Namen des geliebten Buddha zu wiederholen, um im Paradies wiedergeboren zu werden. Für Schinran reichte sogar schon ein einziges Mal. Für den, der daran glaubt, ist auch das ein ganzes Programm.

Bardo-Thödöl

Willkommen in Tibet – hier werden Sie sterben. Der Atem bleibt stehen. Der Lebensstrom entfleucht. Ein Lama neigt sich über Sie und flüstert Ihnen eine Lesung des Bardo-Thödöl [33] ins Ohr. Kann das tibetische Totenbuch, das offiziell Padmasambhawa (8. Jh. n. Chr.) zugeschrieben wird, Wunder bewirken? Wenn Sie ein wahrer Ausbund der Schlechtigkeit sind, dann nicht. Wenn Sie sich dagegen zu Lebzeiten getreu nach dem Bardo-Thödöl gerichtet haben, dann können Sie sicher sein, daß Ihnen Möglichkeiten geboten werden, dem Samsara endgültig zu entrinnen. Das höchste Ziel ist hier die Leere. Identität zwischen dem Dharma-Körper und dem Körper der Leere. Der Lama versucht, eine Bewußtseins-Übertragung zu erreichen, um Ihr Licht mit dem unvergleichlichen Licht der Leere, hell und klar, farblos, transparent, unsichtbar, zu vereinen. Dieses Licht erscheint im ersten *Bardo* oder Zwischenzustand. Wenn Sie es erkennen, steht Ihre Befreiung nahe bevor. Und dann ist alles zu Ende. Wenn nicht, dann bleiben Sie weiter in dem Zwischenzustand. Maximale Dauer: neunundvierzig Tage. Mittels eines «geistigen Körpers» sind Sie Ihrer Sinne auf eine so verblüffende Weise mächtig, daß Sie anfangs nicht einmal bemerken, daß Sie tot sind.

Falls Sie das wesensmäßige Licht der Leere im ersten Bardo-Zustand nicht erkannt haben, ist noch nicht alles verloren. Der zweite Zwischenzustand ermöglicht es Ihnen, das Versäumte nachzuholen. Von nun an nimmt das Licht der Leere fünf verschiedene Farben an, die den fünf Buddhas entsprechen. Nacheinander erscheinen Wairotschana, Akschobhja, Ratnasambhawa, Amitabha und Amoghasiddhi. Ein Quell des Lichts wird in ihren Herzen entspringen, jeweils hellblau, weiß, gelb, rot und grün. Erkennt man eine dieser Lichtquellen, so bedeutet das, daß man in dem Reinen Land des betreffenden Buddha wiedergeboren wird. In der Mitte, im Osten, im Süden, im Westen oder im Norden. Sobald Sie sich in dem Reinen Land befinden, werden Sie so lange *sostenuto* das Gesetz vernehmen, bis Sie (als Mann oder als Frau) befreit sind. Diejenigen, die keines dieser Lichter ausmachen konnten, setzen den Weg weiter fort, und zwar weiterhin im zweiten Bardo-Zustand. Da die Szenerie tantristischen Ursprungs ist, ist in jedem der zuvor gesehenen Buddhas auch dessen Gegenteil enthalten. Die erzürnten Gottheiten werden nacheinander vorüberziehen. Diese göttlichen Blutsauger sind jedoch nichts anderes als Projektionen Ihres Geistes. Es genügt, ihre wahre Natur zu erkennen, und schon gelangt man zu einem «Körper des Genusses» und «der Wonnen». Das Wichtige ist dabei, nicht die Ruhe zu verlieren. Der Lama, der die «Die Große Befreiung durch Hören im Zwischenzustand» (= *Bardo-Thödöl*) vorträgt, hat keine Angst vor diesen Schreckensvisionen. Seine Stimme hat eine tröstende, ermutigende, führende Wirkung. Dieser professionelle Kenner des Lichts kennt und erkennt eine ganze Fülle verschiedener Arten des Lichts. Wenn Sie (als Mann oder als Frau) von einem schädlichen Licht angezogen werden, wird er es Ihnen sofort sagen. Natürlich können Sie sich über seine Warnungen hinwegsetzen. Denn nachdem Sie sich im ersten Zustand einen Körper der Leere und im zweiten Zustand einen Körper der Wonne haben entgehen lassen, können Sie schließlich erleichtert feststellen, daß Sie wirklich gestorben sind, vor allem vor Entsetzen.

Der dritte Bardo-Zustand, der des Werdens, hat begonnen. Durch sein Karma von Illusionen völlig verblendet und aufgefressen vor Angst, ist der Tote im allgemeinen zusammengebrochen. Daher sucht er nun nach seinem wahren Körper. Der Lama versucht ihm jedoch davon abzuraten. Wenn ihm dies nicht gelingt, kommt es unvermeidlich zu einer Wiedergeburt in einem unreinen Land. Nun kommt es darauf an, den Schaden möglichst in Grenzen zu halten. Der Lama wird jeweils besonders auf die Farben des Lichts hinweisen, das den einzelnen Universen und Qualitäten der Wiedergeburt entspricht, sofern diese sich dem Gesetz nicht verschließt. Auch sollte man es vermeiden, etwa als Pudel oder auf einem jener verrückten Planeten wiedergeboren zu werden, denen man in der Kosmogonie Indiens begegnet. Zwischen Hingerissenheit und Abgestoßenheit gefangen, sieht der Tote dort Männer und Frauen und auch Tiere miteinander kopulieren. Der Lama bittet seinen Patienten aber, sich nicht unter diese Illusionen zu drängen. Er versucht höchstens noch, ihn aufzuklären und zu informieren, insbesondere über die Techniken, die Pforten des Mutterschoßes zu verriegeln. Er selbst weiß zwar genau, wovon er spricht – aber es ist fraglich, ob sich ein Toter überhaupt etwas sagen läßt, der hartnäckig auf dem Wunsch beharrt, wiedergeboren zu werden. Bei Hingezogenheit zur Mutter und Abgestoßenheit vom Vater werden wir mit männlichem Geschlecht wiedergeboren. Im gegenteiligen Fall mit weiblichem Geschlecht. Was der Fall sein wird, werden wir sehen, wenn es soweit ist.

Taoismus

Eine originelle Lösung

Die Taoisten haben begriffen, daß die sicherste Methode, unsterblich zu werden, die ist, nie zu sterben. Gewiß, die Mehrzahl der Unsterblichen hat zwar den physischen Tod erfahren. Aber dabei handelte es sich um ein Simulacrum oder Scheinereignis, einen Trick zur Wahrung der etablierten Ordnung. Öffnet man den Sarg, so findet man darin nur einen gewöhnlichen Gebrauchsgegenstand, etwa einen Gehstock oder einen Schuh, aber keinen Körper vor. Dieser hat sich verwandelt und aus dem Staub gemacht. Das wird als Erlösung oder Befreiung des Leichnams bezeichnet. Eine ganz kleine Anzahl von Privilegierten konnte jedoch unsterblich werden, ohne jemals zu sterben. Sie haben sich bereits zu Lebzeiten bei hellichtem Tageslicht in den Himmel abgesetzt. So wird erzählt, daß der legendäre Gelbe Kaiser von einem Drachen mit wallendem Bart entführt wurde und in Begleitung seiner Frauen und Getreuen in den Himmel aufstieg[1]. Der Prinz von Huai-nan soll ebenfalls mitsamt seinem Hofstaat und Gesinde gen Himmel gefahren sein, und zwar im Jahre 122 vor unserer Zeitrechnung[2].

Die Suche nach der Unsterblichkeit oder zuweilen etwas bescheidener nach einem sehr langen Leben geht bereits auf das fernste Dunkel der Vorzeit zurück, aber im Taoismus [3] sollte sie sich zu ihrer vollendeten Form entwickeln. Der Taoismus als erhabenste und authentischste Ausprägung der Religion der Chinesen entwickelt sich im Laufe der letzten Jahrhunderte vor unserer Zeitrechnung aus der Vereinigung von drei bis dahin getrennten Strömungen: dem sogenannten philosophischen Taoismus [4] des Lao-tse und Chuang-tse, ferner den Festen, Riten und Glaubensformen des traditionellen, von Magie und Schamanismus geprägten Volksbrauchtums und schließlich den Praktiken zur Erlangung von Unsterblichkeit. Im Laufe des 2. Jahrhunderts unserer Zeitrechnung wurde er allmählich zu religiösen Bewegungen organisiert [5]. Obwohl er verschiedene günstige und ungünstige Schicksale im Kreise der Mächtigen erlebte, konnte er in der Masse des chinesischen Volkes jedoch dauerhafte Wurzeln fassen [6].

Für die Christen ist die Seele von unsterblicher Natur, und die Persönlichkeit des Verstorbenen existiert nach dem Tode weiter. Das Problem ist daher nicht, das ewige Leben zu erlangen, sondern es möglichst im Paradies statt in der Hölle zu verbringen. Wie Henri Maspero aufgezeigt hat, war nach Auffassung der alten Chinesen die Unsterblichkeit dagegen nicht automatisch gegeben und zu erlangen, und sie konnte nur physischer Natur sein [7]. Der Mensch besitzt nämlich nicht nur eine einzige Seele, die das Fortleben seiner Persönlichkeit sichert, sondern er besitzt zehn: drei *Hun-* und sieben *P'o-*Seelen. Die *Hun-*Seelen sichern die Beseeltheit oder Lebendigkeit des Menschen, sie sind mit der Persönlichkeit und dem Verstand verbunden und dem Prinzip *yang* zugehörig. Die *P'o-*Seelen sind eine mindere Kategorie und sichern das vegetative Leben. Sie sind mit der Bewegung, den Leidenschaften, dem Skelett verbunden. Sie entsprechen dem Prinzip *yin*. Stirbt das Individuum, so lösen sich diese Seelen von ihm und verstreuen sich in der Erde (die *P'o-*Seelen) und im Himmel (die *Hun-*Seelen), wodurch sie das Fortleben der Persönlichkeit verhindern. Den alten Taoisten geht es also darum, der Zerstreuung oder Auflösung der Seelen im Augenblick des Todes vorzubeugen. Daher ist es notwendig, sich einen eigenen Unsterblichkeits-Körper zu schaffen, der allmählich den sterblichen Körper ersetzt und die Seelen auf ewig beisammenhält [8].

Wie wird man unsterblich?

Manchmal kann man mit ein wenig Glück zum Unsterblichen werden. Es genügt, wenn man einem Unsterblichen begegnet, der bereit ist, einen zu initiieren, und der ihm ein wenig Elixier, bestimmte Pilze oder auch Pfirsiche verabreicht, die das ewige Leben verleihen. Man kann ihnen begegnen, wenn man ins Gebirge aufbricht, um dort zu leben; aber das ist eine Reise voller Gefahren. So verschwand der junge Schafhirte Huang Ch'u-p'ing eines Tages in den Bergen und ward nicht mehr gesehen [9]. Vierzig Jahre später findet sein älterer Bruder ihn wieder und stellt fest, daß er ein Unsterblicher geworden ist. Man kann ebenfalls die Unsterblichkeit erreichen, wenn es einem gelingt, auf die fernen Inseln zu gelangen, auf denen die Unsterblichen wohnen. Diese Inseln liegen im Meer östlich von China; die bekannteste von ihnen ist P'eng-lai. Dort findet man den Pilz der Unsterblichkeit. Diese Inseln zu betreten, ist jedoch ungemein schwierig; je mehr sich die Schiffe ihnen scheinbar nähern, desto weiter entfernen sie sich von ihnen. Ch'in Shih Huang-ti (gestorben 210 v. Chr.), der Erste Kaiser, der China geeinigt und die Große Mauer errichtet hat, hat leidenschaftlich die Unsterblichkeit gesucht [10]. Er hat mehrere Expeditionen auf die Suche nach diesem P'eng-lai ausgesandt. Die berühmteste, unter der Führung des Magiers Hsu Fu, bestand aus 3000 Jungen und Mädchen und zahlreichen Künstlern und Handwerkern. Alle verschwanden jedoch auf Nimmerwiedersehen. Manche behaupten, sie hätten sich in einem fruchtbaren Land niedergelassen, in dem Hsu Fu König wurde. Ist der Erste Kaiser unsterblich geworden? Es sieht nicht so aus. Immerhin hatte er seine Vorsichtsmaßnahmen getroffen; für den Fall, daß er in seinem Grab weiterleben sollte, hatte er sich vorsorglich zusammen mit seiner ganzen Armee von mehr als 7000 Kriegern bestatten lassen [11]. Dabei besaß er wenigstens so viel Geschmack, daß er sich von Statuen begleiten ließ und nicht von lebendigen Kriegern, die zu diesem Zweck hätten geopfert werden müssen. Diesem Schicksal entgingen aber leider nicht die Konkubinen und Künstler, die es verstanden, in das Grab einzudringen. Dennoch bedeutete dies bereits einen gewissen Fortschritt im Vergleich zu den alten Herrschern, die sich von 300 oder 400 lebendig begrabenen Konkubinen und Bediensteten auf ihrem letzten Weg begleiten ließen.

Wenn der Anwärter auf die Unsterblichkeit nicht das Glück hat, die Insel P'eng-lai zu besuchen oder im Gebirge einem Unsterblichen zu begegnen, muß er hart arbeiten, um seinen körperlichen und groben Leib in einen unsterblichen Leib umzuwandeln. Dieser keimt und wächst vom Stadium eines Embryos aus im Inneren des Körpers heran. Seine unvergänglichen Elemente ersetzen allmählich diejenigen des sterblichen Körpers. Es heißt, daß die Knochen zu Gold und das Fleisch zu Jade werden. Um zu diesem Ergebnis zu gelangen, sind komplizierte und vielfältige Übungen notwendig [12]: Meditation, Atemübungen, Gymnastik, Diät, sexuelle Praktiken und natürlich Alchemie. Die Bedeutung jeder dieser Übungen ist je nach den einzelnen Schulen verschieden. Außerdem dürfen sie nur unter der Anleitung eines anerkannten Meisters praktiziert werden. Aber all diese Praktiken führen zu nichts, wenn der Kandidat nicht ein gutes Leben voll tugendhaften Werken führt. Der Lenker des Schicksals führt nämlich im Himmel über die guten und schlechten Taten eines jeden genau Buch. Jedem Menschen wird bei seiner Geburt in himmlischen Registern eine bestimmte Lebensdauer zugesprochen, die entsprechend seines Betragens verlängert oder verkürzt wird. Die «drei Würmer» oder «Kadaver», die in jedem der drei Zinnoberfelder wohnen, aus denen der menschliche Körper besteht, verlassen jedes Jahr zu festgelegten Zeiten ihr Domizil und verpfeifen im Himmel die Fehler ihrer Wirtsperson. Der *Auszug der wichtigsten rituellen Regeln und Verbote*, eine taoistische Lebensanweisung, enthält eine Skala von Strafen in Proportion zu den verschiedenen Vergehen [13]. Bei mehr als 120 Vergehen wird man zum Beispiel krank; bei 720 wird der Mann keine Söhne, sondern viele Töchter bekommen; bei 820 wird er blind und taub werden; bei 1080 wird er eines gewaltsamen Todes sterben; bei 1600 wird er keine Nachkommen, weder Söhne, noch Enkel haben. Bei 10 000 Fehlern blockiert der Zähler, dann wird der Schuldige mitsamt seiner ganzen Familie öffentlich hingerichtet. Mit 300 guten Taten dagegen wird man ein irdischer Unsterblicher und mit 1200 ist man ein himmlischer Unsterblicher [14]. Aber man muß sich sehr in acht nehmen! Wenn man sich nach 1199 guten Taten ein einziges Vergehen zuschulden kommen läßt, muß man nämlich wieder bei Null anfangen.

Ein anderes Werk, das *Buch der Belohnungen und Strafen,* lehrt, daß das Leben für ein schweres Vergehen um zwölf Jahre, für ein leichtes Vergehen dagegen nur um 100 Tage verkürzt wird [15]. Im Anschluß daran folgt eine lange Beschreibung der schlechten Taten, die bestraft werden. Den meisten davon kann man auch in jedem beliebigen christlichen Sittlichkeits-Traktat begegnen. Andere wiederum zeugen von einem gewissen lokalen Partikularismus. Schlechte Taten sind zum Beispiel:

– Bei Neumond oder am Morgen schreien oder in Zorn geraten.

– Sich beim Ausspucken, Schneuzen oder Urinieren nach Norden wenden.

- In Richtung niederfallender Sternschnuppen spucken.
- Mit dem Finger auf die drei himmlischen Klarheiten deuten.
- Lange unverwandt in die Sonne oder in den Mond blicken.

Die Meditations- und Ekstase-Übungen sind bei den Taoisten von fundamentaler Wichtigkeit. Sie sind so zahlreich wie verschiedenartig, wenn auch meistens unter dem Begriff «das Eine bewahren» oder «im Einssein sein» bekannt. Einer bestimmten Schule gemäß kann der Eingeweihte mit Hilfe von Versenkung und Ekstase die Götter sehen, die im Innern des Körpers wohnen. Dort sollen 36 000 Götter vorhanden sein, die mit denen im Himmel identisch sind. Bestimmte Götter sind natürlich bedeutender als die anderen. Indem er sie visualisiert, tritt der Adept mit ihnen in Kommunikation. Er versucht sie im Innern seines Körpers zu halten, bittet sie um Vergebung für seine Sünden, versucht sie dazu zu überreden, seinen Namen aus dem Register der Sterblichen zu streichen und ihn in das der Unsterblichen einzutragen. Der Auszug der Götter aus dem Körper würde Krankheit, ja sogar den Tod bringen.

Der Adept muß es verstehen, seinen Atem zu beherrschen und zu kontrollieren. Der embryonalen Atemtechnik folgend, muß er seinen Atem möglichst lange an sich halten und ihn im Innern seines Körpers zirkulieren lassen. Der Atem nährt den künftigen Unsterblichkeitskörper. Wenn man seinen Atem während einer Periode anzuhalten versteht, die tausend gewöhnlichen Ein- und Ausatemzügen entspricht, kann man unsterblich werden. Dies bedarf einer sehr langen Vorbereitung. Während der Adept seinen Atem in seinem Inneren kreisen läßt, muß er gleichzeitig die größtmögliche Menge an Speichel produzieren. Dieser verbindet sich mit dem Atem, um den Unsterblichkeitsembryo zu nähren. Für die alten Taoisten ist der zirkulierende Atem die Luft, die man einatmet. Seit der Dynastie der T'ang (618–907) ist man allgemein der Ansicht, daß es sich nicht um Luft handelt, sondern um den inneren Atem, die Lebensenergie, die sich im Körperinnern befindet. Mit Hilfe von Gymnastik läßt sich der Körper elastischer machen, um die Zirkulation dieses Atems zu erleichtern.

Der Aspirant auf die Unsterblichkeit hat eine strenge Diät einzuhalten. Vor allem hat er den Genuß von Getreide zu vermeiden. Die «drei Würmer», jene widerwärtigen Kreaturen, die uns bei den Göttern im Himmel verpetzen und die die Ursache von Krankheit und physischem Verfall sind, ernähren sich nämlich von Getreide. Eine Abstinenz von Getreide schwächt sie in genügendem Maße, so daß sie sich mit Hilfe von ein paar Tropfen Elixier aus dem Körper vertreiben lassen. Die bereits weiter fortgeschrittenen Adepten haben ebenfalls Fleisch und andere feste Nahrungsmittel zu vermeiden. Diese fördern nämlich die Produktion von Exkrementen, was die Zirkulation des Atems beeinträchtigt. Außerdem belästigt das Blut die Götter im Körperinnern. Auch Wein und scharfe Geschmacksnuancen (zum Beispiel von Knoblauch oder Zwiebeln usw.) können sie nicht ertragen und werden dadurch vertrieben, weshalb solche Dinge unbedingt zu meiden sind. Was bleibt aber dann noch zu essen übrig? Der Aspirant auf Unsterblichkeit, vor allem derjenige, der sich in die Berge begeben hat, ernährt sich von Pflanzen und Wurzeln. Besonders beliebt ist die Kiefer und die Pinie. Davon verwendet man die Samen, Nadeln und den Harz als Nahrung. Bestimmte Pilze, Wildpflanzen und -früchte wie etwa die Jujube oder Brustbeere sind ebenfalls einem langen Leben förderlich.

Die Taoisten gelangten auch in der Kunst des Schlafgemachs zu großem Ruhm. Die Exzesse von manchen unter ihnen haben sie zwar ziemlich in Verruf gebracht, aber die meisten Initiierten haben deutlich darauf hingewiesen, wie sehr ein ungezügeltes Sexualleben die Aussicht auf ein langes Leben in Gefahr bringen kann. Eine fehlerhafte Ausübung des Geschlechtsakts kann die Lebenskraft schwächen. Wer in die Geheimnisse der Liebeskunst eingeweiht ist, kann die Lebenskraft dagegen stärken. Der Gelbe Kaiser soll, wie es heißt, mit 1200 Frauen geschlafen haben und ein Unsterblicher geworden sein. (Der gemeine Mann hat nur eine einzige Frau, und so ruiniert er sich sein Leben!) Die Kunst besteht für den Mann darin, die spermatische Essenz seiner Partnerin, das heißt die während ihres Orgasmus freiwerdende Energie, in sich aufzunehmen, während er seine eigene Essenz sparsam zurückhält. Der Mann muß mit seinen Partnerinnen schlafen und sie zum «Kommen» bringen, ohne dabei aber selbst zu «kommen». Henri Maspero zitiert einen taoistischen Text, in dem es heißt:

«Jedesmal, wenn man mit einer Frau schläft, hat man sich so zu verhalten, daß man sich zunächst ganz zärtlich miteinander vergnügt, damit die Geister zur Harmonie finden; erst wenn beide seit einer Weile in vollkommener Erregung sind, kann man sich im Liebesakt vereinigen. Dringen Sie ein, wenn [der Penis] schwach ist, ziehen Sie ihn zurück, wenn er hart und kräftig ist; dringen Sie nur ein, aber ejakulieren Sie nicht. Wer an einem einzigen Tage und in einer einzigen Nacht mehrere Dutzend Male zum Koitus fähig ist, ohne seine Essenz ausfließen zu lassen, wird von allen Krankheiten geheilt werden, und seine Lebensdauer wird zunehmen. Wenn man mehrmals die Frau wechselt, wird dieser Vorteil noch vermehrt; wenn man in einer einzigen Nacht zehnmal die Frau wechselt, so ist dies ein Genuß in höchstem Grade [16].»

Will man ein Unsterblicher werden, so darf man es dabei jedoch nicht bewenden lassen. Man muß sich darauf verstehen, die Essenz wieder zurückkommen zu lassen, um das Gehirn «zu regenerieren». Ein anderes taoistisches Werk erläutert uns, was darunter zu verstehen ist:

«Das Prinzip, die Essenz wieder zurückkommen zu lassen, um das Gehirn zu regenerieren, besteht darin, zu koitieren, damit die Essenz stark in Erregung versetzt wird; kurz bevor sie ausfließen will, ergreift man, indem man mit den beiden mittleren Fingern der linken Hand von hinten über Anus und Scrotum greift, rasch [den Penis], drückt ihn fest zusammen und stößt dabei in langem Ausatmen den Atem durch den Mund aus und knirscht dabei gleichzeitig mehrere Dutzend Male mit den Zähnen, jedoch ohne den Atem anzuhalten. Wenn man die Essenz dann ausstößt, kann die Essenz nicht heraustreten, sondern sie kehrt in den Jadeschaft [Penis] zurück, steigt aufwärts und tritt in das Gehirn ein [17].»

Diese Verfahren sind jedoch nicht nur den Männern vorbehalten. Auch die Frauen können sich die Essenz ihres Partners aneignen, um ihre Lebensdauer zu verlängern. Das berühmteste Beispiel ist das der Königinmutter des Westens,

«[...] die das Tao erlangte, indem sie ihre weiblichen Kräfte nährte. Eine solche Frau braucht nur ein einziges Mal mit einem Mann zu koitieren, und schon wird dieser matt und krank vor Erschöpfung. Sie dagegen erhält dabei einen so strahlenden Teint, daß sie nicht der Schminke bedarf [. . .][18].»

Die ideale Situation ist die, wenn beide Partner Adepten des Tao sind. Dann können sie beide in den Genuß der Essenz ihres Partners gelangen, ohne ihre eigene dabei zu verlieren.

All dies hört sich recht hübsch an, aber für viele Taoisten, darunter den berühmten Alchemisten Ko Hung (284–364), können solche Praktiken lediglich die Lebensdauer verlängern. Unsterblichkeit läßt sich dagegen nur mit Hilfe der Alchemie erlangen [19]. Die chinesische Alchemie ist möglicherweise die älteste der Welt. Sie ist eng mit dem Taoismus verbunden. Wenn sich auch ziemlich schwer feststellen läßt, ob mit ihrer Hilfe tatsächlich irgend jemand zur Unsterblichkeit gelangen konnte, so steht doch fest, daß sie zu einer Fülle von Entdeckungen verholfen hat, darunter des Schießpulvers, dessen Ziel jedoch nicht gerade die Verlängerung des Lebens ist. Die chinesischen Alchemisten arbeiten hauptsächlich auf der Basis von zwei Mineralien, nämlich Gold und Zinnober (Quecksilbersulfid): Gold aufgrund seiner Beständigkeit und Zinnober aufgrund seiner chemischen Eigenschaften und seiner sonnenähnlich roten Farbe. In der abendländischen Alchemie entspricht dem Gold der Schwefel und dem Zinnober das Quecksilber, aber im Gegensatz zur westlichen Alchemie ist die Zielsetzung der taoistischen Alchemie weniger die, künstliches Gold herzustellen, sondern eher die,

«durch Läuterung der in der Natur vorgefundenen Rohsubstanzen die nicht weiter reduzierbare reine Materie, das heißt die spermatische Essenz der Welt wiederzufinden, welche durch Vereinigung mit unserm Wesen Unsterblichkeit verleiht [20].»

Den Alchemisten der letzten Jahrhunderte vor unserer Zeitrechnung ging es darum, Zinnober in Gold zu transmutieren und dann mit diesem Gold Geschirr herzustellen, das zum Verzehr bestimmter Speisen verwendet werden sollte. Wenn er die entsprechenden Rituale befolgt, wird der Unsterblichkeitskandidat lange genug leben, um die Unsterblichen auf der Insel P'eng-lai sehen zu können, auf der er selbst zum Unsterblichen wird. Zumindest hatte im Jahre 133 v. Chr. der Magier Li Shao-chün diesen Glauben dem Kaiser Han Wu-ti eingepflanzt. Li Shao-chün behauptete, er sei unsterblich, aber kurze Zeit darauf starb er, was jedoch weder des Kaisers Glauben an die Unsterblichkeit seines Ratgebers noch sein Vertrauen in die Alchemie erschüttern konnte. Im ersten Fall habe es sich nämlich um die Erlangung der Unsterblichkeit durch Befreiung von der sterblichen Hülle gehandelt. In der Folgezeit wandten die Alchemisten ihr Interesse mehr dem Einnehmen von Elixieren oder Pillen zu, die sie in den Laboratorien herstellten. Das *non plus ultra* unter den Elixieren, die auf der Stelle zur Unsterblichkeit führen, ist das neunmal umgekehrte, das heißt neunmal transmutierte Zinnober. Aber es gibt noch eine Fülle anderer – einfacher oder komplizierter – Rezepte, die namentlich im *Pao-p'u tse* des Ko Hung zu finden sind [21].

Außer solchen für die Erlangung von Unsterblichkeit oder auch nur eines langen Lebens gibt es ferner Rezepte für so gut wie alles, was die alten Chinesen zu begehren wußten; eines ermöglicht es den Beamten, die gewünschte Beförderung zu erhalten, ein anderes verleiht die Möglichkeit, zehntausend Schriftzeichen an einem einzigen Tag zu erlernen. Zur Ausstattung des vollkommenen Alchemisten gehören außer Kesseln, Herden und anderen unerläßlichen Utensilien mindestens folgende Elemente: Gold, Zinnober, Quecksilber, Silber, Jade, Glimmer, Perlen, Auripigment, Ralgar, Selenit, Malachit, Blei, Arsenit, Hämatit, Essig, Turkestan-Salz, Honig, Austernschalen und Magnetit.

Hier für den Anfang ein einfaches Rezept [22]: Man nehme drei Pfund echten Zinnober und sechs Pfund weißen Honig. Man mische beides gut durch, stelle das Ganze in die Sonne und lasse es so lange garen, bis sich aus der Masse Pillen drehen lassen. Davon nehme man jeden Morgen zehn ein. In weniger als einem Jahr werden die grauen Haare wieder schwarz werden, die ausgefallenen Zähne werden nachwachsen, und die Haut wird wieder den Glanz der Jugend erhalten. Auf diese Weise werden die Alten wieder jung, die Jungen werden nicht altern und alle werden unsterblich.

Die angewandte Alchemie hat jedoch zwei erheblich unangenehme Seiten: sie ist sehr kostspielig und sehr gefährlich. Ko Hung behauptete, er habe nie die nötigen Mittel aufbringen können, um das Unsterblichkeitselixier herstellen zu können. Das hat ihn aber nicht daran gehindert, mit achtzig Jahren über den Weg der Erlösung von seinem Leichnam doch noch ein Unsterblicher zu werden. Man kann der Ansicht sein, daß dieses Resultat für Alchemistenlehrlinge eher ermutigend ist. Weniger ermutigend ist dagegen das Schicksal derer, die diese Elixiere oder Pillen auf Quecksilber- oder Arsenbasis zu sich genommen haben. Sie sind nämlich schlicht an einer Vergiftung gestorben. So sollen allein sechs Kaiser der T'ang-Dynastie an Mißbrauch von Unsterblichkeitselixieren gestorben sein [23]. Manche sind zu der Auffassung gelangt, daß der Tod durch Einnahme von alchemistischen Substanzen dem Adepten die Möglichkeit gibt, unsterblich zu werden. Der Beweis: mit Quecksilber imprägnierte Leichen verfärben sich rötlich-schillernd und halten sich recht gut. Etwa im 9. Jahrhundert wich die angewandte Alchemie auf der Basis von chemischen Substanzen und Instrumenten der sogenannten inneren Alchemie [24], die weniger kostspielig und zugleich weniger gefährlich ist. Wie bei der angewandten Alchemie ist das Ziel der inneren Alchemie die Herstellung einer Substanz, die den Menschen unsterblich macht. Farzeen Baldrian-Hussein schrieb jedoch:

«Der Adept des Nei-tan [der inneren Alchemie] macht seinen eigenen Körper zu seinem Labor; darin findet er nämlich alle Ingredienzien und Instrumente der traditionellen Alchemie: Brennofen, Kessel, Quecksilber, Zinnober, Blei und andere Mineralien; und dem geistigen und physiologischen Prozeß entsprechend richtet er sein Labor ein, macht Feuer im Ofen, überwacht die Hitze, verursacht die Vermählung der Ingredienzien im Kessel, und sobald er das gewünschte Ergebnis erzielt hat, beginnt der Vorgang erneut auf einer anderen Ebene [25].»

Diese Vorbereitung geschieht über den Weg komplizierter Übungen von geistiger Konzentration, Schau und kontrollierter Atemtechnik. Auf diese Weise entwickelt sich im Körperinnern des Adepten ein heiliger Embryo, der diesen Körper nach dem Tod verlassen wird. Mit Hilfe der inneren Alchemie verliert der Unsterblichkeitskörper an Materialität und entspricht mehr und mehr einer Art spirituellen Seele.

Nun können sich die Unsterblichkeitskandidaten an die Arbeit machen. Wenn sie ausdauernd sind und ihnen ein Eingeweihter in das Tao mit Rat und Tat zur Seite steht, können sie es vielleicht eines

Tages bis zum himmlischen Meister bringen. Dann werden sie das Diplom eines Unsterblichen erhalten [26].

Die Unsterblichen

Was können wir über die Unsterblichen wissen? Welcher Art sind sie, wie sind sie beschaffen? Wo leben sie? An Informationen darüber fehlt es nicht. Man findet sie in den zahlreichen Biographien von historischen und sagenhaften Unsterblichen [27]. Auch findet man sie verstreut in den alchemistischen Traktaten und anderen taoistischen Werken. Häufig sind sie jedoch lückenhaft, unsystematisch, ja sogar widersprüchlich. Das ist darauf zurückzuführen, daß die Unsterblichen vielgestaltige und unbeständige Wesen sind, die sich nach Lust und Laune verwandeln. Auch die Unsterblichen sind wie alle übrigen Chinesen nicht alle gleich. Über ihre Klassifizierung sind die Spezialisten unterschiedlicher Meinung. Ko Hung unterteilt sie in drei Kategorien. Die niedrigste umfaßt die Unsterblichen, die den physischen Tod erfahren haben, also diejenigen, die den Weg der Befreiung von ihrer sterblichen Hülle gegangen sind. Die zweite Kategorie ist die der irdischen Unsterblichen, die auf den heiligen Bergen und manchmal sogar mitten unter den Menschen leben. Die höchste Kategorie ist die der himmlischen Unsterblichen. Diese sind die heiligsten, die vollkommensten. Sie leben im Himmel inmitten der Götter und Sterne. Bestimmte Menschen, die in unserer Mitte leben, sind also Unsterbliche, aber man muß sie zu erkennen wissen. Ein Indiz: sie haben häufig einen abnorm breiten und verlängerten Schädel, was auf eine Akkumulierung von Lebensessenz im Gehirn zurückzuführen ist. Die populärsten sind die Acht Unsterblichen, unverwüstliche Lebenskünstler und Spaßvögel, die auf keiner Fete fehlen. Der bekannteste unter ihnen ist Lü Tung-pin, der Poet unter den Unsterblichen und ein unverbesserlicher Witzbold. Lü Tung-pin ist heute bereits tausend Jahre alt. Er zieht immer noch durch die Welt, heilt mittellose Kranke und gibt sein Wissen an einzelne Auserlesene weiter. Sind die Unsterblichen also vielleicht Leute wie Sie und wir, nur eben mit dem besonderen Kennzeichen der Unsterblichkeit? Natürlich nicht. Sie besitzen nämlich noch eine Reihe anderer übernatürlicher Kräfte [28]. Sie können ins Wasser tauchen, ohne sich zu benetzen, und ins Feuer schreiten, ohne zu verbrennen. Von Tieren werden sie nicht angegriffen. Sie können in einem einzigen Augenblick tausend Meilen zurücklegen. Diese Eigenschaften und Fähigkeiten verdanken sie ihrer Macht, sich unsichtbar zu machen und im Nu zu verwandeln.

Häufig weicht ihr Aussehen von dem der einfachen Sterblichen ab, und man begegnet ihnen, sofern man den Weg dorthin findet, in paradiesischen und entlegenen Gegenden. Chuang-tse beschreibt sie uns so:

«Fern auf dem Gu-Sche-Berge wohnten selige Geister. Ihr Leib sei kühl wie Eis und Schnee; sie seien zart wie Jungfrauen; sie lebten nicht von Brot und Korn, sondern schlürften den Wind und tränken den Tau; sie führen auf Wind und Wolken und ritten auf fliegenden Drachen weit hinaus jenseits der Welt. [...] Ihr Geist sei so gesammelt, daß sie die Natur vor Seuche und Krankheit bewahren könnte und Jahr für Jahr das Korn zur Reife komme. [...] Wie könnte er [ein Mensch jener Welt], weil ein ganzes Geschlecht in seiner Verwirrung ihn anruft, sich damit abmühen, die Ordnung des Reichs zu seiner Aufgabe zu machen? Einem solchen Menschen kann nichts in der Welt etwas anhaben. Eine Sintflut, die bis an den Himmel reicht, kann ihn nicht ertränken, und Gluten der Hitze, in denen Metalle und Steine zerschmelzen und die Erde und die Berge verdorren, können ihn nicht brennen [29].»

Lieh-tzu (Liä-Dsi) erzählt, daß der Kaiser Huang-ti eines Tages träumte, er reise durch das ferne Land Hua Sü. Man kann es weder mit dem Boot, noch mit dem Wagen, noch zu Fuß erreichen. Allein der Flug der Seele (nach anderer Lesart: die Kraft des Geistes) kann dorthin gelangen. In diesem wunderlichen Land gibt es keine Herrscher, alles geschieht spontan von selbst. Die Bewohner kennen weder Begierden, noch Gelüste, weder Freundschaften, noch Haß, weder Interessen, noch Ängste. Jeder lebt gleichgültig gegenüber dem Leben und dem Tod, den Wesen und den Dingen für sich und vor sich hin.

«Sie gehen ins Wasser und ertrinken nicht, sie gehen ins Feuer und verbrennen nicht, Schläge machen nicht Wunden noch Schmerz [...]. Sie steigen in die Luft, wie man auf festem Boden tritt, sie ruhen in leerem Raum, wie man auf einem Bette schläft. Wolken und Nebel umdüstern nicht den Blick. Donnerrollen betäubt nicht das Ohr [...]. In Kraft des Geistes wandeln sie [30].»

Die Unsterblichen wohnen freiwillig auf P'eng-lai und den benachbarten Inseln. Lieh-tzus Beschreibung dürfte die älteste Beschreibung dieser Inseln sein:

«Östlich vom Gelben Meer, wer weiß wie viele tausend Meilen weit, ist eine große Untiefe. In Wirklichkeit ist sie ein bodenloser Abgrund, sie heißt das große Grab. Alles Wasser der irdischen Gefilde und der Strom der Milchstraße fließen dorthin. Und doch nimmt es weder zu noch ab. In seiner Mitte waren fünf Berge: der eine heißt Dai Yü (der große Wagen), der zweite heißt Yüan Kiau (der runde Gipfel), der dritte heißt Fang Hu (die viereckige Urne), der vierte heißt Ying Dschou (Atlantis), der fünfte heißt Peng Lai (Irrgarten). Die Berge hatten eine Höhe und einen unteren Umfang von 30 000 Meilen. Auf ihren Gipfeln war ein ebener Raum, der war 9000 Meilen groß. Zwischen den Bergen waren Zwischenräume von 70 000 Meilen. Und doch galten sie als benachbart. Auf ihren Gipfeln sah man lauter Gold und Edelsteine; Vögel und Tiere waren rein wie weiße Seide; Bäume von Perlen und Korallen wuchsen in dichten Wäldern; Blumen und Früchte waren duftend und süß. Wenn man davon aß, ward man frei von Alter und Tod. Die Leute, die dort wohnten, waren alle Engel und Feen. Jeden Tag und jede Nacht flogen sie zueinander, sich zu besuchen in zahllosen Scharen [31].»

Im Anschluß daran erfährt man, wie zwei der fünf Inseln verschwanden. Einer der Orte, an dem die Unsterblichen am liebsten residierten, war das Kun-Lun-Gebirge, in dem Si Wang Mu, die Königinmutter des Westens, herrscht. Dieser Gebirgszug liegt in weiter Ferne im Westen, möglicherweise in der Mitte eines unüberwindlichen Meeres. In den ältesten Texten wird die Königinmutter des Westens als ein hybrides Wesen mit dem Kopf eines Menschen, Zähnen eines Tigers und dem Schwanz eines Leoparden beschrieben. Etwa zu Beginn der christlichen Zeitrechnung wird aus ihr immer häufiger eine hinreißende junge Frau, gewandet in kostbare Kleider, das Haupt geschmückt von einer Aigrette. Sie residiert auf dem Gipfel des Kun-Lun-Gebirges in einem Jade-Palast aus neun Stockwerken, umgeben von einer Mauer aus Gold. Die männlichen Unsterblichen bewohnen den rechten Flügel, der vom Fluß der Eisvögel umspült ist. Die weiblichen Unsterblichen bewohnen den linken Flügel inmitten des Sees der Perlen. Die unsterblichen Männer führen ein Leben erfüllt von Festen und genießen die vollkommene, völlig schmerzfreie Glückseligkeit. Im Palast üben sie auch bestimmte Ämter aus. Schwere Delikte können jedoch zu ihrem Ausschluß aus diesem Paradies führen. Dann gelangen sie erst wieder dorthin zurück, nachdem sie auf Erden ihre Strafe verbüßt haben. Im Garten der Si Wang Mu wächst der Pfirsich der Unsterblichkeit. Die Produktion von Pfirsichen ist jedoch stark limitiert: ein Pfirsich alle dreitausend Jahre. Wenn er so weit gereift ist, daß man ihn verzehren kann, lädt die Königin die Unsterblichen zu einem großen Festmahl ein, auf dem sie den Pfirsich untereinander aufgeteilt gemeinsam verzehren und dadurch einige weitere tausend Jahre Unsterblichkeit erlangen. An diesem Tage zu fehlen, wäre jammerschade. Ebenfalls jammerschade, wenn, wie es in der Legende geschieht, ein Affe daherkommt und diesen Pfirsich stiehlt.

Irgendwann gelangen schließlich alle Unsterblichen in den Himmel. Der wahre Weise steigt laut Chuang-tse nach tausend Jahren, wenn er dieser Welt überdrüssig ist, in den Himmel auf. Die Unsterblichen schwingen sich ganz von selbst in die Lüfte, oder aber sie reiten auf einem Drachen oder einem Kranich. Aus diesem Grund werden sie häufig als geflügelte Wesen oder gefiedert beschrieben. Oft sind sie von einer Lichtaura umgeben und strahlen hell wie die Sonne. Sie wohnen in einem der zahlreichen Himmelspaläste und bekleiden besonders noble Ämter in der himmlischen Bürokratie, von der das gesamte Universum regiert wird. Für jeden Chinesen, der etwas auf sich hält, bedeutet es das höchste Glück, zu einem Generaldirektor in der Himmelsbürokratie aufzusteigen. Aber Vorsicht! Die Nachlässigen oder Trägen unter den himmlischen Unsterblichen können in eine niederere Kategorie und schließlich sogar wieder so weit degradiert werden, daß sie die Unsterblichkeit verlieren. Andere Unsterbliche, denen die Gesellschaft der Menschen lieber ist als die Verantwortungsposten im Himmel, versuchen möglichst lange in unserer Mitte zu weilen.

Und die Anderen

Das Streben nach der Unsterblichkeit ist zweifellos eine Beschäftigung, die die volle Arbeitszeit eines Menschen beansprucht und daher nicht für jeden möglich ist. Das Los derer, die nicht auf die irdischen Erwerbstätigkeiten verzichten können, hat sich im Laufe der Jahrhunderte jedoch sehr geändert. In der archaischsten Frühzeit, als die Unsterblichkeits-Techniken noch in den Kinderschuhen steckten, war man generell der Ansicht, daß die *P'o*-Seelen nach dem Tode entweder im Grab wohnen oder aber in den Gelben Quellen, einer wenig freundlichen Unterwelt, die mit der hebräischen Scheol oder dem griechischen Hades vergleichbar ist [32]. Die *Hun*-Seelen emigrierten (das galt zumindest für die Adligen, denn daß die gemeinen Leute *Hun*-Seelen besitzen, wurde für abwegig gehalten) in den Himmel. Im Laufe der letzten beiden vorchristlichen Jahrhunderte wurde das chinesische Jenseits zuschends verbürokratisiert. In der damaligen Zeit liegen die Gelben Quellen unter dem heiligen Berg Tai Schan im Westen der Provinz Schantung. Dort residiert die Jenseits-Verwaltung unter dem Vorsitz des Herrschers des Westlichen Gipfels. Er und seine Beamten führen das Register über die Werke der Menschen und entscheiden über das Datum des Todes jedes Einzelnen. Die Verdienstvollsten, die treuen Taoisten, werden in diesem Verwaltungsapparat eine Anstellung erhalten. Die anderen werden zu den härtesten Arbeiten abgestellt. Auf die Einführung des Buddhismus während der ersten Jahrhunderte unserer Zeitrechnung wird die Verhöllung des Jenseits folgen.

Buddhisten und Taoisten werden mit der Zeit eine ähnliche Auffassung über das Schicksal der meisten Menschen nach dem Tode teilen. Die *P'o*-Seelen werden in der Nähe des Körpers verbleiben. Über die *Hun*-Seelen wird vor dem Höllentribunal Gericht gesprochen. Die besten werden anschließend sofort reinkarniert, während die anderen zuvor die jeweils vorgesehenen Foltern und Leiden der zehn verschiedenen Höllen über sich ergehen lassen müssen. Die Buddhisten hatten jedoch ein relativ einfaches Mittel gefunden, den Zyklen der irdischen Wiedergeburten und den Bestrafungen in den Höllen zu entgehen. Es genügt, wenn man mit Überzeugung den Namen Amitabha wiederholt, und schon wird man im Privatparadies genau dieses Amitabha wiedergeboren. Dies ist natürlich viel einfacher als die Mühe, ein Unsterblicher zu werden. Auch die Taoisten sahen sich also gezwungen, ein Mittel zu ersinnen, wie man rascher ins Paradies gelangen konnte, wenn sie ihre Anhängerschaft behalten wollten. Die Lösung war die gewesen, den getreuen Anhängern die Möglichkeit zu bieten, nach dem Tode unsterblich zu werden [33]. Die Fastenzeremonie des Gelben Talismans erlaubt es dem verstorbenen treuen Anhänger, sich von seinen Vergehen loszukaufen und dreiunddreißig Jahre nach seinem Tode und nach Wiedererlangen seines Körpers in eines der Paradiese der Unsterblichen einzugehen. Das Fasten des Gelben Talismans ist jedoch eine sehr kostspielige Angelegenheit. Das Einschmelzen der Seelen bietet dagegen unter geringeren Unkosten die Möglichkeit, ein Unsterblicher im Palast des südlichen Firsts zu werden. In diesem Paradies sprudelt eine Quelle flüssigen Feuers. Die körperliche Hülle der Seelen wird dort eingeschmolzen, und wenn sie dieser Quelle wieder entsteigen, erhalten sie einen Lebenskörper.

Während der Zeit des großen und höchsten Friedens (Tai Ping) werden alle wenn auch nicht die Unsterblichkeit, so doch wenigstens ein sehr langes Leben erhalten. Die Zeit des höchsten Friedens bezieht sich auf einen idealen Zustand der Welt, wie er vor unvordenklich langer Zeit geherrscht haben soll. Dank eines besonders aufgeklärten Herrschers wird er in der Zukunft wieder Wirklichkeit werden. Dann werden Frieden und soziale Gerechtigkeit herrschen. Es wird sich nicht nur um eine Gesellschaft der Gleichheit handeln, sondern um eine Gesellschaft, in der jeder eine Position innehat, die seinen Fähigkeiten entspricht. Die Harmonie wird sich nicht nur auf die Gesellschaft, sondern auf den gesamten Kosmos erstrecken. Im Zusammenhang mit einem Gebirge der Unsterblichkeit beschreibt Lieh-tzu dieses kosmische Gleichgewicht.

«Das Lichte und Trübe [Yin und Yang] ist immer in Einklang; der

Mond und die Sonne sind immer voll Klarheit; die Jahreszeiten sind immer milde; der Wind und der Regen sind immer gleichmäßig; die Pflege und Nahrung kommt immer zur Zeit; die Ernte des Jahres ist immer voll Segen. Und die Erde kennt keine Seuche noch Krankheit, die Menschen kennen nicht vorzeitiges Sterben, die Wesen haben nicht Fehler noch Mängel, und die Geister regen sich nicht [34].»

Somit wird Überfluß herrschen, und alle werden lange leben. Die Zeit des höchsten Friedens wurde zum – oft etwas entrückten und theoretischen – Ideal des konfuzianischen Imperialstaates. Taoistisch inspirierte Volksbewegungen werden sich dieses Ideal ebenfalls auf die Fahnen schreiben, wenn auch häufig in einer egalitären und anarchistischen Variante. Manche dieser Bewegungen prophezeien, daß ein Abgesandter des Himmels, eine Art chinesischer Messias, auf die Erde herabsteigen werde, um die Auserwählten vor den Katastrophen zu retten, die dann die Erde heimsuchen werden, daß er anschließend eine neue Zeit des Friedens und Wohlstandes herbeiführen werde. So hatte der himmlische Herzog und General Chang Chüeh den Beginn einer Zeit vollkommenen Glücks angekündigt, das im Jahre 184 beginnen sollte, wenn auf den blauen Himmel der gelbe gefolgt sei. Im Jahre 184 erhoben sich unter der Führung Chang Chüehs die gelben Turbane zum Aufstand gegen den kaiserlichen Staat. Sie wurden aber, wenn auch mit knapper Not, besiegt.

Im Jahre 1851 gründete Hung Hsiu-ch'üan das himmlische Königreich des großen Friedens und rief sich selbst in aller Bescheidenheit zum König des Himmels aus [35]. Zwei Jahre später wurde Nanking Hauptstadt des Himmels. Hung, der Führer und treibende Geist des Aufstandes der Tai-ping behauptete von sich selbst jedoch nicht, Taoist zu sein. Er war Christ, und zwar nicht irgendein x-beliebiger: Er behauptete, kein Geringerer als der jüngere Bruder von Jesus Christus zu sein!

Anmerkungen

Judentum

[*Anmerkung des Übersetzers:* Alle Bibelzitate entnehmen wir der «Einheitsüberset-zung», *Die Bibel – Altes und Neues Testament,* (Katholische Bibelanstalt GmbH) Stutt-gart 1980; die frz. Originalausgabe zitierte – und argumentierte – nach dem Wort-laut der frz. *Bible de Jérusalem,* Paris 1983.

Alle Zitate aus dem *Babylonischen Talmud* entnehmen wir der Ausg. des Jüdischen Verlags, Berlin 1929ff.]

[1] Als hebräische Bibel bezeichnen wir hier die Schriften, die von der christ-lichen Tradition als «Altes Testament» in dem um 100 n. Chr. von den rabbini-schen Autoritäten festgelegten Kanon bezeichnet werden. Im Hebräischen wird sie *Tanach* genannt. Die hebräische Bibel besteht aus drei Teilen, der Thora, den Ne-biim und den Ketubim. Die Thora, die die größte Autorität besitzt, umfaßt die fünf Bücher Mose (Genesis, Exodus, Levitikus, Numeri und Deuteronomium). Häufig wird sie auch mit dem griechischen Begriff Pentateuch (= «fünf Buchrollen») be-zeichnet. Die Schriften der Nebiim (Propheten) umfassen die der «früheren Prophe-ten» (Josua, Richter, Samuel 1 und 2, Könige 1 und 2) und der «späteren Prophe-ten». Diese werden weiter unterteilt in die drei großen Propheten (Jesaja, Jeremia, Ezechiel) und die zwölf kleinen Propheten (Hosea, Joel, Amos, Jona, Maleachi usw.). Die Ketubim (Schriften oder Hagiographen) umfassen zwölf eher disparate Werke, darunter die Psalmen, das Buch der Sprichwörter, das Buch Hiob, das Buch Kohelet, die Klagelieder, das Buch Daniel und andere. Die hebräische Bibel, deren letzte Texte aus dem 2. Jh. n. Chr. stammen, spiegelt die Auffassungen und Prakti-ken (zumindest die «orthodoxesten») der alten Israeliten wieder. Neben den archa-isch orthodoxen Bräuchen und Auffassungen kommen im 1. und 2. Jh. neue und zuweilen abweichende auf. Aus der unüberschaubaren Fülle an Literatur über die Bibel und das Judentum seien folgende Werke empfohlen: Josy Eisenberg, *Le Ju-daïsme,* Paris 1989; André Chouraqui, *La Pensée juive,* Paris 1968; Robert M. Seltzer, *Jewish People, Jewish Thought: The Jewish Experience in History,* New York/London 1980; Isidore Epstein, *Le Judaïsme,* Paris 1968; S. W. Baron, *Histoire d'Israël,* Paris o. J. Ferner bietet Edmond Fleg, *L'Anthologie juive,* Paris o. J., eine reichhaltige Aus-wahl jüdischer Literatur.

[2] Das hebräische Wort *rabbi* war ursprünglich eine Höflichkeitsformel, die «Herr» oder etwa «verehrter Meister» bedeutete. Gegen Ende des 1. nachchristli-chen Jh. wird *rabbi* zu einem Titel der autorisierten «Doctores des Gesetzes» oder «Schriftgelehrten», die die zugleich zivil-bürgerlichen und religiösen juristischen

Normen festlegen oder deuten und die als geistliche Führer der jüdischen Gemeinden fungieren. Das bezahlte und als Vollzeitberuf ausgeübte Amt, wie wir es kennen, nahm erst im Mittelalter seine heutige Gestalt an.

[3] Pirqe Avot 4, 21. Der Pirqe Avot (oder Traktat Avot) ist eine Sammlung von Worten der ältesten Rabbis. Sie gehört zum Korpus der Mischna, die etwa um 200 n. Chr. verfaßt wurde.

[4] Avot des Rabbi Nathan, Kap. 28. Hierbei handelt es sich um eine andere Sammlung rabbinischer Schriften, die jünger als der Pirqe Avot und im Babylonischen Talmud (s. u.) enthalten ist.

[5] Joseph Klausner, *The Messianic Idea in Israel: From its Beginning to the Completion of the Mishnah*, London, S. 13–15.

[6] Diese Geschichte ist wohlgemerkt in der Genesis enthalten (Gen 2, 4–3, 24). Hinsichtlich der Datierung dieser Stelle scheiden sich die Geister der Gelehrten. Viele sind der Ansicht, daß sie erst in späterer Zeit verfaßt wurde, auch wenn sie auf alten Überlieferungen beruht. Der Garten Eden oder Garten Gottes wird mehrmals in der Bibel erwähnt (besonders in Ez 28 u. 31, aber auch in Joel 2, 3 und Jes 51, 3), jedoch enthalten diese Passagen keinerlei Hinweis auf die Episode mit Adam und Eva.

[7] Die Experten stellen sich die Frage, in welchem Maße für den Verfasser dieser Geschichte in der Genesis die Sterblichkeit der Menschen mit dem Vergehen Adams und Evas in Zusammenhang steht. Der Text selbst bietet keine klaren Anhaltspunkte. Auch wenn Adam und Eva ursprünglich nicht mit der Unsterblichkeit begnadet waren, kann man zu der Auffassung neigen, daß die Vorhandenheit des Lebensbaums und seiner Früchte ihnen ein unendlich langes Leben sichern mußte; dieser Vorteil war für sie mit der Austreibung aus dem Garten Eden verlorengegangen. In der Bibel tritt der Tod eher als ein natürliches Phänomen und weniger als das Resultat der Sünde in Erscheinung. Diese verkürzt lediglich das Leben.

[8] Nach Abba Hillel Silver hat das Judentum im Gegensatz zum Christentum aus der Legende vom Garten Eden keine Konsequenzen für die Lehre gezogen (*Where Judaism Differs*, New York 1989, S. 166). Solomon Schechter vertritt eine nicht so eindeutige Ansicht. Für ihn besteht kein Zweifel, daß der Glaube an die katastrophalen Auswirkungen von Adams Sündenfall auf seine Nachfahren dem rabbinischen Judentum nicht gänzlich fremd ist, wenn auch weniger stark ausgeprägt als im Christentum. Die Rabbiner würden im allgemeinen auf dem Standpunkt stehen, daß jedes Individuum auch ohne ursächlichen Zusammenhang mit dem Vergehen von Adam und Eva genügend Sünden begehen würde, um seinen Tod zu verursachen (*Aspects of Rabbinic Theology*, New York 1961, S. 188).

[9] Joseph Klausner, *The Messianic Idea in Israel*, S. 9.

[10] Das Buch Jesaja ist kein homogenes Werk. Die meisten Gelehrten sind der Meinung, daß es aus drei Teilen besteht, die in verschiedenen Epochen von verschiedenen Autoren verfaßt wurden. Nur die Kap. 1–39 sollen das Werk des Propheten Jesaja selbst sein, der in der 2. Hälfte des 8. Jh. v. Chr. lebte. Die Kapitel 40–55 sollen von einem anonymen Propheten stammen, der als Deutero-Jasaja bezeichnet wird. Er soll in der Mitte des 6. Jh. v. Chr. in Babylon gewirkt haben. Die Kap. 56–66 werfen noch weitere Kontroversen auf. Nach Ansicht mancher Wissen-

schaftler sollen sie auf einen dritten als Trito-Jesaja bezeichneten Propheten zurückgehen; andere vertreten die These, daß es sich hier um eine Sammlung verschiedener Schriften handelt; wieder andere Experten wie Joseph Klausner meinen, daß
ein Trito-Jesaja nicht existiert und daß der Deutero-Jesaja der Autor auch der
Kap. 56–66 ist. Außerdem sollen bestimmte Passagen zu späterer Zeit in die Teile
eingefügt worden sein, die Jesaja und Deutero-Jesaja zugeschrieben werden. Das
gilt für die Kap. 24–27, die sogenannte «Jesaja-Apokalypse», deren Entstehungs-
zeit zahlreiche Diskussionen aufwirft, worauf wir im weiteren noch eingehen werden. Zur Analyse der Prophezeiungen hinsichtlich des messianischen Zeitalters
siehe Klausner, *op. cit.*, und Donald E. Gowan, *Eschatology in the Old Testament*, Philadelphia 1986.

[11] Es ist alles andere als einfach, die Auffassungen über den Menschen, den Tod
und das Jenseits der alten Israeliten mit Vokabular und Kategorien unseres modernen
Denkens begreiflich zu machen. Ausführliche Aufschlüsse darüber bieten: Robert
Martin-Achard, *De la mort à la résurrection d'après l'Ancien Testament*, Neuchâtel/Paris
1956, und *La Mort en face*, Genf 1988; E. F. Sutcliffe, *The Old Testament and the Future Life*,
London 1946; N. Tromp, *Primitive Conceptions of Death in the Nether World in the Old Testament*, Rom 1969. Eine Synthese der jüngeren Arbeiten siehe Michael A. Knibb, «Life
and Death in the Old Testament», in: R. E. Clements (Hrsg.), *The World of Ancient Israel*,
Cambridge (England) 1989.

[12] R. Martin-Achard, «Résurrection dans l'Ancien Testament et le judaïsme»,
Nachträge zum *Dictionnaire de la Bible*, Paris 1981, fasc. 55, col. 441.

[13] R. Martin-Achard, *La Mort en face*, Kap. III.

[14] Adolphe Lods, *La Croyance à la vie future et le culte des morts dans l'Antiquité israélite*,
Paris 1906.

[15] R. Martin-Achard, *La Mort en face*, S. 125.

[16] Zusätzlich zu den in Anm. [11] genannten Werken siehe Klaas Spronk, *Beatific
Afterlife in Ancient Israel and in the Ancient Near East*, Kevelaer 1986. Manche Wissenschaftler wie Michal Dahood vertreten die Ansicht, daß der Glaube an die Wiederauferstehung bereits aus sehr archaischer Zeit stammt. Siehe M. Dahood, *Psalms*, Garden
City (New Jersey) 1965–1970.

[17] R. Martin-Achard, «Résurrection dans l'Ancien Testament et le judaïsme»,
in: *op. cit.*, col. 451.

[18] Klaas Spronk, *op. cit.*, S. 343.

[19] Die Jahrhunderte davor waren möglicherweise von dem gleichen Schöpfer-
geist geprägt gewesen, nur wissen wir darüber wenig.

[20] Eingehendere Darstellungen dieser Epoche siehe: Shaye J. D. Cohen, *From the
Maccabees to the Mishrah*, Philadelphia 1987; Michael E. Stone, *Scriptures, Sects and Visions*,
Philadelphia 1980. Das Ende der Epoche wird detailliert dargestellt in dem Klassiker
auf diesem Gebiet: Emil Schürer, *The History of the Jewish People in the Age of Jesus Christ*,
überarb. u. hrsg. von Geza Vermes, Fergus Miller u. Martin Goodman, Edinburgh
1973–1987; siehe ferner S. Safrai u. M. Stern (Hrsg.), *The Jewish People in the First Cen-
tury*, Assen 1974–1987. Einen detaillierten Überblick über die zeitgenössische Literatur gibt George W. E. Nickelsburg: *Jewish Literature between the Bible and the Mishnah*, Philadelphia 1981. Zur Analyse der eschatologischen Auffassungen der Zeit siehe Hans

C. C. Cavallin, *Life after Death*, Lund 1974; George W. E. Nickelsburg, *Resurrection, Immortality and Eternal Life in Intertestamental Judaism*, Cambridge (USA) 1972.

[21] Samariter und Christen, zumindest diejenigen der Kirche von Jerusalem, sind jedoch nur unter Vorbehalt dazuzurechnen. Dagegen könnte man noch die von Flavius Josephus genannte «vierte Philosophie» hinzufügen, zu der auch Freiheitskämpfer wie die Zeloten und Sikarier zählen. Hinsichtlich ihrer Lehre standen diese wahrscheinlich den Pharisäern nahe.

[22] Anthony Saldarini, *Pharisees, Scribes and Sadducees*, Wilmington (Delaware, USA) 1988.

[23] Vgl. Jacob Neusner, *The Rabbinic Traditions about the Pharisees before 70*, Leiden 1971, und *From Politics to Piety: The Emergence of Pharisaic Judaism*, Englewood Cliffs (New Jersey) 1973; Ellis Rivkin, *A Hidden Revolution*, Nashville 1978; John Boker, *Jesus and the Pharisees*, Cambridge (England) 1973.

[24] Über die Sadduzäer siehe zusätzlich zu der Studie von Anthony Saldarini auch J. Le Moyne, *Les Sadducéens*, Paris 1972.

[25] Über Qumran und die Essener siehe: Mathias Delcor (Hrsg.), *Qumram: Sa piété, sa théologie et son milieu*, Paris/Gembloux 1978; Geza Vermes, *The Dead Sea Scrolls, Qumram in Perspective*, 2. Aufl., London 1982.

[26] Gehörten die Samariter dem Judentum ihrer Zeit an? Die Experten bejahen diese Frage, wenn auch unter gewissen Vorbehalten. Eine Zusammenschau der Probleme bezüglich der Samariter-Frage siehe James D. Purvis, in: Robert A. Kraft u. G. W. E. Nickelsburg (Hrsg.), *Early Judaism and its Modern Interpreters*, Philadelphia 1986.

[27] Siehe dazu James Alan Montgomery, *The Samaritans*, Philadelphia 1907, S. 239–251; John MacDonald, *The Theology of the Samaritans*, London 1964, S. 372–376.

[28] Man erinnere sich daran, daß Jakobus, der Bruder von Jesus, bis zu seiner Hinrichtung im Jahre 62 das Oberhaupt der Kirche von Jerusalem war. Wie wir von Eusebius und Flavius Josephus erfahren, war Jakobus für seine große Frömmigkeit und sein eifriges Aufsuchen des Tempels von Jerusalem berühmt.

[29] Aus der umfangreichen Literatur darüber seien empfohlen: Mathias Delcor, «L'Apocalypse juive», in: Armand Abécassis, Georges Nataf (Hrsg.), *Encyclopédie de la mystique juive*, Paris 1977; Christopher Rowland, *The Open Heaven: A Study of Apocalyptic in Judaism and Early Christianism*, London 1982; John J. Collins, *The Apocalyptic Imagination, An Introduction to the Jewish Matrix of Christianity*, New York 1984.

[30] Über die Definition der Begriffe *Apokalyptik/apokalyptisch* und *Apokalypse* sind sich die Fachwissenschaftler nicht einig. Viele unterscheiden zwischen *Apokalypse* als literarischer Gattung und der *Apokalyptik* oder *apokalyptisch* als Geisteshaltung oder Weltsicht.

[31] Vgl. *Die Religion in Geschichte und Gegenwart*, 6. Bde., Tübingen 1956–1962, unter den einzelnen Stichwörtern; ferner *Die Apokryphen und Pseudepigraphen des Alten Testaments*, übers. u. hrsg. v. E. Kautzsch, Tübingen 1900.

[32] Die Fachwissenschaft nimmt an, daß die Apokalypse (oder Offenbarung) des Johannes auf der Grundlage von jüdischen Apokalypsen der gleichen Epoche basiert.

[33] Eine Zusammenfassung dieser Kontroversen siehe Philip R. Davies, «The Social World of Apocalyptic Writings», in: R. E. Clements (Hrsg.), *The World of Ancient Israel, op. cit.*

[34] Zumindest vertritt Margaret Barker diese Ansicht in: *The Older Testament*, London 1987.

[35] Daneben beziehen sich jedoch auch Jes 24–27 und Sach 9–14 auf die apokalyptische Literatur.

[36] Siehe Ephraim E. Urbach, *The Sages, Their Concepts and Beliefs*, Cambridge (USA), London 1987, S. 651.

[37] Eine eingehende Darstellung der eschatologischen Konzeptionen siehe D. S. Russell, *The Method and Message of Jewish Apocalyptic*, Philadelphia 1964.

[38] Dies gilt besonders für die Frage der Auferstehung der Toten. Vgl. dazu die genannten Werke von H. C. Cavallin und G. W. E. Nickelsburg.

[39] Das I. Buch Henoch ist kein geschlossenes Werk, sondern es besteht aus einzelnen Teilen von verschiedenen Verfassern aus verschiedenen Epochen. Im allgemeinen wird diese Schrift in fünf ihrerseits recht disparate Teile eingeteilt: Kap. 1–36, 37–71, 72–82, 83–90 und 91–108.

[40] Dieser Text scheint implizit von der Auferstehung auszugehen. Von manchen Gelehrten wird sie jedoch abgestritten.

[41] Es handelt sich hier um eine messianische Zeit ohne Messias. Im zweiten Teilabschnitt des Buches Henoch ist der Messias dagegen sehr wohl präsent.

[42] Es scheint, daß zu den Gerechten auch diejenigen gehören, die bei der Ankunft des Messias auferweckt werden. Aber der Text ist nicht klar, so daß manche Wissenschaftler an der Existenz einer ersten Auferstehung zweifeln.

[43] Die apokalyptischen Autoren berufen sich im allgemeinen auf das, was die Propheten angekündigt haben. Außer in den hier zitierten Texten finden sich Einzelheiten über die messianische Zeit u. a. auch in den Sibyllinischen Orakeln (III, 702–795), in den Jubiläen (XXIII, 26–32) und in II Baruch (LXXII u. LXXIV).

[44] Nach dem Jahr 70 wurden die Pharisäer und ihre Erben, die Rabbis, wahrscheinlich nicht so allmächtig, wie die rabbinische Tradition glauben machen möchte. Es dürfte mehrere Jahrhunderte gedauert haben, bis sie ihre Autorität restlos durchsetzten.

[45] Das Verhältnis zwischen den Pharisäern und den Rabbis ist ein komplexes Thema, über das sich die Fachwelt streitet. Vgl. dazu die in Anm. [20] u. [23] genannten Werke.

[46] Jacob Neusner, *Judaism, The Evidence of the Mishnah*, Chicago 1981.

[47] Eine Bedrohung für die rabbinische Orthodoxie stellte die Häresie des Karaismus dar, der sich vom 8. Jh. an entwickelte. Die Karaiten erkannten das mündliche Gesetz der rabbinischen Tradition nicht an und hielten sich streng an die Lehre der Bibel. Manche Fachgelehrte sehen in den karaitischen Auffassungen ein Wiederaufleben der Essener, ja sogar der Sadduzäer, deren Bewegung bis zu dieser Zeit zwar kein merkbares Aufsehen mehr erregte, aber keineswegs ganz verschwunden war. Zum Thema des Essener Einflusses siehe Simon Szyszman, *Le Karaïsme*, Lausanne 1980. Die Ähnlichkeit zwischen den karaitischen Lehren und denen der Sadduzäer wird von Abba Hillel Silver in *Where Judaism Differs, op. cit.*, S. 273, hervorgehoben.

[48] Die Leser, die sich eingehender für den Talmud und die andern grundlegenden Werke der rabbinischen Tradition interessieren, seien verwiesen auf: H. L. Strack, *Einleitung in Talmud und Midrasch*, München 1982; Jacob Neusner, *Invitation to the Talmud*,

San Francisco 1984. Zu den Auffassungen der Rabbis siehe: George Foot Moore, *Judaism in the First Centuries of the Christian Era. The Age of the Tannaim,* Cambridge (USA) 1927; Ephraim E. Urbach, *The Sages, Their Concepts and Beliefs.* Die rabbinischen Texte sind in zwei umfassenden Anthologien zu finden: A. Cohen, *Everyman's Talmud,* New York 1975; C. G. Montefiore, H. Loewe, *A Rabbinic Anthology,* New York 1974.

[49] Manche der bekanntesten Midraschim (Genesis Rabba, Exodus Rabba, Levitikus Rabba, Klagelieder des Rabba) sind in der Textsammlung *Midrasch Rabba* als Gruppe vereint. Diese Midraschim wurden zwischen dem 5. und 12. Jh. verfaßt.

[50] Paul Bernard, Art. «Ciel», in: *Dictionnaire de théologie catholique,* Sp. 2478.

[51] Siehe die oben genannten Werke von G. F. Moore und E. E. Urbach sowie die Anthologien von A. Cohen und C. G. Montefiore. Ferner die Werke von Louis Jacobs: *Principles of the Jewish Faith,* Northvale (New Jersey) 1988, und *A Jewish Theology,* London 1973. Siehe auch die Art. «After Life», «Body and Soul», «Eschatology», «Messiah», «Paradise», «Resurrection», «Soul (Immortality of)», in: *Encyclopaedia Judaica.*

[52] Jacob Neusner, *Invitation to the Talmud, op. cit.;* besonders S. 329–350.

[53] G. F. Moore, *op. cit.,* Bd. II, S. 86.

[54] Die beste Studie über die Auferstehung der Toten stammt von A. Marmorstein: «The Doctrine of the Resurrection of the Dead in Rabbinic Theology», in: *Studies on Jewish Theology,* London/New York/Toronto 1950.

[55] Nach Ansicht des Historikers M. Avi Yona dürfte es sich um Kaiser Caracalla handeln (vgl. *The Jews under Roman and Byzantine Rule,* New York/Jerusalem 1984, S. 39–42). Diese These wird ebenfalls von Gedaliah Alon vertreten (vgl. *The Jews in their Land in the Talmudic Age 70–640 CE,* Cambridge [USA], London 1989, S. 682). Mary Smallwood hält es dagegen für wahrscheinlicher, daß es sich um Marc Aurel handelt (*The Jews under Roman Rule,* Leiden 1981, S. 481). Jehuda der Fürst, genannt Rabbi, war keineswegs der typische Rabbi. Als Vorsitzender des Sanhedrin wurde er von den Römern als das Oberhaupt der Juden Palästinas betrachtet. Er lebte in einem von Leibwachen geschützten Palast. Somit ist es kaum verwunderlich, daß er Gespräche mit einem römischen Kaiser führte.

[56] Die Stellen aus dem Babylonischen Talmud sind zitiert aus der Ausg. Jüdischer Verlag Berlin 1929 ff. [s. o. *Anm. d. Übers.*].

[57] Die Rabbis haben wahre Wunder an Einfallsreichtum vollbracht, um nachzuweisen, daß der Glaube an die Auferstehung in der Bibel (insbesondere in den ersten fünf Büchern) niedergelegt ist. Im Sifre über das Deuteronomium (einem halachischen Midrasch über das Deuteronomium) wird sogar behauptet, daß es keine einzige Stelle in der Thora gebe, in der die Auferstehungsdoktrin nicht implizit enthalten sei.

[58] Genesis Rabba 14, 5 und Levitikus Rabba 14, 9.

[59] H. C. Cavallin, *op. cit.,* S. 171 ff.

[60] Zit. und übers. nach der frz. Ausg. der *Genesis Rabba, Midrach Rabba:* Frz. von B. Maruani und A. Cohen-Arazi, 1987, Bd. I, S. 300.

[61] Siehe den Aufsatz «Messianisme et Eschatologie» von Benjamin Gross, in: *Encyclopédie de la mystique juive, op. cit.;* ferner Joseph Klausner: *The Messianic Idea in Israel, op. cit.;* Gerschom Scholem, *Le Messianisme juif,* Paris 1974.

[62] Siehe besonders Jacob Neusner, *Judaism in the Matrix of Christianity,* Philadelphia 1986, sowie *Judaism and Christianity in the Age of Constantine,* Chicago/London 1987.

[63] Siehe die genannten Werke von J. Klausner, G. F. Moore sowie die Anthologie von A. Cohen.

[64] Vgl. dazu besonders Sanhedrin 99a.

[65] Armand Abécassis hat darauf hingewiesen, wie sehr die Rabbis die Katastrophen beschäftigten, die dem Erscheinen des Messias vorausgehen. Manche wollten jenen Moment lieber nicht miterleben. Siehe dazu «Projet hébraïque et attente juive», in der Anthologie *Le Retour du Christ*, Brüssel 1983.

[66] Zur Geschichte der Messias-Spekulationen siehe besonders Abba Hillel Silver, *A History of Messianic Speculation in Israel*, Gloucester (Mass.) 1978.

[67] Joseph Sarachek, *The Doctrine of the Messiah in Medieval Jewish Literature*, 2. Aufl., New York 1968, S. 16.

[68] Gelegentlich ist es mehr als schwierig, die Textstellen, die sich auf die «messianische Zeit» beziehen, von denen zu unterscheiden, die sich auf die «zukünftige Welt» beziehen. Nach J. Klausner und A. Cohen beziehen sich die von uns zitierten Stellen auf die messianische Zeit, auch wenn ihre Autoren sich dabei auf die zukünftige Welt beziehen.

[69] E. E. Urbach, *op. cit.*, S. 235.

[70] G. F. Moore, *op. cit.*, Bd. II, S. 391.

[71] Mit Rabh ist Rabbi Abba Areka gemeint, ein berühmter babylonischer Rabbi des 3. Jh. v. Chr. Der Überlieferung nach gründete er im Jahre 219 die Hochschule von Sura in Babylonien.

[72] Die jüdischen Philosophen des Mittelalters haben die griechische Philosophie durch Vermittlung der arabischen Denker entdeckt. Sie selbst trugen wiederum zur Verbreitung dieser Philosophie in der christlichen Welt bei. Interessierten Lesern sei zur Vertiefung des Themas empfohlen: Isaak Husik, *A History of Medieval Jewish Philosophy*, New York 1916; Georges Vajda, *Introduction à la pensée juive du Moyen Age*, Paris 1947; Julius Guttmann, *Philosophies of Judaism*, New York 1964 (dieses Werk deckt eine noch weiter gefaßte Epoche der Geschichte ab); ferner die Untersuchungen von Colette Sirat: *La Philosophie juive médiévale en terre d'Islam* u. *La Philosophie juive médiévale en pays de chrétienté*, beide Paris 1987.

[73] Jeder Philosoph wird den Versuch machen, die zuweilen widersprüchlichen Aussagen der Weisen auf einen Nenner zu bringen, um sie zu einem kohärenten eschatologischen System zusammenzufügen. Chasdai Crescas (1340–1410) war nach Louis Jacobs der erste Philosoph des Mittelalters, der erkannte, daß die Rabbis, was dieses Gebiet anbetrifft, zuweilen unterschiedliche Auffassungen vertraten. Siehe dazu besonders Joseph Sarachek, *The Doctrine of the Messiah in Medieval Jewish Literature*, *op. cit.*, sowie Louis Jacobs, *Principles of the Jewish Faith*, *op. cit.*

[74] Als Einführung in die Thematik der Kabbala siehe Charles Mopsik, *La Cabale*, Paris 1988; Moshe Idel, *Kabbalah: New Perspectives*, New Haven/London 1988. Unerläßliche Standardwerke bleiben natürlich von Gerschom Scholem (1887–1982) *Die jüdische Mystik in ihren Hauptströmungen*, Frankfurt am Main 1967, ferner *Über einige Grundbegriffe des Judentums*, ibid. 1970, und *Von der mystischen Gestalt der Gottheit, Studien zu Grundbegriffen der Kabbala*, ibid. 1962. G. Scholem hat das Studium der jüdischen Mystik, das bis dahin von den jüdischen Intellektuellen vernachlässigt und zuweilen sogar abgewertet wurde, erneuert und rehabilitiert.

[75] Dieses ursprünglich arabisch verfaßte Werk wurde von Samuel Rosenblatt ins Englische übersetzt (*The Book of Beliefs and Opinions*, New Haven/London 1948).

[76] Dieser Text wurde von Jean de Hulster ins Französische übersetzt, in: *Moïse Maimonide, Epitre,* Lagrasse 1983.

[77] Nach Maimonides ist das 11. jüdische Glaubensprinzip das der Belohnungen und Bestrafungen. Maimonides war der erste jüdische Denker, der eine Liste von (seiner Auffassung nach dreizehn) Dogmen des Judentums aufgestellt hat. Nach ihm stellten andere Philosophen ihre eigenen Listen zusammen. Die bekanntesten sind die von Duran (1361–1444), Chasdai Crescas und Joseph Albo (gestorben 1444). Die beiden Letztgenannten unterscheiden zwischen den tatsächlich fundamentalen Prinzipien und solchen, deren Fehlen die jüdische Offenbarung nicht zerstören würde. Zu dieser Problematik siehe Menachem Kellner, *Dogma in Medieval Jewish Thought*, Oxford 1986. Vom 16. Jh. an verloren die jüdischen Denker ihr Interesse an der Erstellung dieser Listen.

[78] Übers. nach der, frz. Originalausgabe unseres Buches.

[79] Chasdai Crescas behandelt diese Frage in seiner Untersuchung *Adonai*. Er setzt die Auferstehung in der Mitte der messianischen Zeit, nach dem Wiederaufbau des Tempels, an. Nur die vollkommen Guten und die vollkommen Bösen werden nach Crescas wiedererweckt werden, aber sie werden ewig leben.

[80] Moses Mendelssohn, gelegentlich auch als der deutsche Platon bezeichnet, wurde von der intellektuellen Elite seiner Zeit hoch geschätzt. Er wurde zu einem der wichtigsten Inspiratoren und Anregern der jüdischen modernistischen Bewegungen des 19. Jh.; siehe dazu Maurice-Ruben Hayoun, *Le Judaïsme moderne*, Paris 1989.

[81] Rabbi Charles B. Chavel richtete davon eine engl. Übersetzung ein: *The Gate of Reward*, New York 1983.

[82] Chasdai Crescas wird eine relativ ähnliche Auffassung vertreten. Er hält es für möglich, daß die Auferstandenen nicht trinken, nicht essen und keine Kinder zeugen werden. Er glaubt jedoch, daß sie sprechen, hören und natürlich zu Gott beten werden.

[83] Zu den Spekulationen der christlichen Theologen s. Kap. *Wo liegt der Himmel?*

[84] Entsprechend Gen 3, 24.

[85] Die Auffassungen von Cordovero und Luria sind extrem komplex. Mutigen Lesern seien dazu die Aufsätze von G. Scholem in der *Encyclopaedia Judaica* empfohlen. Diese Aufsätze erschienen gesammelt in: *Kabbalah,* Jerusalem 1988.

[86] Möglicherweise handelt es sich dabei um Werke apokalyptischer Art, die nicht in den biblischen Kanon aufgenommen wurden.

[87] Ein Brauch, der das Ende des heiligen Sabbat-Tages oder eines Festtages markiert.

[88] Die Leser werden begriffen haben, daß aufgrund der Art und Weise, wie die meisten Brücken in der damaligen Zeit gebaut waren, die Wasseroberfläche bei mäßig bewegter Strömung Dinge spiegeln konnte, deren Entblößung oder Betrachtung unschicklich war. Aus einem ähnlichen Grunde darf ein «gentleman» nicht hinter einer Dame eine Treppe hinaufsteigen, sondern er hat ihr vorauszugehen.

[89] Rabbi Jochanan ben Zakkai, der sich in Jabne niederließ, hat nach dem Fall von Jerusalem in Überleben und Wiedererrichtung des Judentums in Gestalt des rabbinischen Judentums eine wesentliche Rolle gespielt.

[90] *Acher* bedeutet «der andere». Es handelt sich um den Beinamen, der dem Apostaten Elicha ben Abuja verliehen wurde.

[91] Eine «mystifizierende» Interpretation des Textes bietet Gerschom Scholem, *Die jüdische Mystik in ihren Hauptströmungen, op. cit.;* ferner Ithamar Gruenwald, *Apocalyptic and Merkavah Mysticism,* Leiden 1980; Moshe Idel, *Kabbalah, New Perspectives, op. cit.* Eine symbolische Deutung wird besonders von E. E. Urbach vertreten. David Halperin hat diese Geschichte in den verschiedenen rabbinischen Texten, in denen sie erzählt wird, eingehend analysiert und kommt zu einem differenzierenden und leicht abweichenden Schluß (*The Faces of the Chariot,* Tübingen 1988); die Mystik der Merkaba entwickelte sich um die Vision des im 1. Kapitel des Buches Ezechiel beschriebenen Gotteswagens. Dieser Form der Mystik begegnet man vor allem in der sogenannten Literatur der Paläste (Hechaloth rabbathi), die nach G. Scholem zwischen dem 2. und 8. Jh. unserer Zeitrechnung verfaßt wurde. Neben den oben genannten Werken sind zur Vertiefung der Thematik ferner zu empfehlen: Nicolas Sed, *La Mystique cosmologique juive,* Paris 1984; Albert Abécassis, «La Merkabah», in: *Encyclopédie de la mystique juive.* Über Ursprung und Bedeutung dieser Mystik sowie ihr Verhältnis zur rabbinischen Orthodoxie herrschen in der Wissenschaft kontroverse Ansichten. Es sei aber auch darauf aufmerksam gemacht, daß man laut den Weisen des Talmuds die Geschichte vom himmlischen Wagen nicht vor einer einzelnen Person deuten darf, sofern es sich nicht um einen Weisen handelt, der in der Lage ist, sie von selbst zu begreifen.

[92] Vgl. Moshe Idel, *op. cit.,* S. 88–96.

[93] Der moderne Chassidismus hat sich in der Mitte des 18. Jh. in Polen entwickelt. Sein Begründer ist Israel ben Elieser, genannt Baal-schem Tov. Es handelt sich dabei um eine Bewegung volkstümlicher Frömmigkeit als Reaktion gegen den strengen und elitären Charakter der rabbinischen Orthodoxie der damaligen Zeit. Der Chassidismus rückt freudige Lebensbejahung, Nächstenliebe, Mitgefühl und Barmherzigkeit in den Vordergrund sowie die Brüderlichkeit zwischen den Menschen jenseits der Unterschiede von gesellschaftlicher Stellung und Thora-Kenntnis. Die chassidische Frömmigkeit ist durchdrungen von emotionalen Elementen wie Gesang, Tanz, Freudenausbrüchen und mystischer Ekstase. Siehe Marc-Alain Ouaknin, *Ouvertures hassidiques,* Paris 1990.

[94] *Jalkut,* Genesis 2, in: Edmond Fleg, *Anthologie juive, op. cit.,* S. 189f. Dieser Text, in der frz. Ausg. mit einem Kommentar versehen, liegt auch in einer engl. Fassung vor, in: Louis Ginzberg, *The Legends of the Jews,* Philadelphia 1968, Bd. I, S. 19–21.

[95] Siehe Louis Ginzberg, *op. cit.,* S. 21–23, sowie den Aufsatz «Hebrew Visions of Hell an Paradise» von Moses Gaster, in: *Journal of the Royal Asiatic Society* 1983, S. 591–596.

[96] Es handelt sich um die Tage, an denen traditionsgemäß die Thora vorgelesen wird.

[97] Moses Gaster, *op. cit.,* S. 586f.

[98] Aufsatz «Paradise», in: *Jewish Encyclopaedia* 1911, S. 516.

[99] Sein Werk wurde ins Englische übersetzt von Hermann Gollancz: *Tophet and Eden,* London 1921.

[100] *The Chofetz Chaim Looks at Reward and Punishment,* Jerusalem 1987, S. 191–194.

[101] Louis I. Newman, *The Hasidic Anthology,* New York 1963, S. 5.

[102] *Ibid.*, S. 3.
[103] Edmond Fleg, *op. cit.*, S. 37.

Christentum

Das Christentum – eine Religion des Himmels?

[1] Cyprian, *Über die Sterblichkeit*, Kap in: Caecilius Cyprianus, *Sämtliche Schriften* (Übers. Lulius Baer), Kempten/München 1918, Bd. I, S. 253.

[2] Paul u. Linda Badham, *Immortality or Extinction?*, London 1982, S. IX. Siehe ferner Christopher Rowland, *Christian Origins*, London 1985.

[3] In dieser Auseinandersetzung geht es um den eschatologischen Charakter der Botschaft Jesu. Für die Anhänger eines eschatologischen Ansatzes (der Theorie der sogenannten «konsequenten» – d. h. logisch folgenden – «Eschatologie») ist die Ankunft des Reiches Gottes ein in der Zukunft eintretendes Ereignis. Für die Anhänger der sogenannten «verwirklichten Eschatologie» ist das Reich Gottes bereits voll in der Person Jesu verwirklicht. Eine zunehmende Anzahl von Experten vertritt eine Mittelposition und spricht von einer «in Verwirklichung begriffenen» Eschatologie. Aus einer so umfangreichen wie verschiedenartig argumentierenden Literatur sind zu empfehlen: Rudolf Schnackenburg, *Gottes Herrschaft und Reich*, Freiburg im Breisgau 1959; Jean Carmignac, *Le Mirage de l'eschatologie*, Paris 1979; E. P. Sanders, *Jesus and Judaism*, London 1985; C. R. Beasley-Murray, *Jesus and the Kingdom of God*, Grand Rapids (Mich.) 1986.

[4] Siehe Hebr 11, 13–16 und 1 Petr 2, 11.

[5] Für viele wird sich der Himmel erst nach der Wiederkunft Christi und der Auferstehung öffnen; nach Ansicht der Millenarier wird man sogar bis zum Ende des Millenniums, des tausendjährigen Reiches Christi auf Erden, warten müssen. Der Theologe P. Bernard schrieb in dem Art. «Ciel» im *Dictionnaire de théologie catholique [D. T. C.]:* «Egal wie lange die Wartezeit bis zum Eintritt der Gerechten in das Himmelreich dauern mag, der Himmel ist und bleibt immer – selbst für die Millenarier – die ewige, ausschließliche und gemeinsame Bleibe der Seligen.»

[6] Dem allgemeinen Sprachgebrauch folgend, betrachten wir *Himmel* und (himmlisches) *Paradies* als Synonyme. Es ist jedoch zu beachten, daß die meisten Kirchenväter und viele mittelalterliche Autoren zwischen diesen Begriffen einen Unterschied machten.

[7] *Instructions générales en forme de catéchisme*, Neuausg. 1823 der Erstausg. von 1747, Bd. I, S. 600.

[8] J. A. Hardon, *The Question and Answer Catholic Catechism*, New York 1981, S. 107.

[9] Siehe dazu die bedeutenden Untersuchungen von Jean Delumeau: *La Peur en Occident (XIVe–XVIIIe siècle)*, Paris 1978; *Le Péché et la peur, la culpabilisation en Occident (XIIIe–XVIIIe siècle)*, Paris 1983, sowie *Rassurer et protéger*, Paris 1989.

[10] Neben den genannten Werken von J. Delumeau siehe auch: Philippe Ariès, *Studien zur Geschichte des Todes im Abendland*, München 1981; Michel Vovelle, *La Mort et l'Occident de 1300 à nos jours*, Paris 1983; Pierre Chaunu, *La Mort à Paris, XVIe, XVIIe, XVIIIe siècle*, Paris 1978.

[11] J. Hardon, *The Catholic Catechism*, London 1975, S. 260.

[12] A. A. Hodge, *Outlines of Theology*, Edinburgh 1983 (= Reprint der Neuausg. v. 1879), S. 579. Dieses Werk war für mehrere Generationen von Seminaristen der reformierten Kirche in den USA das offiziell konsultierte Standardhandbuch.

[13] Unter «klassischer Theologie» verstehen wir die vom Geist des Thomismus (d. h. von Thomas von Aquin) inspirierten theologischen Auffassungen, die für die römisch-katholische Kirche vom Ende des Mittelalters bis in die Mitte dieses Jahrhunderts als «offizielle» Theologie galten. Die klassische Eschatologie bezieht sich dementsprechend auf die Auffassungen von den «Letzten Dingen», wie sie die klassische Theologie vertrat. Diese entspricht dem, was Hans Küng als mittelalterlich römisch-katholisches Paradigma mit seinen Folgeentwicklungen, als römisch-katholisches Paradigma der Gegenreform und als den römisch-katholischen Traditionalismus unserer Zeit bezeichnet. Diese Theologie wird in ihrem höchsten Niveau der Verfeinerung und Komplexheit im *D. T. C.* präsentiert, das während der ersten Jahrzehnte unseres Jahrhunderts in Form von Faszikellieferungen publiziert wurde. Zwei der letzten in Frankreich erschienenen Traktate klassischer Eschatologie sind: Réginald Garrigou-Lagrange, *L'Eternelle Vie et la profondeur de l'âme*, Paris 1950, und Abt Albert Michel, *Les Mystères de l'Au-Delà*, Paris 1953. Seit dem II. Vatikanum haben sich viele katholische Theologen von der klassischen Theologie (und besonders ihrer Eschatologie) mehr oder weniger distanziert, obwohl sie auch heute noch Werke prägt wie *Der Tod und das Jenseits* von Kardinal Joseph Ratzinger.

[14] Colleen McDannell u. Bernhard Lang, *Heaven: A History*, New Haven/London 1988. S. 353–358.

[15] S. 353.

[16] Philippe Ariès, Einführung zu *Cyprien, Ambroise, le chrétien devant la mort*, Paris 1980, S. 9f.

[17] Auch wenn, um mit Hans Urs von Balthasar zu sprechen, das eschatologische Büro seit einiger Zeit Überstunden macht, entfernen sich seine «vielversprechenden Ausführungen» (Raymond Winling, *La Théologie contemporaine [1945–1980]*, Paris 1983, S. 430) zuweilen radikal von der traditionellen Eschatologie und zirkulieren nur unter vorgehaltener Hand in den Kreisen der Gläubigen.

[18] Siehe Gordon Kauffman, *Systematic Theology. A Historicist Perspective*, New York 1968; Jacques Pohier, *Quand je dis Dieu*, Paris 1977.

[19] Charles Hartshorne, *The Logic of Perfection*, La Salle (Ill.) 1962.

[20] So in einem der Kommentare des Paters in der vom Sender France-Culture übertragenen Messe. Zit. v. Ph. Ariès in seiner Einführung zu *Cyprien, Ambroise, le chrétien devant la mort, op. cit.*, S. 14.

[21] George Gallup jr., William Proctor, *Adventures in Immortality*, London 1983, S. 57–71 u. 187f.

[22] George Gallup jr., Jim Castelli, *The People's Religion, American Faith in the 90's*, New York/London 1989, S. 58f.

[23] *Ibid.*, S. 60f.

[24] Jean Stoetzel, *Les Valeurs du temps présent: une enquête*, Paris 1983, S. 119.

[25] Jérôme Duhamel, *Vous les Français*, Paris 1989, S. 375.

[26] Aus der unüberschaubaren Fülle spiritistischer Literatur seien zur Vertiefung empfohlen: F. W. H. Myers, *Human Personality and its Survival of Bodily Death*, London 1903; André Dumas, *La Science de l'âme*, Paris 1973; Christine Bergé, *La voix des esprits*, Paris 1990; zur Geschichte des Spiritismus im England des vorigen Jahrhunderts: Janet Oppenheim, *The Other World*, Cambridge (GB) 1985.

[27] Siehe Raymond Moody, *La Vie après la vie*, Paris 1977, u. *Nouvelle lumière sur la vie après la vie*, Paris 1978, Kenneth Ring, *Sur la frontière de la vie*, Paris 1978. Eine Beschreibung und Deutung des Phänomens «Grenzerfahrung Tod» ist zu finden bei Patrick van Eersel, *La Source noire*, Paris 1986.

Eschatologie

[1] Man braucht in diesem Zusammenhang nur zu erwähnen, wie wichtig die Problematik von Fegefeuer und Fürbitte für die Toten im protestantischen Schisma war. Die Ablehnung des Fegefeuers mit allem, was damit zusammenhängt, und des Betens für die Toten sollte, wie Pierre Chaunu (in: *La Mort à Paris, op. cit.*, S. 145 f.) aufzeigte, einen tiefen Graben zwischen Nordeuropa und dem mediterranen Europa aufreißen. Er fügte sogar noch hinzu, daß es in der Geschichte der Zivilisation keinen anderen Bruch gegeben hat, der so bedeutend wie dieser gewesen sei.

[2] Siehe Michel Gourgues, «L'Au-Delà dans le Nouveau Testament», in: *Cahiers Evangile*, Nr. 41, S. 20 f.

[3] Die Haltung der meisten Kirchenväter gegenüber dem Schicksal der Seele zwischen Tod und Auferstehung ist häufig uneindeutig und manchmal sogar widersprüchlich. Aufgrund der dogmatischen Position, die später von der römisch-katholischen Kirche und von bestimmten protestantischen Strömungen eingenommen wurde, sind die Debatten zwischen den Fachwissenschaftlern nicht immer gänzlich unparteiisch. Eine vollständige Zusammenschau dieser Frage sowie der Gesamtheit der eschatologischen Auffassungen der Kirchenväter siehe: Joseph Turmel, *Histoire des dogmes*, Paris 1931–1936, Bd. V. Siehe ferner den Art. «Benoit XII» (2. Teil) von X. Le Bachelet, in: *D. T. C.*, sowie André Parrot, *Le Réfrigérium dans l'Au-delà*, Paris 1937; Jacques Le Goff behandelt diese Frage eingehend in: *La Naissance du Purgatoire*, Paris 1981. Ein Resümee dieses Themas bietet J. N. D. Kelly, *Early Christian Doctrines*, 5. Aufl., London 1977.

[4] Zu diesem so komplexen wie verwirrenden Thema siehe Ildefonse de Vuippens, *Le paradis terrestre au troisième ciel*, Paris/Fribourg 1925, sowie Jean Daniélou, «Terre et paradis chez les Pères de l'Eglise», in: *Eranos-Jahrbuch* 22, 1923.

[5] Irenäus von Lyon, *Gegen die Häresien*, Buch V, 33, 3, in: Irenäus von Lyon, *Fünf Bücher gegen die Häresien*, Kempten 1912 (= Bibliothek der Kirchenväter), Bd. II., S. 240.

[6] Tertullian, *De anima*, Kap. 55.

[7] Gregor der Große, *Dialoge*, IV, 41.

[8] Diese berühmte Episode wird in allen Einzelheiten im Artikel «Benoit XII» in *D. T. C.* erzählt. Der katholische Theologe Simon Tugwell stellt die Logik der Position von Papst Johannes XXII. und der Gründe seines Scheiterns auf unvoreingenommene Art und Weise dar in: *Human Immortality and the Redemption of Death*, London 1990, Kap. 8 u. 9.

[9] In frz. Übers. zitiert in Le Bachelet, «Benoit XII», in: *D. T. C.*, Sp. 658.

[10] Emmanuel Le Roy Ladurie, *Montaillou*, Frankfurt am Main 1980. Siehe dort besonders Kap. XXVI u. XXVII.

[11] Arnold van Gennep, *Manuel de folklore français contemporain*, Paris 1946, Bd. I, Kap. II, S. 791.

[12] R. Garrigou-Lagrange, *L'Eternelle Vie, op. cit.*, S. 242.

[13] Zit. in Michel Vovelle, *La Mort et l'Occident, op. cit.*, S. 541.

[14] Gregor der Große, *Dialoge*, Buch IV, Kap. 25.

[15] Siehe dazu Simon Tugwell, *op. cit.*, Kap. 7–10; ferner Anton van der Walle, *From Darkness to the Dawn*, London 1984, S. 162 f.

[16] *Loc. cit.*, in: D. P. Walker: *The Decline of Hell*, London 1964, S. 35.

[17] Siehe Jean Delumeau, *La Peur en Occident*, und *Le Péché et la Peur, op. cit.*, dort besonders Kap. 22.

[18] J. Paterson Smyth, *The Gospel of the Hereafter*, 25. Aufl., London o. J., S. 27. Hier aus der frz. Originalausg. unseres Buches übers.

[19] *Ibid.*, S. 33.

[20] Siehe John Hick, *Death and Eternal Life*, London 1976, Kap. 10; Michel Perry, *The Ressurection of Man*, Oxford/London 1975, Kap. 9.

[21] Justinus der Märtyrer, *Dialog mit Tryphon*, Dialog 80. Eine Analyse des Millenarismus bei Justinus, Irenäus und anderen Kirchenvätern ist zu finden in: Jean Daniélou, *Théologie du judéo-christianisme*, Tournai 1958, Kap. XI.

[22] Irenäus von Lyon, *Gegen die Häresien, op. cit.*, Bd. II, Buch V, 32–36.

[23] In seinem Werk *Précis de doctrine chrétienne*, Nogent-sur-Marne 1986, hat sich Pfarrer Jules-Marcel Nicole, Professor an der Evangelischen Fakultät der Universität Vaux-sur-Seine, den Spaß erlaubt, einmal auszurechnen, wie groß danach die Produktion eines einzigen Weinstocks wäre. Diese könnte die gesamte Erdoberfläche in einem Weinmeer von 185 km Tiefe ertränken (S. 318). Was für eine Verschwendung, wenn es sich dabei um einen besonders edlen Jahrgang handeln würde!

[24] Irenäus von Lyon, *op. cit.*, V, 33, 3 (= Bd. II, S. 240).

[25] Nach Ansicht der meisten antiken Gelehrten wird das Reich Christi in einem wiederaufgebauten Jerusalem erstehen. Manche vertraten jedoch die These, daß es sich im Paradies von Adam und Eva befinden werde.

[26] Lactantius, *Divinae Institutiones* («Göttliche Unterweisungen»), Buch 7, Kap. 24.

[27] Die Exzesse von Cerinthus und seinen Anhängern werden von Eusebius von Cäsarea in seiner *Historia ecclesiae*, III, 28 u. VII, 25 erwähnt.

[28] Origenes, *De principiis* II, 11, 2, in: Origenes: *Vier Bücher von den Prinzipien* (lat./dt.), Darmstadt 1976, S. 441–443 passim.

[29] Zum Studium weiterführender Literatur über die millenaristischen Bewegungen des Mittelalters und der Renaissance siehe Norman Cohn, *Les Fanatiques de l'Apocalypse*, Paris 1962; über das 17.–19. Jh.: J. F. C. Harrison, *The Second Coming*, London 1979. Über die millenaristischen Bewegungen in der Dritten Welt: V. Lanternari, *Mouvements religieux des peuples opprimés*, Paris 1963; M. I. Pereira de Queiroz, *Réforme et révolution dans les sociétés traditionnelles. Histoire et ethnologie des*

mouvements messianiques, Paris 1968. Ein Katalog dieser Bewegungen ist zu finden bei Henri Desroche, *Dieu d'hommes, dictionnaire des messianismes et millénarismes de l'ère chrétienne*, Paris/Den Haag 1969.

[30] Aus der Literatur über moderne millenaristische Lehren sind zu empfehlen: J. Dwight Pentacost, *Things to Come*, Findlay (Ohio) 1958, sowie John F. Walvoord, *The Millenium Kingdom*, Grand Rapids (Mich.) 1981. Eine kritische Betrachtung dazu von Loraine Boettner, *The Millenium*, Philipsburg (New Jersey) 1984.

[31] Für R. Laurence Moore, Professor für Geschichte an der Cornell University, handelt es sich dabei keineswegs um überlebende exotische Glaubensrelikte. Die Propheten des Harmagedon, so schreibt er in *Religious Outsiders and the Making of Americans*, New York/Oxford 1986, überschwemmen geradezu den Sonntagvormittag in den Fernsehprogrammen der USA. Der Erfolg der Werke von Hal Lindsay ist ein Beweis für diese Popularität.

[32] Neben den genannten Werken sowie denen von Hal Lindsay lese man dazu Charles Ryrie, *Dispensationalism To-day*, Chicago 1965, sowie René Pache, *Le Retour du Christ*, St-Légier-sur-Vevey (Schweiz) 1958.

[33] Detaillierte Darstellungen des Millenniums finden sich in den genannten Werken von J. Dwight Pentacost und René Pache.

[34] Und dies stimmt überein mit dem Buch Daniel (7, 25; 9, 27; 12, 6–7).

[35] Hal Lindsay, *The Rapture*, Toronto/New York 1985, S. 27.

[36] René Pache, *Le Retour du Christ, op. cit.*, S. 339.

[37] *Ibid.*, S. 339–362.

[38] *Ibid.*, S. 345.

[39] *Ibid.*, S. 368.

[40] Über Sinn und Bedeutung der Auferstehung im Christentum siehe Jean Daniélou, *La Résurrection*, Paris 1969.

[41] Romano Guardini: *Die letzten Dinge*, 7. Aufl. 1985.

[42] Über die Auferstehung bei den Kirchenvätern und den scholastischen Theologen siehe Art. «Résurrection des Morts» von A. Michel, in: *D. T. C.* Über die Haltung der Kirchenväter allgemein siehe auch: T. H. C. van Ejk, *La Résurrection des morts chez les Pères apostoliques*, Paris 1974; Joanne E. McWilliam Dewart, *Death and Resurrection*, Wilmington (Delaware) 1986.

[43] *Loc. cit.* in Raymonde Foreville, *Lateran I–IV* (Übers. Nikolaus Monzel), Mainz 1970, S. 401.

[44] Vgl. A. Michel, «Résurrection des morts», in: *D. T. C.*, Sp. 2502 f.

[45] Thomas von Aquin, *Compendium theologiae*, Kap. 153.

[46] Siehe dazu auch: M. E. Dahl, *The Resurrection of the Body*, London 1962; C. F. Evans, *Resurrection and the New Testament*, London 1970; P. Perkins, *Resurrection: New Testament Witness and Contemporary Reflection*, London 1985.

[47] Insbesondere Athenagoras, Justinus der Märtyrer, Irenäus, Tertullian, Methodius, Hieronymus und Augustinus.

[48] Manche Origenes-Schüler glaubten sogar, der auferstandene Körper habe die Gestalt einer Kugel, die die vollkommene Form darstellt.

[49] Tertullian erwog wahrscheinlich für die zu Beginn des Millenniums auferstandenen Heiligen eine zweite Verwandlung am Ende des Millenniums, und zwar nach

dem allgemeinen Gericht. Die Körper würden sich dann in Körper engelhafter Natur verwandeln (*Adversus Marcionem*, III, 24). Über die Beziehung zwischen Millenarismus und Auferstehung siehe J. Daniélou, *Théologie du judéo-christianime, op. cit.*, S. 349–353.

[50] Tertullian, *Auferstehung des Fleisches*, Kap. XIV, in: Tertullian, *Sämtliche Schriften* (Übers. H. Kellner), Köln 1882, S. 347 f.

[51] R. Garrigou-Lagrange, *L'Eternelle Vie, op. cit.*, S. 345.

[52] Tertullian, *Auferstehung des Fleisches*, Kap. LVI.

[53] Hieronymus, *Contra Joannem hieros., loc. cit.:* «Résurrection des morts», in: *D. T. C.*, Sp. 2540.

[54] Charles Davis, *Introduction au mystère chrétien* (frz. Übers. aus d. Engl. v. Schwester Jean-Marie), Paris 1965, S. 371.

[55] *Loc. cit.* im Art. «Corps glorieux» von Mgr. Chollet, in: *D. T. C.*, Sp. 1897.

[56] Charles Davis, *op. cit.*, S. 373.

[57] Justinus, *Erste Apologie*, Kap. XIX, zit. aus *Die Apologien des Hl. Justinus*, Kempten 1871 (= Bibliothek der Kirchenväter).

[58] Tertullian, *Auferstehung des Fleisches*, Kap. XIII, *op. cit.*, S. 436.

[59] Thomas von Aquin, *Summa theologica, Supplement*, Frage 79, 3. Art. Wir zitieren stets aus der offiziellen lat./dt. Thomas-Ausgabe: Vollständ. u. ungekürzte deutsch-lateinische Ausg. der Summa theologica (Hrsg. v. Katholischen Akademieverband; Übers. v. Dominikanern u. Benediktinern Deutschlands u. Österreichs), Salzburg/Leipzig 1934 ff.

[60] Der Standpunkt von Thomas über die mengenmäßige «Selbigkeit» ist uneindeutig. Im Laufe der Jahre schwankte sie zwischen einer strengen numerischen Identität und dem von Durand de Saint-Pourçain verteidigten Standpunkt. Dem traditionellen Standpunkt schloß er sich wahrscheinlich aus Konformismus an.

[61] A. Michel, *Les Mystères de l'Au-Delà, op. cit.*, S. 140.

[62] Thomas von Aquin, *Supplement*, Frage 80, 1. Art., S. 297 f.

[63] Tertullian, *Auferstehung des Fleisches, op. cit.*, S. 503.

[64] *Ibid.*, Kap. LXI, S. 505.

[65] Pater Francisco de Salazar, *La conversion d'un pécheur, réduite en principes* (frz. Übers. aus d. Span.), 15. Aufl., Paris 1773, S. 175.

[66] Thomas von Aquin, *Supplement*, Frage 80, 1. Art.

[67] *Ibid.*, Frage 80, 2. Art., *op. cit.*, S. 300 f.

[68] *Ibid.*, Frage 80, 3. Art. («Werden die Säfte des menschlichen Körpers wiederauferstehen?»)

[69] A. Momery, *Immortality and Other Sermons*, 4. Aufl., London 1905, S. 85; in unserem Buch nach der frz. Originalausg. zit.

[70] *Der Glaube der Kirche, Katechismus für Erwachsene*, veröff. von der Deutschen Bischofskonferenz, 1985.

[71] Siehe J. M. Shaw, *Life after Death*, Toronto 1945; R. Aldwinckle, *Death in the Secular City*, Grand Rapids (Mich.) 1974; John Shea, *What a Modern Catholic Believes about Heaven and Hell*, Chicago 1972; Ladislaus Boros, «Has Life a Meaning?», in: *Immortality and Resurrection*, Concilium Bd. 10, Nr. 6. Diese Auffassung wurde am Ende des vorigen Jahrhunderts von W. N. Clarke in seinem populären Werk *Outline of Christian Theology*,

New York 1898, vertreten. Sie ist ebenfalls wieder zu finden in dem Aufsatz «Resurrection» des Theologen Burnett H. Streeter in der Anthologie *Immortality*, Edinburgh 1917.

Geographie des Himmels

[1] Edmund J. Fortman, *Everlasting Life*, New York 1986, S. 236f.; Peter J. Kreeft, *Everything You Ever Wanted to Know About Heaven (But Never Dreamed of Asking)*, San Francisco 1982.

[2] François Bécheau, *Essai de catéchisme pour adultes selon Vatican II*, Toulouse 1987, S. 52.

[3] J. Hardon, *The Question and Answer Catholic Catechism*. S. 110.

[4] [Div. Hrsg.], *L'Enseignement du Christ, catéchisme catholique pour adultes*, Paris 1978, S. 561.

[5] Dieser Punkt wird besonders hervorgehoben von dem zeitgenössischen Theologen Paul Badham in: *Christian Beliefs About Life and Death*, London 1976, S. 90f.

[6] R. Garrigou-Lagrange, *L'Eternelle Vie, op. cit.*, S. 283.

[7] Henry Harbaugh, *Heaven or An Earnest and Scriptural Inquiry into the Abode of the Sainted Dead*, Philadelphia 1851, S. 35.

[8] Tertullian schickte die Seelen der Märtyrer in das irdische Paradies. Origenes glaubte, die Seelen der Heiligen werden zunächst im irdischen Paradies ausgebildet, bevor sie in den Himmel aufsteigen. Für Epiphanius ist das irdische Paradies ebenfalls der Aufenthalt der Heiligen nach dem Tode.

[9] Diese Frage wird eingehend behandelt von H. R. Patch in *The Other World (Accoding to Descriptions in Medieval Literature)*, Cambridge (USA) o. J. Siehe dort: Kap. «Journeys to Paradise». Siehe ferner S. Baring Gould, *Courious Myths of the Middle Ages*, London 1876, Kap. XII.

[10] Thomas von Aquin, *Summa theologica*, Teil I, Frage 102, 1. Art.

[11] H. R. Patch u. S. Baring Gould führen zahlreiche Werke zu diesem Thema an, darunter: Marmaduke Carver, *A Discourse of the Terrestrial Paradise*, 1666; Erich Klint, *Exercitium Academicum de Situ Paradisi Terrestris*, 1714; Père Hardouin, *Nouveau traité de la situation du paradis terrestre*, 1730; ferner wurde 1819 ein armenisches Werk über Lage und Beschaffenheit der Flüsse des Paradieses ins Französische übersetzt.

[12] Zur Auffassung von Basilius, den Kirchenvätern und scholastischen Theologen siehe Art. «Ciel» v. Paul Bernard, in: *D. T. C.*

[13] *Ibid.*, Sp. 2507.

[14] Jeremias Drexel (Drexelius), *Caelum beatorum civitas aeternitatis (Der Himmel, Stadt der Seligen)*, 1635; in unserem Buch immer nach der frz. Ausg. zit.: *Le Ciel, cité des bienheureux*, 1904, S. 281 ff.

[15] Thomas-Henri Martin, *La vie future suivant la foi et suivant la raison*, 2. Aufl., Paris 1858, S. 516.

[16] H. Harbaugh, *The Heavenly Home or the Employments and Enjoyments of the Saints in Heaven*, 3. Aufl., Philadelphia 1853, S. 131–133.

[17] J. G. Porter, *Our Celestial Home: An Astronomer's View of Heaven*, London 1898, S. 105 ff.

[18] M. de La Codre, *Le Ciel, première partie: Astronomie spéculative et religieuse*, Paris 1856, S. 25–34.

[19] Thomas Hamilton, *Beyond the Stars or Heaven, its Inhabitants, Occupations and Life*, Edinburgh 1888, S. 48–51.

[20] Louis Figuier, *Le Lendemain de la mort ou la vie future selon la science*, 4., verb. u. verm. Aufl., Paris 1872, S. 151. Figuier ist wie Louis Reynaud ein Anhänger der Theorie von der Pluralität der bewohnten Welten; siehe Michael J. Crowe, *The Extraterrestrial Life Debate 1750–1900*, Cambridge (USA) 1986.

[21] Curtis Hutson, «Bible Answers to Questions Most Often Asked about Heaven», in: *Great Preaching on Heaven*, Murfreesboro (Tenn.) 1987, S. 20.

[22] J. Sidlow Baxter, *The Other Side of Death*, Wheaton (Ill.) 1987, S. 216.

[23] Isaac Taylor, *Physical Theory of Another Life*, 1836, S. 222.

[24] Siehe John Hick, *Death and Eternal Life*, Kap. 16; Austin Farrer, *Saving Belief*, London 1964.

[25] R. Garrigou-Lagrange, *op. cit.*, S. 283.

[26] So heißt es besonders in Offb 21, 1 und im 2. Petrus-Brief.

[27] E. J. Fortman, *op. cit.*, S. 329 f.

[28] Louis-Antoine de Caraccioli, *Le Tableau de la mort*, Neuausg., 1761, S. 280 f.

[29] Siehe Colleen McDannell u. Bernhard Lang, *Heaven, op. cit.*, S. 152–154.

[30] H. Harbaugh, *op. cit.*, S. 76.

[31] Th. Hamilton, *op. cit.*, S. 36–41.

[32] Robert Lewis Dabney, *Systematic and Polemic Theology*, 2. Aufl., 1878, S. 850 f.

[33] Augustus H. Strong, *Systematic Theology*, Rochester 1886, Teil VIII, S. 586.

[34] James M. MacDonald, *My Father's House of the Bible*, Glasgow o. J., S. 69.

[35] Robert Bellarmin, *Von der ewigen Glückseligkeit der Heiligen*, Buch II.

[36] Judson Cornwall, *Heaven*, 3. Aufl., Brentwood (Essex, GB) 1989, S. 60 f.

[37] John Walvoord, *The Millennium Kingdom, op. cit.*, S. 334.

[38] J. Cornwall, *op. cit.*, S. 65. Es scheint, als habe jeder Bewohner nur einen Anspruch auf 32 Hektar Grund.

[39] J. Cornwall, *op. cit.*, S. 65. Unsere Berechnungen ergeben eine Bevölkerung von nur 3200 Milliarden Einwohnern.

[40] W. E. Biederwolfs Art. «Beautiful Heaven», in: *Great Preaching on Heaven, op. cit.*, S. 101.

[41] J. Cornwall, *op. cit.*, S. 74.

[42] Weiter ausführende Untersuchungen über die antiken und mittelalterlichen Visionen siehe: M. R. James, *The Apocryphal New Testament*, Oxford 1924 (danach häufige Neuaufl.); H. R. Patch, *The Other World, op. cit.*; J. A. Macculloch, *Early Christian Visions of the Other World*, London 1930; Jacques Le Goff, *La Naissance du purgatoire, op. cit.*

[43] Die Legende vom hl. Barlaam und hl. Josaphat ist nichts anderes als eine christliche Version des Lebens von Buddha.

[44] Beda Venerabilis, *Kirchengeschichte des englischen Volkes*, Darmstadt 1982, Buch V, Kap. 12.

[45] Siehe Philippe de Félice, *L'Autre monde. Mythes et légendes: Le Purgatoire de saint Patrick*, Paris 1906.

[46] Siehe Colleen McDannell u. Bernhard Lang, *Heaven, op. cit.*, S. 118f.

[47] Thomas von Aquin, *Supplement*, Frage 91, 2. Art.

[48] *Ibid.*, Frage 91, 3. Art., *op. cit.*, S. 108f.

[49] *Ibid.*, Frage 91, 4. Art., *op. cit.*, S. 110f.

[50] Vgl. *Supplement*, Frage 91, 5. Art., sowie *Compendium theologiae*, Kap. 170.

[51] Joseph Pohl u. Arthur Preuß, *Eschatology*, Neudr. d. Ausg. v. 1917, Westport (Conn.) 1971, S. 119.

[52] Wilhelm Schneider, *L'Au-delà* (nach der 8. Aufl. der dt. Originalfassg. bearb. u. übers. v. Germain Gazagnol; unsere Übers. folgt dieser Ausg.), Paris 1907. Die Diskussionen über Pflanzen und Tiere fehlen in der frz. Ausg.

[53] Josef Staudinger, *Das Jenseits – Schicksalsfrage der Menschheit*, 2. Aufl., Einsiedeln 1941.

[54] Colleen McDannell u. Bernhard Lang, *op. cit.*, S. 265.

[55] E. S. Phelps, *Beyond the Gates*. Hier zit. nach der frz. Ausg. *Au-delà des portes*, frz. Übers. v. Ch. Grolleau, Paris 1903, S. 43f.

[56] *Ibid.*, S. 104.

[57] *Ibid.*, S. 128.

[58] *Ibid.*, S. 133.

[59] *Ibid.*, S. 138.

Die Einwohner des Himmels

[1] René Pache, *L'Au-Delà*, Saint-Légier (Schweiz) 1952, S. 77.

[2] *Ibid.*, S. 77.

[3] Billy Graham, *Angels God's Secret Agents*, London 1987; Stephen D. Swihart, *Angels in Heaven and Earth*, Plainfield (New Jersey) 1979.

[4] Karl Rahner, «Die Engel», in: *Sacramentum Mundi*.

[5] George Gallup jr. u. Jim Castelli, *The People's Religion*, S. 75.

[6] *Instructions générales en forme de catéchisme*, S. 38f.

[7] Père Rapin, *La Vie des prédestinés dans la bienheureuse éternité*, 1. Ausg. 1684, in: *Œuvres diverses du Père Rapin*, Amsterdam 1710, Bd. III, S. 478f.

[8] G. Panneton, *Le Ciel, op. cit.*, S. 105.

[9] *Ibid.*, S. 142.

[10] J. Staudinger, *Das Jenseits – Schicksalsfrage der Menschheit, op. cit.*, passim.

[11] Joseph Turmel, *Histoire des dogmes*, Bd. IV, S. 268–294.

[12] In der *Predigt* 294, 3 erklärt Augustinus: «Das Evangelium sagt uns, daß der Herr, wenn er kommt, zu richten die Lebendigen und die Toten, zwei Gruppen bilden wird, deren eine er zu seiner Rechten, die andere zu seiner Linken setzen wird... Eine mittlere Gruppe dazwischen, wohin die Kinder zu setzen wären, gibt es nicht... Wer nicht im Himmelreich sein wird, wird im ewigen Fegefeuer sein.»

[13] Über die katholische Vorhölle (Limbus) siehe den Art. «Limbes» v. A. Gaudel in: *D. T. C.*

[14] Wilhelm Schneider, *op. cit.*, S. 317–319.

[15] Bischof Schneider fügt dem noch hinzu: «Der Stachel der Sinnenlust quält sie nicht, die chaotische Begierde ist ihnen völlig fremd», *op. cit.*, S. 318.

[16] Jeremias Drexel, *op. cit.*, S. 193.

[17] *Elucidarium*, Buch II, Fragen 52–66, frz. übers. in: Y. Lefèvre, *L'Elucidarium et les lucidaires*, Paris 1954.

[18] Mgr. de Beauvais, *Sermons*, Paris 1807, Bd. I, S. 217. Mgr. de Beauvais hielt die Leichenrede für Ludwig XV.

[19] Siehe Frederick M. Russel, *The Just War in the Middle Ages*, Cambridge 1975.

[20] A. Michel, Art. «Elus (nombre des)», in: *D. T. C.*, Sp. 2370.

[21] In: *Acta Apostolorum,* Homilie XXIV, *loc. cit.*, in: W. R. Alger, *Critical History of the Doctrine of a Future Life*, 4. Aufl., New York 1866, S. 440.

[22] J. Delumeau, *Rassurer et protéger, op. cit.*, Kap. XIV.

[23] Siehe W. R. Alger, *op. cit.*, S. 441.

[24] Dem eingehender interessierten Leser sei zu diesem komplexen Thema der ausführliche Artikel «Infidèles (salut des)» von S. Harent in: *D. T. C.* empfohlen. Weniger Mutigen ist dazu die elegante Synthese von P. M. Soullard, «Les Infidèles peuvent-ils être sauvés? Etape historique de la question», in: *Lumière et vie*, Nov. 1954, zu empfehlen.

[25] In: *De veritate* 14, 11. Zit. in: P. M. Soullard, *op. cit.*, S. 61. Diesen Standpunkt werden zahlreiche Thomisten übernehmen, so auch vor nicht allzu langer Zeit Père Hugon in: *Hors de l'Eglise point de salut*, Paris 1927.

[26] Kardinal Billot, «La Providence de Dieu et le nombre infini d'hommes en dehors de la voie normale du salut», in: *Etudes*, 1920–1922.

[27] R. Garrigou-Lagrange, *L'Eternelle Vie, op. cit.*, S. 335.

[28] Siehe A. Michel, «Elus (nombre des)», in: *D. T. C.*, Sp. 2377.

[29] Wie Geoffrey Rowell in *Hell and the Victorians*, Oxford 1974, schrieb, war die Entlassung von Maurice eine der theologischen «Causes célèbres» des 19. Jh. Maurice war kein Universalist im strengen Sinne. Er hatte keinerlei Gewißheit in der Frage von Heil und Erlösung aller Menschen, aber die göttliche Güte gab ihm dennoch Grund zu Hoffnung.

[30] H. Harbaugh, *The Heavenly Home, op. cit.*, S. 351.

[31] R. Garrigou-Lagrange, *op. cit.*, S. 117.

[32] *Ibid.*, S. 117.

[33] *Ibid.*, S. 119.

[34] A. D. Sertillanges, *Catéchisme des Incroyants*, Paris 1930, Bd. II, S. 165.

[35] Tertullian, *Auferstehung des Fleisches*, Kap. XVII.

[36] Tertullian, *De anima*, Kap. 8.

[37] H. Martensen, *Dogmatique chrétienne*, Abschn. 276.

[38] H. M. Luckock, *Intermediate State*, 2. Aufl., London 1891, S. 119.

[39] Der katholische Theologe Ladislaus Boros betrachtet die Auffassung von einer zwischen Tod und Auferstehung ohne Körper existierenden Seele für bizarr, logisch unbefriedigend, ja sogar für grotesk; siehe «Has Life a Meaning?», in: *Immortality and Resurrection*, Concilium Bd. 10, Nr. 6, Dez. 1970.

[40] Oscar Cullmann, *Immortality of the Soul or Resurrection of the Dead*, London 1958.

[41] Siehe Art. «Ciel» von P. Bernard, in: *D. T. C.*, Sp. 2485.

[42] G. Panneton, *op. cit.*, S. 95.

[43] *Ibid.*, S. 175.

[44] *Ibid.*, S. 173–177.

[45] Artikel «Résurrection des morts» von A. Michel, in: *D. T. C.*, Sp. 2565.

[46] G. Panneton, *op. cit.*, S. 178.

[47] Thomas von Aquin, *Supplement*, Frage 81, 2. Art.: «Werden alle Auferstandenen von gleicher Körpergröße sein?»

[48] E. J. Fortman, *op. cit.*, S. 331.

[49] Thomas von Aquin, *Compendium theologiae*, Kap. 156, *op. cit.*

[50] V. de. Broglie, *De Fine ultimo humanae vitae*, Paris 1948.

[51] Thomas von Aquin, *Supplement*, Frage 82, 1. Art., *op. cit.*, S. 351.

[52] «Können die Erwählten nach Wunsch ihren verklärten Leib erscheinen oder verschwinden lassen?», fragt sich Panneton. Die Antwort lautet: ja. G. Panneton, *Le Ciel*, *op. cit.*, S. 190.

[53] A. Michel, *Les Mystères de l'au-delà*, *op. cit.*, S. 142.

[54] Thomas von Aquin, *Supplement*, Frage 83, 5. Art., *op. cit.*, S. 397–404 (siehe Art. «Corps glorieux», in: *D. T. C.*, Sp. 1901).

[55] A. Michel, *Les Mystères de l'au-delà*, *op. cit.*, S. 142 f.

[56] Louis-Antoine de Caraccioli, *Le Tableau de la mort*, *op. cit.*, S. 238.

[57] Elie Méric, *Les Elus se reconnaîtront dans l'autre vie*, 25. Aufl., Paris 1895, S. 45.

[58] Josef Staudinger, *op. cit.*, S. 183 f.

[59] Thomas von Aquin, *Supplement*, Frage 85, 1. Art., *op. cit.*, S. 437.

[60] E. J. Fortman, *op. cit.*, S. 331.

[61] Honorius von Autun, *Elucidarium*, Buch III, Frage 81.

[62] T. Hamilton, *Beyond the Stars*, *op. cit.*, S. 146 f.

[63] François Pomey, *Catéchisme théologique*, Instruction XVIII, leçon V.

[64] E. S. Phelps, *Beyond the Gates*, *op. cit.*, S. 154.

[65] H. Harbaugh, *The Heavenly Home*, *op. cit.*, S. 109.

[66] Die katholischen Theologen sind allgemein der Ansicht, daß die Protestanten alle Gleichheit im Paradies zunichte machen ... Tatsächlich werden die Ungleichheiten, wenn auch häufig herabgespielt, so doch selten abgeschafft, und dies ist selbst bei Luther und Calvin der Fall, wie C. McDannell u. B. Lang in: *Heaven*, *op. cit.*, S. 150 f., aufzeigen.

[67] Hieronymus, *Contra Ioannem Hieros.*, II, 34.

[68] Gregor der Große, *Dialoge*, Buch IV, Kap. 36.

[69] *Loc. cit.* in: C. McDannell u. B. Lang, *Heaven*, *op. cit.*, S. 74–77.

[70] Siehe *Supplement*, Frage 96, 5. Art. mit dem Titel: «Gebührt der Jungfräulichkeit ein Siegeszeichen [Heiligenschein]?», *op. cit.*, S. 354.

[71] *Supplement*, Frage 96, 10. Art., *op. cit.*, S. 273 f.

[72] G. Panneton, *op. cit.*, S. 76.

[73] Augustinus, *Vom Gottesstaat*, Buch XXII, Kap. 30, 2., vollst. überarb. Aufl., Zürich 1978, S. 831.

Die Beschäftigungen der Auserwählten

[1] Thomas von Aquin, *Compendium theologiae*, Kap. 149.

[2] Siehe dazu die klugen Artikel «Vision intuitive» und «Gloire des Elus» von A. Michel, in: *D. T. C.*

[3] *Loc. cit.* in: A. Michel, *Mystères de l'au-delà, op. cit.*, S. 118f.

[4] Paul Scheeben, *Die Wunder der göttlichen Gnade, loc. cit.* in: G. Panneton, *Le Ciel, op. cit.*, S. 110f.

[5] R. Garrigou-Lagrange, *L'Eternelle Vie, op. cit.*, S. 316f.

[6] Der hl. Thomas behandelt diese Frage in *Supplement*, Frage 92, 2. Art.: «Werden die Erwählten nach der Auferstehung Gott mit den Augen des Leibes sehen?» Die Antwort lautet natürlich: nein. Augustinus' Standpunkt dazu kann dagegen uneindeutig erscheinen.

[7] Als häretische Irrlehre hat das Konzil von Vienne (1311) die Glaubensauffassung der Begarden und Beginen verurteilt, wonach «der Mensch auch in diesem Leben die endliche Seligkeit so weit zu erlangen» vermag, «daß er den gleichen Grad der Vollkommenheit erlangt, den er im seligen Leben haben wird» (in: A. Michel, Artikel «Vision intuitive», *D. T. C.*, Sp. 2370).

[8] A. Michel, *Les Mystères de l'Au-Delà, op. cit.*, S. 120.

[9] Elie Méric, *Les Elus se reconnaîtront dans l'autre monde, op. cit.*, S. 68f. .

[10] R. Garrigou-Lagrange, *op. cit.*, S. 121f.

[11] Thomas von Aquin, *Compendium theologiae*, Kap. 150.

[12] *Ibid.*, Kap. 149.

[13] Terrian(us), *La Grâce et la Gloire*, Bd. II, S. 188–192; unsere Übers. nach der frz. Originalausg. unseres Buches.

[14] F. Pomey, *Catéchisme théologique*, Instruction XVIII, leçon V.

[15] E. Méric, *L'Autre Vie*, Paris 1880, S. 159.

[16] E. Méric, *Les Elus . . ., op. cit.*, S. 93–95.

[17] Siehe L. Boros, *Living in Hope*, Garden City (New Jersey) 1973; J. Shea, *What a Modern Catholic Believes about Heaven and Hell, op. cit.*; John J. Heaney, *The Sacred and the Psychic*, New York 1984; E. J. Fortman, *Everlasting Life, op. cit.*

[18] Richard Baxter, *The Saint's Everlasting Rest*, gek. Ausg. v. Benjamin Fawcett 1758, o. O. 1978, S. 61f.

[19] Robert Bellarmin, *Von der ewigen Glückseligkeit der Heiligen*, Buch III, Kap. IV u. V.

[20] Th. Hamilton, *Beyond the Stars, op. cit.*, S. 151.

[21] Robert M. Patterson, *Paradise: The Place and State of Saved Soul between Death and the Resurrection*, Philadelphia 1874, S. 159.

[22] Henry Barclay Swete, *The Life of the World to Come*, London 1917, S. 103.

[23] Isaac Watts, *The World to Come*, Rede VII: «No night in Heaven».

[24] R. M. Patterson, *op. cit.*, S. 163.

[25] Katharina von Siena, *Dialog*, in: J. Goubert u. L. Cristiani, *Les plus beaux textes sur l'au-delà*, Paris 1950, S. 393.

[26] Mechthild von Magdeburg, *Das Buch von der besonderen Gnade*, Buch II, Kap. 36.

[27] *Loc. cit.* in: G. Panneton, *Le Ciel, op. cit.*, S. 135.

[28] J. Paterson Smyth, *Gospel of Hereafter, op. cit.*, S. 133.

[29] Diese Liste ließe sich noch endlos weiter fortsetzen. Viele dieser Werke hatten einen gewaltigen Absatzerfolg im Buchhandel. So erschien im Jahre 1906 bereits die 31. Aufl. des Werkes von Mgr. Méric.

[30] A. W. Momery, *Immortality and Other Sermons, op. cit.*, S. 161.

[31] Cyprian, *Über die Sterblichkeit*, Kap. 26, *op. cit.*, S. 253f.

[32] Ambrosius, *De obitu Valentiniani consolatio*, zit. im Art. «Ciel», in: *D. T. C.*, Sp. 2484f.

[33] E. Méric, *Les Elus se reconnaîtront dans l'autre vie, op cit.*, Einleitung S. VII.

[34] A. W. Momery, *op. cit.*, S. 156.

[35] P. Nicole, *Essais de Morale*, Paris 1730, Bd. IV, Buch III, Kap. IX u. X.

[36] J.-J. Rousseau, *Julie ou la Nouvelle Héloïse*, Teil VI, Brief 11.

[37] W. Robertson Nicoll, *Reunion in Eternity*, London/New York/Toronto 1917, S. 278.

[38] In der *Summa theologica* (Buch II, Frage 4, 8. Art.) schreibt Thomas von Aquin: «Wesentlich für die Seligkeit ist die Nächstenliebe *(caritas)*, womit gemeint ist: die Nächstenliebe zu Gott und nicht die Nächstenliebe zum nächsten Menschen. Gäbe es also auch nur eine einzige Seele, die im Besitze Gottes ist, so wäre sie glückselig, ohne daß sie ihren Nächsten zu lieben bräuchte.»

[39] A. Michel, Art. «Gloire des Elus», in: *D. T. C.*, Sp. 1410.

[40] In Luthers Augen könnte nur ein Schwachsinniger sagen: «Wenn meine Frau im Himmel ist, so möchte ich nicht dorthin kommen.» Zit. bei: Colleen McDannell u. Bernhard Lang, *Heaven, op. cit.*, S. 155.

[41] R. Baxter, *op. cit.*, S. 61f.

[42] Dante, *Göttliche Komödie*, «Paradies», XXXI. Gesang, übers. von Karl Voßler, Stuttgart 1977, S. 487 (= Sonderausg. Europ. Bildungsgemeinschaft nach Textausg. München, Piper 1969).

[43] Siehe Art. «Ciel», in: *D. T. C.*, Sp. 2484–2488.

[44] Père Rapin, *La Vie des prédestinés, op. cit.*, S. 480.

[45] J. Hughes-Games, *On the Nature of the Resurrection Body*, London 1898, S. 192; übers. nach der frz. Originalausg. unseres Buches.

[46] J. Agar Beet, *A Manual of Theology*, London 1906, S. 544.

[47] W. Schneider, *L'Au-delà, op. cit.*, S. 99.

[48] *Ibid.*, S. 201.

[49] L. Rouzic, *La Famille et l'amitié au ciel*, 1922, S. 92, in: G. Panneton, *op. cit.*, S. 128.

[50] J. Cornwall, *Heaven*, S. 124.

[51] W. Schneider, *op. cit.*, S. 285.

[52] Tertullian, *De monogamia, loc. cit.*, in: W. Schneider, *op. cit.*, S. 286.

[53] Leslie Weatherhead, *After Death*, London 1923, S. 53; John Bretherton, *Progress to Heaven*, London 1934, Kap. XIII: «Will marriage ties continue in Heaven?»; Judson Cornwall, *op. cit.*, S. 125f.; J. Sidlow Baxter, *The Other Side of Death, op. cit.*, S. 62f.

[54] W. Schneider, *op. cit.*, S. 288.

[55] L. Sidlow Baxter, *op. cit.*, S. 62.

[56] Siehe C. McDannell u. B. Lang, *Heaven, op. cit.*, S. 261–264.

[57] Père de Smet, *Notre vie surnaturelle*, Brüssel 1910, Bd. I, S. 304, *loc. cit.*, in: A Michel, Art. «Gloire des Elus», in: *D. T. C.*, Sp. 1412.

[58] W. Schneider, *op. cit.*, S. 319.

[59] H. Harbaugh, *The Heavenly Recognition, or an Earnest and Scriptural Discussion of the Question: Will we Know our Friends in Heaven?*, 2. Aufl., Philadelphia 1852, S. 253.

[60] Chanoine Coubé, *Revue des Objections*, 1923, S. 336 ff., *loc cit.*, in: G. Panneton, *op. cit.*, S. 81 f.

[61] H. M. Luckock, *The Intermediate State between Death and Judgement, op. cit.*, S. 119–121.

[62] Siehe Art. «Gloire des Elus» (A. Michel), in: *D. T. C.*, Sp. 1411.

[63] Gregor der Große, *Dialoge*, Buch IV, Kap. 33.

[64] J. Bretherton, *Progress in Heaven, op. cit.*, S. 132.

[65] Thomas von Aquin, *Summa contra gentiles*, Buch III, Kap. LIX.

[66] R. Sineux, *Initiation à la théologie de saint Thomas*, Paris 1952, S. 119.

[67] Dante, *Göttliche Komödie*, «Paradies», XXXIII. Gesang. (Übers. Voßler), *op. cit.*, S. 496.

[68] R. Garrigou-Lagrange, *op. cit.*, S. 310.

[69] Artikel «Gloire des Elus», in: *D. T. C.*, Sp. 1407.

[70] *Ibid.*, Sp. 1407.

[71] John L. Dagg, *Manual of Theology*, Harrisburg (Virg.) 1982, S. 359.

[72] T. DeWitt Talmage, *A Highway from Earth to Heaven*, in: G. Hutson, *Great Preaching on Heaven, op. cit.*, S. 71.

[73] J. Cornwall, *op. cit.*, S. 126 f.

[74] Origenes, *De principiis* II, XI, 6, *op. cit.*, S. 453 ff.

[75] Moise Amyraut, *Discours de l'état des fidèles après la mort*, Saumur 1946, S. 216.

[76] *Ibid.*, S. 217 f.

[77] *Ibid.*, S. 219 f.

[78] A. A. Hodge, *Outlines of Theology*, S. 579.

[79] R. L. Dabney, *Systematic and Polemic Theology*, S. 850.

[80] Thomas Dick, *The Philosophy of a Future State*, Neuausg. 1862, siehe bes. Teil II, «On the connection of science with a future state», S. 134–194.

[81] *Ibid.*, S. 189.

[82] Walter Rauschenbush, *A Theology for the Social Gospel*, New York 1917; = deutsch *Die religiösen Grundlagen der sozialen Botschaft*, Übers.: Clara Ragaz, Leipzig o. J., S. 287.

[83] H. Harbaugh, *The Heavenly Home, op. cit.*, S. 346–351.

[84] J. Sidlow Baxter, *op. cit.*, Kap. 4.

[85] Siehe Offb 7, 16; 21, 4; 21, 27; 22, 2; 22, 3.

[86] Richard Baxter, *op. cit.*, S. 23.

[87] Isaac Watts, *The World to Come*, Rede VIII, «No Night in Heaven».

[88] Louis-Antoine de Caraccioli, *Le Tableau de la mort, op. cit.*, S. 288 f.

[89] *Ibid.*, S. 289 f.

[90] Die Worte des hl. Anselm werden von seinem Schüler Eadmer in *De similitatibus* überliefert; der Text wird zitiert in: *Le Grand Catéchisme de saint Pierre Canisius*, frz. Übers. von Abt Peltier, Paris 1859, Bd. VI.

[91] Jeremias Drexel, *Le Ciel . . . op. cit.*, S. 208.

[92] Pater J. Staudinger, *Das Jenseits . . ., op. cit.*, S. 184.

[93] Jeremias Drexel, *op. cit.*, S. 185–187.

[94] Pater J. Staudinger, *Das Jenseits . . ., op. cit.*, S. 176.

[95] A. Michel, Art. «Gloire des élus», in: *D. T. C.*, Sp. 1409.

[96] Ludwig von Granada, *Führer für die Sünder;* unsere Übers. nach dem frz. Text: *Guide des pécheurs,* Paris 1768, S. 119.

[97] G. Panneton, *Le Ciel, op. cit.,* S. 151.

[98] Thomas von Aquin, *Supplement,* Frage 82, Art. 4.

[99] Robert Bellarmin, *Von der ewigen Glückseligkeit der Heiligen,* Buch IV, Kap. 7.

[100] Jeremias Drexel, *Le Ciel...,op. cit.,* S. 209–211.

[101] *Ibid.,* S. 208.

[102] Robert Bellarmin, *op. cit.,* Buch IV, Kap. 7. Jeremias Drexel geht noch mehr ins Detail: «Wen wunderte es, wenn im Herzen jenes Frühlings alle Blumen sprießen würden und wenn ihnen ein Duft von Safran, Balsam und Zimmetnarde, vermischt mit dem Wohlgeruch von Veilchen, Rose und Lilie und allen Hochgenüssen unserer Gärten entströmte?» Zit. nach der frz. Übers. in: *Le Ciel...,op. cit.,.* 213/14.

[103] R. de Thomas de Saint-Laurent, *Nos amitiés après la mort,* o. O. 1913, S. 93.

[104] Jeremias Drexel, *Le Ciel...,op. cit.,* S. 201/02. Drexel fügt sogar noch hinzu: «Um uns ein Bild von jenen Freuden zu machen, haben wir uns des Feinsten, Delikatesten und Köstlichsten zu erinnern, was wir je in unserem Leben genossen; all das wird sich hundertfach vermehrt wiederfinden in den Speisen der himmlischen Tafel, und nicht nur für die Dauer eines Augenblicks, sondern für alle Ewigkeit» (S. 203).

[105] *Ibid.,* S. 206.

[106] Thomas von Aquin, *Supplement,* Frage 82, 4. Art.

[107] C. McDannell u. B. Lang, *Heaven, op. cit.,* S. 134 f.

[108] Celso Maffei, *Deliciosam explicationem de sensibilibus deliciis Paradisi,* 1504, Kap. «De magnitudine delectationis in sensu odoratus in patria».

[109] Moise Amyraut, *op. cit.,* S. 134.

[110] Robert Bellarmin, *op. cit.,* Buch IV, Kap. 7.

[111] Leonardus Lessius, *De summo bono,* Buch III, Kap. 8.

[112] Jeremias Drexel, *Le Ciel...,op. cit.,* S. 220.

[113] F. Pomey, *Catéchisme théologique,* Instruction XVIII, leçon V.

[114] Lorenzo Valla, *De voluptate,* New York 1977, S. 314.

[115] Th. Hamilton, *op. cit.,* S. 160.

[116] Lorenzo Valla, *op. cit.,* Buch III, Kap. 25.

[117] Joe Henry Hankins, «Heaven. The Home of the Saved», in: C. Hutson, *Great Preaching on Heaven, op. cit.,* S. 39.

[118] T. DeWitt Talmage, *A Highway from Earth to Heaven, op. cit.,* S. 67.

[119] Siehe Dujka Smoje, «La Mort et l'au-delà dans la musique médiévale», in: *Le Sentiment de la mort au Moyen Age,* Montreal 1979, S. 259.

[120] Lorenzo Valla, *op. cit.,* Buch III, Kap. 24.

[121] Francesco Colonna, *Le Songe de Poliphile ou Hypnérotomachie,* wir zit. nach der frz. Übers. v. Claudius Popelin, Paris 1880.

[122] *Ibid.,* Bd. I, S. 304 f.

[123] *Ibid.,* Bd. I, S. 137.

[124] *Ibid.,* Bd. I, S. 138.

[125] *Ibid.,* Bd. II, S. 428.

[126] *Ibid.,* Bd. II, S. 430.

[127] Dieses polemische Werk gegen die Jesuiten wurde von Abbé du Cambout de

Pontchateau begonnen, der die zwei ersten Bände verfaßte. Der Rest stammt aus der Feder des berühmten Jansenisten Antoine Arnauld (1612–1694). Zit. aus: *La Morale pratique des jésuites*, Köln 1684, Bd. I, S. 274 f.

[128] 1695–1697, Artikel «Loyola», Anm. U.

[129] Hans Urs von Balthasar, wir zitieren nach der frz. Übers. *L'Enfer, Une Question*, Paris 1988, S. 47–49.

[130] Tertullian, *De spectaculis*, in: *Sämtliche Schriften*, Köln 1882, S. 154 f.

[131] Siehe Hans Urs von Balthasar, *op. cit.*, S. 48.

[132] Thomas von Aquin, *Supplement*, Frage 94, 3. Art., *op. cit.*, S. 186.

[133] Ludwig von Granada, *Traité de l'oraison et de la méditation*. Wir zit. nach der frz. Übers. v. M. Girard, Paris 1702, Bd. I, S. 311.

[134] *Ibid.*, Bd. I, S. 331.

[135] J. Delumeau, *Le Péché et la peur*, *op. cit.*, S. 457.

[136] *Ibid.*, S. 458.

[137] G. Panneton, *op. cit.*, S. 81.

Die christlichen Sekten

[1] Die beste Beschreibung der Lehren der wichtigsten Sekten ist zu finden in: Anthony A. Hoekema, *The Four Major Cults*, Grand Rapids (Mich.) 1963. Walter Martin, *The Kingdom of the Cults*, Minneapolis 1985, präsentiert eine kritische Betrachtung aus einer traditionalistisch protestantischen Perspektive. Einen stärker soziologischen Ansatz bietet: Jean-François Mayer, *Les Sectes*, Paris 1987, und *Sectes nouvelles. Un regard neuf*, Paris 1985.

[2] Siehe Richard Lehmann, *Les adventistes du septième jour*, Brépols 1987, S. 14. R. Lehmann ist Ordinarius an der Adventistischen Fakultät der Theologie in Collonges-sous-Salève. Seine Studie bietet die beste (französische) Einführung in die Adventistische Kirche.

[3] Interessant ist, daß William Miller die Lehre vom Einzug Christi in das Allerheiligste des himmlischen Heiligtums niemals akzeptierte; siehe A. A. Hoekema, *The Four Major Cults*, *op. cit.*

[4] Zu den eschatologischen Auffassungen von Ellen G. White siehe: *The Great Controversy between Christ and Satan*, vor einigen Jahren neu hrsg. unter dem Titel: *Confrontation*, Grantham (GB) 1978.

[5] Nach Ellen G. White wird Jesus auf einer schwarzen Wolke herabschweben, und alle Menschen werden von Furcht und Staunen ergriffen werden.

[6] Doktrinale Formulierung auf dem Weltkongreß in Dallas (Texas) 1980. Sie umfaßt 27 Artikel. *Loc. cit.*, in: Richard Lehmann, *op. cit.*, S. 48.

[7] *Ibid.*, S. 48.

[8] *Ibid.*, S. 50.

[9] *Vous pouvez vivre éternellement sur une terre qui deviendra un paradis*, Watchtower Bible and Tract Society of New York Inc. 1982. Wir zit. nach der frz. Übers., S. 141.

[10] *La vérité qui conduit à la vie éternelle*, Watchtower Bible and Tract Society of New York, Inc. 1968. Wir zit. nach der frz. Übers., S. 93. Diese Schrift soll in 100 Millionen Expl. verteilt worden sein.

[11] Siehe *Vous pouvez vivre éternellement...*, *op. cit.*, S. 155.

[12] Eingehende Darstellungen über die Voraussagen der Zeugen Jehovas siehe: Massimo Introvigne, *Les Témoins de Jéhova*, Paris 1990; Alan Rogerson, *Millians now Living Will never Die*, London 1969; Edmond Charles Gruss, *The Jehova's Witness and Prophetic Speculation*, Philipsburg (New Jersey) 1975; M. James Penton, *Apocalypse Delayed*, Toronto 1985.

[13] Die Zeugen Jehovas neigen dazu, die Botschaft und die ursprünglichen Prophezeiungen des Gründervaters Charles Taze Russell zu verschleiern. Diese weichen nämlich deutlich von der gegenwärtigen Lehre der Zeugen Jehovas ab. Siehe dazu die in [12] angeführten Werke.

[14] Die Toten sind sich vor der Auferstehung ihrer Existenz nicht bewußt. Wie die Adventisten glauben die Zeugen Jehovas nicht an die Unsterblichkeit einer vom Körper losgelösten Seele. Da die Seele der Mensch selbst ist, stirbt sie mit ihm zusammen. Die Auferstehung ist eine neue Schöpfung.

[15] Die Zeugen nennen diese Auferstehung die erste Auferstehung. Für diejenigen, die vor 1918 gestorben sind, hat sie also im Jahr 1918 eingesetzt.

[16] Siehe *Vous pouvez vivre éternellement . . .*, *op. cit.*, Kap. 19.

[17] *Ibid.*, S. 159.

[18] *Ibid.*, S. 164.

[19] *Ibid.*, S. 164/65.

[20] Eine autorisierte Einführung in den Glauben der Mormonen siehe: Davis Bitton, *Les Mormons*, Paris 1989.

[21] Etwa um das Jahr 1890 haben die Mormonen die Polygamie abgeschafft.

[22] Die Tempel sind nicht die gewöhnlichen Gottesdienststätten. Nur in beschränkter Anzahl (etwa 40) existierend, sind sie heilige Gebäude, die bestimmten Zeremonien, genannt «Ordonnances», vorbehalten sind. Nur den würdigsten Gläubigen ist der Zutritt in die Tempel gestattet.

[23] Die Taufe für die Toten hat ihren Ursprung in einer rätselhaften Stelle im I. Korinther-Brief (15, 29): «Wenn Tote gar nicht auferweckt werden, warum läßt man sich dann taufen für sie?» Von dieser Taufe per Prokura war den ersten Christen nichts bekannt.

[24] Eingehende Darstellungen der Lehre der Mormonen sind zu finden in: *The Church of Jesus Christ of Latter-Day Saints*, *Gospel Principles*, Salt Lake City 1979; Bruce R. McConkie, *Mormon Doctrine*, Salt Lake City 1988; James E. Talmage, *Articles de foi*.

[25] Neben den oben genannten Werken siehe auch: Robert L. Millet u. Joseph Fielding McConkie, *The Life Beyond*, Salt Lake City 1968.

[26] *Gospel Principles*, S. 276.

[27] Die Mormonen-Kirche steht unter der Leitung eines Präsidenten, ihm stehen zwei Berater sowie der Rat der zwölf Apostel zur Seite.

[28] R. L. Millet u. J. F. McConkie, *op. cit.*, S. 64.

[29] Bruce R. Mc Conkie, *Mormon Doctrine*, Aufsatz «Millennium».

[30] *Gospel Principles*, S. 272.

[31] *Ibid.*, S. 272.

[32] *Ibid.*, S. 290.

[33] Über Leben und Werk Swedenborgs siehe: Cyriel Odhner Sigstedt, *The Swedenborg Epic*, London 1981.

[34] *Ralph W. Emerson – Complete Works*, Boston/New York 1903. «Representative Men», in: Bd. IV, S. 91–146; siehe dort S. 98 ff.

[35] W. R. Alger, *History of Doctrine of a Future Life, op. cit.*, Teil IV, Kap. 3.

[36] Siehe R. Moody, *La Vie après la vie, op. cit.*, Teil III. Die anderen Parallelen sind die Werke von Platon sowie das *Tibetische Totenbuch*.

[37] *Le Ciel et l'Enfer*, Paris, Cercle Swedenborg 1973, Nr. 1. Es ist darauf hinzuweisen, daß die Engel untereinander in einer einzigen Sprache sprechen, die wie die menschliche Sprache aus Worten besteht, die sich aber von jeder auf Erden existierenden Sprache unterscheidet. Wenn sie mit den Menschen sprechen, benutzen die Engel eine Sprache, die ihnen bekannt ist. Außer über *Himmel und Hölle* spricht Swedenborg in zahlreichen anderen Werken insbesondere über den Himmel. In seinem Werk *Delitiae sapientiae de amore conjugali . . . (Über die eheliche Liebe)* (lat. Ausg. Tübingen/Leipzig 1841) sind die Beschreibungen besonders bildhaft anregend. Ausführliches darüber siehe: Hugo L. Odhner, *The Spiritual World*, Bryn Athyn (Penn.) 1968; Wilsson van Dusen, *The Presence of Other Worlds*, London 1975; Bruce Henderson, *Window to Eternity*, New York 1987.

[38] *Le Ciel et l'Enfer*, Nr. 461.

[39] *Ibid.*, Nr. 184.

[40] *De amore conjugali . . .*, Nr. 12, *op. cit.*, S. 22.

[41] *Ibid.*, Nr. 14, *op. cit.*, S. 24.

[42] *Ibid.*, Nr. 44, *op. cit.*, S. 51.

[43] *Ibid.*, Nr. 355, *op. cit.*, S. 352.

[44] *Le Ciel et l'Enfer*, Nr. 337, *op. cit.*

[45] H. Gordon Drummond, *Children in Heaven*, London o. J.

Islam

Was spricht der Koran?

[1] *Der Koran* (übers. von Max Henning; hrsg. u. Anm. v. Annemarie Schimmel), Stuttgart (Reclam) 1987. [Anmerkung des Übersetzers: Wo nicht anders angegeben, zitieren wir aus dieser Koran-Ausgabe, in manchen Fällen ziehen wir um besserer Klarheit willen die Übersetzung von Ludwig Ullmann und L. W. Winter heran: *Der Koran – das Heilige Buch des Islam*, nach der Übertragung von Ludwig Ullmann neu bearbeitet und erläutert von L. W. Winter, München, Goldmann 1959.]
Für die Ultrapuristen hat eine Koran-Übersetzung mit dem Koran selbst wenig gemein. Was allein zählt, ist die arabische Originalfassung.

[2] 23, 11. Wir führen jeweils nur eine Textstelle an. Eingehendere Ausführungen bietet das unersetzlich hilfreiche Werk: Subhi es-Saleh, *La Vie future selon le Coran*, Paris 1986.

[3] 10, 9.

[4] 16, 33.

[5] 25, 16.

[6] 6, 127.

[7] 53, 15.

[8] 29, 64.

[9] 51, 22.

[10] 53, 14.

[11] Montesquieu, *Lettres persanes*, Paris 1913, 1. 24, S. 59 f. Montesquieu war jedoch nicht der einzige, der so dachte, vor wenigen Jahren sogar noch Ornella Volta in *Guide de l'au-delà*, Paris 1972.

[12] 16, 99.

[13] 56, 11–13 (Übers.: Ullmann/Winter).

[14] 4, 97.

[15] 13, 23.

[16] 2, 59.

[17] 3, 79.

[18] 4, 100.

[19] 6, 38.

[20] 4, 60.

[21] 55, 70.

[22] 55, 56.

[23] 55, 73 (Übers.: Ullmann/Winter).

[24] 56, 22.

[25] 78, 33.

[26] 55, 58.

[27] 56, 34.

[28] 55, 76.

[29] 52, 20.

[30] 56, 36.

[31] 76, 19.

[32] 57, 21.

[33] 39, 73.

[34] 76, 13.

[35] 2, 23.

[36] 4, 121.

[37] 9, 73.

[38] 4, 17.

[39] 47, 16 f.

[40] 55, 46 ff.

[41] 55, 64.

[42] 56, 31.

[43] 57, 28.

[44] 55, 68.

[45] 56, 37.

[46] 78, 32.

[47] 70, 12.

[48] 39, 21.

[49] 34, 36.

[50] 29, 58.

[51] 39, 21.

[52] 55, 72.

[53] 56, 33.

[54] 76, 13.

[55] 55, 76.

[56] 55, 54 (Übers.: Ullmann/Winter).

[57] 88, 14 (Übers.: Ullmann/Winter).

[58] 56, 16 (Übers.: Ullmann/Winter).

[59] 56, 18.

[60] 76, 15 (Übers.: Ullmann/Winter).

[61] 83, 24.

[62] 76, 21.

[63] 22, 23.

[64] 56, 25.

[65] 39, 62.

[66] 35, 32.

[67] 83, 23.

[68] 37, 53.

[69] 74, 42.

[70] 7, 28.

[71] 21, 101 f.

[72] 47, 16.

[73] 44, 56.

[74] 19, 63.

[75] 52, 22.

[76] 56, 21.

[77] 47, 17.

[78] 2, 23.

[79] 37, 44.

[80] 83, 27.

[81] 37, 45.

[82] 56, 18.

[83] 47, 16.

[84] 83, 25 f.

[85] 56, 19.

[86] 47, 16.

[87] 76, 17.

[88] 55, 54.

[89] 76, 19.

[90] 75, 23.

[91] 5, 119.

[92] 39, 73.

Die orthodoxe Tradition

[1] Dem Propheten werden 600000 Worte, Künste oder Taten zugesprochen. Sie werden als *Hadithe* bezeichnet. Al-Buchari (gestorben 870) hat davon nur 7272 übernommen. Er und Muslim (gestorben 875) haben die Kanones der sunnitischen Tradition herausgefiltert. Die meisten der Hadithe gelten jedoch als schwach gesichert oder apokryph.

[2] Al-Maqdisi, *Le livre de la création et de l'histoire*, frz. Übers. v. Cl. Huart, Paris 1899, Bd. I, S. 178.

[3] D. B. MacDonald, Artikel «Mala'ika», in: *Encyclopédie de l'Islam*, 2. Aufl., S. 202.

[4] At-Tabari, *Commentaire du Coran* (gek. Übers. u. Anm. v. Pierre Godé), Paris 1983, Bd. I, S. 189–193.

[5] Al-Buchari, *Les Traditions islamiques* (frz. Übers. A. Houdas u. W. Marçais), Paris 1903–1914, Bd. IV, S. 309.

[6] Etienne Renaud, «Le récit du Mi'raj», in: *Apocalypses et voyages dans l'au-delà*, Paris 1987, S. 284.

[7] Aflaki, *Vie des saints derviches tourneurs* (frz. Übers. Cl. Huart), Paris 1918–1922, Bd. I, Anm. v. Huart, S. 212.

[8] Ibn Qutaiba, *Le Traité des divergences du hadith* (frz. Übers. v. G. Lecomte), Damaskus 1962, S. 270f.

[9] J. Idleman Smith u. Y. Yazbeck Haddad, *The Islamic Understanding of Death and Resurrection*, 1981, S. 173.

[10] Buchari, *op. cit.*, Bd. I, S. 446.

[11] Tufy Fahd, «Anges, démons et djinns en Islam», in: *Génies, anges et démons*, Paris 1971, S. 186. Siehe Artikel «Djinn» (D. B. McDonald, H. Massé), in: *Encyclopédie de l'Islam*, 2. Ausg., S. 150.

[12] Buchari, *op. cit.*, Bd. II, S. 283.

[13] Subhi es-Saleh, *op. cit.*, S. 35.

[14] Sujuti, in: Abdelwahab Bouhdiba, *La Sexualité en Islam*, Paris 1975, S. 93; Al-Qadi, in: *Islamic Books of the Dead*, o. O. 1977, S. 125; andere siehe in: Subhi es-Saleh, *op. cit.*, S. 32.

[15] Tufy Fahd, *op. cit.*, S. 173. Die Anwesenheit von Engeln im Paradies wurde jedoch abgestritten.

[16] Maqdisi, *op. cit.*, S. 179.

[17] Muqatil Ibn Sulaiman (gestorben 767), in: Paul Nwyia, *Exégèse coranique et langage mystique*, Beirut 1970, S. 100. Muqatil glaubt sichtlich von dieser Überlieferung kein einziges Wort. Im übrigen ist er einer der höchst seltenen Exegeten, die zu der Feststellung gelangen, daß es unmöglich ist, die ganze Situation mit Worten zu beschreiben.

[18] Buchari, *op. cit.*, Bd. II, S. 284.

[19] *Ibid.*, S. 611.

[20] Paul Nwyia, *op. cit.*, S. 103.

[21] Buchari, *op. cit.*, Bd. III, S. 465.

[22] Al-Qadi, in: *op. cit.*, S. 129.

[23] Maqdisi, *op. cit.*, S. 180f.

[24] A. Souques, *Mohammed et les parfums,* Paris 1940, S. 3.

[25] Maqdisi, *op. cit.,* S. 179.

[26] Al-Qadi, in: *Islamic Book, op. cit.,* S. 133.

[27] Muqatil, in: Paul Nwyia, *op. cit.,* S. 103.

[28] Sujuti, in: Abdelwahab Boudhiba, *op. cit.,* S. 95.

[29] Muqatil, in: Paul Nwyia, *op. cit.,* S. 103.

[30] Buchari, *op. cit.,* Bd. II, S. 440.

[31] Maqdisi, *op. cit.,* S. 179.

[32] Sujuti, in: Abdelwahab Boudhiba, *op. cit.,* S. 94.

[33] *Ibid.,* S. 96.

[34] Maqdisi, *op. cit.,* S. 179.

[35] Mi'radj [Miradsch] Nameh (frz. Übers. aus dem Ugurischen v. A. Pavet de Courteille), Paris 1882, S. 24.

[36] Art. «Hur» (v. A. J. Wensinck u. Ch. Pellat), in: *Encyclopédie de l'Islam,* S. 602.

[37] Dr. Perron, *Femmes arabes avant et depuis l'islamisme,* Paris/Alger 1958, S. 309.

[38] Maqdisi, *op. cit.,* S. 95.

[39] Sujuti, in: Abdelwahab Boudhiba, *op. cit.,* S. 95.

[40] Subhi es-Saleh, *op. cit.,* S. 41.

[41] Art. «Hur», in: *op. cit.,* S. 602.

[42] Al-Qadi, in: *Islamic Book, op. cit.,* S. 133.

[43] Buchari, *op. cit.,* Bd. IV, S. 312.

[44] Sujuti, in: *op. cit.,* S. 95; al-Qadi, in: *op. cit.,* S. 130.

[45] Art. «Hur», in: *op. cit.,* S. 602.

[46] Sujuti, in: Abdelwahab Boudhiba, *op. cit.,* S. 95.

[47] Ibn Qutaiba, *op. cit.,* S. 15.

[48] Art. «Hur», in: *op. cit.,* S. 602.

[49] Sujuti, in: Abdelwahab Boudhiba, *op. cit.,* S. 96.

[50] F. A. Klein, *The Religion of Islam,* London 1906, S. 221.

[51] J. Idleman Smith u. Y. Yazbeck Haddad, *op. cit.,* S. 167.

[52] Maqdisi, *op. cit.,* S. 180.

[53] Mishcat-ul. Massabih (engl. Übers. v. A. N. Mattews), Kalkutta 1909–1910, Bd. II, S. 627f. Einer anderen Überlieferung gemäß ist Zeugen und Gebären von Nachkommen zwar möglich, aber die Erwählten werden keine Lust haben, es zu tun.

[54] F. A. Klein, *op. cit.,* S. 95.

[55] Buchari, *op. cit.,* Bd. II, S. 440.

[56] Fatna Ait Sabbah, *La Femme dans l'inconscient musulman,* Paris 1981, S. 185.

[57] Subhi es-Saleh, *op. cit.,* S. 151.

[58] *Ibid.,* S. 39.

[59] Maqdisi, *op. cit.,* S. 180.

[60] Muqatil, in: Paul Nwyia, *op. cit.,* S. 105f.

[61] *Ibid.,* S. 100.

[62] Jamel Eddine Bencheikh, *Le Voyage nocturne de Mohammed,* Paris 1988, S. 115. Diese Erzählung ist eine eigenständige literarische Schöpfung, deren Bild- und Assoziationswelt im wesentlichen aus der Literatur des Miradsch (der Himmelfahrt des Propheten) entnommen ist.

[63] Muqatil, in: *op. cit.*, S. 103.

[64] Peter Wunderli, *Le Livre de l'Eschiele de Mahomet*, Bern 1968, S. 68.

[65] Jamel Eddine, Bencheikh, *op. cit.*, S. 101.

[66] Al-Qadi, in: *op. cit.*, S. 134 f.

[67] Muqatil, in: Paul Nwyia, *op. cit.*, S. 103.

[68] Ibn Qutaiba, *op. cit.*, S. 271.

[69] Ghasali (gestorben 1112), *Die kostbare Perle*.

[70] Jamel Eddine Bencheikh, *op. cit.*, S. 117.

[71] Subhi es-Saleh, *op. cit.*, S. 41.

[72] Sale, *Introduction à la lecture du Coran* (frz. Übers. v. Ch. Solvet), Paris 1846, S. 185.

[73] *Ibid.*, S. 41 f.

[74] Sujuti, in: Abdelwahab Boudhiba, *op. cit.*, S. 94.

[75] Subhi es-Saleh, *op. cit.*, S. 63.

[76] Ibn Qutaiba, *op. cit.*, S. 169.

[77] Subhi es-Saleh, *op. cit.*, S. 33, 42 u. 62.

[78] Art. «Djanna» (v. Louis Gardet), in: *Encyclopédie de l'Islam, op. cit.*, S. 461; Subhi es-Saleh, *op. cit.*, S. 42 f.; Paul Nwyia, *op. cit.*, S. 104.

[79] Sujuti, in: *op. cit.*, S. 96–98. Man beachte den Hinweis auf die Ekstase, aus der die Sympathie des Autors für die Sufis spricht.

[80] Henri Galland, *Essai sur les mu'tazelites*, Genf 1906, S. 90 f.

[81] *Ibid.*, S. 83.

[82] Nach Zamahsari (gestorben 1240), dem letzten mutazilitischen Theologen.

[83] Tufy Fahd, *op. cit.*, S. 207, Anm. 106.

[84] Henri Galland, *op. cit.*, S. 89; J. Idleman Smith u. Y. Yazbeck Haddad, *op. cit.*, S. 239, Anm. 71.

[85] Albert N. Nader, *Le Système philosophique des mu'tazila*, Beirut 1956, S. 310 f.

[86] Henri Galland, *op. cit.*, S. 87.

[87] Albert N. Nader, *op. cit.*, S. 314.

[88] *Ibid.*, S. 115.

[89] Al-Aschari, ein ehemaliger Mutazilit, fand wieder zur Orthodoxie zurück, indem er behauptete, daß man Gott zwar sieht, aber daß man nicht davon sprechen darf.

Die Sinne und das Wesen

[1] Emile Dermenghem, *L'Eloge du vin*, Paris 1980, S. 91.

[2] *Ibid.*, S. 30.

[3] Emile Dermenghem, *Vie des saints musulmans*, o. O. 1983, S. 171.

[4] [Ders.], *L'Eloge du vin, op. cit.*, S. 12.

[5] *L'Imaginaire du vin*, Colloque, 15–17 octobre 1981, Marseille 1983, S. 100.

[6] Art. «Djanna», in: *Encyclopédie de l'Islam, op. cit.*, S. 462.

[7] Jamel Eddine Bencheikh, *op. cit.*, S. 262.

[8] G. C. Anawati u. Louis Gardet, *Mystique musulmane*, Paris 1976, S. 33.

[9] Emile Dermenghem, *L'Eloge du vin, op. cit.*, S. 142.

[10] Sari as-Saqati, in: Marin Lings, *Qu'est-ce que le soufisme?*, Paris 1977, S. 144.

[11] Emile Dermenghem, *L'Eloge du vin, op. cit.*, S. 141 f.

[12] Martin Lings, *op. cit.*, S. 144.

[13] Muhasibi, *Kitab at-Tawahhum* (frz. Übers. v. A. Roman), Paris 1978, S. 74 ff.

[14] Emile Dermenghem, *Vie des saints musulmans, op. cit.*, S. 110.

[15] Louis Massignon, *La passion de Hallaj*, Paris 1984, Bd. III, S. 180.

[16] Aflaki, *op. cit.*, Bd. I, S. 310.

[17] P. Lory, *Les Commentaires ésotériques du Coran d'après al-Qashani*, Paris 1980, S. 121.

[18] G. H. Bousquet, *L'Ethique sexuelle de l'Islam*, Paris 1966, S. 48.

[19] F. A. Klein, *op. cit.*, S. 95.

[20] Art. «Djanna», in: *op. cit.*, S. 463.

[21] Henry Corbin, *Face de Dieu, face de l'homme*, Paris 1983, S. 22.

[22] Suhrawardi, *L'Archange empourpré* (frz. Übers. v. Henry Corbin), Paris 1976, S. 142.

[23] Franz Toussaint, *Chants d'amour et de guerre de l'Islam*, Marseille 1942, S. 77.

[24] Aflaki, *op. cit.*, Bd. I, S. 60.

[25] Suhrawardi, *op. cit.*, S. 105.

[26] Emile Dermenghem, *Vie des saints musulmans, op. cit.*, S. 243.

[27] Suhrawardi, *op. cit.*, S. 105.

[28] Aflaki, *op. cit.*, Bd. II, S. 147.

[29] Martin Lings, *op. cit.*, S. 140.

[30] Farid ad-Din Attar, *Le Mémorial des saints* (frz. Übers. v. A. Pavet de Courteille), Paris 1976, S. 50.

[31] *Ibid.*, S. 240.

[32] *Ibid.*, S. 81.

[33] *Ibid.*, S. 174.

[34] Paul Nwyia, *op. cit.*, S. 225.

[35] Farid ad-Din Attar, *op. cit.*, S. 248.

[36] Paul Nwyia, *op. cit.*, S. 224 f.

[37] Laleh Bakhtiar, *Sufi*, London 1976, S. 21.

[38] Farid ad-Din Attar, *op. cit.*, S. 164.

[39] Paul Nwyia, *op. cit.*, S. 255.

[40] Henry Corbin, *Cahiers de l'Herne*, 1981, S. 179.

[41] Louis Massignon, *op. cit.*, S. 176.

[42] Farid ad-Din Attar, *op. cit.*, S. 170.

[43] *Bulletin d'Etudes orientales*, Bd. XXX, Damaskus 1978, Ibn Ragab (frz. Übers. v. T. Blanquis u. S. Atassi-Khattab), S. 371.

[44] Subhi es-Saleh, *op. cit.*, S. 134. Profil de Magribi.

Einige Schiiten-Gruppen

[1] Henry Corbin, *Face de Dieu, op. cit.*, S. 71–73 u. S. 305 f.

[2] [Ders.], *Cahiers, op. cit.*, S. 129.

[3] Henri Laoust, *Les Schismes dans l'Islam*, Paris o. J., S. 411; G. Wajda, «Le Problème de la vision de Dieu d'après quelques auteurs shi'ites duodécimains», in: *Colloque de Strasbourg sur le shi'isme imamite*, Paris 1970, S. 31–54.

[4] Henry Corbin, *En Islam iranien*, NRF, Paris 1972, Bd. IV, S. XVI.

[5] *Ibid.*, Bd. III, S. 110.

[6] M. A. Amir Moezzi, *Vision du shi'isme primitif: de la cosmologie à l'eschatologie* (conférence à l'Hotel Méridien), Paris, 22. Juni 1989.

[7] Khomeyni (Chomeini), *Pour un gouvernement islamique* (frz. Übers. v. M. Kotoli u. B. Simon), Fayolle 1979, S. 54, zit. nach der frz. Übers.

[8] Henry Corbin, *Terre céleste et corps de résurrection*, Paris 1960, S. 289.

[9] Henry Corbin, *En Islam iranien, op. cit.*, Bd. IV, S. 346 ff.

[10] *Ibid.*, Bd. III, S. 71.

[11] Khomeyni, *op. cit.*, S. 27.

[12] Er war der Sohn des vierten Imams (gestorben 765) und von seinem Vater als Nachfolger bestimmt, aber er starb vor ihm. Daraufhin wurde sein Bruder an seiner Statt bestimmt. Die Ismailiten ignorierten diesen Bruder jedoch und warteten mit Ismails Sohn auf. Nach der präfatimidischen Lehre gilt: «Ali ist nicht mehr der erste Imam, aber der fundamentale Mensch an sich. Er folgt dem Propheten nach und geht sieben Imamen voraus, der siebte von ihnen ist Muhammad, Ismails Sohn.

[13] Henry Corbin, *Trilogie ismaélienne*, Paris/Teheran 1961, S. 193f. Im Gegensatz dazu glaubte zweieinhalb Jahrhunderte vor dieser Zeit der Philosoph Ibn Sina, der aus dem Ismailismus hervorgegangen war, nicht im geringsten an die Seelenwanderung.

[14] J. B. Rousseau, *Extraits d'un livre des Ismaélis* (Hrsg. v. Silvestre de Sacy), o. O. o. J., S. 29.

[15] Marshall G. S. Hodgson, *The Order of Assassins*, Den Haag 1955, S. 191.

[16] Henry Corbin, *Le Temps cyclique dans l'Ismaélisme*, in: Eranos-Jahrbuch 1952, S. 198; Habib Feki, *Idées religieuses et philosophiques de l'ismaélisme fatimide*, S. 259f.

[17] Henry Corbin, *Trilogie ismaélienne, op. cit.*, S. 73 ff.

[18] *Ibid.*, S. 88.

[19] H. Lammens, *L'Islam*, Beirut 1941, S. 209.

[20] Aga Khan, *Mémoires*, Paris 1955, S. 321.

[21] Silvestre de Sacy, *Exposé de la religion des druzes*, Paris 1838. Bd. I enthält die Biographie von al-Hakim und Bd. II die Lehre; diesem werden, sofern nicht anders vermerkt, die die Drusen betreffenden Zitate entnommen.

[22] Kamal Joumblatt [Dschumblat], *Pour le Liban*, Paris 1978, S. 86; siehe auch Henri Guys, *La Nation druze*, Paris 1863, S. 138.

[23] Kamal Joumblatt, *op. cit.*, S. 78.

[24] René Dussaud, *Histoire et religion des Nosairis*, Paris 1900, S. 70–72.

[25] Art. «Nusairi» (v. Louis Massignon), in: *Encyclopédie de l'Islam, op. cit.*, S. 1031.

[26] René Dussaud, *op. cit.*, S. 124.

[27] J. B. Rousseau, *Mémoire sur les Ismaélis et les Nosairis de Syrie*, S. 32.

[28] René Dussaud, *op. cit.*, S. 124.

[29] Paulo Boneschi: «Une fatwa du grand Mufti de Jérusalem», in: *Revue de l'histoire des religions* 1940, Bd. 122, S. 144.

[30] Jacques Weulersse, *Le Pays des alaouites*, Tours 1940, Bd. I, S. 334–336.

Das Paradies der Haschischin

[1] Es handelt sich um einen Beinamen, den die Kreuzritter dem Inhaber des Titels eines Großmeisters der Assassinen/Haschischin (des Mutter- oder Zweighauses) gaben.

[2] Die Affäre soll sich im Jahre 1126 in der syrischen Gruppe der Sekte zugetragen haben. Siehe Bernard Lewis, *Les Assassins* (frz. Übers. A. Pelissier, nach der wir zitieren), Paris 1982, S. 147. Siehe auch M. G. S. Hodgson, *op. cit.;* Jean-Claude Frère, *L'Ordre des Assassins*, Paris 1973; Hammer, *Histoire de l'ordre des Assassins* (frz. Übers. v. J. Hellert u. P. A. de la Nourais), Paris 1961.

[3] M. G. S. Hodgson, *op. cit.*, S. 135.

[4] Bernard Lewis, *op. cit.*, S. 154.

[5] Silvestre de Sacy, *Mémoire sur la dynastie des Assassins et sur l'origine de leur nom*, Institutsvortrag, gehalten am 7. Juli 1809.

[6] Bernard Lewis, *op. cit.*, S. 47.

[7] *Ibid.*, S. 85.

[8] Maxime Rodinson, *Mahomet*, Paris 1961, S. 189, 203, 204, 208, 222, 229. Quellen in der engl. Ausg. *Mohammed* (Penguin Books) 1971.

[9] Buchari, *op. cit.*, Bd. II, S. 292.

[10] Maxime Rodinson, *op. cit.*, S. 199.

[11] A. J. Wensinck, Artikel «Iram», in: *Encyclopédie de l'Islam*, 1. Aufl., S. 553; sowie W. Montgomery Watt, Artikel «Iram», in: *Encyclopédie de l'Islam*, 2. Aufl., S. 1303.

[12] D'Herbelot, *Bibliothèque orientale*, Maastricht 1726, S. 461.

[13] M. Gaudefroy-Demonbynes, *Les Cent et une nuits*, Paris 1911. Siehe dort: «Histoire de la ville de cuivre et des flacons de Salomon», S. 284–348.

[14] N. Bonaparte, *Campagnes d'Italie, d'Egypte et de Syrie*, Paris 1872, Bd. II, S. 205 ff.

[15] Carra de Vaux, Artikel «Djanna», in: *Encyclopédie de l'Islam*, 1. Aufl., S. 1044.

[16] Maxime Rodinson, *op. cit.*, S. 280.

Die Religion Zarathustras

[1] J. Duchesne-Guillemin, *Zoroastre*, Paris 1975, S. 14.

[2] Mary Boyce, *Zoroastrians*, 1987, S. 2 u. S. 18.

[3] M. Molé, *Culte, mythe et cosmologie dans l'Iran ancien*, Paris 1963.

[4] Zu dieser epischen Kontroverse siehe: G. Widengren, *Die Religion Irans*, Stuttgart 1960 (= Religionen der Menschheit Bd. 13); J. Duchesne-Guillemin, *op. cit.*, S. 129–133; Mircea Eliade, *Schamanismus und archaische Ekstasetechnik*, Frankfurt am Main 1975.

[5] J. Duchesne-Guillemin, *op. cit.*, S. 147 ff. Übersetzer wie Interpreten stoßen bei den Texten auf so ungeheuer vielfältige Schwierigkeiten, daß der Laie zuweilen den Eindruck hat, als würden die Iranisten einander in allem und jedem widersprechen. [Anmerkung des Übersetzers: Wir zitieren die Jasna des Zarathustra nach der Ausgabe *Die Gatha des Awesta* (Übers.: Christian Bartholomä), Straßburg 1905.]

[6] Jasna 51, 15.

[7] Jasna 43, 8.

[8] Jasna 30, 7.

[9] Jasna 51, 6.

[10] Jasna 44, 9.

[11] Jasna 46, 19.

[12] Jasna 48, 4.

[13] Jasna 31, 14.

[14] Jasna 51, 6.

[15] Jasna 51, 7.

[16] Jasna 45, 7.

[17] Jasna 32, 7.

[18] Jasna 46, 17.

[19] Jasna 46, 11.

[20] Jasna 45, 11.

[21] Jasna 48, 12.

[22] Der *Awesta*, das heilige Buch der Anhänger des Zoroastrismus, umfaßt die Gatha sowie eine Reihe von Texten, die den *Späteren Awesta* bilden. Zuerst erfolgte die zoroastrische Überlieferung mündlich und ging dann ab dem 5. Jh. n. Chr. in schriftliche Form über. Wir werden uns im folgenden auf die *Jaschts* beziehen. Preisgesänge an die Götter, deren älteste noch an die Kohabitation der indoiranischen Mythologie erinnern; ferner auf den *Wendidad (Widewdat)*, der im allgemeinen mit den Glaubensformen der zoroastrischen Gemeinden unter der Herrschaft des Partherreiches (141 v. Chr.–224 n. Chr.) in Zusammenhang gesehen wird; und schließlich auf ein Fragment des *Hatoxt-Nask*, der von einer interessanten liturgischen Vergangenheit zeugt.

[23] Die pehlewische Literatur aus dem 8. u. 9. Jh. unserer Zeitrechnung überliefert zoroastrische Glaubenselemente aus der Zeit des Sassanidenreiches (224–651 n. Chr.). Sie ist geprägt von Spuren ihres Duells mit dem Islam.

[24] J. Duchesne-Guillemin, *op. cit.*, S. 143.

[25] Mary Boyce, *Textual Sources for the Study of Zoroastrianism*, Manchester Univ. Press 1984, S. 80–82.

[26] *Ibid.*, S. 80.

[27] J. D. C. Pavry, *The Zoroastrian Doctrine of a Future Life*, 2. Aufl., 1928. Hier sind alle Nachweise aus dieser Phase zu finden.

[28] Arda Wiraf Namak (frz. Übers. v. Barthélemy), Paris 1887.

[29] R. C. Zaener, *The Dawn and Twilight of Zoroastrism*, London 1961, S. 306.

[30] Parvy, *op. cit.*, S. 49–53.

[31] (Zatspram) J. Duchesne-Guillemin, *La Religion de l'Iran ancien*, Paris 1962, S. 336.

[32] Nathan Söderblom, *La Vie future d'après le mazdéisme*, Paris 1901, S. 225–236.

[33] R. C. Zaener, *op. cit.*, S. 314–316.

[34] M. Molé, *op. cit.*, S. 90.

[35] *Ibid.*, S. 95–98.

[36] Der erste Gestorbene und erste Auferstandene.

[37] N. Söderblom, *op. cit.*, S. 247–253.

[38] Jasna 48, 10.

[39] Jean Varenne, *Zoroastre*, Paris 1975, S. 233.

[40] Ein anderes Beispiel sind die Frawaschi, die Manen der Vorväter, die von Zarathustra getilgt wurden. Nur für die Gerechten kehrten sie – als himmlische Doubles aus der Zeit vor dem Leben getarnt – wieder.

[41] Jean Varenne, *Zarathoustra et la tradition mazdéenne*, Paris 1977, S. 151.

Hinduismus

[1] *Gedichte des Rig-Veda* (Auswahl und Übers. v. Herman Lommel), München-Planegg 1955. Hymne «An Soma pavamana», S. 82–84.

[Anmerkung des Übersetzers: Wo nicht anders angegeben, zitieren wir aus dieser dt. Textauswahl. Anderenfalls zitieren wir aus einer anderen, diese ergänzende Auswahlsammlung: *Gedichte aus dem Rig-Veda* (aus d. Sanskrit übertr. u. erläutert v. Paul Thieme), Stuttgart 1964 (Ausg. 1983) (= Reclams Universalbibliothek Nr. 8930). Da es sich in beiden Fällen nur um knappe, meist fragmentarische Auswahlen handelt, sind wir mangels weiterer dt. Übers. direkt aus dem Sanskrit gezwungen, aus der mehrbändigen frz. Ausgabe zu zitieren, die sich nicht nur auf den *Rigveda* (Rig Veda) beschränkt: *Le Veda*, Bd. I (Übers. aus d. Sanskrit v. A. Bergaigne, L. Renou, V. Henry u. a.), Ed. Gérard & Cie., Paris 1967.]

[2] RV 10, 14, in: Lommel, *op. cit.*, S. 106 f.

[3] RV 5, 85, *ibid.*, S. 67.

[4] RV 7, 86, *ibid.*, S. 68.

[5] RV 4, 42, *ibid.*, S. 67.

[6] RV 1, 154, in: *Le Veda, op. cit.*, S. 114 (Übers. L. Renou).

[7] RV 5, 85, in: Lommel, *op. cit.*, S. 67.

[8] RV 5, 68, in: *Le Veda, op. cit.*, S. 89 (Übers. J. Varenne).

[9] Atharwaweda, 7, 83, in: *Le Veda, op. cit.*, S. 87 (Übers. V. Henry).

[10] Doras Jane Hamblin, *Les Cités primitives*, Ed. Time-Life 1973, S. 138–144. Nach den Untersuchungen von Robert Raikes hat ein unterseeisches Erdbeben auf dem Grund des Arabischen Meeres im Golf von Oman den Verlauf des Indus verändert, wodurch sich der Flußlauf von der Handelsstadt entfernte. Gleichzeitig stieg ein Schlammsee immer mehr bis an die Stadt herauf, von dem sie langsam aber sicher erstickt wurde.

[11] J. Herbert, «Mythologie des Tamouls», in: *Mythologie de la Méditerranée au Gange*, Paris 1963, S. 272.

[12] RV 4, 24, in: *Le Veda, op. cit.*, S. 133 (Übers. L. Renou).

[13] RV 2, 12, in: Lommel, *op. cit.*, S. 52.

[14] RV 4, 18, *ibid.*, S. 51.

[15] RV 1, 32, *ibid.*, S. 51.

[16] AV 6, 46, in: *Le Veda, op. cit.*, S. 253 (Übers. L. Renou).

[17] RV 10, 135, *ibid.*, S. 179 f. (Übers. L. Renou).

[18] A. A. Mcdannell, «Vedic Religion», in: James Hastings (Hrsg.), *Encyclopedia of Religion and Ethics*, o. O. 1920, S. 616.

[19] RV 10, 14, in: Lommel, *op. cit.*, S. 107.

[20] J. Gonda, *Religionen Indiens*, Bd. I: *Veda und älterer Hinduismus* (= Religionen der Menschheit, Bd. 11), Stuttgart 1960, S. 73–84 (passim).

[21] RV 5, 63, in: *Le Veda, op. cit.*, S. 176f. (Übers. L. Renou).

[22] AV 7, 83, *ibid.*, S. 86 (Übers. V. Henry).

[23] AV 4, 165, *ibid.*, S. 85 (Übers. L. Renou).

[24] Alain Daniélou, *Le Polythéisme hindou*, Paris 1975, S. 187f.

[25] RV 10, 14, in: Lommel, *op. cit.*, S. 106f.

[26] Raimondo Panikkar, *The Vedic Experience*, Darton-Longman-Todd 1979. AV 6, 120, S. 636; AV 4, 34, 5–6 u. AV 12, 3, 17, S. 637.

[27] RV 3, 1, in: *Le Veda, op. cit.*, S. 52 (Übers. L. Renou).

[28] Rik-Samhita (= Rigweda) 1, 125, 6 in: Madeleine Biardeau u. Charles Malamoud, *Le Sacrifice dans l'Inde ancienne*, Paris 1976.

[29] Schatapatha Brahmana III, 6, 2, in: Jean Varenne (Hrsg., Übers. u. Kommentar), *Mythes et légendes extraits des Brahmanas*, o. O. o. J., S. 145.

[30] *High Times Encyclopedia of Recreational Drugs*, Stonehill Publ. Co. (o. O.) 1978, S. 118.

[31] J. Gonda, *op. cit.*, S. 158.

[32] RV 10, 18, in: Lommel, *op. cit.*, S. 110.

[33] M. Biardeau u. C. Malamoud, *op. cit.*, S. 192.

[34] Schatapatha Brahmana II, 3, 3, 8, in: Alfred Hillebrandt (Übers. u. Hrsg.), *Upanishaden, Die Geheimlehre der Inder*, München 1977, S. 32.

[35] Katha Upanischad, in: Johannes Hertel (Übers. u. Erläut.), *Die Weisheit der Upanishaden*, München 1922, S. 43.

[36] Taittirija-Brahmana III, 11, 8, in: Varenne, *Mythes et légendes . . ., op. cit.*, S. 139. Siehe auch: Hertel, *op. cit.*, S. 43.

[37] Schatapatha Brahmana X, 3, 5, 7, in: Hillebrandt, *op. cit.*, S. 36.

[38] Schatapatha Brahmana X, 6, 3, 1–2, in: Hillebrandt, *op. cit.*, S. 40.

[39] Schatapatha Brahmana IX, 1, 2, in: Varenne, *Mythes et légendes . . ., op. cit.*, S. 53.

[40] Schatapatha Brahmana XIV, 1, 1, in: *ibid.*, S. 55.

[41] Schatapatha Brahmana I, 9, 3, 2, in: Michel Hulin, *La Face caché du temps*, Paris 1985, S. 352.

[42] Schatapatha Brahmana XI, 2, 7, in: Varenne, *Mythes et légendes . . ., op. cit.*, S. 60.

[43] J. Gonda, *op. cit.*, S. 197–213.

[44] Tschhandogja-Upanischad III, 14, in: Bettina Bäumler (Auswahl, Übers. u. Einltg.), *Befreiung zum Sein – Auswahl aus den Upanishaden*, Zürich/Einsiedeln/Köln 1986, S. 75.

[45] Katha Upanischad V, 12, in: Bäumer, *op. cit.*, S. 222.

[46] Brihadaranjaka Upanischad VI, 2, 13–16, in: Bäumer, *op. cit.*, S. 162.

[47] Kauschitaki-Upanischad I, in: Hertel, *op. cit.*, S. 148f. u. 156.

[48] Kena Upanischad III, siehe: Hertel, *op. cit.*, S. 32 (allgemein) u. S. 160.

[49] Jean Varenne, «Anges, démons et génies dans l'Inde», in: *Génies, anges et démons*, Paris 1971, S. 267.

[50] Kauschitaki-Upanischad I, 4, in: Hertel, *op. cit.*, S. 161.

[51] Bäumer, *op. cit.*, S. 162 f.

[52] Kauschitaki-Upanischad I, 2, in: Hertel, *op. cit.*, S. 157 f.

[53] Jean Varenne (Übers., Hrsg. u. Komm.), *Sept Upanishads*, Paris 1981, S. 18 f.

[54] J. Gonda, *Les Religions de l'Inde*, Paris 1979, Bd. I, S. 40.

[55] Anne-Marie Loth, *Védisme et hindouisme*, Lebas 1981, S. 370.

[56] Mundaka Upanischad III, 2, 8, in: Kerry Brown (Hrsg.), *The Essential Teachings of Hinduism*, S. 99. Siehe auch Bäumer, *op. cit.*, S. 188.

[57] René Grousset, *Les Philosophies indiennes* (Desclée de Brouwer), o. O. 1931, Bd. II, S. 346 f.

[58] Michel Hulin, *Corps de transmigration et Corps de résurrection*, in: Eranos-Jahrbuch 52, S. 381.

[59] *La Bhagavad-Gita* (Übers. u. komm. v. A. C. Bhaktivedamta Swami Prabhupada), Paris 1981, S. 67 f. Siehe auch: Helmut Maldoner (Übers., Einl. u. Anm.), *Bhagavad Gita (sanskrit – deutsch)*, Hamburg 1986.

[60] Varenne, *Sept Upanishads*, *op. cit.*, S. 149 f.

[61] Alexandra David-Neel, *L'Inde ou j'ai vécu*, Plon 1951, S. 68.

[62] Victor Jacquemont, *Correspondance (1828–1832)*, Paris 1833, Bd. II, S. 295.

[63] J. L. Nau u. I. Gandhi, *Inde, hommes, rites et dieux*, Lausanne 1978, S. 65.

[64] Donald A. MacKenzie, *India* (Mystic Press), o. O. 1987, S. 107–109.

[65] *Ibid.*, S. 113. Siehe auch die knappe, klare Darstellung der paranischen Kosmologie von R. F. Gombrich, in: Biren Roy (Übers. und Zusammenf.), *Mahabharata*, München 1961, 1990, S. 330–333.

[66] *La Bhagavad-Gita*, *op. cit.*, Kommentar S. 360; Manu I, 69 ff.

[67] Mircea Eliade, *Le temps et l'éternité dans la pensée indienne*, in: Eranos-Jahrbuch 1951, S. 223.

[68] *La Bhagavad-Gita*, *op. cit.*, S. 361.

[69] Anne-Marie Loth, *op. cit.*, S. 262. *Vishnu-Purana*, 2, 2 (frz. Übers. v. Pauthier u. Brunet); *Bhagavata-Purana*, 5, 16 (frz. Übers. E. Burnouf). Die Unterteilung des Himmels in mehrere göttliche Regionen war bereits in den Brahmanas deutlich ausgeprägt. Siehe J. Gonda, *Loka-world and Heaven in the Veda*, Amsterdam 1966, S. 55 ff.

[70] Benjamin Walker, *Hindu World*, London o. J., Bd. II, Art. «Paradise», S. 184.

[71] *La Bhagavad-Gita*, *op. cit.*, S. 359.

[72] Donald MacKenzie, *op. cit.*, S. 58, 256, 326, 331.

[73] *Bhagavad Gita* (dt. Übers. Maldoner), *op. cit.*

[74] *Ibid.* (Übers. Maldoner), *op. cit.*

[75] Gandhi, *Lettres à l'Ashram*, Paris 1971, S. 145.

[76] Donald A. MacKenzie, *op. cit.*, S. 58 f.

[77] *Ibid.*, S. 57 f.

[78] *Ibid.*, S. 109.

[79] J. Gonda, *op. cit.* [dt.], S. 197–213.

[80] Michel Hulin, *Corps de transmigration . . .*, *op. cit.*, S. 366.

[81] Arthur Koestler, *Von Heiligen und Automaten*, Bern/München 1961, S. 122.

[82] W. H. Sleeman, *Ramasaseeana*, Kalkutta 1838, S. 176.

[83] J. L. Sleeman, *La Secte secrète des Thugs*, Paris 1934, S. 213.

[84] Nigel Davies, *Human Sacrifice in History and Today*, New York 1981, S. 124.

[85] J. A. Dubois, *Mœurs, institutions et cérémonies des peuples de l'Inde*, o. O. 1985, S. 317.

[86] J. Gonda, *Les Religions de l'Inde, op. cit.*, Bd. II, S. 363.

[87] J. B. Chevalier, *Aventures dans l'Inde orientale (1752–1765)* (Komm. Jean Deloche), Paris 1984, S. 37.

[88] Nigel Davies, *op. cit.*, S. 108.

[89] Sonnerat, *Voyages aux Indes orientales (1774–1781)*, Paris 1782, Bd. I, S. 94.

[90] W. H. Sleeman, *Rambles and Recollections of an Indian Official*, Westminster 1843, Bd. I, S. 26 ff. Siehe auch *A Journey through the Kingdom of Oude in 1849–1850*, London 1858, Bd. I, S. 322 ff.

[91] Nigel Davies, *op. cit.*, S. 123.

[92] Henri Michaux, *Un Barbare en Asie*, Paris 1967, S. 23.

[93] *Textual Sources of the Study of Sikhism* (Übers. v. W. McLeod), Manchester 1984, S. 86 ff.

[94] H. Singh u. M. Delhoutre, *Le Sikhisme*, Centre de l'Histoire des Religions, o. O. 1985. Zitat des Guru Granth, S. 115.

[95] *Ibid.*, S. 202.

Buddhismus

[1] N. Shanta, *La Voie Jaina*, Paris 1985, S. 308 ff.

[2] Edward Conze, *Buddhism: its essence and development*, 1975, S. 170.

[3] Henri Maspero, *Le Taoisme et les religions chinoises*, Paris 1971, S. 205 ff.

[4] Joseph Nguyen Huy Lai, *La Tradition religieuse, spirituelle et sociale au Viêt-Nam*, Beauchesne 1981, S. 46.

[5] G. Tucci u. W. Heissig, *Die Religionen Tibets und der Mongolei*, Stuttgart 1970, S. 210–214.

[6] Michel Revon, *Le Shintoisme*, Paris 1905, S. 44–53.

[7] Mohan Wijayaratna, *Le Culte des dieux chez les bouddhistes singhalais*, Paris 1987, S. 24. Auch Nicht-Buddhisten können im Himmel wiedergeboren werden; siehe Samjutta-Mikaja. Durch mündliche Überlieferung über mindestens drei Jahrhunderte hinweg erhalten, wurde der Kanon vom ersten nachchristlichen Jh. an schriftlich niedergelegt. Für die Therawadin sind sie der maßgebliche Textbezug.

[8] Mohan Wijayaratna, *Sermons du Bouddha*, Paris, S. 17 f.

[9] *Ibid.*, über die unnützen Fragen siehe S. 111–117.

[10] Narada Thera, *La Doctrine bouddhique de la re-naissance* (frz. Übers. A. Migot), Maisonneuve 1979, S. 24.

[11] Beispielhafte Auszüge aus dem Pali-Kanon in: Walpola Rahula, *L'Enseignement du Bouddha*, Paris 1978, S. 58–60. Siehe vor allem Thomas P. Kasulis, «Nirvana», in: Mircea Eliade (Hrsg.), *Encyclopedia of Religions*, New York, Bd. X.

[12] Narada Mahathera, «La Doctrine du karma», in: René de Berval (Hrsg.), *Présence du Bouddhisme*, Paris 1987, S. 128.

[13] Jean-Marie Bosc, *L'Asie des grandes religions*, Paris 1984, S. 236.

[14] L. de la Vallée Poussin, «Cosmogony and Cosmology (Buddhist)», in: James Hastings (Hrsg.), *Encyclopedia of Religion and Ethics*, Edinburgh 1920, Bd. IV. Alte Texte erwähnen ferner eine sechste Qualität der Wiedergeburt auf einer Ebene zwischen menschlichen Wesen und Göttern. Diese Wesen sind Asuras, extrem eifersüchtige Halbgötter.

[15] Nohan Wijayaratna, *Le Culte...*, *op. cit.*, S. 9ff. Andere hinajanische Quellen siehe im o. a. Artikel von L. de la Vallée Poussin.

[16] Edward Conze (Übers. u. Hrsg.), *Buddhist Scriptures*, Penguin Books, Harmondsworth (Middlesex) 1987, S. 222–224.

[17] Etienne Lamotte, «Prophéties relatives à la disparition de la bonne foi», in: René de Berval, *Présence...*, *op. cit.*, S. 405 f.

[18] Mohan Wijayaratna, *Le Culte...*, *op. cit.*, S. 17.

[19] L. de la Vallée Poussin, zitierter Artikel, *op. cit.*, S. 135.

[20] Narada Thera, *La Doctrine...*, *op. cit.*, Diagramm III: «Plans d'existence» (Lebenspläne).

[21] Im Norden Indiens kodifizierte Wasubandhu das Abhidharma für die Sarwastiwadin (H). Anschließend schloß er sich dem Mahajana an, nachdem er durch seinen Bruder Asanga (310–390) zu diesem Glauben bekehrt worden war und mit ihm die Schule des Jogatscharin (Absolutismus der Leere und Realität des reinen Gewahrseins).

[22] Mohan Wijayaratna, *Sermons du Bouddha*, *op. cit.*, S. 148.

[23] L. de la Vallée Poussin, Art. «Ages of the World (Buddhist)», in: Hastings (Hrsg.), *Encyclopedia...*, *op. cit.*, Bd. I.

[24] W. Randolph Kloetzli, Art. «Cosmology: Buddhist Cosmology», in: Eliade (Hrsg.), *Encyclopedia...*, *op. cit.*, Bd. IV.

[25] Paul Williams, *Mahayana Buddhism*, 1989, S. 162.

[26] Raoul Birnaum, Art. «Bhaisajyaguru», in: Eliade (Hrsg.), *Encyclopedia...*, *op. cit.*, Bd. II.

[27] Paul Williams, *op. cit.*, S. 245.

[28] Natürlich darf man auch chinesische Varianten nicht außer acht lassen. Siehe David W. Campbell, «Chinese Buddhist Interpretations of the Pure Lands», in: M. Sado und D. W. Chappell (Hrsg.), *Buddhist and Taoist Studies I*, Hawaii 1977.

[29] E. B. Cowell et alia (Hrsg.), *Buddhist Mahayana Texts*, Dover 1969 (*Sukhavati* übers. v. Max Müller; *Amitayur-dhyana Sutra* übers. v. J. Takakusu). Im 2. nachchristlichen Jh. soll es eine chinesische Übersetzung des großen Sukhavati gegeben haben, die aber nicht erhalten ist. Andere folgten. Die erste chinesische Übersetzung des kleinen Sukhavati wird Kamarajiva (343–413) zugeschrieben. Aus welcher Zeit die «Originale» stammen, ist nicht gesichert. Woher und aus welcher Zeit der dritte Text stammt, liegt in noch tieferem Dunkel.

[30] Für den außerhalb der Leere alles reine Illusion ist.

[31] Henri Maspero, *op. cit.*, S. 289.

[32] Sir Charles Eliot, *Japanese Buddhism*, o. O. 1935, S. 158.

[33] *Das Totenbuch der Tibeter* (hrsg. u. komm. v. Francesco Freemantle u. Chögyam Trungpa), 12. Aufl., München 1990. Freunde des tantrischen Joga finden wei-

tere Aufschlüsse in: Lati Rinpoche u. Jeffrey Hopkins (Hrsg.), *Stufen der Unsterblichkeit, Tod, Zwischenzustand und Wiedergeburt im Tibetischen Buddhismus*, 3. Aufl., München 1990.

Taoismus

[1] Marcel Granet, *La Civilisation chinoise*, Paris 1988, S. 420.

[2] (Ders.), *La Pensée chinoise*, Paris 1988, S. 414.

[3] An Gesamt- und Detaildarstellungen über den Taoismus sind zu empfehlen: Maxime Kaltenmark, *Laot-tseu et le taoïsme*, Paris 1965; Kristofer Schipper, *Le Corps taoïste*, Paris 1982; sowie bes. zur historischen Entwicklung des Taoismus: Holmes Welch, *Taoism, The Parting of the Way*, Boston 1965. Siehe ferner die zahlreichen Art. in M. Eliade (Hrsg.), *The Encyclopedia of Religion*, New York, u. *The Rider Encyclopedia of Eastern Philosophy and Religion*, London 1989.

[4] Manche Experten wie Holmes Welch und H. G. Creel weisen besonders auf die Unterschiede zwischen dem philosophischen und dem religiösen Taoismus hin. Jedoch schließen sich immer mehr Wissenschaftler Marcel Granet und Henri Maspero an und weisen darauf hin, wie stark die Lao Tse (Lau Dse), Chuang Tse (Dschuang Dsi) und Lieh Tzu (Liä Dsi) zugeschriebenen Werke den religiösen Taoismus beeinflußt haben.

[5] Die beiden Hauptbewegungen sind die der Himmlischen Meister und die der Gelben Turbane. Die Bewegung der Himmlischen Meister oder der Fünf Scheffel Reis wurde Mitte des 2. Jh. von Chang Tao-ling gegründet. Sie hat sich bis in unsere Tage erhalten. Der gegenwärtige Himmlische Meister repräsentiert die 64. Generation nach dem Gründer. Die Bewegung der Gelben Turbane entwickelte sich etwa zur gleichen Zeit auf Initiative von Chang Chüeh.

[6] Dies hat die Masse des Volkes jedoch nicht daran gehindert, andere Glaubensformen beizubehalten und neue wie etwa bestimmte buddhistische Elemente anzunehmen. Auf religiösem Gebiet haben die Chinesen seit jeher zu starkem Eklektizismus geneigt. Von jeder Religion übernehmen sie das, was ihnen als das Beste erscheint, und sie charakterisieren sich selten ganz konkret als Taoisten, Buddhisten oder Konfuzianer. Da die neuen Glaubensinhalte sich zu den alten hinzufügen, ohne sie richtiggehend zu ersetzen, ist es durchaus nicht einfach, die religiösen Glaubenselemente der Chinesen kohärent und systematisch darzustellen, und ihre historische Entwicklung bereitet den Gelehrten erhebliches Kopfzerbrechen.

[7] Siehe Henri Maspero, *Le Taoïsme et les religions chinoises*, Paris 1971.

[8] Im Laufe der Jahrhunderte entwickeln die Taoisten eine immer weniger materialistische Auffassung vom Unsterblichkeitskörper.

[9] Kristofer Schipper, *op. cit.*, S. 214 ff.

[10] Über den Ersten Kaiser und sein leidenschaftliches Streben nach Unsterblichkeit siehe *Le Grand Empereur et ses Automates* von Jean Lévi, Paris 1985.

[11] Zum Grab des Ersten Kaisers siehe: Arthur Cotterel, *The First Emperor of China*, London 1981.

[12] Über die Praktiken, mit denen man Unsterblichkeit erlangen kann, siehe ins-

bes. Henri Maspero, *Le Taoïsme et les religions chinoises.* Eingehendere Darstellungen über einzelne Schulen sind zu finden in: Isabelle Robinet, *Méditation taoïste,* Paris 1979; Farzeen Baldrian-Hussein (Übers. u. Hrsg.), *Procédés secrets du Joyau magique. Traité d'alchimie taoïste du XIe siècle,* Paris 1984.

[13] Henri Maspero, *op. cit.,* S. 304.

[14] 300 gute Taten gemäß dem *Buch der Belohnungen und Strafen.*

[15] *Le Livre des récompenses et des peines* (vgl. Anm. 14) (Übers. v. P. Geuthner), Paris 1939, S. 65–78.

[16] Henri Maspero, *op. cit.,* S. 556f. Zu diesem Thema siehe ferner: Robert van Gulik, *La vie sexuelle dans la Chine ancienne,* Paris 1971.

[17] *Ibid.,* S. 557.

[18] Kristofer Schipper, *op. cit.,* S. 195.

[19] Über die chinesische Alchemie siehe besonders: Joseph Needham, *Science and Civilisation in China,* Cambridge (GB), Bd. V; Nathan Sivin, *Chinese Alchemy: Preliminary Studies,* Cambridge (USA) 1968; Michel Strickmann, *On the Alchemy of T'ao Hung-ching,* in: Holmes Welch u. Anna Seidel (Hrsg.), *Facts of Taoism,* New Haven 1979; Akira Akahori, *Drug Taking and Immortality,* in: Livia Kohn (Hrsg.), *Taoist Meditation and Longevity Techniques,* Ann Arbor (Mich.) 1989.

[20] Kristofer Schipper, *op. cit.,* S. 227.

[21] Das *Pao-p'u tzu* wurde auszugsweise ins Engl. übersetzt von James R. Ware in: *Alchemy, Medicine & Religion,* New York 1981.

[22] *Ibid.,* S. 95.

[23] Akira Akahori, *op. cit.,* S. 93.

[24] Siehe insbes. *Procédés secrets du Joyau magique, op. cit.*

[25] *Ibid.,* S. 14.

[26] Ein Beispiel eines Unsterblichen-Diploms siehe in: Kristofer Schipper, *op. cit.,* S. 95 f.

[27] Siehe insbes. das *Lie-sien tchouan* (Lieh-hsien chuan), frz. Übers. u. Annot. v. Max Kaltenmark, Paris 1987, sowie M. Palmer, Kwok Man Ho u. J. O'Brien, *The Eight Immortals of Taoism,* London 1990.

[28] Über diese Fähigkeiten siehe Isabelle Robinet, «The Metamorphosis and deliverance of the corpse in taoism», in: *History of Religions,* Ausg. 1979. Siehe auch (dies.), *Méditation taoïste.*

[29] R. Wilhelm (Übers. u. Hrsg.), *Dschuang Dsi. Das Wahre Buch vom südlichen Blütenland,* München 1969, S. 31 f. (= I, 3).

[30] R. Wilhelm (Hrsg. u. Übers.), *Liä Dsi (Lieh-tzu). Das Wahre Buch vom quellenden Urgrund,* II, 1. 3. Aufl., München 1987, S. 48.

[31] *Ibid.,* V, 2, S. 99.

[32] Über diesen Glauben siehe Michael Loewe, *Chinese Ideas of Life and Death,* London 1982, u. (ders.), *Ways to Paradise,* London 1979.

[33] Über diese Glaubensinhalte und damit verbundenen Zeremonien siehe Henri Maspero, *op. cit.,* S. 318–330.

[34] R. Wilhelm, *Liä Dsi, op. cit.,* II, 2, S. 49.

[35] Über den Aufstand der T'ai-p'ing und ihre Ideologie siehe: Franz Michael, *The Taiping Rebellion,* Seattle/London 1966.